基于身份的品牌管理
理论模型与中国企业的成功案例
（原书第4版）

中国质量协会　组译

［德］克里斯托弗·布曼（Christoph Burmann）
　　　王煦逸
　　　王　琳　　　　　　　　　　　　　　　著
［德］蒂洛·哈拉斯佐维奇（Tilo Halaszovich）
［德］迈克尔·夏德（Michael Schade）

机械工业出版社
CHINA MACHINE PRESS

本书由德国和中国知名的品牌研究人员编写，提供了一个有广泛影响力和现代化视角的品牌管理方法的概述——基于身份的品牌管理。本书重点介绍了基于内部身份识别的品牌标识及基于消费者视角的外部品牌形象。除了基础知识，本书还详细讨论了基于身份的品牌管理过程，展现了解决品牌定位、品牌架构、品牌元素的设计、品牌演化、品牌接触点和客户旅程管理、多感官品牌管理和数字环境下的品牌管理等问题的方法。此外，本书还通过国际品牌管理、零售品牌管理、社交媒体品牌管理和平台品牌管理等内容，对基于身份的品牌管理进行了深入阐述。

First published in German under the title
Identitätsbasierte Markenführung: Grundlagen - Strategie - Umsetzung – Controlling (4. Aufl.)
by Christoph Burmann, Tilo Halaszovich, Michael Schade, Kristina Klein and Rico Piehler
Copyright © Christoph Burmann, Tilo Halaszovich, Michael Schade, Kristina Klein and Rico Piehler, 2012, 2015, 2018, 2021
This edition has been translated and published under licence from
Springer Fachmedien Wiesbaden GmbH, part of Springer Nature.

此版本仅限在中国大陆地区（不包括香港、澳门特别行政区及台湾地区）销售。未经出版者书面许可，不得以任何方式抄袭、复制或节录本书中的任何部分。

北京市版权局著作权合同登记　图字：01-2023-4254号。

图书在版编目（CIP）数据

基于身份的品牌管理：理论模型与中国企业的成功案例：原书第4版 /（德）克里斯托弗·布曼 (Christoph Burmann) 等著；中国质量协会组译.
北京：机械工业出版社，2024. 10. -- ISBN 978-7-111-76976-7
Ⅰ. F279.233.2
中国国家版本馆CIP数据核字第2024T0F719号

机械工业出版社（北京市百万庄大街22号　邮政编码100037）
策划编辑：徐　强　　　　　　责任编辑：徐　强
责任校对：贾海霞　陈　越　　封面设计：王　旭
责任印制：任维东
北京瑞禾彩色印刷有限公司印刷
2024年12月第1版第1次印刷
184mm×260mm·19.5印张·389千字
标准书号：ISBN 978-7-111-76976-7
定价：98.00元

电话服务　　　　　　　　　网络服务
客服电话：010-88361066　　机 工 官 网：www.cmpbook.com
　　　　　010-88379833　　机 工 官 博：weibo.com/cmp1952
　　　　　010-68326294　　金 书 网：www.golden-book.com
封底无防伪标均为盗版　　机工教育服务网：www.cmpedu.com

前　言

基于2017年的本书（指德语原书，下同）中文版第二版在中国反响良好，我们决定对其进行修订，尤其是提高本书内容与实践的相关性，这对我们来说尤为重要。为此，我们在书中很多部分添加了来自中国企业有趣的简短案例研究，以说明基于身份的品牌管理是如何在中国实践中运用的。

针对经济社会的最新发展，我们更新了本书的内容（例如，在社交媒体和平台上的品牌管理），并进一步发展了基于身份的品牌管理模式。本书修订的基础是自2017年以来在德国不来梅大学马克斯通营销、品牌与技术研究院（Markstones Institute of Marketing, Branding & Technology）撰写的25篇关于品牌管理的论文，其中最重要的发现都已被纳入本书。

基于身份的品牌管理模型是由美国的David A. Aaker教授（博士）和法国的Jean-Noël Kapferer教授（博士）创建的，德国的Heribert Meffert教授（博士）和Christoph Burmann教授（博士）于20世纪90年代从基于身份的品牌管理重要的内部视角（如员工、管理层和所有者的视角）补充了原有的片面的品牌外部视角（如客户和竞争对手的视角）。

我们与中国质量协会（CAQ）的良好合作始于2018年，此后一直保持着良好的合作关系。中国质量协会对本书中文版的出版提供了鼎力支持，在推动本书出版和案例研究的整合方面给予了决定性的帮助，我们非常感谢中国质量协会对本书的大力支持，并使其能够在机械工业出版社出版。

此外，本书中文版的出版得到了同济大学经济管理学院会计系，中德学院安永管理控制、会计学和审计学专业师生的大力支持，特别是蒂升电梯（中国）有限公司运营总部财务管理中心-资金部史雯婷财务总监，上海烟草集团郝玲、中国建设银行天津分行刘英蕊、上汽大众吕一博、上海普华永道赵慕坤和上海浦东路桥（集团）有限公司张文佳的大力支持，在此表示衷心的感谢。我们还要感谢位于不来梅附近格拉斯伯格的FEC International GmbH的徐力女士、中国质量协会的张珂女士，她们为本书的撰写和出版提供了大力支持。

为了深化我们基于身份的品牌管理模式，感兴趣的读者可以参考现有的90多篇成功完成的论文。这些论文几乎都发表在Springer Verlag的"创新品牌管理"（Innovatives Markenmanagement）系列丛书中（很遗憾只有德语和部分英语版本）。

我们希望读者在阅读本书时有许多有趣的新见解，并期待收到反馈。请随时将反馈发送至burmann@uni-bremen.de（德语或英语）或wangxy@tongji.edu.cn（中文）。

克里斯托弗·布曼（不来梅大学）
王煦逸（同济大学）
王琳（中国质量协会）
蒂洛·哈拉斯佐维奇（不来梅建筑大学）
迈克尔·夏德（不来梅大学）

目 录

前　言

第 1 章　基于身份品牌管理基础

1.1 当前品牌管理面临的挑战	003
1.2 基于身份品牌管理的产生	005
1.3 基于身份品牌的定义	011
1.4 基于身份品牌管理的基本理念	012
1.5 与其他品牌管理理念的比较	014
1.5.1　Kevin Lane Keller 的理念	014
1.5.2　David A. Aaker 的理念	014
1.5.3　Jean-Noël Kapferer 的理念	015
1.5.4　Leslie de Chernatony 的理念	015
1.6 身份研究的现状	016
1.6.1　社会科学的身份研究	017
1.6.2　经济学的身份研究	022
1.7 品牌身份的理念构建	025
1.7.1　品牌起源	026
1.7.2　品牌愿景	030

1.7.3　品牌专长　031

 1.7.4　品牌价值　032

 1.7.5　品牌个性　034

 1.7.6　品牌绩效　037

1.8　品牌形象作为品牌理念构架　039

 1.8.1　品牌形象的研究对象　039

 1.8.2　大脑对刺激的处理产生品牌形象　041

 1.8.3　在记忆中储存品牌相关信息　042

 1.8.4　神经学对基于身份品牌管理的启示　044

1.9　基于身份品牌管理中的品牌真实性　045

 1.9.1　品牌真实性的重要性和对象　045

 1.9.2　对基于身份品牌管理的启示　046

1.10　基于身份品牌管理的管理过程　048

小结　049

参考文献　052

第 2 章 品牌战略管理

2.1 身份分析和情景分析 … 065

2.2 品牌目标 … 066
2.2.1 内部品牌管理的目标 … 066
2.2.2 外部品牌管理的目标 … 072

2.3 品牌定位 … 077
2.3.1 品牌定位的定义和意义 … 077
2.3.2 基于身份品牌管理的定位过程 … 079
2.3.3 品牌再定位作为品牌定位的特殊形式 … 085

2.4 品牌架构 … 089
2.4.1 品牌架构的分类和界定 … 089
2.4.2 品牌组合层级化 … 091
2.4.3 品牌架构构建 … 091

2.5 品牌演化 … 098
2.5.1 品牌演化的分类和界定 … 098
2.5.2 品牌整合 … 099
2.5.3 品牌延伸 … 103

2.6 品牌预算 … 114
2.6.1 品牌预算的任务 … 114
2.6.2 预算过程 … 116

小结 … 116

参考文献 … 128

第 3 章 品牌运营管理

3.1 内部品牌运营管理 — 142

3.1.1 影响品牌群体行为的主导因素 — 143
3.1.2 影响品牌认知、品牌承诺和品牌群体行为的工具 — 144

3.2 外部品牌运营管理 — 161

3.2.1 品牌元素的选择 — 162
3.2.2 营销组合：产品政策和方案政策 — 170
3.2.3 营销组合：定价政策 — 176
3.2.4 营销组合：分销政策 — 177
3.2.5 营销组合：沟通政策 — 181

小结 — **183**

参考文献 — **184**

第4章　品牌控制

4.1 品牌内外部效益衡量　　200
4.1.1 品牌内外部优势理念化　　200
4.1.2 品牌成功度衡量的工具精选　　203

4.2 品牌评估　　207
4.2.1 客户权益与品牌权益作为品牌控制的关键指标　　207
4.2.2 品牌评估的必要性和要求　　208
4.2.3 品牌评估在资产负债表方面的框架条件　　211
4.2.4 品牌评估方法的分类　　212
4.2.5 基于身份的品牌评估　　213

小结　　215

参考文献　　219

第5章 基于身份品牌管理的特殊应用场景

5.1 国际化的基于身份品牌管理 — 225
5.1.1 标准化与差异化的品牌国际市场发展 — 225
5.1.2 在国际市场中,影响品牌消费者行为的重要因素 — 226
5.1.3 国际品牌管理的战略和实施步骤 — 233

5.2 零售中基于身份的品牌管理 — 239
5.2.1 生产商贸易导向的品牌管理 — 239
5.2.2 基于身份的零售商品牌管理 — 243
5.2.3 基于身份的零售商自营品牌管理 — 244

5.3 网络社交媒体中基于身份的品牌管理 — 250
5.3.1 数字化给品牌管理带来的挑战 — 250
5.3.2 网络互动和社交媒体互动的工具 — 253
5.3.3 社交媒体上的品牌管理 — 258

5.4 平台上基于身份的品牌管理 — 275
5.4.1 平台越来越重要 — 275
5.4.2 平台经济取得成功的要素 — 277
5.4.3 平台经济的风险 — 279
5.4.4 基于身份线上平台品牌管理的意义 — 282

小结 — 283

参考文献 — 290

第 1 章

基于身份
品牌管理基础

学习目的

在本章中,读者将了解为什么基于身份的品牌管理理论模式是在 20 世纪 90 年代发展起来的,以及如何轻松快速地解释该模式的基本结构。而且,读者还将了解基于身份的品牌管理模式与类似竞争模式的区别,以及它的优势所在。此外,读者还会知道基于身份的品牌管理模式所依据的知识基础。

在学习第 1 章之后,读者应该能够解释品牌身份(内部的自我形象)和品牌形象(外部形象)的组成部分,以及为什么真实性对品牌的长期成功比过去任何时候都重要。

1.1 当前品牌管理面临的挑战

1.2 基于身份品牌管理的产生

1.3 基于身份品牌的定义

1.4 基于身份品牌管理的基本理念

1.5 与其他品牌管理理念的比较

    1.5.1 Kevin Lane Keller 的理念

    1.5.2 David A. Aaker 的理念

    1.5.3 Jean-Noël Kapferer 的理念

    1.5.4 Leslie de Chernatony 的理念

1.6 身份研究的现状

    1.6.1 社会科学的身份研究

    1.6.2 经济学的身份研究

1.7 品牌身份的理念构建

    1.7.1 品牌起源

    1.7.2 品牌愿景

    1.7.3 品牌专长

    1.7.4 品牌价值

    1.7.5 品牌个性

    1.7.6 品牌绩效

1.8 品牌形象作为品牌理念构架

    1.8.1 品牌形象的研究对象

    1.8.2 大脑对刺激的处理产生品牌形象

    1.8.3 在记忆中储存品牌相关信息

    1.8.4 神经学对基于身份品牌管理的启示

1.9 基于身份品牌管理中的品牌真实性

    1.9.1 品牌真实性的重要性和对象

    1.9.2 对基于身份品牌管理的启示

1.10 基于身份品牌管理的管理过程

小结

参考文献

1.1 当前品牌管理面临的挑战

多年以来,品牌管理一直是企业管理的核心领域之一。2019年共有83万个品牌在德国注册,其中约有7.9万个新品牌在德国专利局注册(Deutsches Patent-und Markenamt,2020,第23页起)。这一令人印象深刻的数字归因于品牌对于需求者的重要性,以及它为公司带来的经济利益,例如:2021年谷歌的品牌市值被估价为3236亿美元(Kantar,2021)。品牌的重要意义体现在它作用于需求者、员工和其他相关群体(利益相关者)的众多重要功能。

从交易费用角度来看,品牌降低了需求者的搜寻成本和信息成本,而商品价格和交易费用的总和正是影响购买行为的重要因素之一,所以对于需求者来说,比起寻找闻所未闻的产品,购买知名企业的产品更加合算(Kaas,1990,第543页)。从行为理论视角出发,品牌为需求者提供了方向性的引导。品牌提高了市场透明度,需求者可以借此更快、更简单地识别出适合自身的商品。然而,由于完全可互换的品牌数量急剧增加(品牌膨胀),尤其是在电子商务行业中,品牌很难发挥出这种导向性功能。因此,品牌越来越难以从大量竞争产品中突出自己的地位,从而实现差异化(Bohmann,2011;Enke等,2014)。

例如,图1.1显示了建立在多维度量表之上的德国保险公司企业定位。学者运用有代表性的调查方法,调查了在2009年刚刚购买保险的6666位投保人。投保人认为,几乎所有的保险公司都可以归属到一个无特征差异的企业集合中(见图1.1中最大的区域)。仅仅各有两家公司组成的另外两个组,由于他们"价格低廉、服务较差"或"价格昂贵,不够人性化",得到异于其他公司的评价。

这一分析表明,众多保险品牌之间缺乏区分度,它导致价格比较门户网站的使用量大幅增长,人们只根据价格进行购买决策。因此,那些即使在价格不断下降和价格比较门户网站所付费用增长更快的情况下也能获利的供应商在市场上占了上风,这就是为什么防止互换性是品牌管理面临的首要挑战。

制造商品牌面临的第二个重要挑战是销售商自有品牌的渗透。过去,品牌由专业生产商独家生产,并通过批发商和零售商销售他们的产品。如今,许多销售商往往通过开发自己的、通常价格非常激进的品牌,并由第三方代工生产来与这些制造商品牌直接竞争。专业生产商的制造商品牌差异化越小,他们受到来自销售商自有品牌的压力就越大。根据一项针对德国1000名受访消费者的研究,73%的人认为销售商自有品牌产品的质量与制造商品牌的质量至少相同(Ipsos和Lebensmittel Zeitung,2018,第7页)。

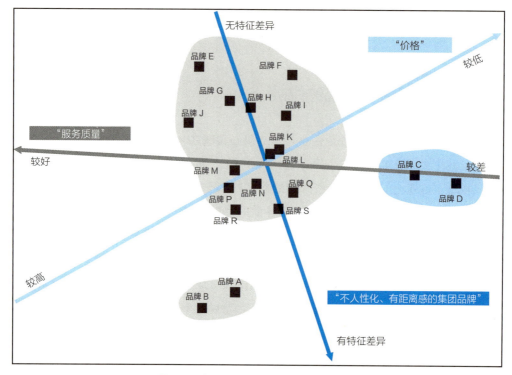

图 1.1　德国保险市场企业品牌的弱差异化

第三个也是最重要的挑战是数字化（Meffert 和 Meffert，2017，第 17 页）。这极大地加剧了品牌之间的竞争。因为消费者能通过互联网在智能手机上看到许多某品牌的新竞争对手的产品，并且价格比较门户网站和电子市场（平台）大大提高了市场透明度。与此同时，消费者的要求也在提高，他们期待在众多销售渠道中买到有吸引力和能够最快得到的品牌商品（如在实体店、品牌网店、在线零售商或电子市场）。

通过数字化，人们获取的信息量急剧增加，这包括品牌的商业沟通信息以及人与人之间的私人沟通信息，例如，每分钟有超过 400 小时的新视频材料上传到 YouTube 上，在 Instagram 上每分钟有超过 63000 张新照片被发送，每分钟有超过 563000 条 Twitter 推文被发送（Internet Live Stats，2021；Brandwatch，2020）。现在，这些信息洪流中的大部分内容都被互联网吸纳了。14 岁至 29 岁的德国公民平均每天在互联网上花费 388 分钟（总人口：204 分钟；ARD/ZDF，2020）。在德国，42% 的互联网使用是通过智能手机完成的（SZ-Medienhaus，2019）。由于信息量的快速增长，数字化正在改变人们处理信息的方式，且有利于以图像为主的高度情绪化信息的处理，因为互联网的使用（尤其是智能手机的使用）都以图像为主。Kroeber-Riel（1995）早期将图像称为"大脑快照"。在处理大量信息时，人们为了能够快速评估、选择和存储信息，同时使用了第二种生物机制：情绪信息处理机制。与理性信息相比，情绪信息在大脑中的处理效率要高得多（Roth，2003；Bielefeld，

2012）。品牌管理必须适应这些发展。

几乎每人都随时随地使用智能手机和其他电子设备，这为品牌管理提供了多样化的机会（见第5.3节、第5.4节），还为大品牌监控和操纵客户行为提供了新的可能性（Zuboff，2018），尤其像亚马逊、谷歌、脸书、苹果、阿里巴巴和腾讯等拥有关于数十亿消费者行为和偏好的大量高度详细信息的大型数字化集团公司。如今，许多人都毫不犹豫地通过智能手机、笔记本电脑、智能音响、车载导航设备或数字化眼镜记录他们的日常生活，并将他们的个人行动和使用的相关数据免费提供给公司。这导致权利集中在极少数大型数字化集团公司手中，进而限制了许多其他品牌的品牌管理（如通过操纵在线广告进行的品牌管理），模仿成功品牌并阻碍竞争（Nadler和Cicilline，2020）。与此同时，许多大型数字化集团公司和其他大公司并没有参与公共基础设施的融资，却从这种基础设施中获益良多。从长远来看，这种寄生行为会威胁到许多（较小的）品牌、州和市的经济发展（Zand，2021）。所以美国政府提交了一项提议，在全球范围内引入最低21%的公司税率，同时，采取措施从法律上防止亚马逊和其他大型数字化集团公司的反竞争行为（Nadler和Cicilline，2020）。

数字化增加了内部品牌管理的重要性。如今，品牌在众多社交媒体出现开辟了众多新的品牌接触点，品牌员工在这些点代表品牌与消费者互动（Piehler等，2015，第52页起）。这就需要通过内部品牌管理对员工灌输关于其品牌及成功重要性的知识，在员工和品牌之间建立情感纽带，并确保形成有助于加强品牌的工作行为。此外，人口结构变化加剧了对高品质专家和管理人员的竞争，因此许多公司成功地将现代雇主品牌作为吸引新员工的工具（Piehler和Burmann，2013，第224页；Böttger，2012，第344页起）。

在这些严峻的条件下，品牌变得比以往任何时候都重要（Swaminathan等，2020，第32页）。在这种情况下，品牌只有向内部（员工）和外部（消费者）传达特别的态度和意义，丰富和积极区分品牌功能服务，才能取得成功（Burmann和Barth，2020）。基于身份的品牌管理适合以特殊方法成功应对所面临的挑战；同时，它与旧的品牌管理方法有很大不同。因此，下面将简要概述它的发展。

1.2 基于身份品牌管理的产生

自从20世纪初产生经典品牌商品以来（Domizlaff，1939），人们对品牌本质的理解也有了根本的变化。不断变化的框架条件产生了不同的品牌概念和各种各样的品牌管理理念。表1.1给出了品牌管理的五个发展阶段，并指出其对品牌管理的隐含意义。

表 1.1　品牌管理的五个发展阶段

时期	19世纪中叶到20世纪初	20世纪初到20世纪60年代中期	20世纪60年代中期到20世纪70年代中期	20世纪70年代中期到20世纪90年代末	21世纪初
任务环境	工业化和批量生产 质量波动 无牌商品主导	"消费"经济增长 无数技术发明 卖方市场	萧条、第一次石油危机 取消价格管制（1967） 买方市场	市场饱和 快速模仿 "信息爆炸" 质量作为决定性标准	信息社会，互联网时代品牌管理 生存空间狭窄 责任从单个品牌向企业品牌的转换
销售商和生产商关系	销售商和生产商的个人客户关系 销售商强势	销售商的仆从作用 生产商品牌垄断 贸易领域生产率大幅提高 经典生产商品牌强势推广	引入销售商品牌 "营销的大众化" 品牌技巧对于生产商的不对称性	增长的销售商势力和冲突尖锐化 引入通用品牌 销售商品牌技巧提高	销售商"信息垄断" 销售商品牌排挤生产商品牌 生产商客户直接销售渠道深化
对品牌的理解	财产标志和原产地证明	针对商品品牌是区分产品的特征	生产和推销的方法 市场投入的形式	获得需求者主观品牌确认	能够得到持久区分效果的效用束 品牌身份作为品牌的自我形象 品牌形象是品牌的外部形象
"现代"品牌管理	—	工具理念："品牌技术"	功能导向的理念	形象导向的理念 技术专家和战略导向理念	基于身份品牌管理

　　工业化的兴起实现了当时还是由手工制造的生活用品的批量生产，这导致自19世纪中叶开始，制造型企业和终端消费者之间的商业联系每况愈下（Leitherer，2001）。在此基础上产生了无牌商品大市场，制造商失去了与消费者的直接联系。很多行业的生产技术尚未成熟，这使得工业成品的质量存在波动。此外，不健全的生产和协调技巧限制了制造商的企业规模。商品供应结构保持了很强的地区性，无牌商品统治了几乎所有产品组合的"版图"。在20世纪初的商品贸易中，愈演愈烈的价格竞争通过一系列如百货商店、连锁店

和消费合作社的创新性企业形式展现出来（Berekoven，1978，第36页），在这一时期，商品的品牌化最初被当作财产标志和原产地证明（Linxweiler，2001，第49页）。这时人们对品牌的理解仅仅局限于标志，确切说就是做记号的过程，作为企业经济学管理理念的品牌管理还未出现。在那时，拜尔斯道夫（Beiersdorf）成功地建立了牙科护理产品品牌Pebeco（见图1.2）。

牙膏，1905　　　　　牙粉，1921

图1.2　拜尔斯道夫的第一个牙科护理品牌 Pebeco

在这样的背景下，Domizlaff提出古典品牌商品理念，且该理念得到迅速传播（Domizlaff，1939）。此理念为生活用品制造商提供了机会，他们重新与消费者建立了间接联系，并且扩大了其在贸易中对产品销售的影响。为实现这些目标，制造商需要保证商品的高质量，更重要的是商品质量的稳定性，将商品投入到更大、跨地区的市场中，并借助优秀广告进行商品推广。在工业化过程中产生的无数技术创新是成功品牌得以创立的核心。在此市场条件下，可靠高质量商品的保证、通过广告建立的高知名度以及迄今（指当时）不为人知的便捷度（在所有重要贸易中的价格一致以及可得性）是获得市场份额的关键因素。

在商品贸易中，品牌商品固定的价格与销售渠道防止了致命的价格竞争，因此古典品牌商品理念首先获得了积极的反应。此外，通过引入自助服务，广泛取消尺寸标注、包装、质量保证和信息功能，极大地提高了贸易交易进程的效率，这些功能被制造商接管（Meffert和Burmann，1991，第57页），与其通过大批量生产实现的企业规模生产紧紧相连，最后导致了品牌商品制造商获得统治地位，到处都是对销售商"品牌商品的舆论垄断"以及贸易功能衰退的抱怨（Berekoven，1978，第37页）。

在品牌管理的第二个发展阶段中，以消费品为导向的商品聚焦和寻求规范性特征标志着对品牌本质的追求。品牌被描述为一系列与物化消费品联系起来的特征群，但当时并不把服务、投资品或纯粹的半成品列入品牌所涉及的范围。无论是在日常的经营活动、学术领域，还是从立法者的角度，人们都不约而同地只谈论品牌物品或品牌商品。Mellerowicz这样定义品牌："一种为个体需求而生产的产品，这些产品带有原产地特殊标志，以同样的包装、相同的数量以及不变或更优的性能，拥有较广的销售范围，通过其促销广告获得相关市场参与者（消费者、销售商和生产商）的认可（交易声誉）"（Mellerowicz，1963，第39页)。"如果至少有一种要求没得到满足，那么在严格意义上根本不涉及品牌商品（Leitherer，2001）。

在品牌管理中，带有明显手段特征的理解占据统治地位（Findeisen，1924，第32页；Goldack，1948，第22页）。这种手段式理念基于品牌技术概念，它的关键是致力于品牌名字的搜寻及构建、包装的形式和经典广告的投入。如同自然关系法则，该理念根据企业和市场的状况设定了基本准则，在遵循这个准则的过程中，成功自然就会出现（Domizlaff，1951，第27页起）。1939年，专业品牌政策开拓者之一的Domizlaff起草了"自然品牌构建的22条基本准则"，其中考虑到了品牌的标志性特征并描述了其构建和维护的手段。

第三个发展阶段大约从20世纪60年代中期开始，那时第一次出现了国民经济萧条趋势并爆发第一次石油危机。同时，在很多种类的商品领域中，卖方市场转变为买方市场。商品供应量大幅增长，无论是对日常所需的消费品需求还是对耐用品的需求都暂时得到了满足。

企业销售领域发展到了一个明显的瓶颈期，并且再次成为企业利益关注的重点。由于1967年取消了转售法定价格管制，截至当时可靠的销售市场规模、稳定的价格变成了变幻莫测的销售市场情况。这一转变导致品牌商品制造商越来越将重点放在销售体系的建设上，这让在美国发展起来的市场技巧在德国也流行起来，并导致了制造商和销售商之间信息不对称。制造商将市场技巧中的这一落差运用到了以质量为导向的品牌形象设定，并加强了他们的市场地位。为了应对制造商对这一品牌形象设定的追求，销售商采取了一种"跟随"策略，即引入销售商品牌（Schenk，1994），这种对于成功制造商品牌的复制基于过去几年简单化的品牌理解之上。

在该阶段，基于供应的品牌理解很大程度上以生产和销售方法为导向（Dichtl，1978，第19页）。品牌商品被定义为"封闭的销售系统"（Hansen，1970，第64页），旨在实现和消费者直接接触或者尽可能接近消费者。品牌商品被视为特定的市场化形式，因而不再被理解为一个效用束（Alewell，1974，第1218页起）。

品牌管理的功能导向型理念开始出现。与手段式理念不同，这时品牌管理的范围要广泛得多。手段式理念的代表没有将市场研究、产品开发、价格政策和推销政策算作品牌管理的研究领域（Hartmann，1966，第13页起），而功能导向型理念却将这些领域纳入其中（Hansen，1970，第30页起）。核心问题是，如何构建企业的功能来保障品牌商品的成功。与之相对，品牌管理手段式理念代表的侧重点在于，如何找出将匿名商品变为品牌商品的销售手段。

品牌管理的功能导向型理念将市场功能的构建看作重要竞争优势，推销对于成功的品牌商品意义越来越重大（Hansen，1970，第41页起）。相反地，手段式理念则着重关注于标志和包装的设计。

品牌管理发展的第四个阶段大约从20世纪70年代中期开始，国民经济框架条件的特征为：众多市场的明显饱和趋势、挑剔和对价格尤其敏感的消费者、快速模仿技术创新和由品牌膨胀导致愈演愈烈的消费者"信息过剩"（Kroeber-Riel，1988）。对此，品牌商品制造商尝试开发与目标群体交流的新形式，以填补经典品牌商品广告形式的空缺（赞助、事件营销等）。由于存在高仿率，技术创新作为传统品牌核心往往只用于短期的品牌形象管理。稳定的高品质是品牌商品的功能特征，是大多数需求者消费该商品的原因。

贸易商集中度的提高使得销售手段成为品牌商品从制造商转移到消费者手中的瓶颈。通过引入种类品牌，经销商以此应对在品牌领域里消费者价格意识的提升（Meffert和Bruhn，1984，第7页起）。在接纳新品牌进入产品供应组合时，稀缺货架空间、对上市费的需求及其他隐形的折扣使得销售商和制造商之间的冲突加剧（Steffenhagen，2008，第32页起）。

在这一阶段，对品牌的理解被打上与需求相关主观概念的烙印。据此，消费者感知到这些产品或服务可以被描述为品牌商品（Berekoven，1978，第43页）。对于品牌的这一理解引发了人们认识客观确定的产品特色或特定生产和推销方法的意识，它以赢得客户为目的。

主观的品牌理解也体现在品牌管理中。在这一阶段，形象导向型品牌理念无论是在学术还是实践领域都得到了很大发展（Murphy，1987，第1页起；Aaker和Keller，1990，第27页起）。这种理念是基于对品牌形象的含义、起源和其组成部分广泛研究的结果（Trommsdorff，1992，第458页起；Keller，1993）。在此基础上，行为建议进一步发展为有目的地影响被消费者感知到的品牌形象。

相比功能导向型理念只将品牌管理理解为品牌商品市场化的一部分，形象导向型理念把市场化和品牌管理同等看待。这种观点是以一个品牌商品制造商所有市场参数的基本状况能够得到证实的信念为基础。尽管品牌管理的任务范围从根本上说很宽泛，但这种理念对品牌形象的突出关注导致过度强调方法层面（例如：品牌形象运营化），并且也忽略了对所有品牌管理措施的整合。

与形象导向型理念并行的是技术和战略导向型理念（Meffert，1988，第115页起和第289页起；Brandmeyer和Schulz，1989；Franzen等，1994；Haedrich等，2003），这个理念试图弥补前者在一体化方面的欠缺。为了达到此目的，实现从行为结构层面到公司领导层面的转变，计划、操控和协调等所有以销售市场为导向的品牌管理是人们关注的焦点。而20世纪80年代对品牌经济价值的大量关注，使得品牌管理战略理念进一步普及，高度形式化的品牌构架以品牌管理目标和任务机制的形式进行表达。

第五个发展阶段始于21世纪伊始，它以进一步的技术和客观产品质量的调整发展为特征。这主要是产品模块化理念发展的结果，如计算机、家用电器或汽车，以及相关联的标准化。基于成本和灵活性方面的考虑而以外包形式生产，使用相同的零部件供应商和直接安装与竞争对手相同的部件，导致品牌产品趋同性的不断增长。

越来越多的全球化竞争导致新技术诀窍传播越来越迅速，这方面的发展也促进了竞争品牌技术和产品特点的一致性。产品质量一致性和产品的可替代性不仅体现在消费品领域，也在服务和投资品领域得到发展。这就解释了为什么服务提供商、资本品制造商和供应商很大程度上发展其自有品牌，以提高产出绩效的区分度。

在此背景下，可以看出企业品牌战略的推进。一方面，服务企业的企业品牌相对于其他品牌在品牌战略方面比较占优势（Meffert等，2015，第301页）；另一方面，在品牌膨胀的"丛林"中，对企业品牌的关注有利于企业品牌的差异化和定位。定位空间缺乏和广告费用的高额支出，使得公司在推出新产品时更少运用单一品牌，这种方法也符合消费者的需求。由于对经济问题更深入地了解，消费者给予公司责任更广泛的含义，并且把有关责任从单一品牌转移到企业层面。

另一个重要的品牌策略框架条件是，信息和通信技术融合以及全球通信网络的发展。互联网与社交媒体明显增加了市场透明度，它给消费者提供了一种潜在可能性，在做出购买决定之前，就能较轻松地了解品牌概况，最重要的是可以进行价格和供货商服务的比较，这在几年前，因空间距离与消费者的"认知域"限制，还是无法想象的。

制造商与销售商关系发生变化。在这一阶段格外显眼的是，销售商的影响和有关技巧有了大幅增加。销售商利用客户对大型连锁零售企业的信任和自我品牌标记产品的优势来塑造他们自己的销售商品牌，而制造商由于大规模生产使得供货能力增加也大力支持了这方面的发展。扫码结账在广大地区内的发展和以此种方式获得的客户数据，使得销售商占据了信息垄断的地位。零售行业集中程度的增加进一步增强了销售商面对制造商实现自己品牌愿望的能力。在此背景下，未来应该只有最强的一组品牌有机会在销售商那里得以立足（Steffenhagen，2008）。

如此，又一次变化改变了人们对品牌的理解。如今，对品牌最重要的是社会心理学角度的分析。与技术和战略导向型品牌管理理念同时出现的是一种十分形式化的品牌领导理念。基于身份品牌管理理念强调主观印象和情感方面，在此框架中，它把竞争优势构建中的内外部观点联系在一起。

管理学对竞争优势出现的三种理论解释进行了区分：基于市场的观点、基于资源的观点和基于能力的观点（Meffert等，2019，第35页起）。在第一种理论中，通过公司的市场导向来解释竞争优势的形成，市场导向被理解为所有决策和管理活动与销售市场保持一致（Narver和Slater，1990）。市场导向反映在基于市场的观点（MbV）中（Teece等，1997，第510页）。基于市场的观点试图仅通过"由外而内"的市场观点来解释竞争优势。因此，基于市场的观点假设所有活跃在市场中公司的资源完全同质化（Zahn等，2000，第49页）。

在此背景下，基于资源的观点（RbV）应运而生，这使得公司内部的异质关系决定了其成功与否（Freiling，2009，第5页）。基于资源的观点放弃将公司解释为"黑匣子"的方法，它批评外部市场因素的主导地位，并假设成功取决于公司特定的内部优势和劣势。然而，基于资源的观点因其静态观点而受到批评，因为独特的资源禀赋如何产生和随时间变化的问题仍未得到解答（Rasche和Wolfrum，1994，第512页）。作为基于资源的观点的进一步发展，基于能力的观点（CbV）是当今解释竞争优势最现代的方法。与基于资源的观点相比，基于能力的观点主要体现在处理能力上，与资源相比，这些能力只能基于作业，并且只能在流程中进行动态记录。能力是无形的，并且基于经验（Freiling等，2008，第1147页起），随着时间的推移，这些知识通过规则和流程的重复而被编纂成文，并提供给公司的员工使用（Burmann，2002，第184页起）。

这三种理论方法相互并不矛盾，"基于市场的观点""基于资源的观点"和"基于能力的观点"都无法完全解释市场的成功。公司的能力管理体系总是从市场中汲取内部资源和外部信息，以发展创造价值的专长。否则，就有可能建立与消费者购买行为无关的能力。

将"基于市场的观点""基于资源的观点"和"基于能力的观点"综合相比，品牌管理的重新调整也是合理的。虽然品牌管理过去完全基于由外而内的观点（客户导向），但今天这种观点得到了基于身份、由内而外的观点（员工导向）的补充。归根结底，只有兼顾这两个方面，品牌管理才能长期取得成功。

1.3 基于身份品牌的定义

> 追溯到Meffert（1974）、Meffert和Burmann（1996）以及Keller（1993）的著作，在基于身份的品牌管理中，品牌概念被理解为"一个由功能性效用和非功能性效用组成的效用束，从品牌目标群角度来看，它的设计方案持久不同于竞争者的响应方案"。

这个定义根植于作用在品牌外部效果的品牌内部视角，这个管理视角涉及和外部目标群体相联系的预期效用。内部定义的目标效用束是品牌向外部目标群传达的切入点，该品牌的实际感知效用作用于品牌外部目标群以触发他们的消费行为（见图1.3）。客户在购买过程中感知到所有品牌接触点的时间顺序（包括购买前、购买中和购买后）被称为客户旅程（Dierks，2017）。在影响视角的范围内，分析外部目标群体对品牌的认知和评价。在理想情况下，外部感知实际效用束应与预期效用束相一致（见第1.8.1小节）。为了通过品牌影响外部目标群的表现，必须使感知的效用束满足目标群的重要需求（一个品牌的行为相关性）。

上述基于身份的品牌理解很明显地与其他内因角度进行研究的理念不一样（Kapferer，1992；Aaker，1996；Esch，2014）。Kapferer（1992）缺少一个对品牌理解的明确定义，而Aaker（1996）却将品牌仅仅理解为标志（Welling，2003，第73页）。Esch（2014）将品牌理解为消费者脑海中的纯主观想象，因此将品牌当作品牌形象的同义词。而基于身份品牌管理是用现代化、管理和作用效果角度综合形成的品牌理解方法。

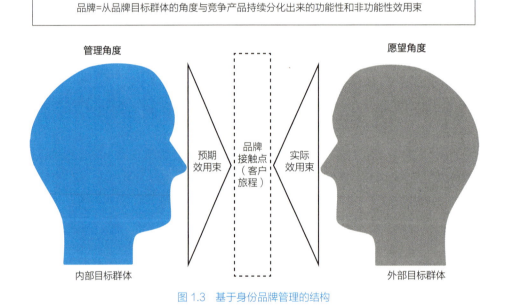

图 1.3　基于身份品牌管理的结构

1.4　基于身份品牌管理的基本理念

从Meffert和Burmann（1996）的基于身份品牌管理理念出发，我们从买家对品牌感知单方面的定位（品牌形象）出发。"传统"模式多年来的营销原则都是从外到内的品牌视角（弄清消费者需求，随后品牌公司进行调整），在这里可以从由内向外的视角进行补充，从内部目标群的角度分析品牌自我形象（包括可用的资源和专业知识），这种自我形象也被称为品牌身份。

企业确定并开发品牌身份，在一定时间之后，会通过不同的外部目标群形成品牌形象（外部形象），但它只间接地反映了该品牌管理活动（Meffert和Burmann，1996，第34页）。品牌身份和品牌形象之间的影响关系见图1.4。

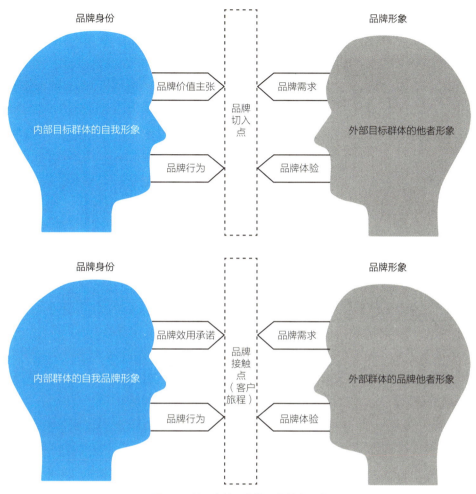

图 1.4　基于身份品牌管理的基本理念

建立一个强大品牌的第一步是确定品牌效用承诺，它涉及那些与购买行为相关的效用，这应该是给予品牌外部目标群的，它通常由很少的、易于理解的语句构成，描述了经过浓缩的全面品牌身份。此外，应确保其与竞争对手的有差异，这对由消费者购买品牌相关需求（品牌需求）导致的购买行为十分重要，该需求主要由需求者的理想设想和以往的经验来确定。

品牌行为包括品牌产品和服务（品牌的所有员工都直接或间接参与其创造、营销和处置）、品牌员工面对顾客的行为表现以及与顾客的进一步联系（如通过传统的广告或社交媒体）。品牌行为为买家带来直接的品牌体验，也就是在顾客旅程中，多样的品牌接触点与具体消费者之间的互动。消费者会把这些经验与主观的品牌需求进行比较，并由此构建品牌形象。

1.5 与其他品牌管理理念的比较

1.5.1 Kevin Lane Keller 的理念

Keller（1993、2013）以及Keller和Swaminathan（2020）的理念是国际上最知名的品牌管理理念之一，然而，它只涉及品牌管理的外部观点（由外而内的观点），并专注于基于客户的品牌资产（CBBE）。Keller（2013，第69页）将基于客户的品牌资产定义为"品牌认知对消费者在该品牌营销反应方面的不同影响"。根据这种理解，如果消费者对品牌产品的反应比对非品牌产品的更积极，那么品牌基于客户的品牌资产就很高，这种积极反应源于客户的品牌认知。Keller区分了品牌认知的两个维度：品牌知名度和品牌形象。品牌知名度包括受具体行为支持的（品牌识别）和不受具体行为支持的（品牌回忆）。品牌知名度是塑造品牌形象的必要前提，根据Keller的说法，如果与品牌的关联被消费者视为有利且独特的，则该品牌的形象与购买行为相关。这些联想（品牌形象）可以区分为品牌属性和品牌效用。品牌属性包括客户对品牌特征的了解（如产品范围、价格水平）；Keller（1993，第4页）把品牌效用定义为"产品或服务属性对于消费者的个人价值——即消费者认为产品或服务可以为他们做什么。"Keller将这些效用区分为功能性的（如品牌产品的质量）、象征性的（如通过使用品牌获得社会认可）和体验导向的效用（如美学设计）。品牌形象的这些组成部分决定了消费者对品牌的整体态度（品牌形象）。

从品牌身份的意义出发，内部视角不是Keller理念的一部分（Keller，2013，第548页）。这是有问题的，因为员工主要负责品牌认知的发展。因此，内部视角必须融入现代品牌管理。除了Meffert和Burmann（1996）的理念，Aaker（1996、2010）、Kapferer（1992，2012）和de Chernatony（2001、2006、2010）还提出了其他著名的品牌管理理念。

1.5.2 David A. Aaker 的理念

品牌身份是Aaker（1996、2010）理念的核心组成部分。它被定义为"品牌战略家渴望创建或维持的一组独特的品牌联想，这些联想体现了品牌所代表的含义，并暗示了组织成员对客户的承诺"（Aaker，2010，第68页）。这里的品牌身份包括四个维度（Aaker，2010，第78页起）：①"品牌作为产品"（产品组，产品属性，质量/价值，应用，用户和地理来源）；②"品牌作为组织"（组织特征，本地与全球）；③"品牌作为人"（个性，品牌-客户关系）；④"品牌作为象征"（视觉象征和隐喻，品牌传承）。品牌管理应关注那些最适合将品牌核心传达给消费者的维度。根据Nach Aaker（2010）的观点，品牌身份主要有助于建立品牌与外部目标群体之间的关系（Aaker，2010，第95页）。

Aaker（2010，第79页）的品牌身份系统专注于将品牌身份作为一种内部陈述理念，这种方法缺少内部品牌身份对外部、市场方对内部品牌身份认知的详细考虑。此外，

Aaker 的方法不包括品牌内部和外部目标群体之间的任何明确互动。与此相反，在 Meffert 和 Burmann 的基于身份的品牌管理理念中，品牌形象被明确地考虑为对品牌身份的外部感知以及由身份产生的员工行为。通过对由内而外和由外而内观点的明确整合，内部和外部目标群体之间的互动是 Meffert 和 Burmann 的基于身份品牌管理理念的组成部分。

1.5.3　Jean-Noël Kapferer 的理念

虽然 Aaker 的理念只关注品牌身份，但 Kapferer（1992、2012）将内部和外部视角均考虑在内。内部视角通过品牌身份表示，它由六个部分组成，在品牌身份棱镜中表示：

1）品牌的物理特征（如产品设计）和质量。
2）"个性"描述了品牌如何沟通并展示了它的个性。
3）Kapferer 认为，"文化"是品牌身份最重要的组成部分，因为它代表了一个品牌的意识形态和愿景。
4）品牌也是一种关系，因为它往往是人与人之间交易的焦点。
5）大多数品牌都与该品牌的典型用户形象相关联（"反射"）。
6）品牌可以提升消费者的自我形象。例如，通过购买保时捷汽车，买家可以向自己证明他是成功的，他可以买得起这样的车。

外部视角涉及外部目标群体对品牌的认知（品牌形象）。Kapferer 假设品牌身份先于品牌形象："在向公众展示形象之前，我们必须明确地知道我们想要展示什么（Kapferer，2012，第151页）。"品牌身份通过品牌名称、视觉符号（如品牌标志）、产品、广告、赞助和典型用户传达到外部目标群体，客户的主观品牌形象来自对这些信息的解码。

和我们基于身份的品牌管理理念一样，Kapferer 还考虑了内部和外部目标群体。然而，他关注的是由内而外的观点：作为发送者的品牌通过向外部目标群体传达信息来传达品牌身份，外部目标群体解码信息并使用它们来形成品牌形象。由于很大程度上缺少由外而内的视角，Kapferer 的方法没有明确考虑内部和外部目标群体之间的互动。

1.5.4　Leslie de Chernatony 的理念

de Chernatony（2001、2006、2010）的理念也考虑了内部和外部的观点。品牌身份在这里被定义为"品牌的中心思想以及品牌如何将这一思想传达给其利益相关者"（de Chernatony，2010，第53页）。de Chernatony（2010）将品牌愿景视为品牌身份的核心组成部分，为品牌的发展提供了明确的方向，以及形成了一种文化，员工相信某些价值观，并和管理者对未来文化品牌的发展有共同愿景。另外的元素是品牌定位（体现品牌的功能价值）和品牌个性（体现品牌的情感价值）。通过构建品牌定位和品牌个性，可以将品牌呈现给利益相关者（品牌外观），从而使其与众不同。这些身份元素基于对员工彼此之间、员工与消费者以及与其他利益相关者之间关系的清晰理解。de Chernatony将品牌形象理解为消费者对品牌的认知（见图1.5）。

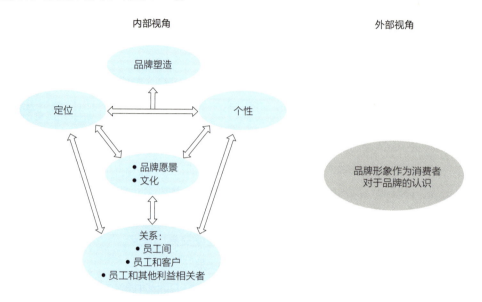

图1.5 de Chernatony的品牌管理方法（2001、2006、2010）（de Chernatony，2010，第54页）

de Chernatony明确区分了内部视角和外部视角，但没有详细描述这两种视角之间的相互作用。同样，品牌形象也没有更准确地理念化。

总而言之，本书中提出的基于身份品牌管理理念是唯一一种可以通过考虑内部和外部目标群体以及它们之间的相互作用来表现对品牌及其管理的现代的、有效理解的理念。

1.6 身份研究的现状

身份的概念适用于许多学科，从词源学角度来看，"身份"概念可追溯到拉丁语词汇"idem"，它表达了"相同"这个意思。基于此，该词通常被描述为"完全相等"和"基本一致"（Welling，2003，第13页）。在社会科学研究中，根据不同的研究目标，这一概念具有截然不同的含义（Frey和Haußer，1987；Achterholt，1988；Conzen，1990；Gugutzer，2002；Deichsel等，2017）。对该词的理解受各自研究目的和研究对象的影响。因此，在社会科学中，身份概念很大程度上是用来标示某个体典型形象的集合（Petzold和Mathias，1982）。在心理学上，身份概念是一个人的自我信念（Rosenberg，1979；Hogg等，2000；Alsaker和Kroger，2007），道德神学家和哲学家用随时间推移相对稳定的价值观集合以及道德原则来形容身份。而精神病学将身份与神经系统的组织系统的完整性和功能性结合起来解释（Conzen，1990）。

在日常用语中，"身份"和"个性"概念往往交替使用。在精神分析中，身份代表了性格特征的整体，其远大于各个部分合并的总和。他们撇开个人性格特征的变化和发展，将人看做"相同"的，并且认为随着时间的推移人在本质上不会发生改变（Conzen，1990，第69页起）。社会科学研究中的身份概念，有两种理念获得了特别的关注，除了Erikson（1950）和Marcia（1980）精神分析理念，就是Mead（1934）、Goffman（1959）和Krappmann（1971）的具有社会科学和互动论特征的理念。

品牌身份还是要回归到社会科学的身份研究中，因此接下来将介绍社会科学身份研究的主要成果，由此推导出品牌身份的概念。

1.6.1 社会科学的身份研究

1. 社会科学的理念

John Locke（1632—1704）一直在区分"自然人身份"和"社会人身份"。"自然人身份"仅仅指物质躯体的存在，因此也被看作是既定的；只有已逝的人，他们的躯体消亡了，身份才随之消失。与之相对，"社会人身份"由意识和思想的存在构成（Welling，2003，第13页起）。根据Locke的思想，后一种身份观点需要一种自我参照意识，通过过去和现在的联系来反映一个人的身份，因此它是一种身份的主观构造，经常被称为"自我认同"或"个人身份"。一个人对自己过去和现在的知识经验进行加工来塑造自己的身份。在这个所谓的自我身份理念中，主观与客观的身份在一个人身上得到了统一（Frey和Haußer，1987，第20页）。

Erik Erikson的工作是对身份以一个重要社会科学方法进行研究。其研究主要基于弗洛伊德的精神分析法（Abels，2009，第323页）。在他的模型中，一个人身份的产生再现了个体心理发展过程。Erikson从三个基本假设出发（Becker，2012，第32页；Lührmann，2006，第154页起）：

- 身份是心理过程发展的结果。
- 由心理和社会机制之间的相互作用产生了一种危机，而解决这些危机就是身份发展的基础。
- 该危机的解决方案将贯穿个体的整个人生道路并影响他的全部生活。

Erikson将身份描述为一个人的感觉，不管经历了什么以及这些经历产生了什么样的矛盾，身份依然独立自主并且保持完整。身份首先起源于早期生命阶段的危机中，它源于个人的内部主观综合能力（Lührmann，2006，第155页）。由此可见，根据Erikson的思想，连续性和一致性是身份的两个基本特征。

Erikson的身份发展过程受到了新研究理念的批判，因为在他看来，身份的发展是一个独特并且最终可以实现的过程。在充满动荡的现代社会背景下，发展的最终性是缺少基础的（Keupp，1989，第60页）。为了应对这种环境的变化，开放式身份识别过程在精神分析身份认同的研究中得到了发展，它尤其受到Marcia（1980）的影响。开放式身份识别过程认为，个人的身份识别是一个毕生的发展任务。在这个开放的发展过程中，它总是出现暂时的、短时间内稳定的身份结果，然而，通过危机的再次出现，这些必须一次又一次重新进行适应并变得稳定。由此导致Erikson理解的一致性失去了部分意义，从而被理解为相似性（Keupp等，1999，第90页）。

这存在一种根本性的批判，对于身份发展过程而言，精神分析所用到的全部方法几乎都无效，因为他们只通过个体的视角看待身份。虽然身份的形成发生在个人与社会的交接处，在精神分析理解中，它仍然是相关者的主观感受（Lührmann，2006，第178页）。

与此相反，在互动理论框架下的身份形成中，交际-相互作用理念变得越来越重要。身份的形成更多地是由外向内发展的（Keupp等，1999，第98页）。

追溯到Mead（1973），我们必须弄清楚对于一个人来说，"I"和"me"的区别。"I"描述一个人的个体特征，因此在很大程度上与精神分析的理解相一致。而Mead认为，"I"不能被自身所识别。因此就需要"me"，它描述了人在与人交流互动时感知的自我形象（Joas，2000，第107页）。这种形象不是保持不变的，相反，它来源于大量互动对象形成的不同互动结果（Mead，1973，第184页）。在大多数情况下，自己和别人对同一个人的感知是不相同的，这反映在"I"的个体特征与"me"所包含的角色不同。身份的形成是自我形象和他者形象逐渐协调的结果（Keupp等，1999，第95页起）。

日常生活中的动态性、复杂性和不确定性显著增加，导致现有身份理念的再度发展。在此，我们首先要提及Keupp（1999）等人提出的部分身份识别理念。

在这个理念中，部分（Patchwork，Stückwerk）具有时间和内容上的双重含义。从时间层面来看，身份的形成并没有依照明确的时间点线性发展，这一点与Erikson的理论相符。通过个人所拥有的不断更新体验，一个人的身份观念必须不断受到质疑。身份形成是一个持续的过程，在此期间，新的个人经历与已有的身份理念不断联系起来。在这一认识中，连续性就是一种时间联系，其目的是从过去、现在和未来中保持一个连贯的总体理念。

根据Keupp等（1999）的理论，身份的内容层面指要考虑到个体在社会中不断转换角色的需要，这不难想象，例如，在工作中、家里或朋友圈中的不同角色（Becker，2012，第41页）。角色的差异形成了由不同角色期望决定的部分身份（Luhmann，1994，第193页）。在此背景下，所有部分身份融合成单一全面身份并不是一件容易的事。但部分身份不能彼此完全分离，否则它们之间的矛盾有可能导致个体真实性的缺失（Lührmann，2006，第203页起）。

身份形成的重要成果是使部分身份形成一个整体，Keupp等（1999）将其称作整体身份，称为原身份。在这个更高层次上，必须尽可能地减少各个部分身份之间的矛盾，这样才能使得所有部分身份保持持久的稳定性。为此我们必须明确部分身份的交叉点，它们构成了身份的核心（Keupp等，1999，第217页起）。

2. 品牌身份的规范特征

目前，社会科学身份研究明确提出了身份定义的两个层面。身份总是产生于内在角度（自我形象）和外在角度（他者形象）的相互作用之中。他者形象的特点是对于角色的期望，即对于其他人在一个特定角色（如同事）中该如何表现的期望，涉及外部相关者的角色期望就被称作形象。从内在角度来看，有角色期望和角色理解两个方面，这体现在部分身份识别中，而角色理解就是身份的组成部分。此外，不同参考对象会被用来区分个体和群体的身份（Keupp等，1999）。在身份归属的框架下，品牌应当理解为群体身份，而这个群体由品牌的管理层和员工组成（见表1.2）。对于所有者管理的品牌，该群体由所有者补充（如在家族企业中）。相比之下，大型股份有限公司的股东通常不属于代表品牌并承担集团身份的人群。

表 1.2 身份定义的角度和参考对象

身份定义的参考对象	身份定义的角度	
	内在角度（自我形象）	外在角度（他者形象）
个体	个人身份	个人形象
团体	团体身份（团体成员所感知其所在团体的身份）	团体形象（非团体成员对于其他团体的主观愿景）
品牌（品牌管理层和员工）	品牌内在自我形象=品牌身份	品牌外在他者形象=品牌形象

（基于：Haußer，1995）

一个人的身份描述了自己对个体自我形象的认识（Conzen，1990，第72页起），它有助于人们将自己与他人区分开，并且以此来知道自己行为方式的来源。

在这种理念中，除了自我反映，内外角度的相互转变居首要位置。外在角度表明了形象（见表1.2）；内在的身份不断地通过第三方的感知进行对照并且进行调整（Weidenfeld，1983，第19页）。因此，身份只能出现在至少两个人的关系之中（Haußer，1995，第3页起）。内在身份和外界形象之间的互动是身份的决定性特征并有助于其进一步发展。排除个别情况下的身份定义，社会科学的身份研究著作指出了身份概念的四个决定性特征（见表1.3）。

表 1.3 身份概念的规范特征

规范特征	个体	品牌
交互性	身份只有在一个人与其他人的相互关系以及差异性认同中才能形成	品牌身份只有在自有品牌和其他品牌的对比（关系建立与界定）之后才能形成
连续性	始终保持个人身份的本质特征（从时间上看） 这种特征体现了人的性格和实质 非本质性身份特征会随时间变化	始终保持品牌标识本质的、身份核心定义的特征
一致性	个性特征的和谐组合（从时间上看）	避免在所有品牌接触点的品牌表现、品牌管理层和员工行为之间的矛盾。本质和非本质特征的一贯和谐
个性	个体生物学和社会学决定的独一性	相对于竞争产品的本质性身份特征的独一性

（基于：Meffert 和 Burmann，1996，第 29 页）

交互性指身份仅能出现在人与人之间的相互影响中。身份的交互作用也被称作"身份研究的模式"（Frey 和 Haußer，1987，第 17 页）。品牌的情况与之类似：品牌的身份通过与其他品牌相区分而形成并发生改变。

连续性指个人或团体的本质特征在很多年间保持不变，这组本质特征体现了身份对象的实质、身份的核心。一旦失去本质特征，身份就不复存在。本质特征表明了身份的本质（Bonus，1994）。与本质特征相反，身份对象偶然性特征的改变不会使得个人或团体的身份丧失（Böhm，1989，第 48 页起）。对于建立明确的身份来说，非本质性特征的连续性不是必需的。然而，非本质特征也会对身份产生影响，因为非本质特征和本质特征之间的调和度会影响身份清晰度和行为相关性。个人的本质身份特征包括性别、出生日期和地点，或某些身体特征。根据本质特征可以看出一个自然人一生中的社会人属性。与此相反，职位、经济状况或穿衣风格属于一个自然人的非本质特征。

一致性与连续性相反，它不涉及时间段而涉及时间点，它表达了避免本质特征的矛盾。只有一个从内外长远来看都和谐的特征联系才能形成明确的身份，换句话说，只有品牌和它员工的所有特征内外和谐才能形成明确的品牌身份。就品牌而言，这并不意味着在限制性和机械一致性意义上身份特征的统一，而是身份特征的组合，尽管存在差异，但还是揭示了身份的核心。因此，一致性允许个体身份特征之间出现有趣的张力弧，虽然这样看是不合适的。

个性描述了身份对象的独一性，这种独一性可以追溯到唯一的个体特征、特征组合以及另外可以区分的特征。在对身份的个性化理解中，个性特征是由生物学因素决定的。相反，因为现今许多品牌在消费者和自己员工的感知中缺乏个性，它们的身份个性很弱。在这些情况下，我们不能说它是品牌，只能说它是统一做上了标记的"标签"。

在交互的环境下，环境对于个人的期望十分重要（Abels和König，2010，第94页）。由于个人很少能满足社会环境中所有的角色期望，从而经常陷入角色冲突，于是个人需要一个明确的身份期望（自我认同），一种自我肯定的感觉，来避免在角色冲突之中的折磨（Bonus，1994，第3页）。在市场、企业内部和社会环境中，当面临品牌复杂多样且充满冲突的要求时，品牌身份对于品牌员工来说具有同样功能。由于性格或身份的变化总是很慢，因此身份在时间上突显出很高的稳定性。身份的根源取决于生物体本身（Krappmann，1988），而品牌身份的根源取决于它的来源。

具有明确的身份是一个人可靠的前提（见第2.2.2小节；Luhmann，2014）。身份产生并在此后兑现了明确的预期，专长作为身份的组成部分保证了工作能力，而其他身份的组成部分则保证了工作意愿。只有明确的、行为相关的品牌身份才能使消费者信任品牌的工作能力和意愿。在此情境下，信任不仅仅具有社会科学的意义，对于供应商和消费者来说，它还具有经济意义（Ripperger，2005）。从企业经济学的角度来看，信任的存在能减少供应商的交易费用。此外，消费者的信任还是一个非常重要的竞争优势，它体现在节省供应商交易成本方面（Kenning，2003）。对于消费者来说，逐渐增强的信任感能减少他们对供应商和他们所提供产品失望的危机感。这使消费者节省了从其他方面降低这种危机感的花费（Plötner，1995，第11页起）。这些花费包括购买保险、寻找合适替代品的信息成本或应对可能发生的风险而构建的风险储备金。

3. 团体作为身份归属的对象

团体身份可以用来描述社会系统（如文化、社团、城市、地区和企业等）。团体成员的自我映像以及其存在构成了团体，团体身份包括了团体的特征。即使有些团体成员离开，这些特征也能保持稳定（Werthmöller，1994，第39页）。团体身份表达团体成员共同的价值观、信仰、特点和行为，这源于他们有相似的经历和教育，这些将该团体与其他团体区分开来（Schein，1985，第185页起；Deichsel等，2017，第82页起）。一个强大的团体身份将成为每一个团队成员身份的组成部分，并作为支撑这个团体的凝聚力，从而导致公司的流程更加有效率和效益。品牌的经济价值主要以强大群体身份的这些影响为基础。

在社会科学理论中，由于身份在根本上被认为是人类互动和反思的结果，所以不太可能将身份概念直接转移到"品牌"（在此身份仅被阐释为保护权或特征束）上（Welling，2003，第10页起）。因此，一个品牌的身份必须是品牌背后人群的团体身份。共同承载着品牌的集体支配着一个自我映像身份，使其与其他集体（如竞争对手）及其他个人（如客户）区分开来。这个集体并不需要完全等同于法律上的企业所属关系。例如，品牌身份也可以由一些经济独立的品牌独家销售代理或者中介共同参与（Maloney，2007，第17页；König，2010，第7页）。

> 在此背景下，品牌身份被定义为：
> "一种品牌的时空相似特征，从内部目标群体的角度来看，它以一种可持续的方式影响着品牌的特征。（Burmann等，2003，第16页）"

品牌身份由两个层面产生：

- 对于所有为一个品牌工作的人来说，品牌身份是一个共同的自我反映过程，它将使人意识到团体存在和团体所属关系。这是品牌管理的内部目标群体。
- 与品牌外部的个人和团体互动，及其对品牌的认知和品牌背后团体的相互作用。

正如个人身份和团体身份由各部分组成一样，品牌身份也由不同部分的共同作用产生。品牌身份也会像人的身份一样被全方位感知。因此，品牌形象各个组成部分的形成和结合必须形成一个和谐的、有说服力的"形象"，且最终能在相关市场中从其他产品里脱颖而出（Meffert和Burmann，1996，第36页起；Deichsel等，2017，第213页）。

1.6.2 经济学的身份研究

1. 新制度经济学

对群体身份影响的社会科学描述已经表明了品牌身份的高度经济相关性。借助于新制度经济学（Erlei等，2016）可以确定身份的经济学含义（Dörtelmann，1997），前提是超越新制度经济学，特别是诺贝尔奖获得者Douglas C. North著名的"经济人"假设。引入心智模型作为外部世界的内在主观展示和路径依赖过程，也就是说，考虑到巧合和不平衡状态（North，1992，第96页起），可能对国民经济复杂问题给出解决办法（Denzau和North，1994，第10页起；Bonus，1995，第2页）。

新制度经济学将制度理解为"价值和规范的系统，通过对违反制度行为的惩罚措施来维护制度的运行"（Bonus，1995，第4页）。制度构建了人类行动的框架条件。制度是个体的心智模式（Denzau和North，1994，第4页）。它随时间推移仍然保持稳定，可以用来指导人的行为方向。要区分出基本制度和次级制度（Dietl，1993，第71页起）。

基本制度与一个国家的历史相关，并且只会缓慢变迁，人们不能直接改变它。与此相对，人们可以有意识地创造出次级制度，只有当它嵌入基本制度的价值和规范体系时，次级制度才能变得"有效"。例如，公民的正义感为基本制度，具体的法律和司法行政作为次级制度。只有当法律和司法行政与公民的正义感相协调时，才能实现它们的目的

(Bonus, 1995, 第5页)。

身份也可以被解释为具有高度时间稳定性的价值和规范系统, 人们将其作为行为的框架。身份也是外部世界的一种内在的、主观的体现, 在此背景下, 一个品牌所有员工的团体身份可以理解为次级制度, 只有当它嵌入其所处社会环境的价值和规范结构时, 品牌身份才能发展并影响人们的行为。就这方面来说, 企业和品牌组织需要植入其所在区域或国家的文化, 对于品牌身份来说它是新制度经济意义下的基本制度。

因此, 品牌身份对于解释和影响经济事态非常重要。此外, 品牌身份转换缓慢, 并且在决定论的手段-目的关系意义中, 人们通常无法短期而直接地控制这个转换。重要的是, 只有当它明确地嵌入到企业整体身份并与之协调时, 才能形成一个清晰的品牌身份。

2. 企业文化的研究

除了新制度经济学, 企业经济学其他领域也涉及身份, 这主要发生在企业文化的研究中。对相关的文献分析发现, 许多作者提出了同等对待文化与身份理念的想法(如Deal和Kennedy, 1982, 第137页; Schein, 1985, 第44页; Heinen, 1987, 第31页; Bonus, 1994, 第9页)。强大的企业文化首先受到企业成员团体身份的强烈影响。反之亦然, 企业文化能"培育"企业身份, 并且通过适当的仪式和共享核心价值观及标准, 使其清晰显现出来(Deal和Kennedy, 1982, 第59页; Schein, 1985, 第14页; Bonus, 1994, 第15页)。

尽管文化和身份概念内容相仿, 但是两个概念在实质上是不等同的。多数组织和品牌的研究人员认为企业文化是身份的情境因素(Hatch和Schulz, 1997, 第358页; Berggold, 2000, 第27页起; Meffert, 1994, 第427页起)。它包含了所有企业成员共同分享并传播给新成员的基本公理、价值观和规范。企业文化影响着企业成员的感知、思维、决策和行为(Schein, 1992, 第12页)。基本公理大多是不言而喻的, 也是无意识的, 它是对环境、现实、人类、行为和关系的长期观点。价值观体现了企业的长期价值期望。规范是被企业员工接受的具体行为准则, 一旦违反它必将受到惩罚。在一个团队中, 企业文化是经过一段很长时间逐渐形成的, 所以它的源头存在于企业历史中。随着时间的推移, 文化越来越独立, 并且变成群体行为一个需要迫切关注的方面, 因此成为管理层实现目标导向操控不可回避的话题。和品牌形象不同, 企业文化不涉及任何管理手段。此外, 与企业文化相比, 品牌身份对销售市场有更强烈、更明确的作用(例如, 效用承诺和与竞争对手的预期差异化)。

3. 企业身份研究

企业身份研究也涉及身份的概念。这项研究中有影响力的代表是John M. T. Balmer(van Riel和Balmer, 1997; Balmer, 2017a)。虽然许多关于企业身份的出版物首先来自从业者, 但van Riel和Balmer在营销研究中确立了企业身份。他们将企业身份定义为"植根于组织成员行为的组织特征"(van Riel 和 Balmer，1997，第341页)。企业身份解决了中心问题"我们是什么？"(Balmer，2001，第257页)。因此，企业身份的定义与品牌身份有很大的重叠范围。这两个概念都涉及参考对象（公司或品牌）的基本特征，这些特征是由内而外的群体行为构成的。对于企业品牌，在我们的方法中，对企业身份和品牌身份的理解没有区别。但Balmer（2008，第894页）明确区分了企业身份和企业品牌身份："对我来说，企业品牌更适合被视为一种独特的身份类型，且可以拥有自己的生命，因为它们可以被购买、出售和借用……作为（机构）身份的一个独特类别，我们不应忽视的是，它们可以与形成它们的机构……分开和分割。"（见图1.6）。

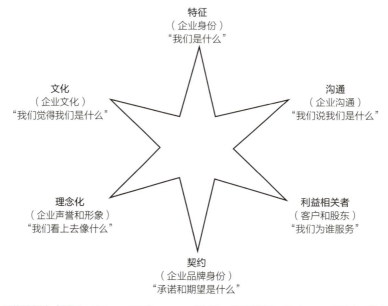

图1.6　企业营销组合（基于：Balmer和Greyser，2006，第735页；Balmer，2011，第1334页起）

企业身份和品牌身份（企业品牌）组成部分之间存在相似之处。作为Balmer企业身份组成部分的企业文化、企业战略、组织结构和沟通（Balmer，2017b）与我们模型中显示出作为品牌身份组成部分的起源、专长、价值观、个性、愿景和绩效重叠（见第1.7节）。

综上所述，可以说企业身份理念和我们的品牌身份在定义和组成方面有很大的重叠范围，而主要区别在于参考对象：企业身份的对象是公司，品牌身份的是不同类型的品牌，例如，它们可以是公司、部门、产品线、产品或产品特色品牌。在我们看来，对于企业品牌，企业身份和企业品牌身份在很大程度上是一致的，尽管Balmer在这里引入了差异化。

1.7 品牌身份的理念构建

第1.6节已经谈到，为了确定和维持明确的身份应该如何构建身份的整个过程。根据Keupp等的理念（1999，第217页起），身份构建的主要结果是，将一个人所有的部分身份凝聚成整体身份，并将共同点作为身份的简洁核心。对于简洁的要求意味着，一个清晰身份的核心只应该体现在为数不多的突出特点中。反之，一个模糊的身份不够简化，并且存在着大量没有区分点的特征。所有身份研究的互动理念表明，身份形成是一个持续过程，必须不断进行探讨和调整。个人身份的任何调整都涉及一定风险，害怕风险并努力维持现状的人，均阻碍了自身身份的调整，即使这些应对危机的调整是必要的。然而，清晰身份的一个特点是会通过必要的冒险来降低角色冲突，并且与个人发展的创新结合在一起。

自我形象和他者形象交互影响给出了身份构建的另一个指引。一个人只有完全不按照他者形象进行调整时，他才能够保持自我形象永恒不变。由于他者形象依赖于那些与之相关联的角色期望，所以完全接受那些角色期望会阻碍稳定核心身份的发展。因此，清晰身份的一个十分重要的特点是创造自己的价值，这同样适用于未来发展导向的自身远景构建。

为了防止对外部影响的逆来顺受影响到自我认知，清晰身份的另一个特征就是高度自信。此外，John Locke提出了自我反映意识的意义，它将过去的经历与现在联系起来，这个理念也同样出现在现代身份研究之中（Keupp等，1999，第95页）。过去成绩成就的意识为清晰身份提供了一个对于自身身份继续发展和改进的动机。相反，模糊身份正是缺少这样的意识。

表1.4显示，通过强调特别之处，突显出一个人的清晰身份，这些特别之处结合了个人能力、意识和过去经历，这对于品牌以及品牌背后的团队身份同样适用。这意味着上述考虑可用于基于身份的品牌管理。在此基础上，可以将人类身份的本质特征转化为品牌身份，从而识别出品牌身份的六个组成部分。这些可以用于精确描述、分析和设计品牌的身份（见图1.7）。

表1.4 自然人与品牌的模糊身份和清晰身份特征

特征		推及到品牌身份
模糊的自然人身份	清晰的自然人身份	
很多无区分点的身份特征	少数突出的身份特征	效用承诺以及绩效规划
规避风险，"心惊胆战地"维持现状	积极利用角色冲突，以期在新领域发展自己的身份（勇于创新）	个性
接受其他的价值观	自身价值观的创造	价值观

（续）

特征		推及到品牌身份
模糊的自然人身份	清晰的自然人身份	
强烈的环境导向性	自我清晰愿景的构建	愿景
极少的自信	高度自信	专长
自身过去能力意识缺失	过去成果激发新的探索	起源

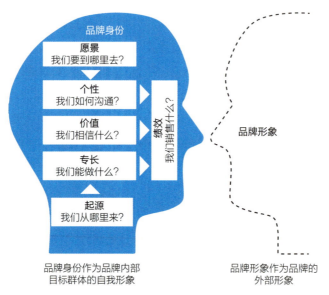

图1.7 品牌身份组成部分（基于：Burmann等，2003，第7页）

品牌起源是品牌身份的基础，如果不联系自身起源，品牌就缺少自我反映的出发点。基于资源和公司组织能力的品牌专长，保证了品牌的具体竞争优势。品牌绩效的基本类型决定了品牌是如何为消费者服务以及员工是如何正确工作的。从长远来看，身份的构建将通过专长塑造，品牌愿景起到激励作用。品牌价值决定了品牌及其代表的信念，品牌个性则确定品牌的语言和非语言交流方式的基调。如图1.7所示，品牌起源和愿景形成了其他组成部分的框架，这两个因素对应未来的重要性。对应过去的身份成分可以从基于专长的观点中得出（Burmann，2002，第139页起）。

1.7.1 品牌起源

品牌起源是品牌身份的基础，它回答了一个问题——我们从哪里来？因为内外目标群体对于品牌的感知和解释首先都来源于它的起源背景，所以品牌起源对于品牌管理有重大意义。"了解一个人、地方或企业的起源有助于创造兴趣和联系。对于一个品牌来说，也是如此（Aaker和Joachimsthaler，2000，第249页）。"在心理分析、新制度经济学和管理理论中，在路径依赖的概念下，起源的重要性是一个备受关注的方面。所谓"历史事项"的说法描述了过去抉择影响现在决定的过程。信任在决策路径的来源中的作用逐渐增强，这减少了同样时间里可能的行动方案选择数量，因为决策人越来越依赖品牌起源的决策和行为路径（Schreyögg等，2003，第261页起；Freiling，2013，第31页）。

品牌起源与一个品牌的历史有着紧密联系，但不应该将两者混淆。品牌起源选取并用特别方式强调了品牌历史的具体方面，而品牌历史包含了过去所有与品牌有关的事件。因此，品牌起源与品牌历史不同，它是一个长期构建起来的身份组成部分。在理想情况下，它给予所有其他品牌管理活动高度可信性和真实性。这时它可以被用来作为一种记忆来看待已经完成的成果（Menninger和Robers，2006，第256页）。

品牌起源基于三个不同方面：空间起源、公司起源和行业起源（Becker，2012，第59页）。

有关原产国的调查研究表明，产品制造国和消费者对该产品的质量感知之间是有联系的（Usunier，2006，第68页）。原产国的影响力与专长紧密联系在一起，这种专长归属于一个国家或者地区（Stolle，2013，第95页）。例如，在传统意义上，德国属于在工业生产上有很强能力的国家。然而，如果消费者对一个国家持负面态度，如对来自亚洲国家的产品持消极态度，原产国效应也可能是负面的。虽然在过去几十年中，一些亚洲国家已经在许多产品类别中建立了非常积极的质量形象，但其他国家仍然需要努力（Andrews和Chew，2017，第88页）。原产国研究面临的一个核心问题是公司日益全球化，且在国际商务活动中，许多公司都实现了来源国和制造国的分离。为了解决这个问题，近年来，原产国理念的发展逐渐形成，如制造国（生产产品的国家）、公司拥有国（公司合法注册的国家）、设计国（产品设计的国家）以及零件生产国（供应商所在国家）之间的区分（Becker，2012，第52页）。从不同方面看，品牌的所属关系可以有差异。图1.8显示了"瑞典"宜家的品牌起源，其仅仅通过设计国理念被看作是瑞典品牌。

图1.8　宜家品牌的起源（基于：Becker，2012，第52页）

在这种背景下，品牌传达的起源和消费者感知的品牌起源变得越来越重要（Thakor 和 Kohli，1996，第 27 页起），例如，Altonaer-Spirituosen-Manufaktur 的"Gin Sul"品牌杜松子酒是在德国汉堡蒸馏的，但在通过声称"在汉堡蒸馏的 Saudade（葡萄牙语，表达怀旧、乡愁情绪、思念或渴望等）"进行营销传播时，故意强调了葡萄牙的原产成分，如特殊成分（棕斑岩蔷薇）。通过这种方式并在命名的帮助下——"Sul"在葡萄牙语中意为"南方"——德国和葡萄牙这两个原产国在品牌管理中脱颖而出（Täubner，2017，第 56 页起；Gin Sul，2017）。因此，尽管只在德国蒸馏，客户也将葡萄牙视为该杜松子酒的原产国（见图 1.9）。这种使用原产地名称的品牌也称为"外国品牌"，但这种设计方案，也会产生负面影响（Melnyk 等，2012）。

图 1.9 "Gin Sul"品牌的德国和葡萄牙起源（Gin Sul，2017）

然而，基于身份的品牌起源不仅仅涉及地域，在品牌起源文化研究的基础上，文化起源也可以塑造一个品牌的身份。如今企业经营的国际化，使得消费者很难看出某一特定国家是某品牌的起源国，他们在追溯品牌起源时更多地诉诸"文化暗示"（Lim 和 O'Cass，2001）。例如，在客户不知道它是韩国品牌的情况下，仅现代汽车品牌的名称就能唤起亚洲来源国的联想。啤酒品牌宝莱纳（Paulaner）可作为一个被打上巴伐利亚文化烙印的品牌，而不单单被看作是德国啤酒。因此，一个品牌的区域和文化起源包括了所有源于起源国或起源地区对于品牌身份的影响（Becker，2012，第 9 页起；Charmasson，1988；Leclerc 等，1994，第 263 起）。然而，目前为止提出的所有理念主要是根据消费者（或者说外部目标群体）对于起源的感知而来的，因此，他们对基于身份品牌管理的理解还很浅显。

> 在基于身份品牌管理理念框架下，品牌起源描述了品牌身份的一部分，它来自品牌与空间（文化）、行业或组织相结合的品牌管理组织身份的识别结果（基于：Becker，2012，第 59 页）。

公司的起源包含了品牌与一个组织或者企业的隶属关系，这种隶属关系在一个公司只拥有一个品牌时意义不大。相反，当企业经营多个品牌时，企业各个品牌就能被不同程度地联系起来（见第 2.4 节）。由此，对于品牌管理来说，其品牌来源的定位有巨大的回旋余地（Becker，2012，第 59 页）。其他重要的决定因素有企业文化和公司创始人及其突出的个人管理能力。特别是，公司的创始人和领导人能决定性地影响到企业的品牌身份以及单个品牌的身份，如Aldi的创始人Theo和Karl Albrecht强烈塑造了Aldi企业品牌的形象，该品牌主打节省和效率；同样，Dr. Claus Hipp作为企业领导者和企业创始人后裔，他"用他的名字"代表生态种植配方以及婴儿食品品牌喜宝（Hipp）的产品质量，而该公司的起源也能通过品牌的产品开发表现出来。图1.10显示了福特野马的车型发展。近年来一些代表品牌历史发展的著名经典车型，如大众的"甲壳虫"和菲亚特500，通过结合新的现代设计再度投产并且在市场上取得了成功。

福特Mustang-1968　　　　　　　　　　　福特Mustang-2021

图 1.10　福特野马车型的发展（福特，2021）

企业也提供了构建行业起源的可能性（Schafer，2006，第170页起）。例如，西门子集团等，他们活跃在驱动技术、自动化、照明、能源、建筑、医疗和通信网络等领域，这些行业可通过集团来定义起源，在很大程度上也是品牌管理的判断标准（Becker，2012，第60页）。2021年，在其所有服务中，西门子强调物理世界与数字世界之间的联系，以使品牌显得更加现代。同样，人们对于古驰（Gucci）品牌的手表、手袋、太阳镜、香水和鞋子的感知是受到其所在服装行业起源的影响。德国的品牌虽然在质量和可靠性这些传统价值方面具有形象优势，但它们也可能存在显著的形象劣势，尤其是在数字化方面，因为几十年来，政治决策者一直严重忽视德国数字基础设施的建设（如自动驾驶、电动汽车相关设施）。例如，与特斯拉（美国）或中国汽车品牌相比，如今的德国汽车制造商具有明显的竞争劣势，因为它们产品的数字化性能和未来的生存能力因其来源国是德国而被否定（Feld等，2021；von Gehlen，2020）。不幸的是，许多来自德国的初创企业也有同样的数字化方面的劣势。

通过强调具体起源，品牌管理可以改变长期以来人们对品牌所感知到的起源。同样，品牌起源可以通过合作和企业兼并变得丰富，但是也能被淡化。后者在企业品牌拜耳（德国）收购企业品牌孟山都（美国）时以极端形式表现出来。拜耳代表医疗技术和典型的德国保守市场行为；而孟山都代表着典型的美国式、积极的销售形象和农用化学品的起源。因此，两个品牌在许多起源方面是截然相反的，在效果上相互抵消，从而破坏了两个品牌的品牌价值。

此外，资源外包决策或重要企业部分移出国外可长期显著影响人们对品牌起源的感知。例如，从汉莎航空品牌就可以观察到这一点，该品牌通过将众多核心功能外包给工资成本最低的国家，削弱了其德国"血统"以及消费者对其安全和质量的信任（ZDFzoom，2017）。另一个负面的例子是前高级巧克力品牌Hachez，通过将其所有生产外包到国外，它放弃了在不来梅一家受人尊敬所有者管理巧克力工厂的空间和制度起源，从而放弃了差异化优势，转而支持降低制造成本（Stengel，2018）。

1.7.2 品牌愿景

品牌愿景预先确定品牌的长期发展方向，具有5~10年的时间跨度。品牌愿景应该成为所有内部和外部目标群体的工作或者购买行为的重要动机。在这种背景下，Ind谈论到一种所谓的"意识形态"，它能够提供给所有员工一种信仰，他们会信奉它并且以此来识别自己的身份（Ind，2003，第395页）。而Sinek说的是"目的"而不是品牌愿景。对他而言，这是"为什么"问题的答案，即自己行为的动机（Sinek等，2017）。从本质上讲，他关心为自己行为找出长期的灵感，这种灵感往往比个人行为对其他人更具吸引力。因此，优秀领导者首先要谈论他们的长期灵感和内在信念，以便为他们的事业赢得战友。从这个意义上说，品牌应该首先传达其内在信念，而不是（仅）"谈论"个别产品。鉴于对产品和服务的模仿速度越来越快，关注品牌形象，尤其是品牌愿景是确保品牌差异化和竞争优势的好方法。

在企业长期目标的落实中，品牌的意义和功能可以通过典型的情感路线图表达出来。企业哲学的概念应该与品牌愿景区分开来，企业哲学涉及的是企业整体。企业哲学体现了公司的基础价值观和假设（Melewar和Karaosmanoglu，2005，第855页）。随之而来的是品牌身份的运营和企业哲学相关联的复杂性。在这方面，品牌愿景可以被理解为企业哲学具体化的升级。相对于品牌愿景，品牌目标特征具有更高的具体化程度和更短的时间跨度。

品牌愿景将起到长期协调作用，确保企业范围内行动的一致性。品牌愿景必须表达一个长期可行的期望假设，以期能发挥出内在动力和识别能力（Kapferer，1992，第110页起）。同时，一个被明确描述的愿景给出了一个指导方针，品牌员工能够认识到在未来需要具备的能力，这种能力对于愿景的实现必不可少。然而，一旦愿景是乌托邦式的，即把不切实际的想法包含在愿景中，它就会失去激励作用，因为对于员工来说这样的愿景是不可企及的。

梅赛德斯-奔驰公司已经两次碰到过这类"乌托邦式问题"。对于1987年被任命为总裁的Edzard Reuter来说，他希望将企业从一个汽车制造商转型为综合技术集团，于是进行了许多大型收购，如对AEG公司和航空航天集团Dornier。几年之内，这个品牌身份核心的偏差就造成了巨大亏损。1995年Reuter离开了集团。他的继承者Jürgen Schrempp（1995—2005年担任总裁）也追求一种全新的乌托邦愿景——在他领导下，梅赛德斯-奔驰公司在汽车行业中将成为世界集团。为此，梅赛德斯-奔驰公司与美国第三大汽车制造商克莱斯勒公司合并，并收购了多家汽车企业的股份。"世界集团"使得公司员工毫无动力，因为企业内部的可用资源和公司竞争力对他们要求过高，并随后导致了梅赛德斯-奔驰的严重质量问题，使其一度丧失优势地位（Tietz，2009，第220页起）。

1.7.3 品牌专长

除了品牌起源，品牌身份主要建立在品牌管理机构专长之上。它们展示了企业具体的组织能力，即和市场相适应的身份、资源处理和整合能力（Freiling 和 Reckenfelderbäumer，2010，第78页起）。

在竞争中，只有当品牌在客户效用方面势均力敌甚至超越对手时，它才能在市场中稳固地位或者领先竞争对手。如果持久领先的客户效用始终基于品牌的核心专长，那么要求在市场中将核心专长转化成品牌专长是可行的（Freiling，2009，第26页起）。从基于身份的品牌管理角度来衡量，专长和核心专长的经济价值始终与客户愿意支付的意愿息息相关。一个公司的品牌管理的技能可以分为三个方面：品牌改善专长、品牌市场进入专长和品牌整合专长（参见图1.11）。

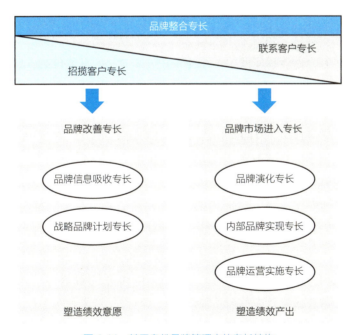

图 1.11 基于身份品牌管理中的专长结构
（基于：Blinda，2007，第320页；Freiling 和 Welling，2005，第107页起）

品牌改善专长包括品牌信息吸收专长和战略品牌计划专长，它们共同给出了品牌在提供绩效时的潜在行动选项。品牌信息吸收专长描述与专长相关的市场信息，如感知市场趋势并在企业内部得到充分反映。战略品牌计划专长的任务是确定价值增值链，以确保兑现品牌的效用承诺，这会影响有关价值链各部分外包的决定。在此专长的基础上，必须对品牌效用承诺进行战略发展规划（Blinda，2007，第326页）。

品牌市场进入专长为绩效产出提供了可能性。在品牌演化专长的基础上，随着时间的推移，品牌会不断适应变化的环境和竞争条件。内部品牌实现专长包括针对内部目标群体的所有品牌管理措施。品牌运营实施专长最终确保服务于品牌身份、建立的品牌定位与品牌接触点的所有执行品牌管理措施的高度适应（见第3章）。除了品牌改善专长和品牌市场进入专长，还有两个更重要的整合专长对基于身份的品牌管理起到了决定性作用——拥有招揽客户专长和联系客户专长，公司就能赢得新的客户并且留住现有客户。

品牌专长和核心专长是建立在对竞争者的竞争优势之上的，因此它们总是暂时的（Burmann，2002，第157页起）。所以，需要对品牌专长和核心专长的创新进行长期投资，以保证知识的领先。同时也需要对那些影响品牌专长和核心专长的人力资源进行持续投资。如果没有和身份适应的组织结构和过程、人力资源管理、领导行为和奖励制度构架，长期有效的品牌管理是不可能成功的。基于身份的品牌管理从根本上永远是员工在管理。

1.7.4 品牌价值

品牌价值代表了一个品牌背后人群的核心信念，它们表达了品牌标识的重要情感成分，这清楚地表明了品牌"相信"什么。专注于极少数陈述，品牌价值应该主要传达品牌的非功能性效用。在企业管理实践中，往往存在过于笼统的品牌价值，以及太多不同的陈述。例如，Henkel KG & Co. KGaA公司列出的价值观"我们将客户和消费者置于我们所做的一切的中心""我们重视、挑战和鼓励我们的员工"和"我们努力改进、不断扩大在可持续发展领域的领导作用"（Henkel KG & Co. KGaA，2021）。在这种非常普遍且可互换的形式中，品牌价值不会有助于品牌的差异化和强化。

多年来，在管理学研究中，用企业社会责任（CSR）一词对基于价值且同时具有社会责任感的品牌行动进行了研究，例如，Hanisch（2016）研究了一个问题，那就是品牌在经济上是否值得关注其价值观，并在此基础上关注其作为公司的负责任行为。在他对来自五个不同行业（汽车、食品、银行、餐饮连锁、廉价航空）的1335名现有和潜在品牌购买者的全德国范围的研究中，他能够证明，基于价值的和负责任的行为会促进情感认同和品牌忠诚度，他将品牌忠诚度效应称为品牌情感，其特点是对未来购买行为的预测质量非常高。结果表明，消费者的购买行为不会直接受品牌企业社会责任活动的影响，而是通过对品牌忠诚度的提高而受到间接影响。

在行业比较中，图1.12所示的因果分析系数表明，品牌的企业社会责任形象（对社会和环境的感知责任）对银行、廉价航空和食品行业中的品牌情感有显著的正向影响，在其他行业中则不是这样。相比之下，品牌的企业社会责任形象对客户购买意愿的直接影响无法在任何行业中得到证实。在所有行业中，购买意愿反而受到品牌情感和品牌企业能力形象的影响。企业能力形象描述了公司提供客户感知服务的能力（Hanisch，2016，第91页起和第174页起；Burmann，2016，第34页起）。

维度 （影响因素）	目标	汽车	银行	餐饮连锁	廉价航空	食品
品牌的企业能力形象	品牌情感	0.438***	0.378***	0.463***	不显著	不显著
品牌的社会责任形象		不显著	0.274*	不显著	0.507***	0.719***
品牌的企业能力形象	购买意愿	0.182*	0.266*	0.441***	0.585***	0.518***
品牌的社会责任形象		不显著	不显著	不显著	不显著	不显著
品牌情感		0.659***	0.505***	不显著	0.176*	0.214**

显著性：*=0.10；**=0.05；***=0.01
这里显示的系数介于-1和1之间，它表示两者之间的相关程度（正或者负）

图1.12　在行业比较中，品牌形象维度与消费者购买行为的相关性（Hanisch，2016，第165页）

品牌价值对于品牌真实性至关重要（Schallehn等，2014；Dietert，2018；Adomeit，2020）。因此，员工必须真切地体会到它们，因为只有这样，品牌价值才能成为品牌身份的一个组成部分，并且真实地赋予品牌情感。一个特别突出品牌价值的合适范例是"The Body Shop"。"The Body Shop"的品牌管理者Anita Roddick为他们的品牌赋予了5个明确的价值观并且多年来严格遵守价值承诺：①反对动物试验；②支持社区公平贸易；③激活自尊；④捍卫人权；⑤保护地球（Backstage Tales，2017）。即使在2006年品牌被出售给大公司欧莱雅之后，她自己也通过合同保证"The Body Shop"将保持其自身的品牌价值（Dierig和Wüpper，2017）。然而，欧莱雅与"The Body Shop"矛盾的价值观导致消费者质疑"The Body Shop"的品牌价值和真实性（Backstage Tales，2017）。由此产生的信任损失对销售产生了直接影响：在天然化妆品市场稳步增长的情况下，"The Body Shop"的销售额却连续多年下滑。可能是由于销量下滑，欧莱雅于2017年6月将"The Body Shop"出售给了巴西天然化妆品制造商Natura & Co。

针对真实品牌价值的积极外部效应，德国超市行业提供了完全对立的对比案例。连锁超市DM与它的前竞争对手Schlecker不同，它始终保持自己的品牌价值。DM公司创始人和总裁Götz W. Werner给出如下总结："没有人就没有经济，因此经济是为人服务的而不是反过来。"由此DM得出了核心价值观"负责任地生活""人性化"和"可持续化"。与之相反的是Schlecker公司，其因员工领导方面的严重缺失经常被一再地公开批评，且它将成本最小化而不是价值当做品牌管理的关键。Schlecker公司在2009年关闭了约800家小分店并新开了所谓的大型商铺。Schlecker不直接雇佣员工，而是通过中介机构，员工以派遣制雇员的身份在分店里工作。与每小时12欧元的协议工资不同，他们通过中介机构得到的工资是每小时6.50欧元。不愿在此工作的员工会被排遣到更远的分店。结果是该公司不得不在2012年1月申请破产。企业创始人和总裁Anton Schlecker的行为也体现出了身份导向品牌管理的缺失。员工始终见不到他，他总是在地下停车场乘私人电梯进入公司总部。即使在公司破产后他也没有对员工发表过任何声明（Amann和Tietz，2012，第68页起）。DM和Schlecker对比强烈的品牌价值效应在评价门户网站dooyoo.de有清晰地分析，且DM得到了5颗星的优秀评价，而Schlecker只得到了3颗星（dooyoo GmbH，2017）。

阿迪达斯的例子也显示了品牌是如何无视其向外界宣称的品牌价值的。可持续发展的价值在阿迪达斯被制定为企业目标，员工被确定为实现这一目标的中流砥柱。此外，阿迪达斯的运动鞋是在柬埔寨工厂生产的。在那里工人通常是在不健康的条件下工作，时薪很低。为了使这些工作条件不损害品牌的形象和身份，传达阿迪达斯基于品牌价值的行动仅在非常有限的范围内进行，生产设施被大面积封锁，并配有监控摄像头和安保人员，且阿迪达斯断然拒绝发表关于运动鞋生产条件的公开声明（SWR Fernsehen，2017）。

自2020年初新型冠状病毒爆发后，阿迪达斯再次出现了同样的行为。阿迪达斯的新任首席执行官Kaspar Rohrsted自2016年上任以来，一直将公司的财务储备用于股票回购计划并增加了股息支付（他以这种方式确保了他的个人奖金支付）。这就是为什么阿迪达斯在新冠疫情初期关闭零售店后迅速陷入财务问题。阿迪达斯随后停止为其商店支付租金，向联邦政府申请财政支持，并很快获得批准（Burmann和Barth，2020，第605页起）。董事会和高管的实际行为与官方宣称的品牌价值观明显相悖。

1.7.5 品牌个性

个性概念最初只涉及人类。然而，早在1919年，Gilmore就在他的"万物有灵论"中提到品牌个性这一概念。该理论认为，人们往往倾向于给无生命物品赋予人类的特质，使之具有"灵魂"，以简化与这些物品的沟通。据此，品牌也可以在自身个性意义上具有"人性化"的特点（Aaker，1997；Fournier，1998；Hermann等，2005；Schade，2012）。

> Azoulay和Kapferer将品牌个性定义为"人个性特质组合中对于品牌同样适用和重要的部分"（Azoulay和Kapferer，2003，第151页）。

品牌个性对于品牌管理非常重要，首先是因为它具有巨大的差异化潜力。正如人们通过个性的不同特征（如善于交际、好奇或矜持的个性）来区分人类成员一样，品牌也可以做到这一点。这可以从互为竞争对手的可口可乐和百事可乐的例子中看出：虽然可口可乐和百事可乐的品牌表现略有不同（如在口味方面），但它们的个性特征却大不相同（de Chernatony和McDonald，1998）。来自美国的消费者将可口可乐品牌特征描述为"酷"和"生活乐趣"等，而百事可乐的个性则被描述为"年轻""潮流意识"和"运动型"（Aaker，1996，第142页）。

品牌个性可以通过语言和非语言的沟通方式来表达。以苹果品牌为例来说明这一点：为了让该品牌在20世纪90年代的危机中恢复昔日的实力，创始人兼首席执行Steve Jobs发起了"Think different"活动。其中心目标是传达Apple的品牌个性，即"不墨守成规，富有创造力的个性"（"重建苹果在20世纪90年代失去的形象"；Jobs，1997）。其电视广告和平面广告以代表这种"不循规蹈矩的创造性人格"的名人为特色（如Albert Einstein，Pablo Picasso，Nelson Mandela，Maria Callas）。图1.13显示了一个带有Albert Einstein头像（非语言交流风格）的平面广告示例，其中苹果的品牌个性也被口头描述（口头交流风格）。根据其现任CEO的说法，"Think different"活动的信息对今天的品牌仍然具有鲜明的烙印（"Think different仍然深深植根于苹果"；Cook，2019）。

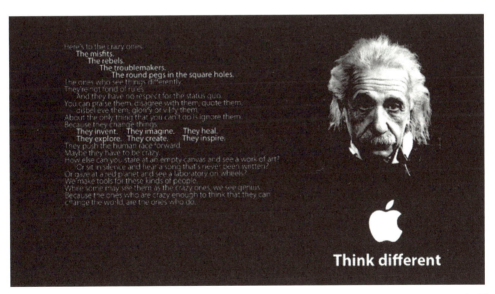

图1.13　苹果品牌"Think different"活动的广告主题（Management & Leadership Academy，2018）

为了从内部和外部把握品牌个性，它必须具有可操作性和可测量性，这种测量通常要由品牌个性尺度来实现。近年来，在理论和实践中都产生了大量的品牌个性尺度，这些尺度都是基于人格心理学的研究结果。这些研究结果将人性分为五个层面，即所谓的"五大人格"（Fisseni，1998，第405页起）。"五大人格"的五个层面是："外倾性""兼容性""尽责性""情绪稳定性"和"开放性"（McCrae和Costa，1997，第514页起）。

早在1957年，Wells等就提出了衡量品牌个性尺度的方法。随后，Plummer（1984）、Alt和Griggs（1988）以及Batra等（1993）相继提出了品牌个性尺度测量方法，然而，这些方法都无法进行经验证明。到目前为止，最突出并饱受争议的理念是1997年Jennifer Aaker提出的品牌个性量表（BPS）。Aaker定义了品牌个性的五个维度：真挚（Sincerity）、兴奋（Excitement）、专长（Competence）、优雅（Sophistication）和粗野（Ruggedness）。

近年来，人们对品牌个性量表（BPS）进行了广泛研究，以证明其普遍适用性，但迄今为止并没有成功。相反，人们发现，该品牌个性量表并不是对各个国家和各种产品类别普遍适用的（Aaker等，2001；Ferrandi等，2000）。Geuens等（2009）研究的用于衡量跨行业和国家的品牌个性量表也仅具有部分说服力，因为它仅以高度浓缩和非常抽象的形式衡量品牌个性（Czuba，2021）。这种方法对塑造品牌个性以及塑造人类个性的众多方面不公平。

较新的理念试图根据C. G. Jung的十二种人格类型来衡量品牌个性。精神分析学家Jung根据他对不同文化中图像、神话和符号的广泛研究发展了这些类型。他所谓的原型描述了每个人的特殊特征，这些特征是有个体差异的，可以很容易地以情感图像的形式存储在人类记忆中。这些原型于2001年由Mark和Pearson进行改进，用以把握品牌个性。由此产生的品牌个性类型（天真者、探险家、智者、英雄、亡命之徒、魔术师、凡夫俗子、情人、弄臣、照顾者、创造者、统治者）因其良好而清晰的心理学锚定，为跨行业强大品牌个性量表的发展提供了有希望的基础（Burmann和Varvier，2021）。

由于缺乏令人信服的总体品牌个性量表，当今存在大量专门针对某一国家和/或产品类别的品牌个性量表（Schade等，2014），这里介绍两个特定品牌个性量表：

针对德国职业体育俱乐部，Schade等（2014）采用分层的方法发展了特定的品牌个性量表，其由四个维度组成（见表1.5）。

表1.5 德国职业体育俱乐部品牌个性量表

品牌个性维度	第一维度：外向性	第二维度：叛逆性	第三维度：封闭性	第四维度：尽责性
品牌个性特征	传统	叛逆	开放	努力工作
	忠诚	调皮	容忍	激进
	善于交际	另类	培养	勤奋
	亲切	—	社会责任感	意志坚强
	幽默	—	—	—
	喜悦	—	—	—

Schade 的四个维度与 Aaker 的品牌个性量表在内容上的相似度其实很低（仅仅在"喜悦""亲切""努力工作"三个方面有所相似）。通过这些维度，俱乐部可以以特殊的方式与目标群体建立情感上的联系。"叛逆性"的维度恰好为区分体育方面的弱者提供了可能性。例如，圣保利足球（FC St. Pauli）俱乐部运用适当的沟通方式和身体符号进行沟通，以此建立不同的品牌形象（Schade，2012，第187页起；见图1.14）。

图 1.14 FC St.Pauli 的球迷物品（FC St. Pauli Shop，2017）

> **深入阅读**
>
> 运用分层的方式，Herbst 和 Merz（2011）发展了 B2B 企业品牌在德国文化维度中的特定品牌个性量表。该量表包含39个特征，可以总结为3个维度（绩效导向、感觉和信誉）。在这里，"绩效导向"维度可以进一步分为"目标导向""竞争力"和"领导力"三个层面；"感觉"维度包括"兴奋"和"有魅力"两个层面；"信誉"维度则无法进一步分为多个层面。然而，这些维度与 Aaker 的品牌个性量表的只有很少的相似之处，因此针对 B2B 部分发展特定的品牌个性量表是很有必要的。"感觉"维度的组成表明了情感元素与 B2B 品牌具有相关性（Herbst 和 Merz，2011，第1079页）。2014年，不来梅大学马克斯通营销、品牌与技术研究所对货运代理的国际研究也表明了这一点：在德国、法国、英国、波兰和俄罗斯这五个具有代表性的国家中，在购买卡车拖车时，从统计学的角度，情感可以解释40%的货运代理购买行为。

1.7.6 品牌绩效

一个品牌产品和服务的基本形式和性质的确定，主要是基于该品牌的专长。产品和服务的具体技术和功能设计通常由品牌的研发部门或专门的服务商进行。品牌绩效决定了品牌如何服务于消费者。正如一个人需要决定他想要在社会中扮演何种角色、承担何种职能以确定身份的整体构造一样，对于一个品牌来说，它也应该确定给消费者提供何种功能效用。在基于身份品牌管理中，与品牌绩效性质清楚区分开来的是明确具体的产品政策（Meffert 等，2019，第393页起）。这个区别于品牌 Dyson 体现得十分明显。在20世纪80年代，James Dyson 企业的初创产品本来是一个革命性的无尘袋吸尘器，然而，Dyson 品牌绩效种类却不是关于无尘袋吸尘器的进一步发展。James Dyson 认为其产品绩效更重要地存在于对现有产品的改善。出于这个绩效承诺，除了完整的一系列无尘袋吸尘器，Dyson 也开发其他类别的产品。例如，海上卡车代表了一种高效率的水上运输工具；而球轮车是一种独轮车的名字，它的车轮是用一个橡胶球代替的，其在三年内就成为英国的市场领导者（Dyson, 2017）。除此之外，在其产品计划里还包括餐厅里的洗手烘干机和无叶风扇等（见图1.15）。

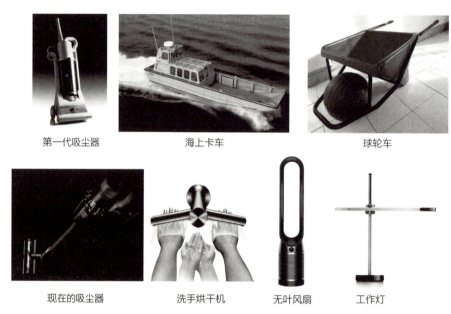

图 1.15　Dyson 公司的精选产品（Dyson，2021）

总而言之，对于品牌身份来说，可以确定的是，在此介绍的品牌身份的六个组成部分的意义只有在具体框架条件下才能体现出来（Aaker 和 Joachimsthaler，2000，第57页）。在此基础上提出四个问题，它们的答案对于具体情况下相关品牌组成部分的识别有所帮助：

（1）它是否有助于品牌从其竞争对手中脱颖而出

这个关于潜在区分度的问题，对于身份结构有着重要作用。具有高行动相关性和区分度的身份组成部分总是能脱颖而出。

（2）它是否与消费者产生共鸣

当身份组成部分对品牌身份越起到正面作用时，就越应该强调该组成部分，因为它们会得到消费者积极的评价进而影响其购买行为。

（3）它是否能激励员工

每个身份组成部分都应能激励品牌，身份组成部分越是能够起到这样的作用，它们在品牌管理中就越能够发挥核心作用。

（4）它是否可信

最后一个对于身份组成部分可信度的追问表现在品牌的真实性上（见第1.9节），只有真实的品牌才能被内外目标群体所接受。身份组成部分对品牌的真实性影响越大，它们在品牌管理中就越应该得到强调。

身份各个组成部分的重要性最终也与品牌关注的产品类型有关（Schaefer，2006，第122页起）。此外，目标团体的架构，品牌核心效用的种类，其主要竞争对手的品牌身份，企业的品牌组合和法律、技术、社会范围的条件都是品牌身份构建中的重要决定因素。

1.8　品牌形象作为品牌理念构架

品牌形象是个体对品牌发出的信号进行主观感知和解码的结果，尤指一个品牌满足其需求的能力。

> 品牌形象是一个多层面的构架（Foscht等，2015，第126页；Trommsdorff，2011，第133页），在心理上，它反映了相关外部目标群体确定、提炼和有价值的预期愿景。

以下介绍基于身份品牌管理对品牌形象的理解。首先介绍品牌信息储存以及在此基础上神经经济学角度品牌形象的构建。神经经济学的目标是用大脑中的神经元连接来解释消费者的行为（Kenning，2014）。与经典消费者行为理念相反（Kroeber-Riel和Gröppel-Klein，2013），神经经济学结合了心理学、神经学和经济学的理论，以阐释消费者的思考过程（Bielefeld，2012）。

1.8.1　品牌形象的研究对象

外部目标群体品牌形象构建的前提是品牌知名度。品牌知名度衡量了潜在消费者记住品牌标识（文字标识、图形标识和图文标识）（品牌回忆）或者他们根据声音或者视觉提示再次识别出品牌（品牌再认识），并将这些认识归纳到某一个产品类别当中的能力（Aaker，1991，第61页）。同样的，可将品牌回忆表述为独立品牌知名度，将品牌再认识表述为非独立品牌知名度。因为品牌知名度是目标群体脑海中对于品牌产生想象的必要先决条件，它并不是定义上品牌形象的一部分。

在基于身份的品牌管理框架下，品牌形象被分为两个主要组成部分（见图1.16）：主观感觉的品牌属性，以及那些由这方面知识产生的基于具体客户需求的功能性和非功能性的品牌效用（Vershofen，1940；Keller，1993，第17页）。品牌属性是一个品牌的描述特征，

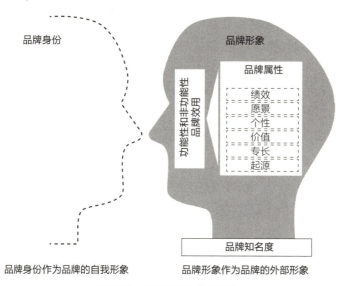

图 1.16 品牌形象的组成部分

代表了一个人对于品牌的认知。消费者主观感知品牌属性的需求满意程度被称为品牌效用（Perrey，1998，第 12 页）。

品牌效用可分为功能性效用和非功能性效用。功能性效用与品牌提供的产品或服务的技术和功能特性密切相关。相反，当一个品牌脱离其功能性效用，为客户提供额外的效用（如美学或声望）时，就会出现非功能性效用。

功能性效用通常与人类的基本需求或安全需求相关联，满足客户解决紧急问题的愿望（如乘客通过租车从 A 处到 B 处）或预防未来问题的愿望（如购买汽车保险，在发生事故时减少经济损失）。功能性效用的实现主要基于品牌绩效的物理技术特征。此外，感知的价格-功效比也是功能性效用之一（Keller，1993，第 4 页；Stolle，2013，第 250 页起）。

然而，由于产品生命周期不断缩短，即使技术创新可以使得品牌在很短时间内与竞争对手形成差异化，构建差异化的品牌形象几乎不可能单纯依赖功能性效用。因此，在成熟和饱和的市场中，可持续区分品牌形象的非功能性效用具有极其重要的意义（Burmann 等，2007，第 10 页）。

非功能性效用与消费者在使用产品或服务时的感知有关（Keller，1993，第 4 页）：例如，感官美学的品牌效用来源于满足人类对于美的追求。对于汽车来说，就是通过再加工，追求车身以及内部空间的设计。此外，品牌服务的特殊设计可以满足享乐主义者对享乐和刺激的需求（例如，高品质的音频系统或与车内移动终端设备的直观连接）。非功能性效用也可以满足外在价值评估、团体归属感（Stolle，2013，第 262 页）。这要求品牌真正代表价值观（如"社会责任"）或个性特征（如"魅力四射"），它们对应于目标群体的实际的（"如何看待自己"）或理想的自我理念（"想成为什么样的人"）。然后，通过使用品牌，购买者可以向他们的社会环境展示相应的价值观和个性特征，从而提升他们的自尊心（Sirgy，1985）。

非功能性效用的重要性可以以苹果公司为例来说明。苹果公司成功地将其品牌与相关的、非功能性效用联系起来，从而将自己与提供功能相似产品的竞争对手区分开来：为了满足用户对美的需求，所有苹果品牌产品均参照了"简约–设计哲学"（Shelley，2015）。正如第1.7.5小节所解释的，苹果还代表"不墨守成规，有创造力的个性"。通过使用苹果产品，购买者可以将这些个性特征展示给外界，从而满足外在价值评估、团体归属感。

1.8.2 大脑对刺激的处理产生品牌形象

众所周知，根据大脑研究（Roth，2003），所有对品牌的感觉都在大脑中以神经网络的形式存储，即相互联系的神经元（Bielefeld，2012，第152页起）。在这些神经网络里，储存了与一个品牌主观联系的所有事实、经历、评价、互动和情感等。

通过消费者口头表达的神经网络那部分称作联想网络（Spitzer，2008，第243页）。除了这些可以通过品牌管理控制的联想，消费者也在他联想的品牌网络里面来接受其他与品牌相关的信息。例如，这可能有关消费者的情景记忆，也就是他个人与品牌经历的具体事件或故事，这些记忆可以再次以情感、感觉或理性想法的形式储存下来（Bielefeld，2012，第135页起）。

像第1.8.1小节中阐述的那样，品牌形象中概括的记忆内容可以分为品牌形象的属性和效用两个主要组成部分，它们在联想网络中按层次排列。在第一层，消费者将他与品牌相关联的属性联系起来，在下一层，这些属性与功能性和/或非功能性效用相关联。

图1.17中以麦当劳品牌联想网络为例，在第一层，品牌与特定属性相关联（例如，"汉堡"等产品或"麦当劳叔叔"等广告角色），这些属性也可以相互关联（例如，"麦当叔

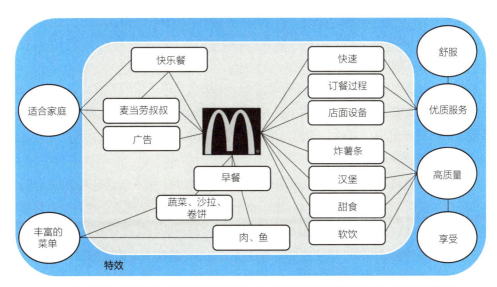

图1.17　以麦当劳品牌为例的联想网络（基于2020年悉尼麦考瑞大学学生研讨会的结果）

叔"和"快乐餐")。在网络的更深层次中,这些具体的记忆与更抽象的功能性效用和非功能性效用相关联(例如,具有"高质量"效用的"汉堡"和"薯条"等产品),效用也可以互相联系起来(例如,"高质量"与"享受")。

在每个联想网络之间,单一品牌记忆内容的含义对不同消费者有所不同。一个关联对于消费者来说越重要,他越能简单迅速地调用它。记忆内容的主观重要性来自奖励价值,其与个人满足程度相对应。在麦当劳的例子中,这可以用"适合家庭"的效用来说明:这个效用对于有孩子的顾客需求的满足(高奖励价值)可能比对没有孩子的顾客更重要(奖励价值低)。因此,有孩子的顾客比没有孩子的顾客会更容易、更快速地检索到其中的关联(如"麦当劳叔叔""快乐餐""适合家庭")。仅仅是品牌联想网络这一相对较小的部分就能使消费者产生很强的意识,并且在抉择时,将它调用出来使用(Bielefeld,2012,第158页起)。

1.8.3 在记忆中储存品牌相关信息

根据神经经济学研究,强势品牌通过更多牢固联想神经网络从弱势品牌中脱颖而出。这种关系也可以被描述为消费者对一个品牌的信任度。在消费者购买品牌商品时,品牌信任度给予他们安全感,以获得他们重要的主观回报(Birbaumer和Schmidt,2006,第617页)。完成预期回报以及保持这种回报会保存在消费者的记忆中,过去回报经历形成的记忆又作为回报预期,成为消费者再次选择品牌的动机(Roth,2007,第149页起)。图1.18描述了在感知品牌过程中,储存和调出信息是如何在联想神经网络中游刃有余进行的。

信息处理的过程始于该品牌第一次的刺激感知,这些都是在超短期记忆中的预处理。当刺激只是在很短时间内被察觉(不超过50毫秒),并且没有引起重视,没有转换成更强的刺激或者被认为是不重要的时候,这里的刺激不知不觉就会衰退(Roth,2003,第229页)。品牌刺激的强度源于它们的新颖程度、它们与满足客户需求的相关性以及它们的简洁性(Bielefeld,2012,第163页起)。

如果这个刺激足够强大,就能成功进入下一个层次,即所谓的触发。在这个过程中,前一个刺激已经激发了现有记忆内容,并且大脑较轻松地实现了信息处理。触发使消费者能够迅速感知再度出现的刺激,例如,帮助他们在超市货架上找到一个不太有名的品牌(Roth,2003,第229页)。

当一个品牌的刺激强度上升,它就会被有意识地察觉到,接下来就是刺激的感知处理。感知处理最初仅限于实际感受,并没有激活整个品牌网络。这个刺激会使大脑将存储在记忆中的信息进行比较,以便识别出品牌,例如,通过典型的包装设计或标志。具体地讲,它有辅助品牌知名度的作用,能使消费者再度认出一个(货架上)陈列的品牌。

语义记忆构成了处理过程的下一个层面。在该阶段,消费者感知到了品牌的名称和认

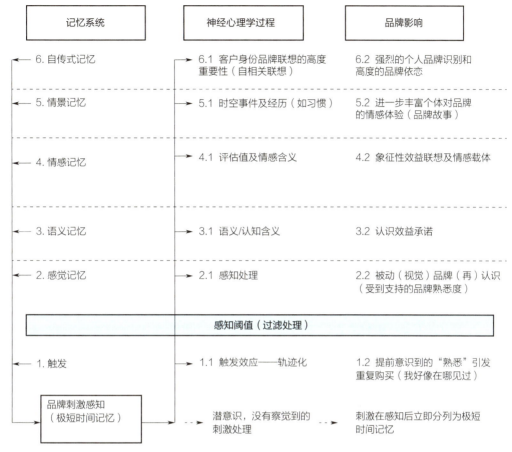

图1.18 神经心理学过程、记忆系统和品牌影响（基于：Bielefeld，2012，第213页）

知含义，就是品牌的产品、特点和价格等。这种类型的信息最初只是被理性地感知，从处理层面来看这仅仅涉及对所关注品牌的纯理性理解（Roth，2003，第91页）。

刺激处理的下一个阶段实现了情感记忆中的品牌情感阐释，品牌刺激依照记忆中存储的情感进行评价。这一步对于品牌管理至关重要，因为品牌刺激与储存情感的联系会给品牌赋予感情。这些效用承诺会转化为情感效用联想，这样品牌就能获得消费者的主观回报价值（Bielefeld，2012，第216页）。

在重复使用品牌的过程中，这些信息以情景记忆和存储的行为模式（情节序列）发生联系。典型动机引发的重复使用，例如，每天早上用同样的面霜护肤，会使得行为习惯（品牌历史）联系上品牌。

当使用品牌具有自传式意义并存储在自传式记忆中时，就会出现更强的情感关联。这样，品牌效用联想将使消费者联系到自身，从而产生对品牌的显著识别。这尤其适用于对于一个消费者性格结构很重要的品牌，例如，在追求尊严、认可以及自我回报方面（Bielefeld，2012，第217页）。

1.8.4　神经学对基于身份品牌管理的启示

首先，必须指出的是，品牌形象是消费者通过将品牌刺激的感知和在脑海中的个人记忆内容进行比较产生的。因此，消费者感受到的品牌通常不那么真实，他们也并没有像负责的品牌管理所期望地那样体验品牌。然而，为确保品牌在消费者心目中的形象尽可能一致，必须考虑品牌理念并定期检测品牌应该传达何种引发购买行为的情绪和感觉，消费者是与哪些联想型品牌标志联系起来的。

在此，区分情绪和感觉很重要。即使按照日常语言习惯这两个词往往交替使用，但是它们在神经科学中指两个不同的东西：情绪作为身体激励状态，总是产生于感觉之前并且引发感觉，情绪不直接与某一个直接触发它的对象联系，它更关乎固定的过程。得到广泛认可的六种基本情绪是恐惧、幸福/喜悦、悲伤、愤怒、惊奇和厌恶（Damasio，2013，第67页起）。由一个对象所引起的情绪，例如，在炎热的夏日傍晚饮一杯青岛牌的冰镇啤酒所带来的喜悦，会被人们作为一种感觉体验，并在神经上与这个对象相连。在记忆中，这种感觉会与特定对象（在此是这杯冰爽的啤酒）相联系和储存下来，今后被调出。而情绪与之相反，它是不会被想起来的。

关于品牌的主要信息，如品牌标志、包装、产品和宣传语等，消费者并不会整体感知并储存它们。这些信息更多地会分裂成很小的信息单位被感知到，然后以联想神经网络形式联系并储存下来。品牌的设计特征越典型，消费者的神经品牌网络越牢固，品牌就越具有行为相关性。另外，它也处于不够稳定和一致的品牌结构当中。随着时间的推移或者在不同的品牌接触点，频繁的变化和不统一的形态导致对品牌认知必要的神经子网络数量增加，因为必须给每一个形态变化创立一个独立的子网络。这阻碍了独立神经"核心"网络的加强，并且削弱了品牌在消费者脑海中的代表性和行为相关性（Bielefeld，2012，第390页）。

从神经学角度，消费者神经网络中品牌的稳固地位也能作为品牌强度，从而理解成品牌的行为重要性。在这个意义上说，强势品牌具有丰富的突触连接，其中，品牌典型独特的感官特性与强调情绪的消费者效用联想相结合。品牌网络通过人们对品牌的新感知和联想行为不断得到加强，在此过程中储存下来的信息有个人行为，如购买、运用和运用动机以及经历，还有通过第三方获得的经验和证实。在每一种相似情况下，固定的品牌网络会被激活并且操控消费者的行为（Bielefeld，2012，第393页）。

神经科学品牌管理的研究结果表明，对消费者行为的深入了解有很大的价值。但是，这很少存在于完全崭新的认识过程当中，更多存在于对已有熟悉联系的深入区分以及证实过程中。在20世纪70年代的神经生物学中，人们对神经过程和行为之间存在的联系有过研究（Birbaumer，1975，第3页）。在那时，人们就已经认识到，存储的信息能够实现刺激感知的模式比较，并且将其存储在神经细胞群当中（Birbaumer，1975，第147页）。情绪对作出购买决策的重要性早在50年前就在市场学中广为人知，如今借助神经生物学分析能够从根本上证明这一点。

当前神经经济学的受欢迎度，很大程度上基于科技的发展，借助于它能够形象地表示出大脑中的有关过程。使用成像技术，如功能磁共振成像（fMRI），可大致显示哪些大脑区域在受到刺激时被激活了。然而，应该谨慎看待这些研究结果，一方面，由于成像技术分辨率不足；另一方面，使用者对成像的高度影响（Vul等，2009），或者自封的专家实际上错误地"市场呼声-简化的"成像分析（Bielefeld，2012，第240页起；Kenning，2014，第124页起）。

总的来说，与品牌身份相比，品牌形象不能直接和立即被管理层控制，品牌形象是品牌管理活动的间接结果。此外，它还受到消费者（如影响者的推荐）、竞争对手、社会、政治和技术变革（例如，通过更强大的移动数据传输扩展流媒体服务）的影响。

1.9 基于身份品牌管理中的品牌真实性

1.9.1 品牌真实性的重要性和对象

如今，品牌管理面临跨行业的品牌信任损失（Bialek，2019；Craft，2019）。由于银行业和金融危机、汽车行业的欺诈丑闻以及许多跨国公司（尤其是硅谷的公司）的逃税行为（United Digital Group，2017），消费者对品牌的信任度以及品牌忠诚度的稳定性正在下降（Burmann和Barth，2020，第598页起）。这一发展增加了人们对品牌真实性的研究兴趣，还被认为是建立品牌信任的最重要切入点（Adomeit，2020）。除了品牌信任度降低，品牌真实性低也会导致客户购买意愿降低，并对品牌形象产生负面影响（Gilmore和Pine II，2007，第5页）。因此，近年来，真实性对于品牌差异化变得越来越重要（Schallehn等，2014；Dietert，2018；Adomeit，2020）。获得真实品牌认知的先决条件是，在所有品牌接触点兑现品牌承诺（见图1.19）。在这种情况下，品牌的整个行为完全是由它的身份引起的。

> 按照定义，品牌真实性是身份相关行为可解释性的程度（Schallehn，2012，第38页）。

这种理解侧重于品牌背后员工的行为。品牌员工的行动动机可以是内在的，也可以是外在的。外在动机是由外部环境刺激所决定的，品牌员工试图对新环境条件做出反应，并机会主义地将他们的活动与市场机会相结合以获取利润，例如，不假思索地复制竞争对手，将短期趋势融入品牌。内在动机描述了基于品牌自我形象（身份）的内部驱动力。

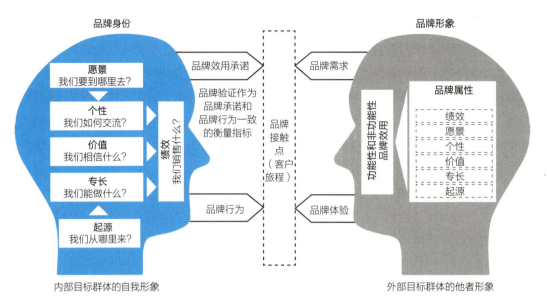

图 1.19 基于身份的品牌管理模型中的品牌真实性

从消费者的角度来说，对于品牌及其员工的行为动机很难进行客观判断。因此，消费者通过将官方传达的品牌承诺与他们在品牌接触点的个人经历进行比较，间接形成对品牌真实性的判断。此外，来自第三方（例如，媒体、朋友、影响者）关于品牌的信息也会被整合到自己对真实性的判断中。

根据我们基于身份的理解，品牌真实性包括完整性和原创性两个维度。为了衡量这两个维度，Adomeit（2020，第187页起）开发了一个有效的、跨行业和跨品牌的模型。它主要借鉴于Schallehn（2012）和Dietert（2018）的模型，并在对来自6个行业的18个品牌研究的基础上，进行了验证和实用性测试。这表明，这个模型可以很好地在实践中使用——主要是因为它的简单性。图1.20说明了这两个维度并显示了品牌真实性对品牌整体形象、品牌信任和购买意愿的高度影响。

完整性维度包括内在品牌行为的主导地位，被定义为"通过使品牌行为与品牌的基本价值观和信念保持一致来避免品牌剥削"（Dietert，2018，第85页）。完整性维度的两个重要组成部分是一致性和连续性：一致性指特定时间点，描述了品牌接触点与所有体验彼此之间的契合度（Adomeit，2020，第64页）；连续性指在较长时期内保持基本品牌特征（Schallehn等，2014，第194页）。原创性维度指在设计品牌承诺时拒绝模仿，并被定义为"品牌定位的感知真实性"（Adomeit，2020，第68页）。

1.9.2 对基于身份品牌管理的启示

为了获得真实的品牌认知，必须确保完整性（包括一致性、连续性）和原创性。例如，一个始终致力于在所有品牌接触点上保持高度完整性的品牌——特斯拉，该品牌代表

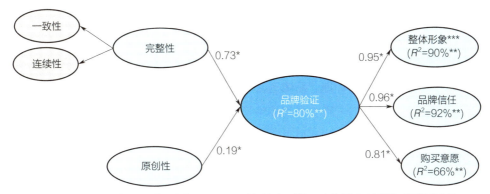

* 这里结构方程分析给出的系数可以在+1.0和-1.0之间波动，例如，它们显示了完整性对品牌真实性有多大的影响（正面影响或负面影响），这里5个系数均具有1%的置信度。
** 所谓的决定系数R^2给出了数据分析对于结构变化的解释百分比。
*** 对下列说法表示同意：我很喜欢这个品牌；品牌好极了；品牌代表乐趣和快乐。

图 1.20　品牌真实性的维度和实证效果（基于：Adomeit，2020）

着加速从传统能源（内燃机）向可持续能源（电动汽车）过渡的内在信念（身份）（Tesla，2021）。不过，特斯拉创始人兼首席执行官Elon Musk在2014年否认了这一点，他宣布，如果其他汽车制造商"善意使用特斯拉开发的技术"，他将放弃对其他汽车制造商的专利诉讼。特斯拉自己坚信，靠自己的力量无法生产足够的电动汽车来应对气候危机，并认为开放专利对于实现这一目标至关重要。凭借这种开源理念，特斯拉承认它无法通过创新优势在某些应用领域的竞争中脱颖而出。特斯拉将其对利润的追求置于追求符合身份的行为之后（Musk，2014）。在此背景下，特斯拉品牌管理的高度连续性也可见一斑。在2014年1月对投资者的一次演讲中，Elon Musk说："我们十年前创建特斯拉时的目标与今天的相同：推动世界汽车向电动汽车的过渡"（Stringham等，2015，第86页）。

原创性的构建也可以以特斯拉为例来说明。特斯拉品牌身份深受可持续性概念的影响。遵循这个品牌身份，特斯拉在2008年推出了Tesla Roadster作为其第一款产品。作为第一款纯电动汽车，Tesla Roadster除了其生态优势，还以其极具运动感的驾驶性能令人印象深刻。在Tesla Roadster之后，Tesla Model S在2012年以轿车的形式亮相。特斯拉凭借Model S创新的设计、令人印象深刻的驾驶性能和超长的续航里程，成功地在全球范围内塑造了电动汽车的形象（mobile，2020）。因此，特斯拉的品牌定位可以说是特别的。毫无疑问，它没有模仿。对于消费者来说，他们可以毫不费力地追溯到作为特斯拉品牌身份的自然人代表Elon Musk的内在信念和行为。特斯拉非常真实的行为也解释了债券投资者和股权投资者之间的高度信任以及由此产生的高市值。2021年2月，成立于2003年的特斯拉品牌的市值（股票市值）为6420亿欧元，高于全球所有其他汽车制造商的总和（Freitag，2021）。

1.10 基于身份品牌管理的管理过程

图1.21所示的基于身份品牌管理的管理过程用于建立强势品牌身份的所有规划、协调和控制措施，它由品牌战略管理、品牌运营管理和品牌控制三个部分组成。这三个部分的实施不能被理解为一次性的过程。品牌战略管理的反馈大多来自品牌控制的结果，这同时也优化了战略规划。优化过的战略可再次投入运营管理中并且再次进行控制，而当这几个步骤结束时，一个新的反馈回路又开始了。

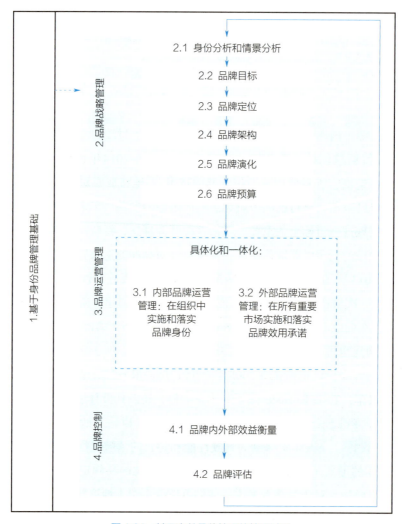

图1.21 基于身份品牌管理的管理过程

本书的第2章到第4章以基于身份品牌管理过程的步骤为导向：第2章首先详尽阐述了品牌战略管理，第3章致力于讲解品牌运营管理，第4章则讨论了品牌控制。第5章转向介绍基于身份的品牌管理的一些特殊案例。

小结

多年来，品牌管理一直是企业管理的一个关键课题。然而，品牌往往缺乏差异化，因为它们的功能性特征（例如，产品质量）是可互换的。数字化也加剧了品牌之间的竞争，因为消费者可以通过互联网在智能手机上看到许多新的竞争对手。在这些条件下，只有传达出特殊态度和意义的品牌才能获得优势，从而丰富品牌的功能表现，并从竞争中脱颖而出。基于身份的品牌管理特别适用于成功应对已确定的挑战（参见第1.1节）。

基于身份的品牌管理理念同时考虑了内部视角（管理层、员工、所有者的视角）和外部视角（买家视角）。品牌的内部视角对应品牌身份（自我形象），外部视角对应品牌形象（他者形象）。一个强大的品牌只能来自身份和形象的互动。这种互动始于品牌效用承诺的确定和传播，它包括品牌应向外部目标群体提供的、与购买行为相关的效用；它应确保与竞争对手的区别，并满足买家对购买行为的最重要的需求（品牌需求）。效用承诺应该"通过品牌行为（品牌的产品和服务以及员工的行为）来实现"，品牌行为与客户的主观品牌体验直接关联，即客户在品牌接触点与品牌的互动，将这些与品牌的体验和主观品牌需求进行比较，并形成品牌形象。

品牌的身份（自我形象）由六个部分组成：品牌起源、品牌愿景、品牌价值、品牌个性、品牌专长和品牌绩效。

品牌起源回答了"我们从哪里来？"由于品牌最初是由内部和外部目标群体在其起源背景下感知和解释的，因此品牌起源具有高度重要性。品牌起源基于三个不同方面：空间起源、公司起源（包括公司创始人）和行业起源（所属的行业）（参见第1.7.1小节）。品牌愿景（我们要到哪里去？）决定了品牌的长期发展方向，它对内部目标群体的激励尤为重要（参见第1.7.2小节）。

品牌价值（我们相信什么？）代表品牌背后人群的基本信念，它表达了品牌身份的重要情感方面（参见第1.7.4小节）。品牌个性（我们如何沟通？）对品牌管理非常重要，尤其是因为它具有巨大的差异化潜力。正如人们通过不同形式的个性（如外向、好奇或保守的个性）来区分自己与他人一样，这对品牌也是如此。品牌个性以言语和非言语沟通方式表达（参见第1.7.5小节）。

品牌专长（我们能做什么？）代表公司对市场识别、优化和组合资源的具体能力（参见第1.7.3小节）。品牌专长是创建品牌绩效（我们销售什么？）的基础。品牌绩效决定了一个品牌如何被买家使用，并与功能性效用密切相关（参见第1.7.6小节）。

品牌形象（他者形象）是个体对品牌发出的所有信号进行主观感知和解码的结果。品牌形象形成的先决条件是品牌意识。品牌意识衡量记住商标或根据声学/视觉特征使用商标的能力。品牌形象的核心组成部分是品牌效用（消费者感知的满意度），这些效用可分为功能性效用和非功能性效用：功能性效用的实现主要基于品牌服务的物理技术质量，非功能性效用是指消费者在使用产品时的感觉（例如，美学设计、群体归属感）（参见第1.8节）。

品牌管理的核心成功因素是品牌信任的形成。品牌真实性是建立品牌信任的最重要抓手，真实品牌认知的前提是在所有品牌接触点实现品牌效用承诺（参见第1.9节）。

案例链接

农夫山泉：二十年如一日，讲好天然水的故事（第1.9节补充案例）

农夫山泉始创于1996年，原名为浙江千岛湖养生堂饮用水有限公司，2001年改名为农夫山泉。2020年9月初，农夫山泉在香港证券交易所挂牌上市。2023年，农夫山泉营收达426.67亿元，同比增长28.4%，净利润达120.79亿元，同比增长42.2%。

早在1997年，市场上的其他饮用水品牌都专注于生产纯净水，而农夫山泉却另辟蹊径地提出天然水比纯净水更适合人饮用，还为此做了一系列对比实验来证明此观点的正确性。1998年，为了凸显天然水的口感，农夫山泉推出至今仍然让不少消费者印象深刻的广告语——农夫山泉有点甜。此后，在二十余年的发展中，农夫山泉持续强化"天然水"的概念。

首先，布局水源地，构建产品护城河。要主打"天然水"概念，水源便是决定产品品质的关键要素。因此，农夫山泉一直强调"水源地建厂，水源地生产""从不使用城市自来水"的理念，并且前瞻性地布局众多稀缺的优质天然水源地。早在1996年成立时，农夫山泉便开始了全国圈地布局找水的战略，还设立了专门的水源勘探师职位来寻觅优质水源。每一处天然水源都要经过长周期的水质检测、水量补给考察和建厂条件评估才能被纳入水源地矩阵。1997—2003年，农夫山泉相继在浙江千岛湖、吉林长白山矿泉水保护区、湖北丹江口建成现代化的饮用水及果汁饮料生产工厂，此后又开拓了广东万绿湖水库水源地。目前，农夫山泉在全国已经布局了十二个水源地，除以上提到的四个水源地外，还包括新疆天山玛纳斯、四川峨眉山、陕西太白山、贵州武陵山、黑龙江大兴安岭、安徽黄山、福建武夷山、广西大明山。十二大水源地为农夫山泉构建天然水王国打下了坚实基础。

其次，发力视觉语言，传递品牌理念。农夫山泉十分重视品牌视觉设计，从其品牌标志来看，连绵的绿色山脉上有鸟儿在飞翔，呈现出一片和谐的自然环境。以绿色为主的色调，强调环保、生机、天然的特征。农夫山泉在包装设计上也极其用心，比如，经典的学生饮用水系列展示了长白山一年四季的景象，充满了自然的风情与趣味。而在推出长白雪新品时，农夫山泉为产品设计的包装更为惊艳。该包装以灰白为主色调，中间镂空了东北虎、花栗鼠、中华秋沙鸭、松雀鹰四种动物的轮廓，雪山美景搭配上飞禽走兽，生灵与自然的巧妙结合让原本有些素洁的画面多了一些静谧与灵动。而更令人惊艳的是，透过瓶身上镂空的动物形状往瓶内看去的时候，可以清楚地看到每个动物所处的生态环境，就像是把长白山的美景握在了手里一样。这样的包装设计，既充分体现了水源地长白山的自然特色，又增加了与用户之间的情景互动，不需要过多的描述，已经让消费者对品牌产生了深刻的印象。

最后，重视品牌传播，多维营造"天然、健康"的形象。从最初"农夫山泉有点甜"到后来的"我们不生产水，我们只是大自然的搬运工""什么样的水源，孕育什么样的生命"，农夫山泉的广告语始终围绕"天然水"的概念，不断深化消费者的品牌印象。而在广告创意上，农夫山泉也持续强调天然、高品质水的概念。早在2018年，农夫山泉就发布首支广告纪录片，以农夫山泉的水源地之一——长白山为视角，通过拍摄冬季积雪覆盖下的长白山纯净之景和生灵，为大众展现这条山脉在银装素裹之下蕴藏的生机。此后，农夫山泉又连续推出《长白山的春夏秋篇》《水与岩石》《雪原》等纪录片，真实展示出水、生灵和生态环境的关系。这些广告片不以生硬的实验和参数来证明水的品质，而是通过自然万物的蓬勃生机来体现品牌"什么样的水源，孕育什么样的生命"的理念，自然生动且极富感染力。

在产品的打造、包装的设计、品牌的宣传方面，农夫山泉数十年如一日地紧扣天然、健康的理念，始终如一地传递一致的品牌内涵，从而在消费者心目中树立了鲜明、立体的品牌形象，成为品牌的核心竞争力所在。农夫山泉财报显示，2022年，其包装饮用水产品的营收达到182.63亿元，同比增长7.1%。2012年以来，农夫山泉连续12年保持中国包装饮用水市场占有率第一。

参考文献

Aaker, D. A. (1991). *Managing brand equity: Capitalizing on the value of a brand name*. New York: Free Press.

Aaker, D. A. (1996). *Building strong brands*. New York: Free Press.

Aaker, D. A. (2010). *Building strong brands*. London: Pocket Books.

Aaker, D. A., & Joachimsthaler, E. (2000). *Brand leadership*. New York: Free Press.

Aaker, D. A., & Keller, K. L. (1990). Consumer evaluations of brand extensions. *Journal of Marketing, 54*, 27–41.

Aaker, J. (1997). Dimensions of brand personality. *Journal of Marketing Research, 34*, 347–356.

Aaker, J., Benet-Martinez, V., & Garolera, J. (2001). Consumptions symbols as carriers of culture: A study of Japanese and Spanish brand personality constructs. *Journal of Personality and Social Psychology, 81*(3), 492–508.

Abels, H. (2009). *Einführung in die Soziologie. Band 2: Die Individuen in der Gesellschaft*. Wiesbaden: Springer VS.

Abels, H., & König, A. (2010). *Sozialisation – Soziologische Antworten auf die Frage, wie wir werden, was wir sind, wie gesellschaftliche Ordnung möglich ist und wie Theorien der Gesellschaft und der Identität ineinanderspielen*. Wiesbaden: Springer VS.

Achterholt, G. (1988). *Corporate Identity. In zehn Arbeitsschritten die eigene Identität finden*. Wiesbaden: Gabler.

Adidas Group. (2017). http://www.adidas-group.com/media/filer_public/72/49/72497f4a-8265-44e1-9624-4b7685102828/adidas_group_nachhaltigkeitsstrategie_ziele_und_vorsatze_fur_2020_de.pdf. Zugegriffen am 30.03.2017.

Adomeit, M. (2020). *Markenauthentizität als strategisches Markenführungsinstrument*. Wiesbaden: Springer Gabler.

Alewell, K. (1974). *Handwörterbuch der Absatzwirtschaft*. Stuttgart: Schäffer-Poeschel.

Alsaker, F. D., & Kroger, J. (2007). *Identitätsentwicklung*. In M. Hasselhorn & W. Schneider (Hrsg.), *Handbuch der Entwicklungspsychologie* (S. 371–380). Göttingen: Hogrefe.

Alt, M., & Griggs, S. (1988). Can a brand be cheeky? *Marketing Intelligence and Planning, 6*(4), 9–16.

Amann, S., & Tietz, J. (2012). Endstation Schleckerland. *Der Spiegel,* Heft 26.

Andrews, T. G., & Chew, W. (2017). *Building brands in Asia: From the inside out*. Abingdon: Routledge.

ARD/ZDF. (2020). ARD/ZDF-Onlinestudie 2020. https://www.ard-zdf-onlinestudie.de/ardzdf-onlinestudie/infografik/. Zugegriffen am 09.03.2021.

Azoulay, A., & Kapferer, J.-N. (2003). Do brand personality scales really measure brand personality. *Journal of Brand Management, 11*(2), 143–155.

Backstage Tales. (2017). *The uncertain future of the body shop*. https://www.backstagetales.com/uncertainfuture-body-shop/.Zugegriffen am 20.04.2017.

Balmer, J. M. T. (2001). Corporate identity, corporate branding and corporate marketing. Seeing through the fog. *European Journal of Marketing, 35*(3/4), 248–291.

Balmer, J. M. T. (2008). Identity based views of the corporation: Insights from corporate identity, organisational identity, social identity, visual identity, corporate brand identity and corporate image. *European Journal of Marketing, 42*(9/10), 879–906.

Balmer, J. M. T. (2011). Corporate marketing myopia and the inexorable rise of a corporate marketing logic. Perspectives from identity-based views of the firm. *European Journal of Marketing, 45*(9/10), 1329–1352.

Balmer, J. M. T. (2017a). Advances in corporate brand, corporate heritage, corporate identity and corporate marketing scholarship. *European Journal of Marketing*, Special issue: Advances in corporate brand, corporate heritage, corporate identity and corporate marketing scholarship, zitiert aus online verfügbarer vorveröffentlichter Version. http://bura.brunel.ac.uk/handle/2438/13604.Zugegriffen am 16.08.2021.

Balmer, J. M. T. (2017b). The Corporate Identity, total corporate communications, stakeholders' attributed identities, identifications and behaviours continuum. *European Journal of Marketing*, Special issue: Advances in corporate brand, corporate heritage, corporate identity and corporate marketing scholarship, zitiert aus online verfügbarer vorveröffentlichter Version. http://bura.brunel.ac.uk/handle/2438/13622. Zugegriffen am 16.08.2021.

Balmer, J. M. T., & Greyser, S. A. (2006). Corporate marketing: Integrating corporate identity, corporate branding, corporate communications, corporate image and corporate reputation. *European Journal of Marketing, 40*(7/8), 730–741.

Batra, R., Lehman, D. R., & Singh, D. (1993). The brand personality component of brand goodwill: Some antecedents and consequences. In D. A. Aaker & A. L. Biel (Hrsg.), *Brand equity and ad-vertising: Advertising's role in building strong brands* (S. 83–96). Hillsdale: Lawrence Erlbaum Associates.

Becker, C. (2012). *Einfluss der rämlichen Markenherkunft auf das Markenimage: Kausalanalytische Untersuchung am Beispiel Indiens*. Wiesbaden: Springer Gabler.

Beiersdorf AG (2017). *Chronicle 04: Pebeco. Beiersdorfs erste Weltmarke*. Hamburg: Beiersdorf AG.

Berekoven, L. (1978). Zum Verständnis und Selbstverständnis des Markenwesens. In E. Dichtl (Hrsg.), *Markenartikel heute – Marke, Macht und Marketing* (S. 35–48). Wiesbaden: Gabler.

Berggold, C. (2000). *Unternehmensidentität: Emergenz, Beobachtung und Identitätspolitik*. Berlin: Verlag für Wissenschaft und Forschung.

Bialek, C. (2019). *Marken in der Krise: Bürger vertrauen nicht nur den Politikern nicht mehr – auch die Marken stecken in der Krise*. https://www.handelsblatt.com/mei-nung/kommentare/kommentar-buerger-vertrauen-nicht-nur-den-politikern-nicht-mehr-auch-die-marken-stecken-in-der-krise/24999016.html?ticket=ST-43817592-CJUpSUigTTkjzdWMRUld-ap5. Zugegriffen am 28.01.2021.

Bielefeld, K. W. (2012). *Consumer Neuroscience – Neurowissenschaftliche Grundlagen für den Markenerfolg*. Wiesbaden: Springer Gabler.

Birbaumer, N. (1975). *Physiologische Psychologie*. Berlin: Springer.

Birbaumer, N., & Schmidt, R. F. (2006). Lernen und Gedächtnis. In R. F. Schmidt & H.-G. Schaible (Hrsg.), *Neuro- und Sinnesphysiologie* (S. 420–423). Heidelberg: Springer Medizin Verlag.

Blinda, L. (2007). *Markenführungskompetenzen eines identitätsbasierten Markenmanagements: Konzeptualisierung, Operationalisierung und Wirkungen.* Wiesbaden: Dt. Univ.-Verlag.

Böhm, B. (1989). *Identität und Identifikation. Zur Persistenz physikalischer Gegenstände.* Frankfurt a. M.: Lang.

Bohmann, T. (2011). *Nachhaltige Markendifferenzierung von Commodties - Besonderheiten und Ansatzpunkte im Rahmen der identitätsbasierten Markenführung.* Wiesbaden: Gabler.

Bonus, H. (1994). *Das Selbstverstätdnis moderner Genossenschaften.* Tübingen: Mohr.

Bonus, H. (1995). *Europäische Identität aus ökonomischer Sicht.* Volkswirtschaftliche Diskussionsbeiträge des Instituts für Genossenschaftswesen der Westfälischen Wilhelms-Universität Münster, Beitrag Nr. 216. Münster.

Böttger, E. (2012). *Employer branding.* Wiesbaden: Gabler.

Brandmeyer, K., & Schulz, R. (1989). Die Markenbilanz. *Marketing Journal, 22,* 360–363.

Brandwatch. (2020). *57 interessante Zahlen und Statistiken rund um YouTube.* https://www.brandwatch.com/de/blog/statistiken-youtube. Zugegriffen am 09.03.2021.

Bruhn, M., Schoenmüller, V., Schäfer, D., & Heinrich, D. (2012). Brand authenticity. Towards a deeper understanding of its conceptualization and measurement. *Advances in Consumer Research, 40,* 567–576.

Burmann, C. (2002). *Strategische Flexibilität und Strategiewechsel als Determinanten des Unternehmenswertes (zugl. Habilitationsschrift Universität Münster).* Wiesbaden: Dt. Univ.-Verlag.

Burmann, C., Blinda, L., & Nitschke, A. (2003). *Konzeptionelle Grundlagen des identitätsbasierten Markenmanagements.* Arbeitspapier Nr. 1 des Lehrstuhls für innovatives Markenmanagement (LiM). Bremen: Universität Bremen.

Burmann, C., Meffert, H., & Feddersen, C. (2007). Identitätsbasierte Markenführung. In A. Florack, M. Scarabis & E. Primosch (Hrsg.), *Psychologie der Markenführung* (S. 3–30). München: Vahlen.

Burmann, C. (2016). Der Wert von Werten. *Markenartikel,* Nr. 10/2016.

Burmann, C., & Barth, S. (2020). *Markenführung Weiterdenken – Mehr Verantwortung übernehmen.* In M. Bruhn, C. Burmann & M. Kirchgeorg (Hrsg.), *Marketing Weiterdenken* (S. 597–613). Wiesbaden: Springer Gabler.

Burmann, C., & Varvier, J. L. (2021). Messung der Markenpersönlichkeit durch Archetypen (bislang unveröffentlichte Dissertation).

Charmasson, H. (1988). *The name is the game.* Homewood: Irwin Professional Pub.

de Chernatony, L. (2001). *From brand vision to brand evaluation: The strategic process of growing and strengthening brands.* Oxford: Butterworth-Heinemann.

de Chernatony, L. (2006). *From brand vision to brand evaluation: The strategic process of growing and strengthening brands* (2. Aufl.). Amsterdam: Elsevier/Butterworth-Heinemann.

de Chernatony, L. (2010). *From brand vision to brand evaluation: The strategic process of growing and strengthening brands* (3. Aufl.). Amsterdam: Elsevier/Butterworth-Heinemann.

de Chernatony, L., & McDonald, M. H. B. (1998). *Creating powerful brands in consumer service and industrial markets* (2. Aufl.). Oxford: Butterworth-Heinemann.

Conzen, P. (1990). *E.H. Erikson und die Psychoanalyse. Systematische Gesamtdarstellung seiner theoretischen und klinischen Positionen*. Heidelberg: Asanger.

Cook, T. (2019). *Interview mit Salesforce co-CEO Marc Benioff.* https://9to5mac.com/2019/11/19/tim-cook-salesforce-interview/. Zugegriffen am 14.12.2020.

Craft, E. J. (2019). *5 key takeaways from the 2019 Edelman brand trust survey: Being able to trust brands matters to consumers now more than ever, according to this year's study.* https://adage.com/article/digital/5-key-takeaways-2019-edelman-brand-trust-survey/2178646. Zugegriffen am 28.01.2021.

Czuba, N. (2021). *Entwicklung einer Markenpersönlichkeitsskala für Luxus-Automobilmarken* (bislang unveröffentlichte Dissertation).

Damasio, A. R. (2013). *Ich fühle, also bin ich. Die Entschlüsselung des Bewusstseins*. München: List.

Deal, T., & Kennedy, A. (1982). *Corporate Cultures – The Rites and Rituals of Corporate Life.* (deutsch: Unternehmenserfolg und Unternehmenskultur). Bonn: Reading.

Deichsel, A., Errichiello, O., & Zschiesche, A. (2017). *Grundlagen der Markensoziologie*. Wiesbaden: Springer Gabler.

Denzau, A. T., & North, D. C. (1994). Shared mental models: Ideologies and institutions. *Kyklos, 47*, 3–31 (zitiert nach Bonus, H., Europäische Identität aus ökonomischer Sicht, Münster).

Deutsches Patent- und Markenamt. (2020). *Jahresbericht 2019*. https://www.dpma.de/docs/dpma/veroeffentlichungen/jahresberichte/jahresbericht2019.pdf. Zugegriffen am 09.03.2021.

Dichtl, E. (1978). Grundidee, Entwicklungsepochen und heutige wirtschaftliche Bedeutung des Markenartikels. In Gabler-Verlag (Hrsg.), *Markenartikel heute* (S. 17–29). Wiesbaden: Gabler.

Dierig, C., & Wüpper, G. (2017). *Warum L'Oréal die Lust an Body Shop vergangen ist.* https://www.welt.de/wirtschaft/article161993761/Warum-L-Oreal-die-Lust-an-Body-Shop-vergangen-ist.html. Zugegriffen am 24.04.2017.

Dierks, A. (2017). *Re-modeling the brand purchase funnel. Conceptualization and empirical application.* Wiesbaden: Springer Gabler.

Dietert, A.-C. (2018). *Die Erfolgssicherung von Marken durch Authentizität*. Bremen: Dissertation [in Druck].

Dietl, H. (1993). *Institutionen und Zeit*. Tübingen: Mohr Siebeck.

Domizlaff, H. (1939). *Die Gewinnung des öffentlichen Vertrauens. Ein Lehrbuch der Markentechnik*. Hamburg: Hanseatische Verlagsanstalt.

Domizlaff, H. (1951). *Die Gewinnung des öffentlichen Vertrauens. Ein Lehrbuch der Markentechnik*. Hamburg: Hanseatische Verlagsanstalt.

dooyoo GmbH. (2017). *Drogerien*. http://www.dooyoo.de/drogerien/. Zugegriffen am 09.08.2017.

Dörtelmann, T. (1997). *Marke und Markenführung: Eine institutionentheoretische Analyse*. Bochum: o. V.

Dyson. (2017). https://www.dyson.de/staubsauger.aspx. Zugegriffen am 19.04.2017.

Dyson. (2021). https://www.dyson.com/en. Zugegriffen am 27.04.2021.

Enke, M., Geigenmüller, A., & Leischnig, A. (2014). *Commodity Marketing. Grundlagen – Besonderheiten – Erfahrungen*. Wiesbaden: Springer Gabler.

Erikson, E. H. (1950). Wachstum und Krisen der gesunden Persönlichkeit. In E. H. Erikson (Hrsg.), *Identität und Lebenszyklus* (S. 55–122). Frankfurt a. M.: Suhrkamp.

Erlei, M., Leschke, M., & Sauerland, D. (2016). *Neue Institutionenökonomik*. Stuttgart: Schäffer-Poeschel.

Esch, F.-R. (2014). *Strategie und Technik der Markenführung*. München: Vahlen.

FC St. Pauli Shop. (2017). https://www.fcsp-shop.com/ZUBEHOeR/Essen-Trinken-Rauchen/Kaffeebecher-Totenkopf-3D::1853.html. Zugegriffen am 09.08.2017.

Feld, L., Grimm, V., Schnitzer. M., Truger, A, & Wieland, V. (2021). Sachverständigenrat: Deutschland muss Wirtschaft und Verwaltung konsequenter digitalisieren. *Handelsblatt*. https://www.handelsblatt.com/meinung/gastbeitraege/gastkommentar-sachverstaendigenrat-deutschland-muss-wirtschaft-und-verwaltung-konsequenter-digitalisieren/26791864.html?ticket=ST-243047-izB2Jnko7DZVBAFyGQmq-ap1. Zugegriffen am 26.04.2021.

Ferrandi, J.-M., Valette-Florence, P., & Fine-Falcy, S. (2000). Aaker's brand personality scale in a French context – A replication and a preliminary test of its validity. *Developments in Marketing Science, 23*, 7–13.

Findeisen, F. (1924). *Der Marktanteil im Rahmen der Absatzökonomie der Betriebe*. Industrieverl. Spaeth & Linde.

Fisseni, H.-J. (1998). *Persönlichkeitspsychologie. Auf der Suche nach einer Wissenschaft. Ein Theorieüberblick*. Göttingen: Hogrefe.

Ford. (2021). http://mustang.fordpresskits.com/. Zugegriffen am 25.02.2021.

Foscht, T., Swoboda, B., & Schramm-Klein, H. (2015). *Käuferverhalten: Grundlagen – Perspektiven – Anwendungen*. Wiesbaden: Gabler.

Fournier, S. M. (1998). Consumers and their brands: Developing relationship theory in consumer research. *Journal of Consumer Research, 24*(March), 343–373.

Franzen, O., Trommsdorff, V., & Riedel, V. (1994). Ansätze der Markenbewertung und Markenbilanz. In M. Bruhn (Hrsg.), *Handbuch Markenartikel* (S. 1373–1402). Stuttgart: Schäffer-Poeschel.

Freiling, J. (2009). *Resource-based view und ökonomische Theorie – Grundlagen und Positionierung des Ressourcenansatzes*. Wiesbaden: Gabler.

Freiling, J. (2013). On the Firm's Reason d'Etre and Competence-based Nature of the Firm. In W. Kersten & J. Wittmann (Hrsg.), *Kompetenz, Interdisziplinarität und Komplexität in der Betriebswirtschaftslehre*. Wiesbaden: Springer Gabler.

Freiling, J., & Reckenfelderbäumer, M. (2010). *Markt und Unternehmung*. Wiesbaden: Gabler.

Freiling, J., & Welling, M. (2005). Isolationsmechanismen als Herausforderung im Management so genannter „intangibler Potenziale" – eine kompetenzbasierte Analyse. In K. Matzler, H. Hinterhuber & B. Renzl (Hrsg.), *Immaterielle Vermögenswerte: Handbuch der intangible Assets*. Berlin: Erich Schmidt.

Freiling, J., Gersch, M., & Goeke, C. (2008). On the path towards a competence-based theory of the firm. *Organization Studies, 29*(8–9), 1143–1164.

Freitag, M. (2021). Werk der Götter. manager magazin. *März, 2021*, 26–34.

Frey, H. P., & Haußer, K. (1987). Entwicklungslinien sozialwissenschaftlicher Identitätsforschung. In H. P. Frey & K. Haußer (Hrsg.), *Identität. Entwicklungslinien psychologischer und soziologischer Forschung* (S. 3–26). Stuttgart: Enke.

von Gehlen, D. (2020). Deutschland hat die Digitalisierung nicht verschlafen, sondern unterdrückt. *Süddeutsche Zeitung*. https://www.sueddeutsche.de/digital/digitalisierung-politik-kommentar-1.5112615. Zugegriffen am 26.04.2021.

Geuens, M., Weijters, B., & De Wulf, K. (2009). A new measure of brand personality. *International Journal of Research in Marketing, 26*(2), 97–107.

Gilmore, G. W. (1919). *Animism*. Boston: Marshall Jones Company.

Gilmore, J. H., & Pine, B. J., II. (2007). *Authenticity – What consumers really want*. Boston: Harvard Business School Press.

Gin Sul. (2017). *Gin Sul*. http://www.gin-sul.de/gin-sul/.Zugegriffen am 30.03.2017.

Goffman, E. (1959). *The presentation of self everyday life*. New York: Anchor Books.

Goldack, G. (1948). *Der Markenartikel für Nahrungsmittel*. Nürnberg: o. V.

Gugutzer, R. (2002). *Leib, Körper und Identität – Eine phänomenologisch-soziologische Untersuchung der personalen Identität*. Wiesbaden: Westdt. Verlag.

Haedrich, G., Tomczak, T., & Kaetzke, P. (2003). *Strategische Markenführung: Planung und Realisierung von Markenstrategien*. Bern: Haupt.

Hanisch, S. (2016). *Corporate Social Responsibility aus Nachfragersicht*. Wiesbaden: Springer Gabler.

Hansen, P. (1970). Der Markenartikel – Analyse seiner Entwicklung und Stellung im Rahmen des Markenwesens. *Betriebswirtschaftliche Schriften (BWS)*, Bd. 36. Berlin: Duncker & Humblot.

Hartmann, V. (1966). *Markentechnik in der Konsumgüterindustrie*. (Bd. 10 der Schriftenreihe des Forschungsinstituts für das Markenwesen Berlin). Freiburg: Haufe.

Hatch, M. J., & Schulz, M. (1997). Relation between organizational culture, identity and image. *European Journal of Marketing, 31*, 356–365.

Haußer, K. (1995). *Identitätspsychologie*. Berlin: Springer.

Heinen, E. (1987). *Unternehmenskultur*. München: Oldenbourg.

Henkel KG & Co. KGaA. (2021). *Unternehmenskultur*. http://www.henkel.de/unternehmen/unternehmenskultur. Zugegriffen am 09.03.2021.

Herbst, U., & Merz, M. A. (2011). The industrial brand personality scale: Building strong business-to business brands. *Industrial Marketing Management, 40*, 1072–1081.

Hermann, A., Huber, F., & Braunstein, C. (2005). Gestaltung der Markenpersönlichkeit mittels der „means-end"-Theorie. In F.-R. Esch (Hrsg.), *Moderne Markenführung* (S. 177–207). Wiesbaden: Gabler.

Hogg, M. K., Cox, A. J., & Keeling, K. (2000). The impact of self-monitoring on image congruence and product/brand evaluation. *European Journal of Marketing, 5*(6), 641–666.

Ind, N. (2003). Inside out: How employees build value. *Journal of Brand Management, 10*(6), 393–402.

Internet Live Stats. (2021). *Internet usage & social media statistics*. http://www.internetlivestats.com. Zugegriffen am 09.03.2021.

Ipsos/Lebensmittelzeitung. (2018). *Handelsmarkenmonitor 2018*. https://www.lebensmittelzeitung.net/media/media/15/Handelsmarkenmonitor-2018-148387.pdf. Zugegriffen am 09.03.2021.

Joas, H. (2000). *Praktische Intersubjektivität. Die Entwicklung des Werkes von G.H. Mead*. Frankfurt a. M.: Suhrkamp.

Jobs, S. (1997). *Statement zur „Think Different" Kampagne*. http://creativecriminals.com/celebrities/apple/think-different. Zugegriffen am 14.12.2020.

Kaas, K. P. (1990). Marketing als Bewältigung von Informations- und Unsicherheitsproblemen im Markt. *Die

Betriebswirtschaft, 50(4), 539–548.

Kantar. (2021). *BrandZ top 100 most valuable global brands*. https://www.brandz.com/brands. Zugegriffen am 09.03.2021.

Kapferer, J.-N. (1992). *Die Marke – Kapital des Unternehmens*. Landsberg/Lech: Moderne Industrie.

Kapferer, J.-N. (2012). *The new strategic brand management: Advanced insights and strategic thinking*. London: Kogan Page.

Keller, K. L. (1993). Conceptualizing, measuring, and managing customer-based based brand equity. *Journal of Marketing, 57*, 1–22.

Keller, K. L. (2013). *Strategic brand management: Building, measuring, and managing brand equity*. Boston: Pearson.

Keller, K. L., & Swaminathan, V. (2020). *Strategic brand management: Building, measuring, and managing brand equity* (5. Aufl.). Harlow: Pearson.

Kenning, P. (2003). *Customer Trust Management. Ein Beitrag zum Vertrauensmanagement im Lebensmitteleinzelhandel*. Wiesbaden: Dt. Univ.-Verlag.

Kenning, P. (2014). *Consumer Neuroscience. Ein transdisziplinäres Lehrbuch*. Stuttgart: Kohlhammer.

Keupp, H. (1989). Auf der Suche nach der verlorenen Identität. In H. Keupp & H. Bilden (Hrsg.), *Verunsicherungen* (S. 47–69). Göttingen: Verlag für Psychologie Hogrefe.

Keupp, H., Gmür, W., Höfer, R., Mitzscherlich, B., Kraus, W., & Straus, F. (1999). *Identitätskonstruktionen. Das Patchwork der Identitäten in der Spätmoderne*. Reinbek: Rowohlt-Taschenbuch.

König, V. (2010). *Markenmanagement im Call Center: Eine empirische Analyse zur Konzeptionalisierung, Operationalisierung und Wirkung von Maßnahmen zum Aufbau von Brand Commitment in Call Centern*. Wiesbaden: Gabler.

Krappmann, L. (1971). *Soziologische Dimensionen der Identität*. Stuttgart: Klett.

Krappmann, L. (1988). *Soziologische Dimensionen der Identität: Strukturelle Bedingungen für die Teilnahme an Interaktionsprozessen*. Stuttgart: Klett.

Kroeber-Riel, W. (1988). *Strategie und Technik der Werbung: Verhaltenswissenschaftliche Ansätze*. Stuttgart: Kohlhammer.

Kroeber-Riel, W. (1995). *Bildkommunikation. Imagerystrategy für die Werbung*. München: Vahlen.

Kroeber-Riel, W., & Gröppel-Klein, A. (2013). *Konsumentenverhalten*. München: Vahlen.

Leclerc, F., Schmitt, B. H., & Dube, L. (1994). Foreign branding and its effects on product perceptions and attitudes. *Journal of Marketing Research, 32*, 263–270.

Leitherer, E. (2001). Geschichte der Markierung und des Markenwesens. In M. Bruhn (Hrsg.), *Die Marke – Symbolkraft eines Zeichensystems*. Bern/Stuttgart: Haupt.

Lim, K., & O'Cass, A. (2001). Consumer brand classifications: An assessment of culture-of-origin versus country-of-origin. *Journal of Product and Brand Management, 10*(2), 120–136.

Linxweiler, R. (2001). *BrandScoreCard*. Gro-Umstadt: Sehnert.

Luhmann, N. (1994). Copierte Existenz und Karriere. Zur Herstellung von Individualität. In U. Beck & E. Beck-Gernsheim (Hrsg.), *Riskante Freiheiten. Individualisierung in modernen Gesellschaften*. Frankfurt a. M.: Suhrkamp.

Luhmann, N. (2014). *Vertrauen – ein Mechanismus der Reduktion sozialer Komplexität*. Konstanz: UVK.

Lührmann, T. (2006). *Führung, Interaktion und Identität. Die neuere Identitätstheorie als Beitrag zur Fundierung einer Interaktionstheorie der Führung*. Wiesbaden: Dt. Univ.-Verlag.

Maloney, P. (2007). *Absatzmittlergerichtetes, identitätsbasiertes Markenmanagement: Eine Erweiterung des innengerichteten, identitätsbasierten Markenmanagements unter besonderer Berücksichtigung von Premiummarken*. Wiesbaden: Dt. Univ.-Verlag.

Management & Leadership Academy. (2018). *Think different leadership lessons.* http://www.mlacademy.nl/2018/07/13/think-different-leadership-lessons/. Zugegriffen am 17.08.2021.

Marcia, J. E. (1980). Identity in adolescence. In J. Adleson (Hrsg.), *Handbook of adolescent psychology* (S. 159–187). New York: Wiley.

Mark, M., & Pearson, C. S. (2001). *The hero and the outlaw: Building extraordinary brands through the power of archetypes*. New York City: McGraw Hill.

McCrae, R. R., & Costa, P. T. (1997). Personality trait structure as a human universal. *American Psychologist, 52*, 509–516.

Mead, G. H. (1934). *Mind, self, and society*. Chicago: University of Chicago Press.

Mead, G. H. (1973). *Geist, Identität und Gesellschaft. Aus der Sicht des Sozialbehaviorismus*. Frankfurt a. M.: Suhrkamp.

Meffert, H. (1974). *Interpretation und Aussagewert des Produktlebenszyklus-Konzeptes*. In P. Hammann, W. Kroeber-Riel & C. W. Meyer (Hrsg.), *Neuere Ansätze der Marketingtheorie* (Festschrift zum 80, S. 85–134). Berlin: Geburtstag von Otto Schutenhaus.

Meffert, H. (1988). *Strategische Unternehmensführung und Marketing*. Wiesbaden: Gabler.

Meffert, H. (1994). Entscheidungsorientierter Ansatz der Markenpolitik. In M. Bruhn (Hrsg.), *Handbuch Markenartikel, Anforderungen an die Markenpolitik aus Sicht von Wissenschaft und Praxis* (S. 173–197). Stuttgart: Schäffer-Poeschel.

Meffert, H., & Bruhn, M. (1984). *Markenstrategien im Wettbewerb*. Wiesbaden: Gabler.

Meffert, H., & Burmann, C. (1991). Konsumentenzufriedenheit als Determinante der Marken- und Händlerloyalität. *Marketing Zeitschrift für Forschung und Praxis, 13*, 249–258.

Meffert, H., & Burmann, C. (1996). Identitätsorientierte Markenführung – Grundlagen für das Management von Markenportfolios. In H. Meffert, H. Wagner & K. Backhaus (Hrsg.), *Arbeitspapier Nr. 100 der Wissenschaftlichen Gesellschaft für Marketing und Unternehmensführung e.V.* Münster.

Meffert, H., Bruhn, M., & Hadwich, K. (2015). *Dienstleistungsmarketing. Grundlagen – Konzepte –Methoden*. Wiesbaden: Springer Gabler.

Meffert, H., Burmann, C., Kirchgeorg, M., & Eisenbei. (2019). *Marketing: Grundlagen marktorientierter Unternehmensführung* (13. Aufl.). Wiesbaden: Springer Gabler.

Meffert, J., & Meffert, H. (2017). *Eins oder Null*. Berlin: Econ.

Melewar, T. C., & Karaosmanoglu, E. (2005). Seven dimensions of corporate identity. A categorisation from the practitioners' perspectives. *European Journal of Marketing, 40*, 846–869.

Mellerowicz, K. (1963). *Markenartikel. Die ökonomischen Gesetze ihrer Preisbildung und Preisbindung*. München: Beck.

Melnyk, V., Klein, K., & Völckner, F. (2012). The double-edged sword of foreign brand names for companies from emerging countries. *Journal of Marketing, 76*(6), 21–37.

Menninger, J., & Robers, D. (2006). Markenwert – Paradigmenwechsel im Marketing? In N. O. Herbrand & S. Röhrig (Hrsg.), *Die Bedeutung der Tradition für die Markenkommunikation* (S. 239–264). Stuttgart: Edition Neues Fachwissen.

mobile. (2020). *Die ungewöhnlich lange Geschichte der Elektroautos.* https://www.mobile.de/magazin/artikel/die-ungewoehnlich-lange-geschichte-der-elektroautos-6452. Zugegriffen am 28.01.2021.

Murphy, J. M. (1987). *Brand strategy.* Cambridge: Director Books.

Musk, E. (2014). *All our patent are belong to you.* https://www.tesla.com/de_DE/blog/all-our-patent-are-belong-you?redirect=no. Zugegriffen am 28.01.2021.

Nadler, J., & Cicilline, D. N. (2020). *Investigation of competition in digital markets.* https://judiciary.house.gov/uploadedfiles/competition_in_digital_markets.pdf?utm_campaign=4493-519. Zugegriffen am 12.03.2021.

Narver, J. C., & Slater, S. F. (1990). The effect of a market orientation on business profitability. *Journal of Marketing, 54*(4), 20–34.

North, D. C. (1992). *Institutionen, institutioneller Wandel und Wirtschaftsleistung.* Tübingen: Mohr.

Perrey, J. (1998). *Nutzenorientierte Marktsegmentierung. Ein integrativer Ansatz zum Zielgruppenmarketing im Verkehrsdienstleistungsbereich.* Wiesbaden: Gabler.

Petzold, H., & Mathias, U. (1982). *Rollenentwicklung und Identität.* Paderborn: Junfermann.

Piehler, R., & Burmann, C. (2013). Employer Branding vs. Internal Branding – Ein Vorschlag zur Integration im Rahmen der identitätsbasierten Markenführung. *Die Unternehmung, 67*(3), 223–245.

Piehler, R., Hanisch, S., & Burmann, C. (2015). Internal branding – Relevance, management and challenges. *Marketing Review St. Gallen, 32*(1), 52–60.

Plötner, O. (1995). *Das Vertrauen des Kunden. Relevanz, Aufbau und Steuerung auf industriellen Märkten.* Wiesbaden: Gabler.

Plummer, J. T. (1984). How personality makes a difference. *Journal of Advertising Research, 24*(6), 27–31.

Rasche, C., & Wolfrum, B. (1994). Ressourcenorientierte Unternehmensführung. *DBW, 54*, 501–517.

van Riel, C. B. M., & Balmer, J. M. T. (1997). Corporate identity: The concept, its measurement and management. *European Journal of Marketing, 31*(5/6), 340–355.

Ripperger, T. (2005). *Ökonomik des Vertrauens – Analyse eines Organisationsprinzips.* Tübingen: Mohr Siebeck.

Rosenberg, M. (1979). *Conceiving the self.* New York: Basic Books.

Roth, G. (2003). *Fühlen, Denken, Handeln, Wie das Gehirn unser Verhalten steuert.* Frankfurt: Suhrkamp.

Roth, G. (2007). *Persönlichkeit, Entscheidung und Verhalten.* Stuttgart: Klett-Cotta.

Schade, M. (2012). *Identitätsbasierte Markenführung professioneller Sportvereine – Eine empirische Untersuchung zur Ermittlung verhaltensrelevanter Markennutzen und der Relevanz der Markenpersönlichkeit.* Wiesbaden: Gabler.

Schade, M., Piehler, R., & Burmann, C. (2014). Sport club brand personality scale (SCBPS): A new brand personality scale for sport clubs. *Journal of Brand Management, 21*(7/8), 650–663.

Schaefer, K. (2006). *Branchenimages als Determinanten der Markenprofilierung*. Wiesbaden: Gabler.

Schallehn, M. (2012). *Marken-Authentizität – Konstrukt, Determinanten und Wirkungen aus Sicht der identitätsbasierten Markenführung*. Wiesbaden: Springer Gabler.

Schallehn, M., Burmann, C., & Riley, N. (2014). Brand authenticity: Model development and empirical testing. *Journal of Product & Brand Management, 23*(3), 192–199.

Schein, E. H. (1985). *Organizational culture and leadership*. San Francisco: Jossey-Bass Publishers.

Schein, E. H. (1992). *Organizational culture and leadership*. San Francisco: Jossey-Bass Publishers.

Schenk, H.-O. (1994). Handels- und Gattungsmarken. In M. Bruhn (Hrsg.), *Handelsmarken*. Stuttgart: Schäffer-Poeschel.

Schreyögg, G., Sydow, J., & Koch, J (2003). Organisatorische Pfade – Von der Pfadabhängigkeit zur Pfadkreation. In G. Schreyögg & J. Sydow (Hrsg.), *Strategische Prozesse und Pfade* (S. 261 ff.). Wiesbaden: Gabler.

Shelley, C. (2015). The nature of simplicity in Apple design. *The Design Journal, 18*(3), 439–456.

Sinek, S., Mead, D., & Docker, P. (2017). *Find your why: A practical guide for discovering purpose for you and your team*. New York: Penguin.

Sirgy, M. J. (1985). Using self-congruity and ideal congruity to predict purchase motivation. *Journal of Business Research, 13*, 195–206.

Spitzer, M. (2008). *Geist im Netz, Modelle für Lernen, Denken und Handeln*. Heidelberg: Spektrum.

Steffenhagen, H. (2008). *Marketing – Eine Einführung*. Stuttgart: Kohlhammer.

Stengel, E. (2018). Hachez zieht nach Polen. Frankfurter Rundschau. https://www.fr.de/wirtschaft/hachez-zieht-nach-polen10975999.html#:~:text=Der%20Bremer%20Schokoladen%2DHersteller%20Hachez,und%20Hachez%20sind%20stark%20verwoben. Zugegriffen am 18.03.2021.

Stolle, W. (2013). *Globale Markenführung in heterogenen Märkten – Empirische Analyse eines moderierten Markenimagemodells für die Marken der Automobilindustrie in Brasilien, China, Deutschland, Russland und den USA*. Wiesbaden: Gabler.

Stringham, E. P., Miller, J. K., & Clark, J. R. (2015). Overcoming barriers to entry in an established industry: Tesla Motors. *California Management Review, 57*(4), 85–103.

Swaminathan, V., Sorescu, A., Steenkamp, J.-B., Gibsion O'Guinn, T. C., & Schmitt, B. (2020). Branding in a hyperconnected world: Refocusing theories and rethinking boundaries. *Journal of Marketing, 84*(2), 24–46.

SWR Fernsehen. (2017). *Der Preis der Turnschuhe – Billiglohn für schicke Treter*. http://www.ardmediathek.de/tv/betrifft-/Der-Preis-der-Turnschuhe-Billiglohn-fü/SWR-Fernsehen/Video?bcastId=1100786&documentId=41671056. Zugegriffen am 30.03.2017.

SZ-Medienhaus. (2019). *Internetnutzung 2019 – Mobile vs. Desktop*. https://www.sz-medienhaus.de/internetnutzung-2019-mobile-vs-desktop. Zugegriffen am 09.03.2021.

Täubner, M. (Februar 2017). Echt? *brand eins, 19*(2).

Teece, D. J., Pisano, G., & Shuen, A. (1997). Dynamic capabilities and strategic management. *Strategic Management Journal, 18*, 509–533.

Tesla. (2021). *Tesla steht für eine Mission: Die Beschleunigung des übergangs zu nachhaltiger Energie*. https://www.tesla.com/de_DE/about. Zugegriffen am 28.01.2021.

Thakor, M. V., & Kohli, C. S. (1996). Brand origin: Conceptualization and review. *The Journal of Consumer Marketing, 13*(3), 27–42.

Tietz, I. (2009). *Krisenmanagement zur Sicherung und zum Ausbau der Markenstärke – Eine Analyse der Automobilindustrie*. Berlin: Lit.

Trommsdorff, V. (1992). Multivariate Imageforschung und strategische Marketingplanung. In A. Hermanns & V. Flegel (Hrsg.), *Handbuch des Electronic Marketing* (S. 321–338). München: Beck.

Trommsdorff, V. (2011). *Konsumentenverhalten*. Stuttgart: Kohlhammer.

United Digital Group. (2017). *Brand Experience + Trust Monitor 2016*. https://www.udg.de/presse/brand-experience-trust-monitor-2016-vertrauenskrise. Zugegriffen am 18.04.2017.

Usunier, J.-C. (2006). Relevance in business research: The case of country-of-origin research in marketing. *European Management Review, 3*, 60–73.

Vershofen, W. (1940). *Handbuch der Verbrauchsforschung*. Berlin: Heymann.

Vul, E., Harris, C., Winkielmann, P., & Pashler, H. (2009). Puzzlingly high correlations in fMRI studies of emotion, personality, and social cognition. *Perspectives on Psychological Science, 4*(3), 274–290.

Weidenfeld, W. (1983). Die Identität der Deutschen – Fragen, Positionen, Perspektiven. In W. Weidenfeld (Hrsg.), *Die Identität der Deutschen. Schriftenreihe der Bundeszentrale für politische Bildung Band 200* (S. 13–49). Bonn: Bundeszentrale für politische Bildung.

Welling, M. (2003). Bausteine einer integrierten image- und identitätsorientierten Markenführung als Beitrag zur Markentheorie. *Schriften zum Marketing,* 47. Bochum: Ruhr Universität Bochum.

Wells, W. D., Andriuli, F. J., Goi, F. J., & Seaders, S. (1957). An adjective check list for the study of „product personality". *Journal of Applied Psychology., 41*(5), 317–319.

Werthmöller, E. (1994). Räumliche Identität als Aufgabenfeld des Städte- und Regionenmarketing. In H. Meffert (Hrsg.), *Schriften zu Marketing und Management Band 24*. Frankfurt a. M..

Zahn, E. O. K., Foschiani, S., & Tilebein, M. (2000). Wissen und Strategiekompetenz als Basis für die Wettbewerbsfähigkeit von Unternehmen. In P. F. J. Hammann (Hrsg.), *Die Ressourcen- und Kompetenzperspektive des strategischen Managements* (S. 47–68). Wiesbaden: Dt. Univ.-Verlag.

Zand, B. (2021). Die Entmachtung der Digitalfürsten. *Der Spiegel,* 17, 67.

ZDFzoom. (2017). Lufthansa in Turbulenzen. https://www.zdf.de/dokumentation/zdfzoom/zdfzoom-lufthansa-in-turbulenzen-100.html. Zugegriffen am 14.07.2017.

Zuboff, S. (2018). *Zeitalter des überwachungskapitalismus*. Frankfurt: Campus.

第 2 章

品牌战略管理

学习目的

在本章中读者可以了解到,针对内部员工和外部竞争对手,哪些目标对品牌成功非常重要。同时,读者还将了解到,在品牌管理中需要考虑哪些因素,以便内部最初开发的品牌理念对市场目标群体具有有效的吸引力。

此外,读者还将了解到,当一家公司拥有许多不同的品牌并同时运营它们时,品牌管理应该是什么样子的。读者还将学习到,品牌管理需要如何随着时间的推移而改变,才能长期取得巨大成功。

2.1 身份分析和情景分析

2.2 品牌目标
    2.2.1 内部品牌管理的目标
    2.2.2 外部品牌管理的目标

2.3 品牌定位
    2.3.1 品牌定位的定义和意义
    2.3.2 基于身份品牌管理的定位过程
    2.3.3 品牌再定位作为品牌定位的特殊形式

2.4 品牌架构
    2.4.1 品牌架构的分类和界定
    2.4.2 品牌组合层级化
    2.4.3 品牌架构构建

2.5 品牌演化
    2.5.1 品牌演化的分类和界定
    2.5.2 品牌整合
    2.5.3 品牌延伸

2.6 品牌预算
    2.6.1 品牌预算的任务
    2.6.2 预算过程

小结

参考文献

2.1 身份分析和情景分析

基于身份品牌管理的出发点是对初始情况进行分析,它从基于六个身份组成部分的身份分析(品牌的自我形象)开始(见第1.7节)。对于身份分析,应采访品牌的所有负责人,这不仅包括营销部门和品牌部门的经理,还包括公司各个层级和职能领域的所有员工。这种全面的内部调查是确保品牌承诺基于所有内部群体共享的身份,并且可以通过所有品牌员工的品牌行为来兑现的唯一方法(见第1.4节),因此,身份分析构成了基于身份品牌管理成功的基本前提。

下面以一个保险品牌为例,展示不来梅大学进行的身份分析:为了记录这个保险品牌的不同内部视角,首先对总部和外勤服务的管理者和员工进行了75次个人深度访谈。访谈的目的是通过六个身份组成部分捕捉管理者和员工对品牌的主观看法,访谈中提到的典型身份特征构成了后续定量调查的基础。以封闭式问题的方式,测试人员(使用内部在线调查对所有管理者和员工进行完整调查)评估各种身份特征影响保险品牌的程度,根据所有回答来确定六个身份组成部分中哪个实际上最强烈地影响品牌(见图2.1)。

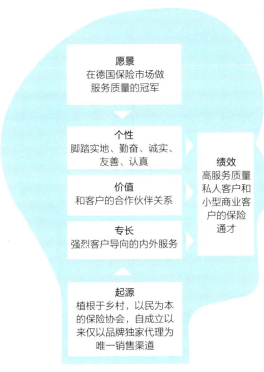

图 2.1　德国某保险品牌的身份分析结果

除了身份分析，还有其他方面的分析，这些分析基于营销中的情景分析（Meffert等，2019，第165页起）。作为外部情景分析的一部分，对比竞争对手品牌，目标群体的需求和以往感知的品牌效用意义重大。此外，在所有品牌接触点都确定的情况下，考察和计算这些接触点所带来的贡献和成本。对于内部情景分析，必须从优劣势分析角度来分析品牌管理的其他内部框架条件。情景分析和身份分析可以推导出品牌目标。

2.2 品牌目标

品牌目标必须具有可操作性，即必须能够准确描述内容、范围、时间和阶段。只有这样才适用于员工的品牌管理，并能够在之后检查目标完成进度（Meffert等，2019，第279页起）。

例如，一个可操作的品牌目标可以是，在德国市场30~59岁男性（性别）目标群体中，一年内（时间）提高5%（范围）的品牌知名度（内容）。品牌目标通常针对一年的时间跨度，并且可分为经济和非经济（行为和心理）的目标。与企业目标紧紧相连的品牌经济目标涉及企业的核心利益，例如，品牌价值（品牌权益）、客户来源价值（客户权益）或者品牌招揽和联系顾客的开支。行为和心理上的品牌非经济目标是由员工（内部品牌管理）和消费者（外部品牌管理）两个目标群体共同界定的。

2.2.1 内部品牌管理的目标

在前几年企业实践中，内部品牌管理（也称为 Internal Brand Management, innengerichtete Markenführung, Internal Branding 或 Behavioral Branding；Burmann 和 Piehler, 2016，第2页）只是扮演一个次要的角色。品牌几乎完全存在于市场营销部门和宣传公关领域（品牌由广告部打造），在公司的其他职能领域，品牌只有微不足道的影响。后来，内部品牌管理这一观点逐渐发生了很大变化，随着品牌服务功能日益相似而可交换，现在员工变得越来越重要，成为真正的竞争优势。

雇主品牌的理念必须与内部品牌管理理念区分开来。这是关于招聘潜在员工的管理，而不是像内部品牌管理那样，针对现有员工（Burmann 和 Piehler, 2013；Böttger, 2012；Hoppe, 2018；第3.1节）。内部品牌管理的中心目标是，在所有消费者品牌接触点，确保员工的品牌相关行为符合品牌效用承诺。为此，品牌身份和由此衍生的品牌承诺必须在认知上、情感上并最终在内部目标群体的日常行为中得到锚定。只有当传达的品牌效用承诺与所有为品牌工作的员工的实际行为相匹配时，消费者才会感受到品牌的真实性并对其信任。

1. 把品牌群体行为作为行为相关的内部目标

> 品牌群体行为（BCB）包括员工的所有行为，"它与品牌身份和品牌效用承诺一致，并且加强了品牌"（Piehler，2011，第303页）。

因为品牌身份只有通过员工的决定和行动才能被"唤醒"，所以这一目标是非常重要的。这是很特别的，但不是唯一的。在有关的服务密集型产业就是如此，并且这种说法不限于和客户联系的人员（Piehler等，2016，第1582页）。Gummesson（1987）提出了"兼职营销人员"的概念——市场营销和销售领域以外的员工，强调的是他们对产品和服务质量的责任以及他们作为供应商的内部角色，这些也对消费者的品牌体验产生重大影响。由于需要不同的行为来从内部加强品牌，因此品牌群体行为是多维理念化的。它包括"品牌的接受度""品牌使命"和"品牌参与"三个维度（Piehler，2011、2018；Piehler等，2016、2019）。

品牌接受度描述了与品牌"打交道"时相关规则和行为准则的内部接受度，这反映了员工按照品牌规范行事。品牌使命包括员工对品牌当前需求的自觉、主动的承诺，最重要的是，这包括建立品牌的正面形象，向他人推荐品牌并保护其免受威胁。品牌参与指旨在积极影响品牌进一步发展和改善客户体验的行为，这主要包括进一步发展员工的品牌相关知识、技能和能力，以及开发新产品和服务的想法。这三个维度已在众多研究中得到实证（Maloney，2007；Piehler，2011、2018；Piehler等，2016、2019）。

关于员工品牌群体行为对公司外部成功的影响，Baumgarth 和 Schmidt（2010，第1255页起）在一项针对93家德国公司的481名员工的调查中，实际证实了品牌群体行为对外部品牌价值具有积极影响。Baker等（2014）根据对员工调查的公司内部数据（n=265）和对客户调查的公司外部数据，实际证明了品牌群体行为对客户感知的服务质量有积极影响。通过对土耳其航空公司品牌的523名员工和1046名客户的调查，Erkmen和Hancer（2015）证明了品牌群体行为对消费者品牌信任度有积极影响。

公司拥有多个相同或不同层级的品牌，这是现在常见的做法，但这也会对内部品牌管理产生影响。例如，表面上，辉腾品牌的推广是相关负责人员的职责，但同时也是大众汽车品牌主管的上一级销售的职责。同一管理层同时管理两个或多个品牌的情况也并不少见（例如，在BSH GmbH管理层同时管理四个家用电器品牌Bosch、Siemens、Gaggenau和Neff），因此，从战略的角度来看，应当为每个员工明确定义他管理与服务的是什么品牌。在理想情况下，公司的结构和流程组织可以设计成让员工一次只为一个品牌工作（Jentschke，2016）。

员工行为（品牌群体行为）由品牌认知和品牌承诺决定。Piehler（2011、2018）和

Piehler等（2015、2019）的研究使用德国服务公司的几项大型员工调查来证明品牌认知和品牌承诺对品牌群体行为具有高度积极的影响。此外，研究证明了品牌认知对品牌承诺的积极影响（见图2.2）。Xiong等（2013）和Piehler等（2016）的研究也在国际背景下得出了非常相似的结论。

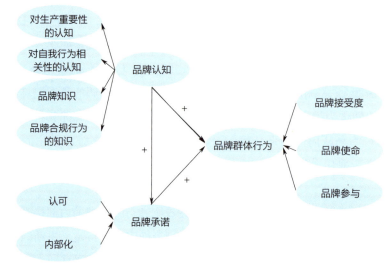

图2.2 内部品牌管理目标之间的关系，包括维度（基于：Piehler等，2015，第55页）

2. 品牌承诺作为心理学方面的内部目标指标

> 品牌承诺的目标指标被定义为员工与品牌心理联系的程度（Piehler，2011，第198页）。

品牌承诺的目标指标最初来自于组织研究。正如各种实证研究表明的那样，它是品牌群体行为的一个重要影响因素（Burmann等，2009；King和Grace，2010、2012；Piehler等，2016、2018、2019；Piehler，2018）。例如，品牌承诺较高的员工每年请病假数量比品牌承诺较低的员工的少近40%（Gallup，2019）。在推荐行为方面，员工行为显然也是不同的，这取决于他们是否感觉到自己与品牌相联系（见图2.3）。

品牌承诺包括两个部分：员工对品牌的认可和品牌身份内部化（Zeplin，2006，第91页起）。品牌认可指，出于品牌承载的团体归属感以及与组织命运相连接的感觉而接受内部的影响。这种认可是以团体身份对品牌身份的阐释（Xiong和King，2020）。员工的品牌认可程度越高，他越会将组织的成功当作是自己的成功（Mael和Ashforth，1992，第103页）。相比同事和上司，有强烈认可要求的员工满怀个人责任感投入工作，这部分和员工的工作满意度有关（Du Preez等，2017）。

图 2.3 有较高/有较低/没有品牌承诺员工的表现（基于：Gallup，2019，第 6 页）

品牌身份内部化描述了品牌身份完全或部分转移到员工的自我理念中（个人对自己的想法和感受的总和；Rosenberg，1979，第 7 页）（Piehler，2011；Xiong 和 King，2019）。内部化过程不仅包括同事间品牌身份的非正式沟通，也包括正式沟通。最理想的情况是，在个体没有进入组织之前，个人的自我理念和品牌身份之间已经存在高度的一致性。

员工的品牌承诺包括两个部分（见图 2.4）。如图所示，在"0"区域内不存在品牌身份内部化，这时个人身份与品牌身份不一致。在这种情况下，即使有很高的品牌认可程度，却只存在很弱的品牌承诺，内部化对区分身份的作用很弱。同时，员工存在很高的认可程度时，通过品牌承诺可能会出现"愚忠"的形式（区域 3）。如果认可对象发生变化，如首席执行官、领导或团队同事变化，这种品牌承诺可能会迅速改变。低成本航空公司易捷航空的创始人 Stelios Haji-Ioannou 从执行董事会退休的例子很好地体现了这点（Schmitt，2003）。在低程度认可和强烈内部化的情况下，相比品牌所代表的内容，品牌承诺被看作"道德义务"（区域 4）。最稳定和最高形式的品牌联系是"均衡的品牌承诺"（区域 5），这是建立在强烈内部化以及高度认可基础上的。

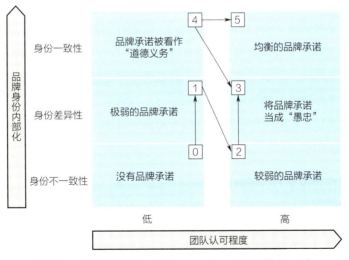

图 2.4 品牌承诺的形成（基于：Zeplin，2006，第 93 页）

不来梅大学2014年的研究表明，银行员工的品牌承诺包括两个部分。该研究的被采访对象是来自所有级别和部门的357名员工。图2.5显示了该银行与德国服务品牌的最佳值和最差值的比较结果（不来梅大学马克斯通营销、品牌与技术研究所的数据库）。如图所示，虽然该银行员工对品牌的认可程度很高，但是品牌身份内部化程度很低，因此品牌承诺只是处于中等水平，因为它是建立在员工与同事和上司高度联系的基础上。为了实现品牌承诺的可持续提升，应该清晰定义品牌身份，并将之通过适当的措施传达给所有员工。该示例表明，为了衡量品牌承诺，必须始终记录品牌认可和品牌身份内部化这两个组成部分。只有在这两个基础之上，才能采取适当的措施可持续地提升品牌承诺。

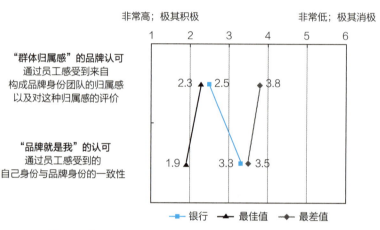

图2.5　德国一家银行员工的品牌认可和品牌身份内部化情况

管理多个平行品牌的员工，需要接触不同的品牌，因此需要多种品牌承诺（Jentschke, 2016，第53页起）。在大多数情况下，这些承诺是并不十分明显。在通常情况下，品牌对从属产品品牌的承诺起主导作用。这可以通过交织理论（Nested Groups-Theory）来解释：不同的社会群体可以互相交织，从而产生平行的群体归属感（Lawler, 1992）。而对下级的社会群体（如城市居民）的归属感通常比对上级的社会群体（如一个州的居民）的归属感更大。这个知识可以应用到品牌中：通常员工与下属产品品牌的互动超过与上级业务或企业品牌的互动。此外，对于员工而言，产品品牌并不是那么抽象，因此，实现其产品品牌承诺往往比上级品牌承诺的要求高。明确内部品牌差异化、内部产品品牌声望差距、工作任务的产品品牌参照和避免角色冲突有利于构建下属产品品牌的高品牌承诺（Jentschke, 2016，第207页起）。

3. 品牌认知作为内部的心理目标指标

> 品牌认知被定义为对"与员工品牌合规行为相关的特定品牌相关信息的知识"的认知（Piehler, 2011，第130页）。

品牌认知是品牌承诺和品牌群体行为的重要决定因素。这已在各种实证研究中得到证明（Ngo等，2019；Piehler等，2016、2019；Terglav等，2016；Xiong等，2013）。与品牌群体行为一样，品牌认知也是多维的，可以分为四个维度（Piehler等，2016，第1579页起；Xiong等，2013，第350页起）：①理解品牌的相关性；②理解自身行为的相关性；③了解品牌知识；④了解个人品牌合规行为（品牌信心）。

首先，员工需要了解品牌对组织的成功很重要，这不是关于某个品牌的特殊含义，而更多指对一个品牌、内外部目标群体行为和公司成功之间关系的基本理解。只有员工了解品牌与成功的高度相关性，他们才会实施管理者想要的行为。在这方面很好的一个例子是宝马集团。宝马集团员工最初会在公司培训中心学习品牌以及消费者行为之间的相关性。宝马品牌身份的实际传播，秉承"创新""动态""美学"的理念和"享受驾驶"的效用承诺，这是其员工之后要学习的基本内容（Burmann和Kranz，2008）。

其次，员工要了解自己的行为与品牌及其成功的高度相关性。每位员工都必须清楚他们的个人行为在品牌成功中所起的作用（Kimpakorn和Tocquer，2009，第536页）。了解个人行为的重要性有助于激励员工按照品牌要求行事。经验证明，成功品牌的员工非常清楚他们对品牌成功所做的贡献（de Chernatony和Cottam，2006，第621页）。

员工对为之工作品牌的全面了解主要包括品牌身份认知和品牌效用承诺（Murillo和King，2019）。在对自己品牌没有足够认识的情况下，想让员工品牌认知与行为相一致，这几乎是不可能的。这是品牌认知最重要的方面。管理层在这里面临的挑战是，在每一个工作场景中，由员工把抽象的重要承诺转化成具体的行动，例如：EDEKA的"我们爱食物"中的"爱"在员工日常行为得以反映——定期控制即将到期商品、注意卫生条件或奶酪柜台的专业咨询。员工的实际行动就是广告，但必须注意，要确保这些认知可以转化为实际行动。另外，过高的期望是有问题的，例如，在肉类柜台总是按克来计算香肠重量也是有问题的。

> **深入阅读**
>
> **城市品牌背景下的内部品牌管理**
>
> 内部品牌管理的理念不仅用于企业，也用于城市。所谓城市内部品牌化是城市品牌化背景下的一个新研究领域。过去在学术刊物和城市品牌化实践中，游客主要被视为城市的外部目标群体；而对于内部城市品牌，城市居民是主要关注焦点。与企业员工一样，居民不仅是最重要的内部目标群体，也是共创意义上的品牌管理本身的重要工具，因为他们的行为对外部目标群体如何看待企业或城市品牌的认知有重要影响。

> 按照这个思路，Rößler（2019）将Piehler的内部品牌管理理念转移到城市品牌中。与行为相关的中心目标指标是居民留在城市的意愿和他们的城市品牌群体行为（CBCB）。后者包括居民所有符合城市品牌身份和品牌价值主张、强化城市品牌的行为。作为实证研究的一部分（$n=$不来梅市的442名居民），Rößler（2019）能够证明，城市品牌认知指对特定城市品牌相关信息的认知，与居民的城市品牌合规行为是相关的；而城市品牌承诺指居民对城市品牌的心理依恋程度，显著影响城市品牌群体行为。然而，由于居民的期望与城市品牌实际提供服务之间的目标值和实际值比较结果，无法证明城市品牌满意度对城市品牌群体行为的直接影响。关于居民的入住意愿，研究表明，居民的城市品牌满意度和城市品牌承诺均对其具有正向影响。
>
> 通过研究，Rößler（2019）证明，企业品牌背景下的内部品牌管理理念也可以用于城市品牌背景下的目标指标。

2.2.2 外部品牌管理的目标

1. 行为相关的外部目标指标

最重要的行为目标指标是外部品牌实力，它由品牌与外部目标群体行为的相关性来定义。行为相关性涉及购买和沟通行为，这里应该考虑消费者对品牌的定期购买，购买时接受附加费或品牌的推荐。除了良好的吸引率（对新客户的吸收），一个强大的品牌还具有较高的品牌忠诚度（二次购买率）。品牌群体行为是外部品牌实力的内在反映，它也可以解释为一种内在的品牌力量。

行为相关的目标通常是心理目标，涉及品牌知名度、品牌形象、顾客满意度（Skala-Gast，2012）以及购买和推荐意向等（Nee，2016）。由于它们对购买行为的强烈影响，品牌吸引（Kleine-Kalmer，2016）和品牌信任（Hegner，2012）是基于身份品牌管理的两个核心目标指标。

2. 品牌吸引作为外部的心理目标指标

吸引这个术语来自于心理学，描述了一个人与另一个人的关联性（Bowlby，1979）。然而，一个人不仅可以与其他人相关联，还可以与事物、场所、建筑物或商标相关联（Thomson等，2005，第77页起）。与品牌的关联性通常会驱使客户定期购买，即使偶尔一次没有那么满意（Kleine-Kalmer，2016，第65页起；Lienemann，2021，第118页起）。Skala-Gast的综合实证长期分析表明，重复购买梅赛德斯-奔驰、宝马和奥迪等品牌产品的行为与购买者对这些品牌的满意度完全无关。因此，购买者对这三个品牌的未来购买行为不能用满意度来解释（Skala-Gast，2012，第145页起）。

在对不同行业品牌的研究中（其中包括苹果、耐克等），Park等（2010）提出实际购买和二次购买行为以及品牌溢价（为特定品牌付出费用的百分比）在很大程度上受到品牌吸引的影响。同样，通过对4548名Facebook用户和众多品牌（消费品、汽车、美食）进行研究，Kleine-Kalmer证明品牌吸引可以解释64%的特定用户对Facebook上品牌的反应。相比之下，只有不到1%的用户在Facebook上的反应可以用Kleine-Kalmer的认知衡量方法来解释（Kleine-Kalmer，2016，第192页；见第5.3节）。

Lienemann还表明，Instagram上网红粉丝的行为在很大程度上取决于粉丝对网红的依恋程度（Lienemann，2021，第140页）。如果社交媒体网红的吸引力较低，则品牌与网红的合作可能会对消费者的购买行为产生负面影响。如果Puma等知名品牌与Pamela Reif等知名网红合作，然后将Pamela Reif纳入自己的品牌宣传矩阵中（如在品牌自己的Instagram频道"pumawomen"上），对于Puma来说，这会对那些不太喜欢Pamela Reif消费者的购买行为产生负面影响（Lienemann，2021，第153页起）。同时，对粉丝具有强大吸引力的社交媒体网红可以在他们Instagram频道上为几乎任何品牌做广告：即使是不适合他的品牌（低品牌契合度），网红的广告也会对粉丝购买行为产生强烈的积极影响（Lienemann，2021，第131页起；见第5.3节）。

高水平的品牌吸引是人和品牌之间稳定准社会关系的结果，在这种关系中，品牌被视为真正的、有血有肉的朋友（Fournier等，2015）。Hiddessen的实证研究中表明，粉丝和网红之间这种准社会关系的形成，会让粉丝对网红所宣传的品牌形成良好印象。在Hiddessen的研究中，准社会关系的出现取决于粉丝是否以及如何积极地与Instagram上网红发布的内容进行互动（Hiddessen，2021，第206页；见第5.3节）。

由于很高的行为相关性和预测的准确性，品牌吸引是基于身份品牌管理的核心心理目标指标。在文献中也有不同的方法来定义和理念化品牌吸引（Kleine-Kalmer，2016，第57页起；Lienemann，2021，第73页起）。在最近几年，Park等（2010）使用二维理念并如下定义品牌吸引：

> 品牌吸引被定义为"品牌与个人连接的强度。两个关键因素体现品牌吸引的理念：品牌自连接和品牌声望（Park等，2010，第2页）。"

品牌自连接指消费者对品牌本身意义的认识，它可以通过两种方式产生：一方面，品牌反映了消费者当前的品牌身份。例如，一个户外品牌代表的是"自然、冒险和勇气"，穿着这个品牌的产品，消费者可以表现出自然、冒险和大胆的生活方式（Kleine-Kalmer，2016，第63页）。另一方面，当品牌可以帮助消费者实现未来的个人目标时，品牌自连接也会出现。例如，户外品牌的一款登山鞋可以让一个人爬上一座险峻的高山，从而实现消费者的梦想。

品牌声望描述了品牌在消费者脑海中的印象。品牌声望是消费者感知品牌吸引的前提条件，因为它具体地表明了品牌与人们日常生活的联系。只有品牌自连接对于品牌吸引的影响是很小的，也不能很快唤起品牌在消费者脑海中的印象。

3. 品牌信任作为外部的心理目标指标

建立强大品牌的另一个重要前提是消费者对品牌的信任（Burmann和Barth，2020，第598页起）。尤其是自2008年金融危机以来，众多品牌丑闻和新冠疫情导致消费者不确定性增加，品牌信任已成为品牌管理的"瓶颈"。

品牌信任是一个重要的差异化因素。TNS Infratest（2009）的一项针对德国1026名受访者的研究表明，信任是汽车行业品牌差异化的重要驱动力。尽管在本研究中技术质量是德国汽车品牌具有的属性，但它不具有信任的差异化能力。鉴于这一结果，大众汽车集团的欺诈丑闻尤其具有爆炸性，因为它为特斯拉等新竞争对手提供了信任优势，从而实现了有效的差异化。

在一项国际研究中，Hegner（2012）能够证明，品牌信任对不同文化和不同国家的消费者的购买行为均有非常强烈的影响（Hegner，2012，第248页）。

尽管品牌信任与成功相关性很高，但在实践中需要采取很多行动。此外，Sasserath Munzinger Plus的年度研究也证实了这一点。自2008年以来开展的品牌信任度调查显示，所有接受调查的品牌的品牌信任度平均水平仅为40%左右（Sasserath Munzinger Plus，2021）。在2020年的研究中，dm和Miele的品牌信任度能够分别达到73%和70%的最高值（见图2.6）。

相比之下，信任对于品牌成功的突出重要性在学术界已不再存在争议（Chaudhuri和Holbrook，2001；Kenning，2003；Li等，2015；Portal等，2019；Veloutsou等，2013）。在管理实践中，这个道理似乎在缓慢地得到大家的认同，尽管德意志银行的例子表明，如果失去大量信任，公司首先会失去其在社会中的合法性，然后其盈利能力会直线下降（Fichtner等，2016；Bartz和Clausen，2015，第30页起），这进一步强调了信任对公司的重要性。在此背景下，2010年帮宝适召回了一部分产品，其管理层在Facebook上写道："信任：对于我们这些在帮宝适工作的人来说，信任不仅仅是一个词，更是我们的使命。父母把孩子托付给我们，这是我们牢记在心的责任。近50年来，我们一直与父母和婴儿合作，不断改进我们的纸尿裤舒适包裹婴儿的方式，并在他们成长时保护他们。父母对我们的信任让我们感到谦卑，我们每天都在努力赢得并保持这种信任。"在召回产品的情况下，这种清晰的信任沟通反映了品牌信任的另一个积极方面：如果消费者信任一个品牌，它可以

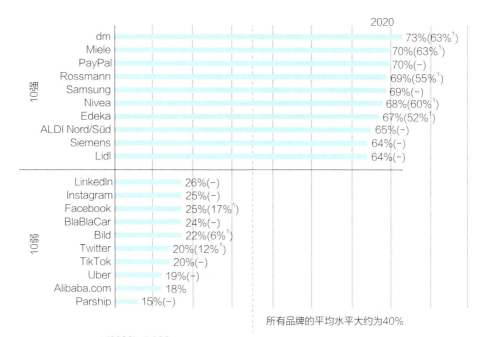

图2.6 2020年品牌信任度（基于：Sasserath Munzinger Plus，2021、2017）

起到保护屏障或保险的作用。品牌信任可以防止未来危机对品牌造成潜在损害（Burmann，2005；Edelmann，2011）。

> 品牌信任是客户使自己容易受到品牌影响的意愿，这种意愿是基于一个品牌有专长和意愿来实现其价值主张的信念（Hegner，2012，第59页）。

品牌信任只有在存在主观感知风险时才与行为相关，因为只有风险才会使购买品牌的客户"变得脆弱"。主观感知的风险（如功能风险、财务风险、社会风险）越大，品牌信任作为购买行为的决定因素就越重要。品牌在信守承诺时是值得信赖的。

品牌信任由四个维度组成（见图2.7）。品牌信任认知维度包括归属于品牌的专长及其可预测性；相比之下，品牌的好感及其诚信构成了衡量品牌表现意愿的情感维度。如果信任可以在纯粹的认知基础上进行评估，那将是一个可靠的知识。在纯情感评估的情况下，"盲目"信念将是更合适的术语（Hegner，2012，第14页）。

关于品牌专长的信任效应，Hegner将其分解为产品专长、市场认知和服务质量等单个因素（见图2.7）。产品专长和服务质量反映了组织实施品牌承诺的能力，市场认知是衡量

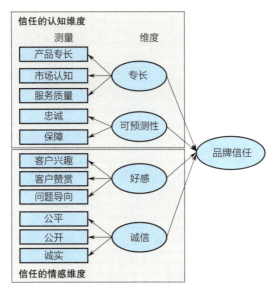

图 2.7　解释品牌信任的模型，包括测量（Hegner，2012，第 111 页）

客户对公司拥有市场相关信息的程度，因此可以很好地了解客户和竞争对手。

品牌的可预测性反映了其行为感知的一致性程度（Einwiller，2003，第 81 页），它由忠诚和保障构成（Hegner，2012，第 235 页）。忠诚需要存在明确的品牌身份，保障旨在确保客户感受到他们可以依赖品牌的质量标准。过去在可预测性方面表现出色的品牌是 Porsche（Burmann 和 Schallehn，2010，第 60 页）。Porsche 在其品牌身份中忠于原则："Porsche 是一家拥有坚定理想的独特公司，我们所做的一切都是基于我们的价值观和理念，我们对自己是谁以及如何做事有清晰的认识，这使我们能够忠于我们的原则并满足对自己的高要求（Porsche，2011，第 5 页）。"最终，Porsche 的高质量标准也确保了其产品安全性。高水平的可预测性在第一款全电动 Porsche Taycan 中也表现得很明显，它令人信服地延续了 Porsche 在产品设计中的忠诚原则和产品安全性保障。

好感被理解为客户认为品牌非常重视其利益（Li 等，2008）。因此，实施客户导向必须具有明显的高度优先级。客户对德国许多银行的信任严重丧失，主要是由于对这些银行失去了好感，这些银行的行为完全以管理者个人利润动机的"贪婪"最大化为特征。这种行为的极端是欺骗自己的客户，为此多年来不只有德意志银行一家被告上法庭（Fichtner 等，2016）。

好感可以通过客户兴趣、客户赞赏和问题导向来运作（Hegner，2012，第 236 页）。客户兴趣表达了品牌对其客户及其问题真正兴趣的感知水平；客户赞赏体现在客户的利益在公司中具有最高优先级；品牌的问题导向体现在客户出现的问题被尽可能快速有效地解决。

例如，为了使客户的赞赏和兴趣变得有形化，品牌可以让客户参与创新过程（Füller 等，2009，第198页起；Dahl等，2014）或通过社交媒体与客户保持密切互动（Hiddessen，2021，第47页起）。有了良好的问题导向，在品牌管理中应该及早发现潜在的和当前的客户问题，并有能力在公司实施其解决方案。这也可以通过建立专业的投诉管理系统来实现（Stauss和Seidel，2014）。社交媒体对于投诉管理非常重要，例如，通过监控社交媒体，可以快速从客户那儿收集相关问题的信息。投诉通常可以以这种方式直接解决，并且可以找到单独的解决方案（Nee，2016，第51页起），这反过来会对好感产生积极影响。

诚信包括客户的主观信念，即品牌以模范方式与客户打交道（Füller等，2008；Ipsos Mori，2009）。诚信可以进一步细分为公平、公开和诚实三方面（Hegner，2012，第237页）。公平要求品牌不利用客户；公开意味着品牌与客户交换所有相关信息；诚实要求品牌只传达正确的和真实的信息。从本质上讲，诚信要求在与客户沟通时确保所有陈述具备真实性，否则很快就会发生所谓的垃圾风暴（Social-Media-Shitstorms Hansen等，2018；Himmelreich和Einwiler，2015；Scholz和Smith，2019；见第5.3节）。

最后，图2.8总结了基于身份的内部和外部品牌管理的重要目标。

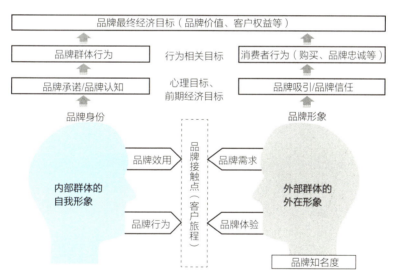

图2.8　基于身份的内部和外部品牌管理的重要目标

2.3　品牌定位

2.3.1　品牌定位的定义和意义

基于身份品牌管理的一个重要组成部分是品牌效用承诺（见第1.4节），它包括那些通过品牌接触点向外部目标群体传达和兑现的功能性和非功能性效用。效用承诺的开发和传播被称为品牌定位（见图2.9）。

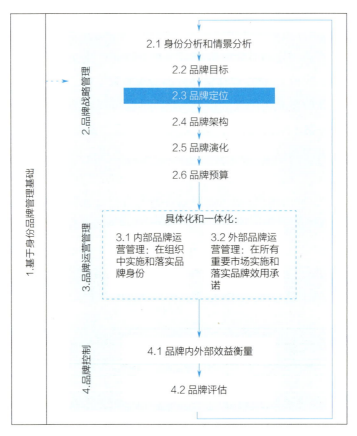

图2.9 品牌定位在基于身份品牌管理过程中所处的环节

> "品牌定位是在相关目标群体的感知空间内，规划、实施、监督和开发一个以消费者理想状态为导向、能与竞争者区分开来、能体现自身资源和专长与品牌身份一致的位置。"（基于：Feddersen，2010，第29页）

在如今的学术界和实践界，品牌定位对品牌的长期成功具有决定性作用（Blankson等，2008；Iyer等，2019；Keller等，2012，第104页）。同时实践也证明，品牌的很多问题都来自于缺乏品牌定位。企业常常不能清楚地提出品牌定位，以及明确表述位于定位核心的现有品牌效用承诺，以至于不能在品牌接触点实现转化。为了避免这些问题，成功的品牌定位必须满足五个要求：

（1）行为相关性

品牌的强大源于其行为相关性（见第2.2.2小节）。因此，只有当品牌定位所包含的效用承诺与行为相关，即满足目标群体的重要需求时，品牌定位才算成功。有很少或没有行为相关性的效用承诺不适合品牌定位。

（2）差异化

许多品牌可替换性的增加给当今品牌定位任务造成了困难。这是由于定位只关注功能效用，而这些效用越来越快地被竞争对手模仿（Bohmann，2011；Enke等，2014），这在成熟市场和B2B市场中尤其明显。成功的品牌定位必须包含效用（尤其是非功能性效用）。从目标群体的角度来看，这些效用可以在较长时间内将品牌与竞争品牌区分开来。

（3）身份契合

品牌员工必须充分参与品牌效用承诺的制定，只有这样才能确保员工以后通过他们在工作场所的日常行为实现品牌效用承诺，从而使消费者有实质性的体验。出于这个原因，成功的品牌定位应该只包括与身份高度契合的效用。

（4）独特的品牌体验

品牌效用承诺必须转化为清晰独特的感官品牌体验。在这样做的过程中，应该关注客户的几个感官，因为通过传达效用承诺影响的感官越多，品牌被记住的时间就越长（Springer，2008；Steiner，2018）。一个合适的品牌形象尤为重要，因为人们特别擅长处理视觉信息。

（5）品牌真实性

效用承诺必须在所有品牌接触点真实兑现，只有这样，消费者才会相信承诺会通过具体行动来兑现。因此，成功的品牌定位应该包含在品牌接触点加强品牌完整性和原创性的效用（见第1.9节）。

2.3.2　基于身份品牌管理的定位过程

为了制定满足上述要求的品牌定位，必须遵循五个阶段的过程。在图2.10中，这个过程被整合到基于身份的品牌管理的基本理念中，并以上述要求进行补充（更详细的效用承诺传达见第3章）。

下面，使用不来梅大学开展的餐饮品牌定位咨询项目来解释基于身份的品牌定位过程。

1. 目标群体和竞争对手的界定

竞争对手的选择基于相关市场的界定（Meffert等，2019，第217页起）。此外，还应考虑潜在、未来的竞争对手，例如，德国汽车公司不仅与其他老牌制造商（如Toyota）和新供应商（如Tesla）竞争，而且还与正在开发自动驾驶汽车的Apple、Alphabet和Sony等科技公司竞争（Hage和Nefzger，2021）。为了确定目标群体，在两阶段市场细分的情况下，借助适当的特征（例如，社会人口、购买行为导向、心理标准），相关市场中的消费者被划分为相对同质的细分市场。然后，公司选择盈利的细分市场进行市场培育，形成品牌的目标群体（Meffert等，2019，第221页起）。

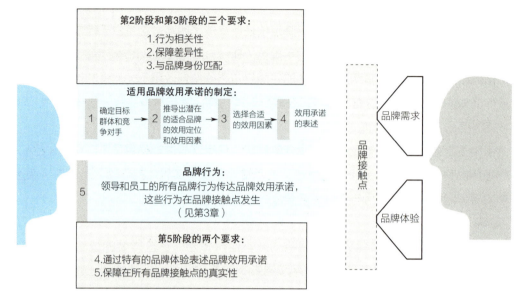

图2.10　基于身份品牌管理的品牌定位过程

对于项目中的餐饮品牌的餐厅分支，"德国汉堡快餐市场"是相关市场，其中有一个占主导地位的竞争对手，这是经与餐饮品牌管理层协商确定的主要竞争对手。"德国汉堡快餐市场"每年共有3500万买家和食客。为了进行市场细分，在一项具有代表性的在线研究中，向这组人群中的5000名14岁至65岁的受试者询问了他们的社会人口特征、饮食习惯（行为标准）和对快餐的态度（心理标准）。重要的是，只调查最近从相关市场购买过产品的人，并询问这些人在上次购买时的真实体验。

根据这些数据，可以使用聚类分析确定以下四个细分市场（Backhaus等，2016，第455页起）："快餐爱好者"（40%）、"家庭和善于交际的食客"（25%）、"注重健康的鉴赏家"（20%）和"冷静的低价购物者"（15%）。"快餐爱好者"被选为市场开拓的目标群体。

2. 确定适合品牌定位的潜在效用维度

根据前面介绍的过程，效用承诺的最终表述只能包含在过程开始时被确定为潜在效用的那些效用中。因此，在过程的第2阶段尽可能多地识别品牌效用非常重要。这是通过结合定性市场研究和二次研究（案头研究）的不同方法来确定的。最常见的定性市场研究方法包括小组讨论和深入访谈（Kuß等，2014，第51页起）；在二次研究中，运用评估现有数据进行研究，如研究成果、互联网和社交媒体的状况等（Meffert等，2019，第181页起）。

在餐饮品牌项目中，对内部目标群体（公司总部的高管、员工、加盟商）进行了超过

25次的深度访谈，以确定合适的潜在品牌效用，每次访谈持续1~2小时。访谈重点是对品牌身份进行分析（见第2.1节）。此外，对来自"快餐爱好者"目标细分市场的25名品牌现有和潜在客户进行了深入访谈，以确定使用或不使用自有品牌的最重要原因和障碍，以及与竞争对手相比的品牌形象。作为二次研究的一部分，分析了几个餐饮品牌在品牌接触点（网站、电视广告、在线广告、产品范围、定价等）的状况。此外，还对德国餐饮市场的现有实证研究进行评估。在这些广泛分析的基础上，确定了79个可能适合品牌定位的品牌效用（例如，健康的产品、简单的订购流程、适合家庭、有吸引力的分店室内设计、分店的营业时间和停车情况、员工的友善程度、对生态负责和幽默等）。

面对众多效用，就行为相关性、差异化和身份匹配这三个要求对每个效用进行有理有据的进一步分析几乎是不可行的（Backhaus等，2016，第386页）。此外，消费者会通过将大量详细的单个效用总结为几个效用，以降低购买前每次品牌评估决策过程的复杂性。这种消费者实际购买情况的心理浓缩体现在对79项单个效用的探索性因子分析（EFA）框架内的统计压缩（Backhaus等，2016，第386页）。分析探索性因子的目的是识别内容相似的品牌效用，并将它们组合成组。这些效用组在统计中被称为因素，在实际应用中被称为效用维度。

在餐饮品牌的项目中，79个效用被压缩为以下12个效用维度：好口味、健康的产品、好的性价比、好的特价商品、可用性高（分店网络密度、营业时间）、适合家庭、引领潮流、探险、阳刚、对社会和生态负责、聪明幽默和典型美式风格。在图2.11中，效用维度"引领潮流"以相关的个体效用作为示例显示。

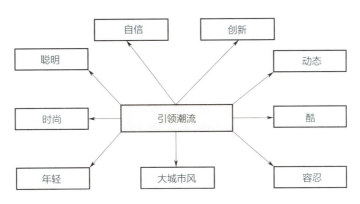

图2.11　在餐饮品牌定位的项目中，效用维度"引领潮流"中的个体效用

3. 选择适宜的效用维度

结构方程模型通常是用作检查行为相关性的统计方法（Weiber和Mühlhaus，2014）。因此，这些模型显示了效用维度对购买行为的影响。根据对"快餐爱好者"的在线调查，以结构方程模型来分析12个效用维度对汉堡快餐店购买行为的影响（见图2.12）。

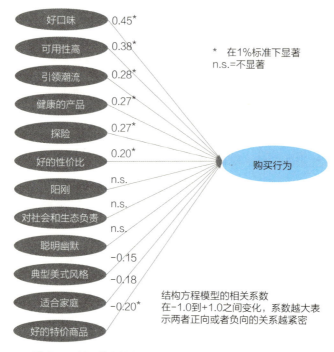

图 2.12 效用维度的购买行为相关性对餐饮品牌定位的影响

对于项目中的餐饮品牌，如图 2.12 显示，以下六个效用维度对购买行为没有产生显著影响，甚至会产生负面影响：阳刚、对社会和生态负责、聪明幽默、典型美式风格、适合家庭和好的特价商品。因此，这六个效用维度并不适合餐饮品牌的定位。其余六个维度的系数显示了它们对购买行为有重要影响，具有最高系数的效用维度对于定位来说有特别的意义。

为了检查差异化，将要定位的品牌形象与竞争品牌的形象进行比较。因此，为品牌的每个与行为相关的效用维度计算平均值。然后检查这些平均值在品牌之间是否存在显著差异（Backhaus 等，2016，第 207 页起）。每个效用维度的比较结果是以下三种情况之一：

1）目标群体认为要定位的品牌在效用维度"A"方面明显弱于主要竞争对手的品牌，存在竞争劣势，因此通过效用维度"A"进行定位是没有意义的。

2）目标群体认为要定位的品牌在效用维度"B"方面明显优于主要竞争对手的品牌，存在竞争优势，应使用效用维度"B"进行定位。

3）要定位的品牌与主要竞争对手的品牌在效用维度"C"方面没有显著差异。尽管目前与竞争对手没有区别，但通过效用维度"C"进行定位可能是有用的。

根据此方法，与主要竞争对手相比，针对每个与行为相关的效用维度分析了项目中的餐饮品牌的形象（见图 2.13）。

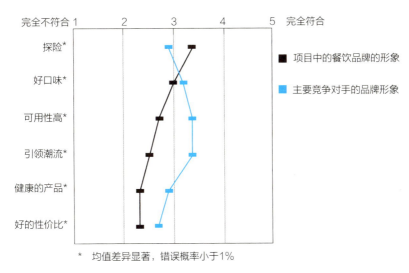

图 2.13 项目中的餐饮品牌与主要竞争对手的形象差异

从图2.13中可以看出，目标群体对该餐饮品牌的评价在四个效用维度（可用性高、引领潮流、健康的产品、好的性价比）方面明显弱于主要竞争对手的品牌。由于这些效用维度存在竞争劣势，因此在定位时未将其考虑在内。相比之下，该餐饮品牌在"探险"效用维度（分效用：执着、冒险、勇敢和热情）方面存在显著差异。在效用维度"好口味"中，该餐饮品牌和主要竞争对手品牌的评分相近。因此，仅针对"探险"和"好口味"两个效用维度进行身份契合检查。

通过将剩余的效用维度与先前确定的品牌身份进行比较来检查身份契合度，这将确定效用维度可信可兑换的"凭证"。在品牌管理中，这些"凭证"也被称为"为什么"或"相信的理由（RtB）"。如果没有"凭证"证明效用维度的可信可兑换性，则存在不真实、不可兑现品牌承诺的风险，相应的效用维度不能应用于定位。

就该餐饮品牌而言，品牌的经理和员工也在多个研讨会上检查了身份契合度。此外，为了确保这些研讨会和内部定性深入访谈的结果，可以在第2阶段中对所有经理和员工进行定量调查。在该餐饮品牌的案例中，筛选出的两个效用维度（探险、好口味）都与品牌身份有很好的契合度。

4. 效用承诺的表述

最终的品牌效用承诺来自前面的阶段，包含关于目标群体、承诺的效用和通过身份分析确定的"凭证"（RtB）的陈述。

满足行为相关性、差异化和身份匹配这三个要求的所有效用维度都应该成为效用承诺的一部分（只要效用承诺保持简洁）。在这些情况下，我们说的是差异点（PoD）定位，因为品牌在效用承诺的所有要素上都与竞争对手有显著的差异（Reeves, 1960; Ries 和

Trout，2001，第19页起）。差异化在品牌定位方面具有最大的成功潜力。就该餐饮品牌而言，"探险"效用维度满足行为相关性、差异化和身份匹配这三个要求并实现差异定位，因此，该维度是效用承诺的重要组成部分。在制定效用承诺时，用"探险"维度的单个效用来说明这一点：执着、冒险、勇敢和热情。

然而，即使效用维度尚未显示出与竞争对手的任何差异，使用与行为非常相关且对定位具有高度身份契合度的效用维度也是有意义的。这种方法称为平价点（PoP）定位，建议用从客户的角度来看必须满足的效用维度（所谓的"保健因素"；Keller 和 Swaminathan，2020，第82页起）。以该餐饮品牌为例，效用维度"好口味"具有较高的身份契合度和最高的行为相关性，但目前与主要竞争对手的相比没有区别。高水平的身份契合度是由于所调查餐饮品牌的所有食物都是明火上现烤的，对于"快餐爱好者"来说，烧烤是好口味的"证明"。因此，"好口味"被整合到最终效用承诺中（见图2.14）。此外，还制定了在这个效用维度上实现与主要竞争对手长期差异化的目标。

> 为快餐爱好者提供最好的口味，
> 因为我们的食物是在明火上现烤的。
> 我们一直代表执着、冒险、勇敢和热情。

图 2.14 所调查餐饮品牌的最终效用承诺

该餐饮品牌的效用承诺包括功能性（好口味）效用和非功能性（探险）效用。尤其是在饱和市场（例如，快餐美食）中，仅靠功能性效用通常只能进行平价点定位，而差异点定位通常基于非功能性效用。

5. 传达效用承诺

正如餐饮品牌的例子所示，品牌效用承诺是一个口头的、相对抽象的理念。品牌效用承诺通常由几个词和几句话组成，仅适用于在有限的范围内将品牌承诺传达给目标群体，因为它仍然留有太多的解释空间，而且还不够情绪化。因此，使用特定符号让品牌效用承诺更易于理解是非常重要的，这适用于外部和内部目标群体。品牌效用承诺除了通过沟通传达，还必须通过内部目标群体的具体行为来传达。然而，即使是内部目标群体，相应的行为也会在沟通之前进行，目的是激励内部目标群体以增强品牌的方式行事。

> 品牌符号是感官上可感知的标志，它指代一个品牌，在传达品牌效用承诺的同时可用于识别和传播品牌（Müller，2012，第26页）。

例如，有的保险公司使用守护天使（见图2.15）来传达其效用承诺"可靠""信任""保障"和"终身支持"。该符号被通过所有通信渠道传输给目标群体。为了沟通成功,必须保证达到发送者与受众对符号含义的共同理解。只有这样,受众才会按照发送者想要传达的品牌承诺来解码符号。

图 2.15　威斯特法伦保险公司的广告形象(Westfälische Provinzial,2017)

万宝路(Marlboro)是符号交流的经典例子(Müller,2012,第27页起)。万宝路的效用承诺包括"自由""阳刚之气"和"冒险",而用于传达效用承诺的是来自美国狂野西部世界的符号。这些西部世界符号是通过无数电影和小说在社会中建立起来的,与"自由""阳刚之气"和"冒险"等特征相关联。在万宝路符号交流中,特别以牛仔和他们的典型动作(例如,套索或围坐在篝火旁)为特色。该品牌在声音上也使用了西方符号,通过用西方经典电影《豪勇七蛟龙》的主题音乐来强调广告中的场景。此外,品牌目标群体通过口号"来到万宝路国度"被邀请来到"万宝路世界"。万宝路使用西方社会确立的符号将品牌与所需的联想联系起来。

因此,品牌管理中的一个重要挑战是通过使用易于理解和以目标为导向的符号,在所有品牌接触点向客户传达品牌效用承诺。因此,开发合适的品牌符号(也称为品牌元素)是进行品牌管理的核心任务。除了品牌名称和标志,这些符号还包括标语(例如,Media Markt的"我不傻")、广告角色(例如,Schwäbisch Hall的聪明狐狸)、颜色(例如,Telekom的洋红色)或声音(例如,电信铃声)。第3章将详细解释品牌元素的设计和在所有品牌接触点进行的效用承诺传达。

2.3.3　品牌再定位作为品牌定位的特殊形式

品牌定位一旦确立下来,原则上说,随着时间推移它不是保持静态不变的,当一些外在市场条件(例如,新的竞争者或者消费者的偏好)发生改变时,就有必要对品牌定位进行调整。这种动态变化使品牌定位需要定期监测,以便在某些情况下需要改变。品牌再定位描述了这一改变过程(Feddersen,2010,第30页)。于是品牌定位策略可以根据时间先后分为两个不同阶段：第一个阶段是初次定位；第二个阶段是动态的再定位，也被称为定位维护或者定位转变。

> 品牌再定位描述了对一个已经投入市场品牌的功能性和/或非功能性效用特征进行增加、删减和修正，以期改变效用承诺和品牌行为（Feddersen，2010，第33页）。

定位模型可以支持品牌再定位。在这样的模型中，当再定位品牌的实际位置和目标位置都确定时，就可以把这两点之间的距离定义成再定位强度（见图2.16）。

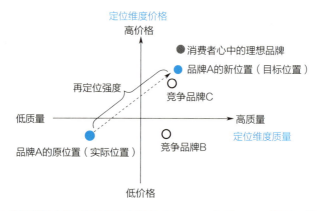

图 2.16　定位模型中的再定位强度（基于：Burmann 和 Recke，2009，第 313 页）

> Recke（2011）将再定位强度定义如下："再定位强度表明了相关消费者在两个时间点之间的功能性和/或非功能性效用维度上感知到的品牌定位的变化程度。"（Recke，2011，第62页）。

在再定位的背景下，可以区分三个重要的行动选项：

1）保持品牌更新。
2）品牌年轻化。
3）效用的增减。

保持品牌更新涉及持续的品牌管理措施。其目的是保持品牌是当代的和最新的。其基础是高度的市场导向，可以在早期阶段识别趋势（Meffert等，2019）。阿迪达斯品牌可以被视为一个很好的例子。几十年来，它经常设法在早期阶段识别趋势，这主要是基于其在全球约有20家"现场经销商"，他们与引领潮流的目标群体有着密切的联系，同时他们本身也是意见领导者。阿迪达斯通过这些"现场经销商"确保了高水平的"街头信誉",并收到有关新产品创意的建议。

敏感的趋势目标群体只与"现场经销商"互动。相比之下,阿迪达斯品牌作为一个庞大、难以接近且活跃于全球的集团的象征,不与消费者来往。新产品创意由天才设计师以非常小的、有限的产品系列通过基本正常的价格实现,并通过"现场经销商"销售。这些限量系列只能通过"现场经销商"的在线商店在全球范围内销售。在某些情况下,阿迪达斯甚至会根据"现场经销商"的设计规格和订单制造特殊型号的产品,然后通过他们独家销售。如果限量系列获得积极反馈,阿迪达斯有时会对非常不寻常的产品进行调整,使其针对更广泛的目标群体,然后通过其他销售渠道大量销售。

此外,互联网为分析当前趋势提供了新的有趣的可能性。例如,星巴克品牌使用创意平台"ideas.starbucks.com",询问者在这里有机会提出自己的想法或改进建议。通过不断记录用户需求和实施新想法,星巴克能够不断调整和优化其品牌体验以满足消费者愿望(Starbucks,2021)。

虽然品牌的目标群体在确保品牌及时更新时通常保持不变,但年轻化是在不失去以前目标群体的情况下额外针对一个新的、更年轻的目标群体。这可以使用Old Spice品牌的例子来说明,在品牌连续多年销量下滑并与一个非常老的目标群体相关联的情况下,品牌管理层决定进行品牌再定位,修改产品并将品牌传播重点放在年轻的目标群体上。在投放各种吸引年轻目标群体的电视广告之后,该品牌在全球范围内开展了非常成功的病毒式宣传活动,其中包括"The Man Your Man Could Smell Like"广告。如果最初有少数人交换有关该活动的信息,当它达到"临界质量"时,它会在各种媒体中"爆炸性"地传播,因此,该活动被称为病毒式活动(Gladwell,2012)。这通常是通过社交媒体实现的。通过该活动,Old Spice和相关视频吸引了1.75亿消费者(Visible Measure,2012)。下一步,"The Man Your Man Could Smell Like"通过YouTube上的个性化视频回答了名人、博主和消费者在Twitter上提出的问题,这大大增加了活动的病毒式传播效果。三天内,Old Spice在YouTube上制作了180多个回复视频,与广大消费者进行了直接互动,并通过个性化的回复视频创造了持久的品牌体验。在雇主品牌中,年轻化也与品牌相关,因为在许多国家,由于人口结构变化,招聘年轻员工变得更加重要。

由于品牌环境的重大变化,通常需要增加或删减效用。这主要是基于客户需求的改变,使以前的品牌效用变得无关紧要(删除效用)或有必要在品牌定位中添加新的品牌效用。这种调整成功的关键是,随着时间的推移,确认的信息和新品牌信息之间能否正确、平衡地匹配。品牌定位的改变不能太大,否则客户将无法将新的效用承诺与他们之前的品牌形象相协调。因此,新旧品牌信息之间的中等匹配度至关重要。为了确定这种拟合,可以使用来自v. Weizsäcker(1974)的首次确认特征模型。效用承诺的变化被绘制在横轴上,作为新旧品牌信息之间的关系（强烈变化＝新旧品牌信息之间的低匹配度）。变化产生的传播效果被记录在纵轴上（见图2.17）。

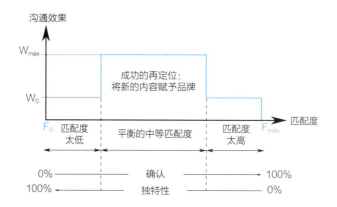

图2.17 应用于品牌再定位的 v. Weizsäcker 首次确认特征模型（基于：Nitschke，2006，第186页）

根据v. Weizsäcker的说法，只有足够数量的重要基本效用（品牌本质）保持不变，并辅以首次使用的新的、偶然的效用，才能成功实现品牌再定位。这种平衡的组合确保了最大的沟通效果。但应避免过多地创新（"匹配度太低"），也应避免过少地创新（"匹配度太高"）。在第一种情况下，过多惊喜引起的高度关注会导致品牌知名度提高，但不会导致预期的形象改变。

FRoSTA是冷冻即食食品的制造商，在20世纪90年代末至21世纪初，其销售额和市场份额显著下降（Burmann和Feddersen，2007）。这是由于与自有品牌的差异化不足，自有品牌的产品质量与FRoSTA产品的相似，但价格更便宜。FRoSTA的品牌经理决定再定位品牌：新的品牌效用承诺规定FRoSTA在其产品中不使用增味剂和人工添加剂，并且相应冷冻食品的所有成分都列在其包装上（"FRoSTA纯度法"），这种透明度远远超出了法律要求。新的品牌效用承诺有可能既与消费者相关，又使其与竞争对手区分开来。为了传达新的效用承诺，FRoSTA在品牌接触点的亮相发生了重大变化，例如，著名的口号"FRoSTA为所有人服务"和著名的广告角色"Peter von FRoSTA"都被省去，价格大幅上涨。通过这次再定位，FRoSTA希望夺回之前失去的市场份额。然而，事与愿违，FRoSTA在再定位后的一年（2003年）继续失去大量市场份额，销售额也下降了42%。作为不来梅大学研究项目的一部分，人们发现FRoSTA的再定位过于激进，因为它影响了基本效用。FRoSTA随后恢复了一些更改，最重要的是，通过重新激活"FRoSTA为所有人服务"的口号和广告角色"Peter von FRoSTA"来找回旧品牌个性。此外，通过在视觉效果上更改包装尺寸，价格降低到了原来的水平，这些措施导致销售额和市场份额增加。十年后，FRoSTA成为冷冻食品类别中增长最快的品牌。这个案例表明，品牌再定位应该循序渐进而不要激进，且在涉及本质特征时应该非常谨慎。

另一个著名的效用增加例子在快餐行业：麦当劳近几年增加了品牌效用"健康营养"。在麦当劳，品牌再定位是基于消费者健康意识的提高，以及由此引发的对快餐的普遍批评，尤其是对麦当劳作为市场领导者的批评。由于再定位，麦当劳对分店设计进行了修改，在欧洲将企业颜色红色替换为绿色，并在电视广告中重点突出沙拉和天然农场供应商。

2.4 品牌架构

如果一个企业拥有多个品牌，基于身份的品牌管理就必须考虑品牌之间的相互联系，在品牌架构框架中实现不同品牌的协调（见图2.18）。

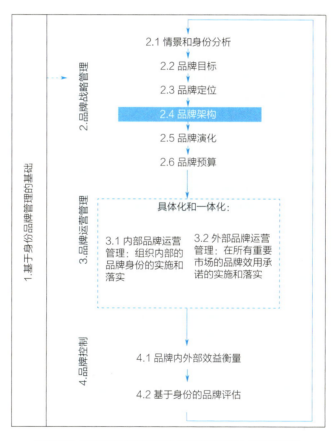

图 2.18 品牌架构在基于身份品牌管理过程中所处的环节

2.4.1 品牌架构的分类和界定

品牌架构概念常常作为其他概念的同义词使用。德语文献中运用了品牌架构（Meffert 和 Burmann，1996；Strebinger，2010；Schweiger 和 Schrattenecker，2017）、品牌结构

（Homburg和Schäfer，2001）、品牌相关一体化战略（Sattler和Völckner，2013）、品牌系统或品牌联合系统（Arbe，1999；Schiele，1999；Schweiger等，1999）以及品牌战略（Baumgarth，2004）等概念，而在英语文献中所用的是品牌体系（Aaker和Joachimsthaler，2000；Brexendorf和Keller，2017；Douglas等，2001）、品牌层级（Keller，2003）、品牌结构（Laforet和Saunders，1994；Laforet和Saunders，2007）、品牌系统（Aaker，1996）和品牌战略或者品牌化战略（Kapferer，2008；Kotler等，2017；Rao等，2004）。

品牌组合是一个企业所有品牌的总和（Meffert和Burmann，1996；Nguyen等，2018），企业作为品牌所有者或者通过与品牌所有者的合同协议（权利证书、战略联合等）获得权利（Aaker和Joachimsthaler，2000，第134页）。这包含了那些与其他企业共同管理的品牌。

品牌层级是对品牌组合的整理，属于企业的组织层面。重要的品牌层级是企业品牌、经营领域品牌、产品组品牌、产品品牌和产品特征品牌层面（Abraham，2021）。

品牌架构包含了品牌组合形式结构和内容结构：形式结构指确定品牌架构、运用于单一层级的品牌，以及一个企业品牌组合的品牌化类型；内容结构指单个组合品牌与品牌或服务、市场分类、地理市场区域以及相符品牌身份和效用承诺的结合。

品牌架构建立的基础是品牌架构战略，一个经营全部品牌组合的整体（抽象描述）、长期的（时间跨度为5~10年）和有条件的（与前提相关联）行动计划。品牌架构设计的目标是提升内部协同效应，并最大限度地利用所涉市场的需求潜力（Aaker，2004，第13页起；Burmann和Meffert，2005，第165页）。消费者主观感知的品牌架构可能和真正实现的品牌架构有所偏差。感知的品牌架构有很重大的意义，因为它决定了消费者的行为以及目标实现的程度。

对品牌架构结构现有理念的分析表明，层级和战略的分离是有目的的。品牌组合的层级化，实现了一种对企业所有品牌明显整齐的表述以分析它们的组合，并在该基础上建立以战略为目的、目标为导向的品牌架构。它首先致力于识别战略行动的选择，随后就能系统地评价和决定行动选择（见图2.19）。

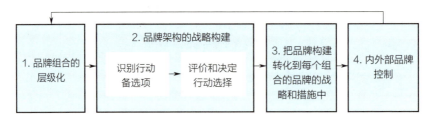

图2.19 基于身份的品牌架构构建过程（Burmann和Kanitz，2010，第39页）

具有重大意义的是，区分品牌架构结构的战略角度和执行相关的具体角度。后者致力于转化和实施所选择的、在品牌接触点上的品牌架构，它将品牌架构转化到品牌组合内部每个独立品牌的战略和措施中。

品牌架构应该使用一种定期的成果控制，在目标实现程度经验分析的基础上，它实现了品牌架构的系统适应。在此过程中，正如感知和评价消费者对于品牌架构的接受度一样，必须调查员工和领导层对于品牌架构的接受度。在图2.19中详细介绍了品牌架构建立过程。

2.4.2 品牌组合层级化

Aaker（1996）指明了基于身份的品牌架构构建过程的方向。Aaker（1996）的层级理念十分详细地介绍了品牌组合的结构化。需要考虑到的层级有企业品牌、经营领域品牌、产品组品牌、产品品牌和产品特征品牌层面（见图2.20），但在具体情况下，并不要求品牌具有所有这些层级。根据要素品牌战略理念（Desai和Keller，2002；Moon和Sprott，2016；Sivaramakrishnan和Carvalho，2019），单个产品特征品牌可理解为元素品牌（例如，原材料、投入材料、产品部件），目标群体认为这些元素构成了品牌（Freter和Baumgarth，2005，第462页）。这些是产品品牌的组成部分或可以作为独立品牌进行管理的副产品（Aaker，1996，第243页）。

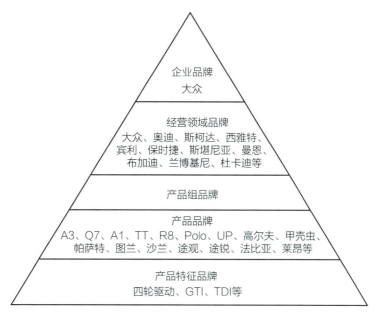

图2.20　品牌架构构建过程的品牌层级模型——以大众汽车为例

2.4.3 品牌架构构建

为了从制造商的角度使选择系统化，文献中已经建立了基于二维导向的方法（见图2.21）。第5.2节将说明行为特定视角（零售）下的品牌架构构建。

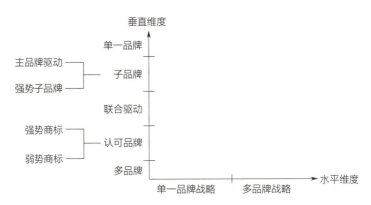

图 2.21 制造商角度的品牌架构构建战略行动选择（基于：Burmann 和 Kanitz，2010，第 41 页起）

1. 品牌架构垂直维度的构建

垂直维度以 Aaker 和 Joachimsthaler（2000）的品牌关系范围为导向。最末端是品牌屋架构，又称作"单一品牌"或者"伞品牌"。在单一品牌公司中，公司的所有产品服务都仅在一个品牌下销售。在产品范围非常广泛的情况下，这个"单一品牌"通常辅以事实描述性的补充，即所谓的关键词，以便为各种目标群体提供更好的定位（例如，联邦快递的"服务""快递""陆运"和"货运"等描述词；Business Segments and Services FedEx，2021）。

多品牌架构处于垂直维度的另一端，来自于品牌组合的每个产品品牌都只构建自己的品牌，例如，宝洁就使用了这一架构，帮宝适、吉列、博朗和金霸王都属于宝洁（见图2.22）。

图 2.22 宝洁的多品牌架构（Procter und Gamble，2017）

两种极端之间存在混合形式，其中至少对两个品牌进行绩效标识。子品牌架构包含了占主导地位伞品牌的情况。伞品牌是主要的购买决策驱动者，然而与组织结构相关的下级品牌不只是一种纯粹的描述性角色（Aaker，2004，第57页起）。当这些架构利用了伞品牌强势的形象传输效果时，细分市场的异质性就需要一种在这种分类下具有区分度的品牌（见图2.23）。

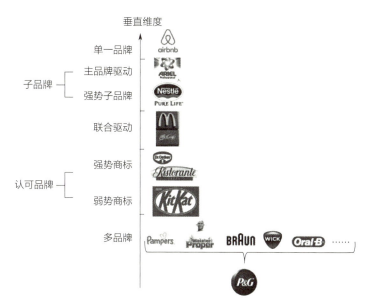

图 2.23　品牌架构垂直维度塑造的例子

在"主品牌驱动"的情况下,上层品牌毫无疑问地处于中心地位,并且仅通过关键词(例如,Ariel与Professional品牌)来实现。在选择强势子品牌时,会将一个强势的下层品牌与一个占主导地位的上层品牌联合起来(例如,雀巢品牌Pure Life)。它与"主品牌驱动"的主要区别在于有较强势的下层品牌;与联合驱动的区别在于,上层和下层品牌不是平等的,上层品牌占据重要位置(Aaker,2004,第54页起)。

在认可品牌架构中,在组织结构中处于下层的品牌(例如,Ristorante等产品品牌)占主导地位,与这些都有联系的伞品牌(例如,Dr. Oetker)只有纯粹的辅助作用。在组织结构中,处于下层的品牌是购买行为的主要驱动者(Aaker,2004;Brandao等,2020)。认可品牌架构能够进一步细分。弱势商标品牌仅能实现给组织结构中上层品牌的一种较弱象征性参考,强势商标品牌可以给组织结构的上层品牌以全面支持。图2.23根据例子解释了这种形式。

下一步,必须对行动可选项推导出合适的评价标准(见图2.24)。同基于身份品牌管理区分内外部评价标准一样,在内部标准框架下,所有员工的内部接受程度对于品牌架构的成功落实至关重要。如果一个关于品牌的决策失败了,品牌承诺(BC)不够,就会产生员工不合作的品牌风险,这会削弱品牌。

大众汽车的西雅特品牌可作为一个例子。在过去几十年间,西雅特在经济效益方面损失惨重。近几年,通过"auto emoción(激情驰骋)"和在品牌效用承诺中强调西班牙式的性格与热情,该品牌试图与集团其他品牌区分开来。然而,在品牌政策中,由于西雅特的产品和集团其他品牌的汽车相似度过高而失去了区分度。同样品牌效用承诺在内部落实也

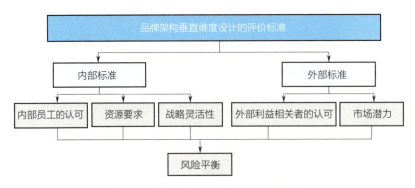

图2.24 品牌架构垂直维度设计的评价标准

不完善。西雅特的总裁James Muir在2010年指出:"如果你真的想摆脱公司,想要消费者接受西雅特,你还必须倒贴给他们钱(Krogh,2010)。"同样Muir还苛责了西雅特的品牌形象。高层这样的言论使得所有领导层缺失品牌承诺,从而也损害了员工的品牌承诺。英国出身的总裁怀疑企业经济上存在的必要性,并且他自己不相信西班牙式的性格和热情,从内部完全摧毁了品牌。西雅特现在显然已经认识到了这种不合时宜的情况,不再使用"auto emoción"和相关的品牌承诺。

还有一个内部标准是资源要求,这包括市场投资、可能协同效用范围、实施时间以及协调需求。当一个品牌被投入到不同的业务领域,可以通过形象转移提高潜在品牌知名度,实现最佳协同效果,例如,"爱生雅"公司通过卫生纸和面巾纸品牌"Tempo"实现了协同效用。同样,通过为不同品牌使用相同的组件(通用件策略)可以产生协同效应。当一个企业在市场中投入多个相互独立的品牌时(多品牌战略),会产生很高的花费,例如,"爱生雅"企业在卫生纸领域的品牌有Zewa和Tempo。原则上说,对于不同的架构理念,能够确定的是,品牌组合中越来越高的复杂性会导致高花费和低协同效果。然而,在相关销售市场中需求潜力的充分利用程度却因此而上升了,这是因为各个品牌可以更准确地满足各自目标群体的需求,并且一些品牌改变后也可以保留在品牌组合中。

最后一个内部标准是战略灵活性。战略灵活性描述了如下能力:复制企业经营过程和与此联系的组织能力(复制能力),以及将企业内部资源全面重新安排的能力(重新配置能力)。后者有利于掌握新的组织能力(Burmann,2002)。在品牌架构结构框架中,战略灵活性描述了品牌对于环境变化的应对能力。当一个企业在不同的业务范围内活动,它必须快速做出不同转变时,单一品牌公司结构会阻碍灵活调整。在多品牌企业结构框架下,情况与之不同,品牌之间高度独立,因而较少考虑其他业务范围的情况,因此战略灵活性就更强。

多品牌架构宝洁的例子可以更清楚地说明这点,它拥有男性定位的两个品牌Old Spice和Meister Proper,而企业的品牌组合中也有Always、Ariel和Gillette Venus,这些品牌清楚指向女性目标群体。如果产品在一个共同的伞品牌下投入市场，则各个品牌的相互依存性将增加，战略灵活性将因此降低。此外，品牌的出售和获得变得更难，这降低了战略灵活性。归根结底，如果公司的目标是高度的战略灵活性，建议使用大量独立运营的独立品牌（多品牌）。

除了内部标准，还存在两个主要的外部标准。第一个外部标准是外部利益相关者的认可，这除了涉及消费者，还有联盟伙伴、合作伙伴以及股东。需要注意的是企业中不同级别的品牌可能对消费者的购买行为有不同的影响。Kanitz（2013）针对此问题在德国进行了大量的研究，主要调查了德国8个行业中的1100名消费者和近3000个品牌组合。该研究提供了3个有趣的结论：

- 无论是企业品牌形象还是产品品牌形象，对消费者的购买行为都有显著积极的影响。
- 在所有行业中，产品品牌具有更大行为相关性。
- 企业品牌的绩效供给范围对企业和产品品牌的购买行为相关性有显著的影响。企业品牌绩效项目越广泛，产品品牌行为的相关性就越高，企业品牌的行为相关性就越低。有广泛的绩效供给的品牌定位是非常困难的，这需要以适当的方式考虑企业品牌的定位（Kanitz，2013，第124页）。通过复杂或一般性的定位，企业品牌就失去了行为相关性。相反，与产品品牌相关的行为相关性会增加，因为具体的效用是可信的并且是可以达到的。因此在广泛的绩效供给下，一系列的品牌以及品牌架构往往是适合的。

此外，Kanitz（2013）进行了一个特定行业的分析（见图2.25）。图2.25说明，在食品行业和制药行业产品品牌具有非常高的行为相关性。因为在这些行业，各企业品牌的绩效项目是非常广泛的。在这里列举"达能"Actimel品牌的例子，它的所有效用传达都围绕产品品牌Actimel建立起来的，而企业品牌"达能"成为它的背景，仅仅只是在产品包装上放置一个"达能"标志。为了强调产品品牌，它设计了独立的产品品牌网页www.actimel.de。

还有一个例子来自汽车行业。行业里的联合驱动战略可以通过梅赛德斯-奔驰C级车的例子来说明：就目前的品牌形象而言，企业品牌和产品品牌的商标可以等价使用。Kanitz（2013）的研究结果表明，两个品牌对消费行为都是有影响力的，但产品品牌C级的行为相关性稍大，这与奔驰相对广泛的产品组合是一致的。

结果表明，在大多数行业，不管是企业品牌还是产品品牌都对购买行为产生影响。因此，在许多情况下，子品牌、联合驱动品牌以及认可品牌一起发展是有效的。还可以把其中的两个品牌相结合，以增强品牌的购买行为相关性。

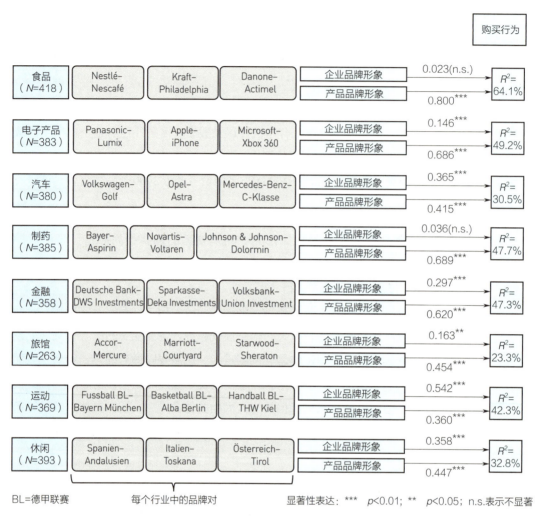

图2.25 不同行业中企业品牌与产品品牌的购买行为相关性（基于：Kanitz，2013，第189页）

另一个外部标准是市场潜力，这包括当下的和潜在可充分利用的核心市场潜力，也包括了交叉销售潜力。需要衡量的是，在糟糕情况下考虑充分利用需求潜力，同时考虑蚕食效应和参与效应（从投资组合中的其他品牌中吸引更多的品牌买家，而不是从竞争中获得更多的品牌买家）。品牌组合内部品牌逐渐成长的独立性通常会增加市场潜在需求程度（相关市场不变），但同时也增加了对资源的需求，此外，对公司财务和人力资源的需求也会增加。

一个更重要的评价标准是风险平衡，这可以追溯到Markovitz的组合理论（Markowitz，1952、1959）。这个理念将企业阐述为战略单位或其品牌的一个组合，理念核心就是将风险分摊给不同品牌。如果其产品开发失败，单一品牌企业会遭受负面的形象转移。多品牌公司结构可以抑制这样的风险，因为每个品牌都互相独立。这可以用汉莎航空集团的例子来说明。2015年3月，当时的组合品牌"德国之翼"的一架飞机在法国阿尔卑斯山坠毁，造成150人死亡，这对其他组合品牌汉莎航空、奥地利航空、瑞士航空、欧洲之翼和布鲁塞尔航空的品牌形象影响有限，因为个别航空公司品牌通过多品牌架构进行了明确区分。

2. 品牌架构水平维度的构建

品牌架构水平维度涉及每个细分市场中企业所提供的品牌数量，即在一个所选择的细分市场中，投入一个品牌或多个竞争品牌。在单一品牌战略中，一个企业的每个产品都有一个自身的品牌，且在每个细分市场中仅有一个品牌提供服务，比如辉瑞的伟哥产品品牌。在多品牌战略中，对于一个特定的细分市场，企业至少投入两个品牌，比如汽车领域中大众汽车名下的VW、Audi、Seat和Skoda品牌。在大型参差不齐的细分市场中，多品牌战略占优势，在此必须有创立至少两个品牌的财力以及全面的品牌管理能力（人力资源），以保证品牌可信赖的区分度。多品牌理念主要的风险在于，被少数选择性良好的品牌所吞噬（Koers，2001；Meffert和Koers，2005，第297页起）。表2.1给出了单一品牌战略和多品牌战略的机会和风险概览，可以作为选择合适战略的评估标准。

表2.1 单一品牌战略和多品牌战略的机会和风险

评价	战略	
	单一品牌	多品牌
	每种产品在一个品牌下经营	在每种产品范畴内平行经营两种及以上针对一个市场的品牌
机会	• 通过品牌外部的资源和专长（包括员工的工作分配）实现品牌真实性 • 品牌之间协调需求较少	• 充分利用较好的品牌（不同的需要可以通过不同的品牌得到更好的满足） • 保持品牌替换的潜力（减少客户向竞争对手的转换） • 市场、销售渠道和货架覆盖面大，提升竞争品牌市场进入障碍 • 通过引入自身"斗争品牌"保护其他品牌不受价格战影响 • 多品牌分散风险
风险	• 将品牌费用单独划分到一种产品，单一品牌寿命较短，不足以摊销品牌费用 • 在取得重大成就时，品牌名称成为产品的标志导致"me too"的进攻式定价	• 自己的各个品牌之间的替代导致"自相残杀" • 对企业财力和人力高度依赖
中心挑战	• 细分市场有足够的经济吸引力，从而使得品牌管理是有意义的	• 很强的财力和管理能力（质量和数量） • 可信的自我品牌区分度

2.5 品牌演化

2.5.1 品牌演化的分类和界定

现行品牌管理决策的讨论往往基于某个时间点。与之相比，品牌演化的框架体系着眼于从一段时间的角度考虑问题。因为随着品牌和公司的条件改变，品牌也必须随着时间做出相应的调整（见图2.26）。

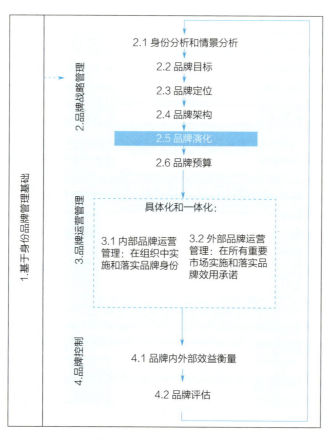

图2.26 品牌演化在基于身份品牌管理过程中所处的环节

品牌架构往往注重所有品牌的组合，与之相反，品牌演化必须为每个单一品牌做出规划并进行调整。品牌演化规划是通过与每个品牌身份有关的品牌愿景来实现的，并且它是品牌战略的一个组成部分。如下所示，图2.27显示了品牌演化的解决方案。

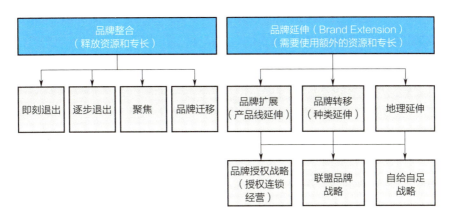

图 2.27 品牌演化的解决方案

2.5.2 品牌整合

企业面临着越来越多市场停滞和衰退的情况，因此，品牌组合过于复杂的公司越来越频繁缩减他们的品牌组合。在品牌整合战略中，企业将资源从某个品牌撤离，以便把它们投入其他使用之中。例如，从1999年开始，在"Path to Growth"项目中，联合利华追寻一种品牌整合战略，在2000年到2004年将品牌组合从1600个品牌减少到400个左右。做出这个决定的原因之一是，在联合利华1600个品牌中，1000多个品牌的销售量仅占到它总销售量的8%。随着品牌的消失而失去了25000个工作岗位（员工总数的10%），并且关闭了大量的生产厂房。但是"Path to Growth"战略最后还是没有实现目标。虽然1999年到2004年联合利华节省了40亿欧元的开支，但是，市场份额、销售量和利润也降低了。此外，联合利华其余核心品牌的销售额仅增长0.9%，而不是目标5%到6%（The Economist，2004；Mishra 和 Muthukumar，2011，第6页）。联合利华的例子表明，减少品牌组合并不总是有效果的。根据 Morgan 和 Rego（2009）的一项研究，品牌组合中的品牌数量会对消费者忠诚度和营销投资回报（RoMI）产生积极影响。此外，从客户的角度来看，消除强势的产品品牌可能会导致企业品牌认知度下降（Mishra，2018）。因此，只有当弱势品牌中的资源和专长能够以更高附加值的方式用于其他活动时，才应该进行品牌整合。

"品牌整合"的原因可以分为四类：

- **饱和压力**：在西方国家，许多行业都出现了市场饱和趋势。因此对于企业来说，占据市场份额越来越困难，只有通过挤占竞争者的市场份额才有可能实现这个目标。竞争压力的提升和品牌管理任务越来越多的结果是，弱势品牌再也支撑不下去了。此外，由于所提供的品牌数量巨大，确立品牌清晰的定位越来越困难（品牌膨胀导致定位困境）。没有独立的定位，许多品牌失去了长期市场份额，因此品牌整合是必要的。

- **收益压力**：增长的竞争压力、较短的品牌寿命以及全球资本市场越来越多的要求，增加了企业品牌组合的收益压力。
- **销售商品牌压力**：零售商越来越集中以及销售商品牌在供应商和消费者方面的普及，导致所谓的传统品牌商品企业B品牌和C品牌的意义日渐减弱（Abraham，2021）。如今，仅仅只有制造商品牌中的A品牌在零售商种类中越来越强势，他们会通过中低档销售商品牌得到补充，这样的发展增强了制造商品牌方面的整合压力。
- **全球化压力**：日益全球化导致在某些领域生活方式的调整，这给面向全球的品牌提供了更多的机会。然而，全球品牌战略对企业的资源设置提出了很高的要求（Meffert等，2010，第69页起）。捍卫已建立的品牌地位，使之不受新进入市场全球化品牌影响的花费越来越高。两种全球化影响都提升了品牌整合的必要性，也增加了其压力。

在品牌整合战略框架下，企业有四种选择：即刻退出、逐步退出、聚焦或品牌迁移战略（Bieling，2005；Mao等，2009；Haas，2010，第131页起）。

1. 即刻退出

在即刻退出战略中，企业将尝试把品牌尽可能快地从市场中移除。当品牌对现金流和企业其他品牌的形象造成了很大的负面影响时，就应该选择这种战略。例如，化学制药企业拜耳选择了这种战略，在几起由于服用该品牌药物造成死亡的事件之后，企业将其品牌产品Lipobay移出了市场。在某些情况下，目标是将涉及的品牌转移给第三方。完成即刻退出战略需要克服巨大的事务和人员的障碍。一方面，对品牌资产的售出通常只能实现较低的销售额，这经常导致必要决定的推迟。此外，在解散与品牌有关的企业员工时，还可能产生高额花费。另一方面，必须承受对企业其他品牌的负面影响，例如，当高层管理者没有向受影响的员工正确传达即刻退出的原因时，会对全体职工的工作积极性产生负面影响。在其他方面，移除品牌可以释放资源，以用于长期支持其他品牌（Varadarajan等，2006，第196页起）。

2. 逐步退出

在忠实顾客的数量以及花费节省潜力还足够大，足以维护短期到中期足够的资本收益率时，将运用逐步退出战略。为此，将采取有目的的撤资，这通常开始于减少品牌传播预算以及减少支持措施。此外，通常会降低品牌下产品和产品种类的数量，并且降低客户服务水平。下一步，可能通过降低产品质量（例如，用低价原材料或者半成品）实现节约并且提升价格。所有措施都降低了品牌管理的花费或者提高了收入。在这一战略下，品牌依靠这些慢慢减少的支撑而存活，它将得不到进一步投资，企业将该品牌维持到它不产生现金流为止。例如,这里可以参考汽车品牌Opel,Stellantis 集团(自2017年收购Opel品牌以来一直是Opel品牌的所有者)正在逐步进行撤资。

3. 聚焦

与逐步退出相似的过程存在于聚焦战略,这会使品牌的绩效项目显著缩小,在通常情况下,会伴随从细分市场撤离。通过这种更聚焦的绩效项目,可以降低复杂性费用并且强化品牌形象(Bliss,2000)。品牌管理及其产品和服务的质量恶化与聚焦战略无关,这就是聚焦战略与逐步退出战略的区别。此外,聚焦战略旨在使产品留在市场中,而逐步退出战略旨在离开市场。例如,拜尔斯道夫的妮维雅品牌就运用了聚焦战略,并与后来逐步引入的许多子品牌区分开来(Brandtner,2011,第30页起)。

当一个品牌随着时间通过品牌扩展(产品线延伸)和品牌转移(种类延伸)发展得太过强大,并且绩效的不一致性确实损害了品牌时,这时就需要用到聚焦战略。在这种情况下,聚焦战略能够起作用。移除跟品牌身份不够协调的扩展产品,一方面,可以增强品牌形象的清晰性和简洁性,另一方面,通常可以大规模节省直接成本和总成本。节约下来的资金可以用于提高保留产品的质量和结构,以提升品牌的收益能力(用于未来对品牌的投资)。就其目标而言,聚焦战略与通过缩减效用来再定位相似(见第2.3.3小节)。因此,聚焦于重要的身份特征可以成功提升品牌形象的清晰性和简明性。与通过删减效用进行再定位不同,聚焦战略旨在释放资源和专长,而不是可持续地加强品牌的增长。

4. 品牌迁移战略

在制定品牌迁移战略时,一个品牌的现有供给(产品和/或服务)及其内部结构和流程在大多数情况下会尽量保持不变,但沿用至今的商标却会被其他标识替换。因此,它也被称为替代战略或品牌重塑(Burmann和Blinda,2004)。这种迁移的发生通常会伴随着公司相关部分的出售,以便能够通过这种方式释放资产。此外,这种迁移战略也被应用在国际化战略,以便可以用国际化品牌替代国内品牌。在美国公司Mars将只在德国使用的品牌名称Raider替换成国际化的品牌"Twix"(见图2.28)的替换战略中,后者起着决定性的作用。

图 2.28　将 Raider 品牌迁移到 Twix(Mars Deutschland,2017)

一个成功的迁移战略，应该满足以下前提（Sachs，2002；Lieberknecht和Esch，2014，第141页起）：

- 客户必须愿意接受原品牌提供的产品和服务被冠以其他品牌，或者能更好地感知到这点。原品牌的客户关系应当主要建立在原品牌功能性效用上，因为执行迁移战略时，功能性绩效特征大多数情况下是不变的。
- 外部目标群体对于新品牌的联想必须与旧品牌的形象相匹配（外部观点）。
- 由迁移战略引起的、通过品牌化和品牌经营标准化节省的费用必须可以补偿由客户变动引起的成本。
- 内部目标群体必须对迁移战略深信不疑（内部观点），也就是在内部对品牌迁移的战略原因进行了公开沟通。除此之外，原品牌身份的本质特征必须适应于新品牌的身份。

品牌迁移的例子有，从Texaco到DEA的两次迁移，若干年后到Shell的迁移，Price Waterhousecoopers咨询到IBM商业咨询服务的品牌迁移，KKB到Citibank和之后到Targobank的两次品牌迁移，BfG Bank到SEB和之后到Santander Bank的两次品牌迁移，以及BASF（声音和数据记录载体市场）到EMTEC的品牌迁移。

原则上，品牌迁移可以通过连续迁移或者即时替代迁移实现。在连续迁移战略中，在几个月甚至几年的时间中，旧品牌将逐渐被新的品牌所替代（Backhaus和Bieling，2005，第886页起；Bieling，2005，第64页起）。在一段过渡时间内，新旧品牌在市面上同时存在，这将经常导致顾客和员工巨大的不确定感。这在与企业并购相关的品牌迁移中表现得尤其显著，因为其中经常存在关于新品牌所有者战略目标不明确的问题。因为员工和顾客需要慢慢适应品牌标识的转变，因此这种形式的品牌迁移显示出了很大程度上的连续性。此外，关于品牌迁移的必要投资需要能够在很长时间内延续，以便品牌迁移能够轻易得到资金支持。实施这种连续品牌迁移的例子有将D2-Mannesmann品牌迁移到Vodafone，以及从Calgonit迁移到Finish（见图2.29）。

图2.29 连续品牌迁移——以Calgonit/Finish品牌为例（Finish，2017）

此外，当公司希望在国际上调整其品牌组合并节省包装成本（例如，使用统一的品牌名称）时，会使用连续迁移。例如，Reckitt Benckiser集团在德国使用Calgonit品牌，在其他欧洲国家以 Finish 品牌销售其洗碗产品，2010年初，Calgonit 品牌名称完全被更改为 Finish。品牌管理层对连续迁移的解释如下："我们决定以一个缓慢的过程从旧品牌迁移到新品牌，以便消费者逐渐习惯新标识（Busch，2009）。"

在即时替代迁移战略中，将新品牌标识立刻替换成要被目标品牌的品牌标识，而不会出现新旧品牌标识同时出现的情况。当新品牌相比于被替换掉的品牌有其他的定位时，即时替代迁移战略的实现形式将更受偏爱。此外，当希望新品牌能与旧品牌产生明显的"决裂"时，这种迁移战略的实现方式也更受青睐。例如，当VIAG Interkom 品牌在 2002 年由于市场份额下降而迁移到O2时，希望能有一个"新开始"（Schloemer等，2009）。这种迁移战略的主要缺点是，全面抛弃被替换品牌经过多年建立起的品牌价值和在非常短时间内进行了高额的投资。

一般来说，只有当利用迁移战略可以产生一个更加强大的品牌时，才会采用该迁移战略。一个反例就是德国的洗涤剂品牌Fairy Ultra 从 Procter & Gamble（宝洁）迁移到同样国际化的品牌Dawn（Esch，2014，第395页起）：Fairy Ultra 以前主要通过电视和平面媒体宣传而闻名德国，这些宣传中的重点是西班牙互为邻村的"Villa Arriba"和"Villa Bacho"之间的一个清扫比赛。为了替换品牌Fairy Ultra，宝洁利用了国际化战略的即时替代迁移，新品牌名称Dawn和其标签设计仅给Fairy Ultra留下简短的说明。然而该品牌迁移未达到预期，在市场份额巨大损失后，宝洁又重新引进了Fairy Ultra品牌。

此外，在品牌迁移时，还应尽可能久的保护被替换品牌的使用权，以确保其不受竞争对手的侵犯。例如，1993年在厕纸品牌White Cloud和宝洁的Charmin合并后，零售商沃尔玛在美国获得了White Cloud的使用权，并且以这个品牌名称成功销售了自己的尿布产品。以这种方式，沃尔玛可以利用White Cloud已有的品牌形象获得消费心理和经济上的优势，而这些优势对宝洁是不利的（Keller，2013，第500页）。

2.5.3 品牌延伸

品牌延伸是一种企业活动，将现存品牌的积极形象组成部分移植到已经存在的、类似或者完全新的产品组的新产品中。这样，可以在认知和情感上减轻消费者在品牌选择过程中的负担。品牌延伸对于企业的作用主要在于能够快速、低成本地提高知名度，给新产品建立一个正面形象，如果成功，还可以通过更大的员工激励在内部强化品牌（Riley等，2015；Liu等，2018；Parker等，2018；Völckner，2003、2004）。

品牌延伸概念有不同的非常术语化的表述。视具体情况而定，品牌转移、品牌扩展、品牌膨胀和品牌拓展等概念都作为近义词使用，或具有完全不同的内容。这些概念的共同点在于，将已有品牌的身份转移到新的产品或服务中，通过对主体产品运用一个共同的品牌理念得以拓展产品。其目的是将正面形象成分转移到新的品牌表现中（Völckner，2004，第 74 页）。

越来越多的实证研究证明，在这种背景下，品牌延伸有四个决定因素（Sattler等，2003；Völckner，2003、2004；Wang等，2017，第85页起）：新产品或服务对母品牌的适应性（也描述为原产品和拓展成果的整体相似性）、对拓展产品的市场营销支持、受到其强烈影响行动的接受度以及消费者针对母品牌的参与度。相比之下，其他在近年被识别的决定因素，如消费者对母品牌的质量评估、过去拓展的成功经历以及消费者对新产品的一般看法，对成功贡献不大。图2.30中拓展服务与母品牌适应性的影响最大成功说明了拓展服务与母品牌身份尽可能紧密结合的重要性。在奢侈品牌的背景下，Albrecht等（2013）和Riley等（2015）证实了适应性对于品牌延伸成功的重要性。

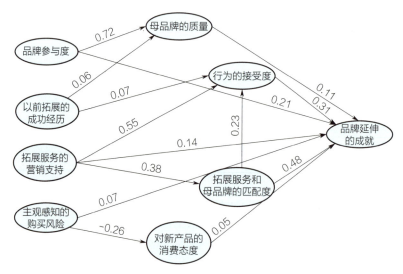

在对2426个样本的实证研究中，分析了22个母品牌49个产品类别中的66种拓展产品。给出结构方程模型的系数在-1到+1之间波动，系数越大因素之间的关系越密切，所有系数显著性水平均小于5%。

图2.30　品牌延伸的成功要素（基于：Völckner，2004，第76页）

以下三点对于品牌延伸长期成功很重要：

其一，必须给品牌的内外目标群体足够的时间，以学习来源品牌的拓展经历，这要求品牌所有者有耐心以及有足够的资金储备；其二，每一次拓展应当以很小步的形式实现，以便目标群体学习；其三，其他所有都可以随着时间而改变，但是最重要的品牌本质身份特征应当保持不变（Boch，2013，第133页）。一个"耐心"谨小慎微进行品牌延伸的范例就是妮维雅。妮维雅在最初几年扩大了品牌范围，推出了妮维亚柔肤水等产品，随后又增加了相关的护肤产品，但这些并没有削弱品牌身份的核心——平价护肤品。后来在彩妆领域的拓展削弱了妮维雅品牌，因此妮维雅Beauté在2011年取消了彩妆部门。

品牌延伸战略可以分为品牌扩展战略、品牌转移战略和地理延伸战略（见图2.31）。

品牌扩展战略（产品线延伸）描述了品牌在同样或者临近产品种类的延伸，与之相对的品牌转移战略（种类延伸）描述了向新的、与以往提供的品牌效用不相邻的品牌种类延伸。对于 Porsche 而言，运动型多功能车（SUV）Cayenne、旅行轿车 Panamera 和全电动 Taycan 的引入就是品牌扩展战略。而产品扩展到手表、眼镜、箱包、时装、运动鞋、电子产品、书写工具、菜刀、香水、打火机、笔记本电脑、电脑屏幕和音乐扬声器等是品牌转移策略。

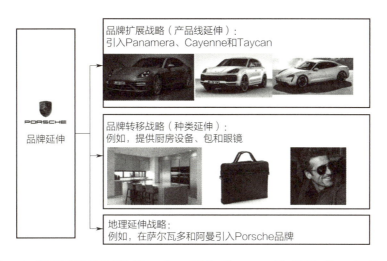

图 2.31 以 Porsche 品牌为例的品牌延伸（Porsche，2021；Poggenpohl，2021；Porsche Design，2021）

品牌扩展战略、品牌转移战略和地理延伸战略可以以品牌授权战略、联合品牌战略或自给自足战略来实施。如果一家公司确定了其品牌延伸的潜力，则必须确定其是否具备独立开展品牌延伸所需的资源和专长（自给自足战略）。如果内部没有足够的必要资源和专长，公司仍然可以通过实施品牌授权战略或联合品牌战略来挖掘品牌延伸潜力。

1. 品牌扩展

在现今经营品牌种类背景下，品牌扩展战略（产品线延伸）将增加一个品牌提供的产品和服务数量。如今的大多数新产品引入都属于产品线延伸范畴（Keller 等，2012，第 568 页起）。品牌扩展的主要优势在于，能为新产品快速而低成本地建立具有吸引力的形象（Völckner 和 Sattler，2006，第 18 页起）。这种扩展可以通过以下三种方式实现：

第一，在经典"品牌扩展"中，在和已有来源市场相邻及细分产品种类可以明确区分的情况下，企业可以通过技术功能相似绩效来扩展品牌，例如：将 Magnum 冰激凌产品品牌从 Langnese 业务单元品牌（由联合利华集团品牌拥有）产品扩展到 20 多种口味（例如，白巧克力、杏仁、新鲜酸奶）和新的"Magnum Mini"包装尺寸。

然而，通过这种形式进行品牌扩展，存在引发客户内部品牌形象混乱的风险（Kothes，

2017）。在这种情况下，客户会发现很难识别或理解品牌提供的各种服务之间的差异，他们认为扩展是不可信的，因为扩展后的品牌与母品牌的契合度太低，并因此感到困惑，这对品牌扩展的成功产生了负面影响。在对德国宝马、奥迪和梅赛德斯－奔驰品牌的1200名客户进行的研究中，Kothes能够证明，品牌内部形象混乱及其对宝马、奥迪和梅赛德斯－奔驰品牌的负面影响。鉴于梅赛德斯－奔驰业务领域品牌在20年内从9个产品品牌扩展到72个产品品牌，这个研究似乎是合理的（Kothes，2017，第5页）。

第二，品牌扩展可以通过在市场中价格和质量的高或低的定位来实现（升级定位或降级定位）。服装行业的一个降级定位例子就是BOSS引入了更年轻化和价格令人更易接受的品牌HUGO。

升级定位首先适用于正面临巨大挑战的大众品牌（目标群体："主流"）。这可以用Milka Amavel 品牌扩展的例子来说明：在2007—2008年，Milka通过巧克力产品Amavel进行品牌扩展。Amavel产品是一种带有慕斯口感的优质巧克力片。Milka采用升级定位进行品牌扩展，通过高端产品推出一种新的在价格上比以往要高的细分市场产品。与标准分类相反，正常100克的巧克力片只需要0.79欧元，但Amavel一块160克的巧克力片定价为1.99欧元。然而新产品的视觉包装设计看起来不像一种高端产品，因为包装图案的设计和100克的巧克力片产品包装在主色调的紫色、字体样式、紫色奶牛和弧形的巧克力线条方面都十分相似。因此Amavel的品牌形象过于单一，无法形成单独的产品品牌形象。所以，Milka Amavel不被视为独立的优质产品。基于此，Milka对Amavel的设计特点进行了优化，例如，2011年将紫色包装的上半部分改成花朵状图案，2012年将Milka标志缩小。然而，因其作为市场领导者和主流品牌的现有强大关联，Milka最终还是无法将优质产品整合到Milka品牌的产品组合中。最后，Amavel在德国停产（Bielefeld，2014）。

如上所述，母品牌产品和升级定位产品之间的差异太大，可能会在消费者记忆中出现关于品牌的几个明显不同的网络，其造成的后果是不再存在清晰的品牌形象（Bielefeld，2014，第71页起）。主流品牌实施升级定位时面临两难的情况：如果扩展产品只是与母品牌产品细微地区别开来，那么新推出的产品并不能在高端系列中被察觉出来。如果升级定位的产品激发了消费者完全不同的联想，那么以前清晰的品牌形象就会被模糊。在降级定位的情况下，这种困境不那么明显，因为消费者通常只看到他熟悉的品牌产品降价了，而这并不涉及他对品牌形象更深层次的反映。正因如此，随着C级、A级、B级产品品牌的陆续推出，梅赛德斯－奔驰品牌多年来在价格便宜的汽车市场进行交易是没有问题的。在任何情况下都需要确保，扩展产品的升级定位和降级定位与母品牌的身份应具有很高的匹配度。

第三，品牌扩展可以通过将品牌扩展到价值链的前一阶段或后一阶段（前向一体化或后向一体化）来完成。前向一体化的例子是HiFi品牌Bang & Olufson（B&O）通过零售商建立独家品牌零售店；TUI通过在终端消费者销售方建立旅行社TUI旅游中心，来扩展旅游活动品牌。后向一体化例子是SMA Solar Technology AG收购和完全整合（包括去除dtw品牌）波兰长期主要供应商dtw，以及飞机制造商Boeing公司收购空中导航服务制造商Jeppesen。

2. 品牌转移

品牌转移战略（种类延伸）是将品牌完全转移到新的市场中，新市场与品牌的来源市场没有技术功能性关系。例如，香烟品牌Camel就是用这种方式拓展它的产品范围（从最初的产品香烟到鞋子和配饰）。还有一个例子是Milka巧克力品牌：该品牌已扩大其产品范围，截至2021年，它已有200多种不同的产品，如布丁、涂抹酱、糖果、酸奶、饼干、冰激凌和慕斯等。在这里，品牌内部形象混淆的风险也很高，这会导致对原始Milka品牌的损害（Kothes，2017）。另一个品牌转移的例子是荷兰品牌TomTom。它最初是一家导航软件的B2B供应商，后来该品牌被转移到移动导航设备的B2C市场，然后又被转到手表、运动相机和在线旅行计划门户网站的B2C市场。同时，该品牌也被转移到远程信息处理软件的B2B市场。这些众多的品牌转移导致TomTom的品牌形象和品牌身份受到"侵蚀"，最终导致整个公司从2018年开始进行战略重组，公司的许多部分被出售（Kleinsmith等，2019）。

品牌转移成功的一个根本前提是，品牌和新转移产品之间的相似性（Albrecht等，2013；Riley等，2015；Zatloukal，2002，第59页起）。由于原始产品和新转移产品之间不存在技术功能性联系，品牌管理必须将这种相似性通过与本质相关（本义），尤其与象征性意义相关，通常带有强烈感情色彩的联想（转义）建立（Hätty，1989，第82页；Meffert和Heinemann，1990）。例如，赛车的本义联想就是快速、加工质量以及价格，转义联想就有奢侈、排他性等。

保证相似性的重要程度可以通过20世纪80年代末Levis的失败来解释。Levis的管理层没有将其牛仔制造商的形象与新引入市场的男士西服联系起来（Aaker，1990，第50页）。另外一个失败的品牌转移例子就是1999年Cosmopolitan（杂志）推出酸奶产品。在18个月的亏损过后其产品停产了。在此，品牌管理也没有成功将生活方式杂志形象与食品产品联系起来（Brook，2004）。Posche汽车品牌向装配式厨房市场的品牌转移也于2020年底结束，因为从长远来看，无法将昂贵运动型汽车的显著男性品牌与装配式厨房的女性品牌联系起来。这显然也是因为参与此次品牌转移的两家公司合作不够充分——除了交换授权，几乎没有进行过任何联合品牌管理活动。

突出和谐的使用范围、共同的体验环境以及生活方式也是品牌转移成功的基础。例如，米其林汽车轮胎和米其林旅行指南有相同使用范围：汽车驾驶、万宝路香烟、万宝路休闲装与共同体验自由和男性的经历。

在品牌转移战略框架下，利用现有品牌以及它所谓的"商誉"（积极的品牌形象部分）会有很多机会，其中一部分可由品牌延伸的普遍优势得到。较低的市场进入壁垒降低了失败风险，并使得进入全新的产品领域更加容易。例如，美国企业Mars公司，其最初仅仅提供巧克力条，而从20世纪90年代末起开始提供"条形"冰激凌，后来也提供其他包装形式的冰激凌（见图2.32）。这使得品牌赢得更多的购买群体，并且开辟了一个新的战略经营领域（Perrey等，2015，第198页起）。

图2.32　Mars 品牌转移到冰激凌市场（Mars Deutschland，2021）

除了转移产品获得的益处，反向也能使母品牌获得形象回馈（Dietert，2018，第92页起），这加强并拓宽了主品牌潜在的品牌形象。Mövenpick将品牌转移到冰激凌、咖啡和沙拉酱市场，不仅成功进入了这些领域，并且也增强了传统的餐饮和酒店经营。在对472名消费者和汽车品牌Ford、Mini和Smart的实证研究中，Dietert确定，在目标群体眼里非常可靠的品牌转移显著改善了主品牌的形象（Dietert，2018，第188页起）。然而，品牌转移也会削弱主品牌。例如，供应真空吸尘器袋对Melitta品牌是不利的，这个品牌代表享受咖啡，不应与"灰尘和污垢"联系在一起，因此，真空吸尘器袋现在由Melitta集团旗下的Swirl品牌提供（Strebinger，2010，第165页起）。

品牌转移战略的另一个优势在于，降低了品牌建立的花费以及减弱或者说规避了广告限制，例如，在酒精饮品和烟草制品领域。出于这个原因，俄罗斯伏特加品牌"Russian Standard"将其品牌转移到银行服务市场（Grigorian，2002）。

品牌转移这些机会的反面是巨大的风险。当母品牌产品和新转移产品之间的定位差距过大以满足不同目标群体时，过多或过快地进行品牌转移，都有可能会削弱品牌身份，随之而来的是丧失品牌可信度。一个典型的例子是，过去Gucci品牌经营了约14000个不同产品，新产品领域的多样性，尤其是通过品牌授权的，要求主品牌和新转移产品品牌政策措施存在高度协调性。协调不足导致Gucci品牌的产品质量水平以及市场理解不同，从而使得品牌丧失可信度及专长（Schulze-Bentrop，2014）。

以上指出的风险说明，为了品牌转移战略的成功，品牌转移潜力的分析以及母产品和新转移产品的相似度测量是必不可少的（Zatloukal，2002；Dietert，2018）。

3. 地理延伸

地理延伸战略描述了品牌管理活动扩展到新的、额外的销售区域。最重要的是，这里必须决定是应该进行标准化还是差异化的市场培育。了解国际市场上客户行为的重要决定因素，例如，民族文化、国民经济发展水平或社会人口结构，也具有重要意义。基于身份的品牌管理构架也必须适应国际环境，在第5.1节将详细解释这一点。

4. 品牌授权战略

在这种授权和特许经营战略中，品牌所有者给其他企业使用其品牌的权利（Binder，2019；Brinkel，2015，第3页；Gillis等，2020）。这种形式的品牌延伸战略几乎完全或者说大规模利用了许可证持有人或特许合作者的资源和专长。2020年，德国有近14万家加盟商（与2019年数据相比，增加4%；Deutscher Franchiseverband，2021）。据估计，2005年在品牌延伸领域通过新产品授权，德语区有约1050个品牌授权合同，获得了约85亿欧元的总销售额（除去销售代理许可；Binder，2005，第525页起）。此后，品牌授权合同的数量停滞不前，主要原因是品牌所有者和被许可人更加关注强大的合作伙伴（Binder，2019，第376页起）。

品牌所有者品牌授权的潜在好处有以下几点（基于：Binder，2019，第381页起）：

1）增加品牌依恋度，扩大品牌回购率（品牌忠诚度）。

2）提高品牌知名度。

3）迅速扩大品牌服务范围。

4）拓宽和固化品牌形象。

5）利用新的分销渠道来扩大经营。

6）获得授权收入。

7）通过授权合作伙伴的预算增加沟通压力。

通过强势市场进入（高沟通压力），有可能提高品牌知名度。特别是时尚品牌，利用品牌授权以提高其品牌知名度。这里可以用Calvin Klein、Joop或者BOSS作为例子。对于消费者的品牌评价来说，品牌的绩效情况是一个很重要的因素。与之相关的是品牌授权的一个益处，企业能够通过它将其绩效产品快速地扩展到其他产品和服务中。通过合作伙伴外在的资源和专长进行品牌复制，可以加深并加强消费者感知的品牌形象，而不需要在企业内部经历一个长期且花费巨大的过程。

经过授权拓宽产品线潜在能力范围，提高了品牌的沟通和使用频率。从长远来看，在重复购买行为（品牌忠诚度）方面，这对品牌知名度和满意度有长期的积极影响（Weinberg 和 Diehl，2001，第28页）。快消品品牌制造商尤其可以通过提供耐用产品，来加强其品牌忠诚度。

品牌所有者通过授权获得特许权使用费收入。这通常没有对应的支出，因此特许权使用费占据了如 Mövenpick、Jil Sander、BOSS 或 adidas 等品牌总企业盈利的一大部分。制造商可以用这些资源来投资，加强其品牌。特许权使用费的金额通常是产品毛利的25%（毛利=净销售额−制造成本）。对于特别强势的品牌，特许权使用费也可以高于毛利的25%。根据行业和品牌实力，特许权使用费通常占净销售额的3%到20%（Binder，2019）。

在德国，品牌授权能够改善品牌法律保护的范围和强度（Keller，2015）。在大部分情况下，品牌法律保护仅仅局限于在一个品牌实际提供的商品组合，非"著名"的品牌。对其来源领域之外的产品通常不提供品牌保护，因此其他企业也可以合法使用。涉及新产品组合的授权将品牌保护拓宽到该领域。此外，被许可人可以加大对抗产品盗版和抄袭的力度，并由此提高品牌保护的强度。

品牌许可证或特许经营合同提供了通过新销售渠道吸引消费者的机会，由此提高了接触点数量，而许可人不需要为新营销渠道进行主要投资。特许经营合同在这里尤其具有重大意义。

特许经营合同是销售授权的核心，即品牌所有者（许可人）以及一个或多个营销伙伴（被许可人）之间的紧密合作。通过支付特许权使用费，被许可人获得经营许可人品牌产品和服务的权利（Duong Dinh 等，2010；Brinkel，2015）。快餐品牌 McDonald's 和 Burger King，或者 Essanelle 美发沙龙和 Sunpoint 阳光沙龙，这些品牌所有者通常在合同开始执行时获得固定的加盟费以及与销售额相关的收入。

这种形式的品牌延伸，使得品牌所有者在很大范围内保持了对其品牌使用的控制，品牌操控将通过成果和行为控制来实现。此外，品牌所有者通常利用直接的解释权限制被许可人的经济独立。在品牌所有者方面，除了品牌特许权使用费的巨额收入，特许系统的一个特别好处还在于，对自身品牌使用被许可人以及市场进入的控制。一般来说，品牌的标准市场进入能够为消费者建立一个牢固的品牌形象。此外，品牌所有者节省了投入分店的巨大的投资花费，并由此实现高速增长和扩张，从而使潜在竞争对手更难进入市场。

尽管对于品牌所有者来说，品牌授权战略有优势，但是也存在一定风险。其风险主要在于对品牌身份一致性的影响。当选择了一个与自身企业文化和品牌经营有根本区别的合作伙伴时，就有可能造成损害品牌的误解和压力。近年来，德国 Burger King 品牌及其特许经营合作伙伴已经多次发生过这种情况。

此外，被许可人获得了被授权产品开发和制造的权利，其中存在新产品和品牌形象不匹配、被许可人和许可人之间协调不足等问题，这可能使其在市场中定位错误，从而产生减弱品牌和长期危害品牌的风险。许可人转让给被许可人的产品生产和产品沟通业务越宽泛，这样的风险就越大。例如，近年来，高端品牌 Porsche Design 还向合作伙伴授予品牌使用许可，这些合作伙伴反过来生产质量较低的产品，从而损害了 Porsche Design 的品牌形象（Günsch，2017）。因此，授权项目应该转化成品牌管理的统一手段，合作者选择、被许可人的管理以及协调是主要的成功因素。通过授权可以将品牌成功地拓展开来。

5. 联盟品牌战略

品牌延伸的另一种形式是建立品牌联盟。联盟品牌战略是通过两个或多个品牌联合在一起提供服务。联盟品牌具有四个基本特征（Baumgarth，2003，第22页起）：

- 至少两个品牌联合。
- 为消费者提供可以感知的合作。
- 通过品牌合作提供一个共同的绩效束。
- 无论是联盟品牌合作之前、期间还是之后，从消费者角度看，品牌都是独立的。

近年来，联盟品牌变得越来越重要，因为许多制造商都希望这种合作提升形象并且传播品牌专长。如此，联盟品牌的重要性才得到重视。联盟品牌的独特性在于，在提供联合共同绩效时，涉及至少两个独立品牌，并且其品牌身份之间没有冲突（Ho 等，2017；Korate-Fischer 等，2019；Kumar，2005；Xiao 和 Lee，2014）。

横向联盟品牌（在价值链的某阶段合作）的著名例子是麦当劳和可爱多在冰激凌产品的联合：可爱多麦旋风（见图2.33）。联盟品牌的一种特殊形式，在限制单个品牌相关行动自由前提之下，给合作品牌（所谓的主打品牌）构建一种新的（附加的）品牌身份（Chung 和 Feng，2016；Blackett 和 Boad，1999；Nielsen，2009；Rao 和 Ruekert，1994）。有代表性的例子是星空联盟作为26个航空服务公司的联合体，即使在签署合作协议后，参与的品牌仍然保持独立存在（Netzer，1999，第158页起）。

在纵向联盟品牌中，合作涉及价值链的上游和下游。这种形式的联盟品牌也被称为成分品牌（Desai 和 Keller，2002；Moon 和 Sprott，2016；Sivaramakrishnan 和 Carvalho，2019）。成分品牌化是一种多层次的品牌化战略，旨在通过增加附加值提升最终产品的效用（Schlüter 和 Victoria Villeda，2011，第96页）。例如，计算机公司戴尔（主品牌）与芯片制造商英特尔（成分品牌）之间就是这样的合作。这种类型的品牌延伸可以在初步产品（成分品牌）和最终产品（主品牌）的方向上产生相互的形象效应和身份效应。成分品牌始终面临着如何被消费者感知并被评估为整体产品重要组成部分的挑战。例如，通过与优质成分品牌的成功合作，可以实现对主品牌的正面形象转移（Moon 和 Sprott，2016，第5768页起）。

图2.33 联盟品牌——以可爱多麦旋风与星空联盟为例（McDonald's，2017；Deutsche Lufthansa AG，2017）

联盟品牌战略的成功由两个主要因素决定（Baumgarth，2014；Ho等，2017；Kumar，2005；Xiao和Lee，2014）：

1）品牌身份的互补——合作品牌的身份必须具有高度互补性。只有当合作品牌将附加身份（尤其是附加专长）带入联盟品牌时，对于消费者和品牌员工的附加效用才能实现（Park等，1996，第453页起）。我们不追求合作品牌完全一致性意义下的高度契合。

2）目标群体的匹配——没有目标群体的高度匹配，每个合作伙伴的品牌形象对于自身客户来说都不是或只是具有有条件的行为相关性。

联盟品牌的机会在于品牌形象互相转移（例如，信任奖励），以及利用合作伙伴的能力优势。此外，联盟品牌可以增加销售量，并充分利用价格优势和销售潜力，进入这些对于单一品牌来说进入壁垒高的市场。

联盟品牌也有一些缺点，存在对参与品牌形象和身份的负面影响。另外，由于先前清晰定位的减弱，联盟品牌增加了消费者和员工产生困惑的风险。同时，进入市场还要求考虑到品牌相关活动（高昂的合作费用）之间的协调，以及参与品牌定位空间的减小。

6. 自给自足战略

进行品牌延伸时的一个重要决定因素是内部资源和专长的可用性。如果一家公司有足够的内部资源和专长来延伸其品牌，则可以推行自给自足战略。与品牌授权和联盟品牌战略相比，在这种情况下，公司能够独立进行品牌延伸。自给自足战略的决定性优势在于公司完全控制所有品牌管理活动。此外，所有学习效果、权利以及品牌延伸的收益均归品牌所有者所有。

> **深入阅读**

职业体育俱乐部在电竞领域的品牌延伸

与较年长的目标群体相比，Z一代（所有1995年及以后出生的人）对经典体育的兴趣较低，更喜欢数字娱乐服务（例如，Netflix）和电子竞技的消费（Diegel，2021，第5页；Schmidt等，2018，第20页起）。为了接触到这个年轻的目标群体，德甲的大多数俱乐部都在体育模拟游戏《EA Sports FIFA》中组建了一支球队。这种品牌扩展（产品线延伸）是由俱乐部进行的，因为原始产品（足球队）和转移产品（FIFA电子竞技队）之间具有高度契合性。然而，所有体育模拟游戏的覆盖面都很小：2019年，《EA Sports FIFA》在Twitch（游戏直播平台）上的观看时长仅为300万小时，而《英雄联盟》（LoL）游戏的观看时长为3.488亿小时（Newzoo Esports，2020）。因此，与经典运动无关的电子竞技游戏（例如，英雄联盟、反恐精英）中的品牌转移（种类延伸），由于范围更广，比体育模拟游戏的品牌扩展更有成功的希望。

尽管潜力巨大，但迄今为止只有少数职业体育俱乐部决定将品牌转移到电子竞技（Diegel，2021，第18页起）。"观望"的主要原因是原始产品与转移产品的契合度低。因此出现了一个问题，即职业体育俱乐部是否可以通过将品牌转移到电子竞技来获得新的粉丝，以及这是否有成功的希望，即实施没有合作伙伴的自给自足战略（例如，英雄联盟比赛的法兰克福足球俱乐部；esports.eintracht.de，2021）或实施联盟品牌战略（例如，Dota2中LGD-Gaming的巴黎圣日耳曼与电子竞技战队；psg-esports.com，2021）。

在一项针对云达不来梅和门兴格拉德巴赫的1482名潜在粉丝和现有粉丝的在线调查中，Diegel（2021）对这个问题进行了实证调查。参与人员在视频中看到了各个俱乐部新的英雄联盟电子竞技团队的虚构公告（品牌转移）。为了实施自给自足策略，在视频中德甲俱乐部的品牌与新的英雄联盟球队联系在一起。而已建立的电子竞技家族品牌Fnatic被作为合作伙伴来实施联盟品牌战略。通过在视频刺激前后测量被测试人员对俱乐部的品牌印象，来记录这两种策略的效果（Diegel，2021，第134页起）。

研究结果表明，通过联盟品牌战略进行品牌转移会导致俱乐部形象发生积极变化，而自给自足策略会导致轻微的品牌形象恶化（见图2.34）。这可以解释为传统体育俱乐部品牌的形象与创新的"陌生"转移产品（LoL团队）之间的契合度不佳。在没有合作伙伴的品牌转移（自给自足策略）情况下，目标群体心中的不协调感没有得到解决，进而导致品牌形象恶化（Diegel，2021，第175页）。另外，像

Fnatic这样的合作伙伴，会可靠地补充缺失的英雄联盟专长（联盟品牌战略），这可以解决不协调问题并改善品牌形象。

联盟品牌的积极作用在潜在粉丝中尤为明显。因此，通过联盟品牌战略将品牌转移到电子竞技，对职业体育俱乐部来说，很有希望为自己的品牌赢得新的粉丝。

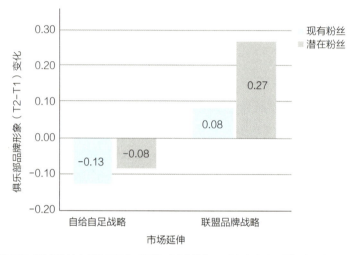

俱乐部品牌形象是用"我认为这个品牌不错""品牌对我热情"和"我喜欢该品牌"这三个项目来衡量的——从1分的"完全不同意"到7分的"完全同意"。这些值显示了俱乐部品牌形象的变化，这是根据视频刺激呈现后俱乐部品牌形象平均值（T2）减去视频刺激呈现前俱乐部品牌形象的平均值（T1）得出。阅读示例：对于观看联盟品牌战略视频的潜在粉丝来说，通过视频刺激，俱乐部品牌形象的平均值增加了0.27分。

图2.34　自给自足战略和联盟品牌战略对潜在粉丝和现有粉丝的影响（基于：Diegel，2021，第166页）

2.6 品牌预算

2.6.1 品牌预算的任务

品牌预算是品牌战略管理过程的最后一个阶段（见图2.35）。品牌预算必须决定，财务资金应当如何分配到品牌中去（Hermes，2009，第33页起）。品牌预算的任务在于，在考虑品牌目标情况下，为每个任务分配单独的预算（Heemann，2008，第6页起）。它承担了一个十分重要的操控和协调任务，因此Welge等（2012，第871页）将品牌预算描述为"以措施落实战略计划的可操作重要手段。"

当然，相比有关品牌的战略机会和目标，企业的预算通常更强烈地受到权利政策和非物质动机的影响（Greiner，2004，第499页）。预算应该以环境形势分析和品牌目标为导向。

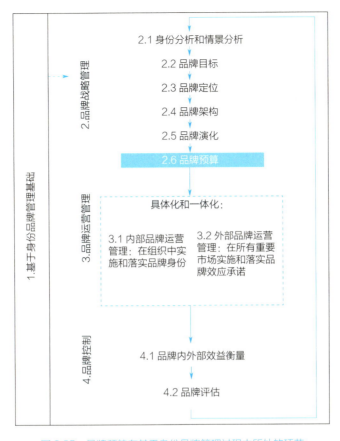

图 2.35　品牌预算在基于身份品牌管理过程中所处的环节

然而，预算通常没有为品牌管理提供足够的财务配置，这经常导致战略的失败以及无法完成目标（Danenberg 等，2016；Kaplan 和 Norton，2000）。因此品牌预算必须首先处理每个品牌的预算额度和资金配置，再进一步细节化单一品牌的预算，例如：跨媒介和媒介内选择相关的外部品牌沟通时，可以在品牌运营管理中考虑（Meffert 等，2019，第 640 页起）。

> Heemann（2008）将基于身份品牌预算过程定义为"使一个品牌管理组织具有长期的专长开发和运用，以品牌核心为导向确定总预算的过程，并且将品牌战略定位目标具体化，并以每个子目标的形式给出决策单位的财务资金，这些资金可以用于实现它的目标。"（Heemann，2008，第 249 页起）。

为了最小化权利政策对品牌预算的影响，必须使之基于一个客观的预算模型。为了实现这种客观性，在员工参与的前提下，企业内部必须确立预算过程的流程，且其可以通过客观标准来检验。同时，相关员工信任品牌定位和品牌身份，并且拥有足够的品牌认知极为重要。同样重要的是，基于内部和外部品牌目标的绩效指标必须协调一致（Hermes，2009）。这对于内外品牌管理都适用。只有这样，在品牌控制框架下，每个品牌才能以统一目标进行衡量，并且尽可能修改新的品牌预算。

2.6.2 预算过程

首先，在形势分析框架下，分析品牌预算的实际情况。核心问题在于：市场预算有多高？如今预算应该如何分配？它至今都用在哪里？（Meurer 和 Rügge，2012，第30页起）在准备好这些信息之后，需要列出"投入的市场预算"。这里要减少总预算中与品牌无关的预算，例如，市场调查预算或企业公关预算。在接下来的品牌预算过程中，将得出的投入预算分派给具体品牌（见图2.36）。

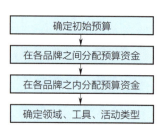

图 2.36 预算过程的简化表示

在此，形势分析首先必须确定品牌和企业绩效之间的相关强度。当一个品牌在很大程度上影响企业的经济效益时，那么这个品牌应该获得比一个弱势品牌更高的预算。为了避免有很大发展潜力的较新或较小的品牌，由于至今较少的经济效益而受到预算限制，需要基于每个市场发展情况关注每个品牌的发展机会。

为了满足这些要求，通常需要区分"保证预算"（稳定当前经营）以及"增长预算"。保证预算基于至今用于企业经济效益的费用，而增长预算基于每个市场以及细分市场发展相关的品牌增长预测。因此，一个超过平均增长可能性的品牌会比低增长可能性品牌获得更高的增长预算。

预算所依据的品牌目标必须在以后的品牌控制中进行分析，以确定这些目标的实现程度，以便在此后的预算中进行必要的调整。

小结

品牌战略管理始于对初始情景和身份的分析。在身份分析的框架下，品牌的自我形象是基于六个身份组成部分确定的（见第1章）。在外部情景分析中，必须特意评估客户的需求以及与竞争品牌相比的品牌形象（见第2.1节）。

情景分析和身份分析可以推导出品牌目标。品牌目标通常以一年的期限为特征，并针对内部和外部目标群体进行定义。内部目标群体的核心品牌目标是品牌群体行为（BCB），它描述了员工符合品牌身份和品牌效用承诺的行为，可加强品牌。品牌群体行为由品牌承诺（员工对品牌的心理依恋）和品牌认知（特定品牌相关信息的知识）决定（见第2.2.1小节）。

对于外部目标群体，最重要的是品牌购买行为。品牌购买行为受品牌信任和品牌吸引的影响。品牌信任指，如果品牌信守承诺，就会获得消费者信任（见第1.9节）。品牌吸引描述了买家对品牌的情感依恋（见第2.2.2小节）。

为了实现品牌目标，品牌效用承诺至关重要，它包括通过品牌接触点向外部目标群体传达和兑现的功能性效用和非功能性效用。效用承诺的开发和传播被称为品牌定位，成功的品牌定位必须满足五个要求：①效用承诺要满足目标群体的重要需求（行为相关性）。②从目标群体的角度来看，它应包含将品牌与竞争品牌区分开来的优势（差异化）。③效用承诺与品牌身份高度契合（身份契合）。④效用承诺必须可转化为清晰独特的感官品牌体验（独特的品牌体验）。⑤效用承诺在所有品牌接触点均真实兑现（品牌真实性）（见第2.3.1小节）。

如果一家公司拥有多个品牌，则必须协调品牌组合的管理，这种协调是在品牌架构垂直维度进行的。这决定了母品牌（例如，大众汽车等公司品牌）和产品组合的下属品牌（例如，大众高尔夫等产品品牌）在多大程度上用于标记公司产品。如果一家公司的所有服务都只以公司品牌进行营销，这就称为单一品牌架构。多品牌架构为公司的每项服务或产品提供了自己的品牌，该品牌完全独立于其他组合品牌，例如：宝洁公司的产品品牌帮宝适、吉列和爱丽儿。在列出的两个极端架构之间，有两种混合形式，其中至少两个品牌总是用于标记产品和服务（子品牌或认可品牌）。通过公司和产品品牌的联合展示，两个品牌可以"相互支持"（见第2.4.2小节和第2.4.3小节）。

品牌架构水平维度的构建涉及每个细分市场中公司提供的品牌数量。在单一品牌战略中，每个细分市场仅由公司的一个品牌负责。在多品牌战略中，一家公司至少使用两个品牌来经营一个相同的细分市场（例如，大众汽车的VW、Seat和Skoda品牌）。多品牌战略在处理更大且结构异构的细分市场时尤其有利（见第2.4.3小节）。

以上所述的品牌战略管理的几方面均仅涉及一个时间点，可作为品牌演化的一部分。现在采用与时间流逝相关的（动态）视角。资源（例如，人员或财务）可以从单个品牌中抽出（品牌整合），或者品牌可以配备额外的资源（品牌延伸）。品牌延伸旨在将现有品牌的正面形象转移到新产品上。一个例子是保时捷品牌产品拓展到手表、眼镜和香水等类别。品牌延伸的成功主要取决于新产品与母品牌的匹配程度、对新产品的营销支持和商业接受程度（见第2.5.1、2.5.2、2.5.3小节）。

品牌预算是品牌战略管理过程的最后阶段。有必要在品牌管理中决定应投入多少财务资源，以及如何在各个品牌之间分配财务资源。通过预算过程为各个品牌分配预算，以实现既定目标（见第2.6.1小节）。

> 案例链接

中国中车:精准定位引领品牌跨越式发展(第2.3节补充案例)

中国中车于2015年,由中国南车股份有限公司与中国北车股份有限公司合并成立。承继了中国北车股份有限公司、中国南车股份有限公司的全部业务和资产,中国中车成为全球规模领先、品种齐全的轨道交通装备供应商,主要经营:铁路机车车辆、动车组、城市轨道交通车辆、工程机械、各类机电设备、电子设备及零部件,电子电器及环保设备产品的研发、设计、制造、修理、销售、租赁与技术服务;信息咨询;实业投资与管理;资产管理;进出口业务。2015年6月8日,中国中车在上海证券交易所和香港联交所成功上市。

1. 竞争对手和客户需求分析

从市场竞争的角度来看,在国际轨道交通市场,中国中车的竞争对手主要包括德国西门子、法国阿尔斯通、加拿大庞巴迪。由于全球70%以上的高铁在中国,中国中车接到了大量国内订单,订单量远超其他海外竞争对手。在规模效应下,中国中车的机车车辆制造成本也远低于其他竞争对手。不过,从国际市场的角度来看,由于中国中车是后进入者,海外客户对中国中车中高端品牌定位的认知程度较低,国际化品牌形象尚未获得国际主流市场的广泛认可,在知名度、影响力、美誉度等方面与海外竞争对手存在着一定的差距。

从客户需求的角度来看,当前客户已经从单纯关注价格、性价比、安全、舒适等向关注节能环保、信息化、智能化、本地化投资、技术输出转变。综合解决方案能力的重要性更加凸显。

2. 适合定位的潜在维度调研

从内部视角来看,中国中车分别对集团总部和37家一级子公司的管理层及普通员工采取深度访谈、集中座谈、问卷调查的方式,进行品牌情况内部调研,发现随着业务的快速发展,原中国南车和北车的品牌定位已不适合业务现状。比如原中国南车"专注客户需求的轨道交通解决方案提供者"这一品牌定位,已经不能涵盖其新能源汽车、风力发电设备等相关多元化业务的发展。员工期望中国中车未来业务发展领域,既要有清晰的战略聚焦,又要在核心能力上进行适当延伸。这其中必然涉及专业化、多元化、国际化、资本运作等重要途径(见图2.37)。

从客户视角来看,中国中车对国内的铁路客户、地铁客户、新产业客户、资本市场客户以及海外客户,采取深度访谈和问卷调查的形式,进行了抽样调研。中国

图2.37 适合定位的潜在维度
(内部视角)

中车发现国内外客户对其技术、行业地位比较认可,但对其多元化和综合解决方案的定位认知不足。在购买因素上,国内客户比较看重中国中车产品的安全性、技术、品牌效应与可靠性,而海外客户则首先关注产品性价比(见图2.38)。这与中国中车品牌期待的中高端定位还有距离,需要尽快缩小差距。

图2.38 适合定位的潜在维度(客户视角)

3.选择适用的维度

通过内外部调研,对中国中车品牌定位的一些维度有了初步的认知。从中剔除"性价比"这一与中国中车战略目标不匹配的维度,以及"资本运作"这一不适用于在定位中进行表述的维度,并对其他维度进行同类项合并,最终得出以下几个关键维度:"专业化""多元化""国际化""技术一流""安全可靠"。

同时,综合考虑中国中车未来战略方向的五大维度:一是企业自身历史条件和已经形成的核心理念;二是企业未来的发展使命和愿景;三是企业的业务走向及其最终能够为客户创造的价值;四是企业的核心竞争力在哪里;五是企业的个性和差异化是什么。同时注重"三个结合",即继承与创新相结合、现实与未来相结合、内部与外部相结合,以此勾勒出中国中车品牌定位的大致轮廓。

中国中车最终将品牌定位的关键词重点锁定在"高端装备、多元化、世界一流、综合解决方案"这些提炼方向上。

4.承诺的表述

有了品牌定位的提炼方向,还需要形成个性化的语言表达,从而促进在内外部的有效传播。经过多次研讨和征求意见,中国中车最终将品牌定位概括为一句话:以高端装备为核心的全价值创造者。这个表述凸显了中国中车品牌"高端"的市场定位,也表明了中国中车将从单一的轨道交通装备供应商向"综合价值创造者"转变。

高端装备制造业指装备制造业的高端领域,"高端"主要表现在三个方面:第一,技术含量高,表现为知识、技术密集,体现为多学科和多领域高精尖技术的继承;第二,处于价值链高端,具有高附加值的特征;第三,在产业链占据核心部位,其发展水平决定产业链的整体竞争力。

"全价值创造者"体现了中国中车对客户、终端消费者、政府、社会以及各利益相关者提供相应的价值以满足其需求。"全价值"是对"多元化综合解决方案"的形象概括，解决方案必须是对客户特定问题的彻底解决；解决方案重点突出可持续、整包和综合服务；解决方案必须使客户省心省力，持续创造价值。"全价值创造者"重点突出可持续和创造力，其"环保、清洁、节能增效、低碳"等内涵，是人类追求的永恒主题，也是企业的社会责任，体现了中国中车是一家"健康"的企业、一家"负责任"的企业、一家极富"生命力"的企业。

5. 取得的成效

准确的品牌定位为中国中车后续推出一系列品牌战略举措提供了指导，奠定了基础，也让中国中车能够抓住战略窗口期，激发和释放出巨大的品牌红利。在轨道交通装备主业上，"复兴号"等代表产品的推出，高速列车国家创新中心的建设，彰显了中国中车的持续创新能力。

除了在轨道交通领域影响全球行业格局，中国中车品牌还延伸到了多个相关领域。中国中车以高分子复合材料、工业传动系统、电动汽车、风电装备、环保水处理装备、海工装备等为重点，开发了一系列新技术、新产品、新业务，培育了一批核心能力突出、行业地位领先、带动效果显著的业务集群，促进其转型升级，实现多元发展。

华润集团：多元化企业集团的品牌架构管理（第2.4节补充案例）

华润集团是以实业为核心的多元化控股企业集团，业务涵盖大消费、综合能源、城市建设运营、大健康、产业金融、科技及新兴产业6大领域，位列2023年《财富》世界500强第74位。华润以"引领商业进步，共创美好生活"为使命，通过不断创新生意模式，打造产品和服务品牌，有效地促进了产业发展，为提高大众的生活品质做出了应有的贡献。

华润经营的产业跨度大，各业务板块之间相对独立，且均处于竞争高度集中的民生领域。竞争的加剧、客户需求的迭代、媒介环境的变化，对品牌管理提出很大挑战。截至目前，华润集团持有注册商标超过19000件。为满足多元化企业品牌发展的需要，华润集团采用综合式品牌架构策略，即集团旗下既有以"华润"命名的企业，也有不带"华润"字样的企业、服务商号、产品等品牌，它们共同组成华润集团品牌伞。综合式品牌架构的优点是在运行机制上具备很大弹性，既有利于建立良好的华润企业形象和共享"华润"统一品牌价值，又有利于旗下各品牌适应市场竞争规律，形成有竞争力的强势品牌。在具体实施过程中，华润集团主要遵循以下原则：

1)"华润"品牌代表华润集团所有企业的商誉和形象,在负责推动集团发展壮大业务的同时,保持清晰一致的品牌形象。全体华润集团的企业都有责任维护"华润"的核心理念和品牌形象。

2)华润集团的品牌架构明确划分企业母品牌与旗下企业品牌、产品或服务品牌彼此在华润品牌体系中的关系。母品牌与子品牌之间通过命名规则、背书格式明确各自在品牌架构中的权利和义务。品牌管理制度明确了集团授权核准使用"华润"字号的必要条件,也明确了企业名称、产品、服务品牌在对内对外应用"华润"企业品牌时的规范。

3)越趋向B2B商务运作层面,集团越应该发挥企业母品牌的统领作用,向政府、社会、资本市场充分展现有实力、有担当的企业形象,采用与母品牌强相关的策略,持续做强"华润"企业品牌,使之成为旗下子品牌的强大后盾(见图2.39左侧)。

4)越接近B2C消费者服务层面,集团越应该尊重品牌定位与个性,采用与母品牌弱相关的策略,包括创立完全独立的子品牌,充分根据企业、产品、服务的市场特点,形成具有强大竞争力的品牌,如雪花、怡宝、太平洋咖啡等(见图2.39右侧)。

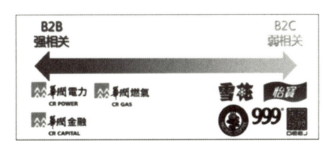

图2.39 华润集团品牌架构规划原则示例

"华润"作为企业母品牌,统领华润集团整体企业形象,是华润集团旗下各分公司、商号、产品的强大品牌基石。"华润"品牌代表华润集团所有企业的商誉和形象,在负责推动集团发展壮大业务的同时,保持清晰一致的品牌形象。同时,积极鼓励、支持旗下企业发展符合市场需求的独立产品品牌。目前,华润集团在零售、啤酒、燃气、商业地产、制药和医疗等领域的经营规模在全国位居前列,电力、水泥业务的经营业绩、经营效率在行业中表现突出。华润置地是中国内地实力雄厚的综合地产开发商之一。雪花、怡宝、华润万家、万象城、999、双鹤药业、东阿阿胶、江中等是享誉全国的知名品牌。

案例链接

小米:从智能手机到小米生态链(第2.5.3小节补充案例)

小米创立于2010年,它以智能手机为入口,通过口碑营销和极致性价比策略积累了大量粉丝。2011年8月16日,小米公司发布了第一款"为发烧而生"的小米手机。这款号称拥有顶级配置的手机定价只有1999元，几乎是同配置手机价格的一半。小米手机2012年实现销售量719万部。2014年第二季度，小米手机占据国内智能手机市场的第一名，小米公司在全球也成为第三大手机厂商。在手机领域获得巨大成功的小米开始将目光放在更广阔的产品和服务领域，开启了品牌延伸的步伐——布局小米生态链。2014年开始，小米开始布局IoT硬件生态模式，小米通过"投资+管理"的方式联合了一大批智能硬件创业公司制造爆款，快速占领相应赛道市场。

手机业务以外的小米生态链投资主要分为三大圈层，即手机周边、智能硬件、生活耗材（见图2.40）。

手机周边是小米相对熟悉的战场，也是其拥有用户红利的领域。小米在这一领域的产品投资，涵盖了小音箱、移动电源等。基于小米在手机领域的市场占有率和庞大的活跃用户群，手机周边具有先天的市场优势。智能硬件领域则为更广泛的领域，既包括空气净化器、净水器、电饭煲等传统白色家电的智能化，也包括无人机、平衡车、机器人等智能玩具。小米希望通过孵化更多智能硬件产品，让每个人享受到科技带来的乐趣。小米投

图 2.40　小米生态链投资圈层

图片来源：《小米生态链战地笔记》

资的生活耗材则包括毛巾、牙刷、行李箱等产品。小米认为，任何人都无法始终站在科技的制高点上，这就给科技公司的发展带来了极大的不确定性，而当一个科技公司拥有了大量生活耗材生意的时候，就能够对其不确定性产生对冲作用。这是小米投资生活耗材的重要原因。

可以看到，小米的品牌延伸主要是通过投资实现的，而其与合作伙伴的关系管理主要是通过以下三点进行的：

（1）以价值协同为标准选择生态合作伙伴

选择合适的合作伙伴（交易主体、利益相关者）是小米构建商业生态的重要内容。小米将投资目标确定为在创业初期并具有优秀的产品技术的企业或团队，形成了智能硬件生态链的"非控股投资+孵化和加速"的"平台+"模式。在新模式的指导下，小米筛选出市场空间足够大、与小米用户群契合、价值观一致、团队足够强的企业或团队来加入小米生态链中。

例如，2020年10月小米生态链中加入了一家全方位厨卫品牌——diiib大白。diiib大白创立之初的愿景就是做低于市场价格的好产品，同时产品还让人赏心悦目。diiib大白公司创业的初衷和愿景与小米的高度契合，并且diiib大白的战略布局也是在与他市场定位符合的平台"小米优品"上投放。diiib大白的加入完善了小米生态链在厨房、卫浴以及阳台领域的布局。

（2）温室竞争模式构建新型生态伙伴关系

小米放弃了传统的控股收购投资模式与孵化创业企业的关系。小米与创业企业不是常规的内部管理隶属关系，而是资源能力外部交易关系。小米并不强求生态链企业加入小米品牌，而是在用户群、品牌声誉、投资能力、人才库、销售渠道和服务体系等方面与生态链企业进行交易。

小米对其生态链企业的发展只提供建议，并没有对公司的决策权，因此小米对企业实施风险管控措施，采用严格的品控标准。对生态链企业之间可能存在的冲突，小米采用温室竞争模式——在每年组织的沟通会上，竞争性企业之间比较彼此的优势，而且竞争能力弱的公司可以参股竞争能力强的公司。这使小米生态链形成正向循环。

在众多企业追求业务模块快速增长时，小米通过吸纳优质企业和团队来扩大企业的生态链，并开放自己累积的资源，使之转化为小米生态链可用资源，为符合条件的团队进行赋能。同时小米通过收益分配、风险及利益冲突管理，形成了良性企业生态增值的效应。

（3）提供全方位价值协助稳固生态关系

小米拥有制造全价值链的专业人才，可以为生态链创业企业减少大量搜索人才的成本。小米开发的MIUI体系、智能家居APP平台、云服务账号、强大的安装和售后服务体系，可以让生态链创业企业减少前期投入和融资需求。同时小米品牌的高度影响力，以及小米庞大的生态链体系与其产品的智能化、创新、高颜值和性价比高的亲民印象，使更多的硬件公司加入小米电商平台。

截至2020年10月，Wind的数据显示，小米生态链涉及的企业已经超过400家，在全球消费级物联网市场上排名第一位。另外，小米生态链产品也支撑起了"小米"品牌价值的提升。2022年BrandZ最具价值全球品牌排行榜显示，小米以216.53亿美元排名第97位。

案例链接

华为：从B2B到B2C的转型之路（第2.5.3小节补充案例）

华为创立于1987年，是全球领先的ICT（信息与通信）基础设施和智能终端提供商。目前华为约有20.7万员工，业务遍及170多个国家和地区，服务全球30多亿人口。2021年，华为公司的销售收入为6368亿元，净利润达到1137亿元。根据《财富》杂志发布的2022年世界500强名单，华为排名96位。在2022年BrandZ最具价值全球品牌排行榜中，华为位列第67位。

华为创立初期，业务集中于B2B领域，产品主要涉及通信网络中的交换网络、传输网络、无线及有线固定接入网络和数据通信网络及无线终端产品，为世界各地通信运营商及专业网络拥有者提供硬件设备、软件、服务和解决方案。

而选择进入消费者业务，华为最初主要是出于竞争的目的。2001年以来，由于3G牌照的迟发，通信行业最大的投资项目之一是中国电信的PHS小灵通系统。当时，每年数百亿元的投资主要由UT斯达康和中兴两家"瓜分"。2003年，中兴的销售额一度达到华为的80%。另外，中兴和UT斯达康用获取的利润，加快了3G领域的研发步伐，威胁到华为的主航道。于是，2003年，华为也加入了小灵通手机的竞争。彼时，华为主要是采用运营商贴牌的B2B模式，即根据运营商提出的要求，在满足质量要求的前提下尽量控制成本，造出尽可能低价的手机，手机上也没有打上华为的Logo，而是直接以运营商的品牌出售。所以从本质上而言，这项业务并不算严格意义上的B2C，因为采购方是运营商，华为满足的也是运营商提出的产品需求。

在贴牌生产阶段，华为手机的业务规模并不大，对总营收的贡献也非常低。直到2010年12月，华为内部进行了业务架构的调整，将手机业务提升为与运营商业务、企业业务并列的核心业务，目标是成为全球第一大手机品牌。这在当时引起了轰动，一家打着深刻B2B烙印的公司要转型做B2C业务，还提出了如此宏大的目标。这看起来难度很大，但华为却锚定目标，开始了在消费者业务领域的深耕。

2012年，余承东接管华为消费者业务。从那时起，华为针对消费者业务做出的三大转变，成为华为转型成功的关键：①从低端产品到中高端产品的转变；②从贴牌到推广华为自主品牌的转变；③从运营商合作渠道向公开渠道的转变。而要做到这三点并不容易，华为开始了多管齐下的品牌打造之路：

首先，依靠研发实力，打造高质量产品。以华为海思麒麟芯片为例。华为海思麒麟芯片刚诞生的时候，在大多数人的眼里都是"低端芯片"的代名词。不过华为并没有放弃在研发上的努力。资料显示，华为每年投入4亿美元的研发费用、2万人的研发团队开发芯片。经过两年磨炼，华为在2014年开发出的麒麟920芯片，采用了28nm制程、八核架构，并整合Balong基带，性能和功耗都有了较大的提升。芯片研发上的突破，为华为手机在市场发力储备了能量。同年，搭载麒麟920芯片的强化版本——麒麟925芯片的华为Mate 7上市，拥有超强性能以及全球最快LTE Cat6网速，对比对手搭载发热严重、被谑称为"火龙"的骁龙801芯片的手机，具有显著的性能优势。Mate 7成为华为具有里程碑意义的产品。当时，Mate 7开售不到半天，全国一千多家门店均销售一空，一机难求；上市三个月，发货200万台，半年累计发货量超过了400万台。最终，Mate 7出货量超过700万台。作为全球领先的科技创新企业之一，华为研发投入占比全球领先。华为多年来一直坚持推动技术革新。除了在芯片领域持续深耕，华为手机在各类科技创新上都有所涉猎，如人工智能、5G、AR技术等。这些技术在手机上的成功运用，给消费者带来了绝佳的产品体验，也让华为手机在市场上赢得了不少赞誉。

其次，洞察用户需求，打造更具竞争力的产品。对于从B2B转向B2C的企业而言，洞察消费者诉求无疑是一项艰巨的挑战。华为也曾经历一段时间的跟随期，即在竞争对手所推出的产品基础上进行创新。作为新入局者，这一策略在最初起到了不小的效果。比如，iPhone 5S推出了Touch ID功能，华为就在此基础上将指纹识别和屏幕解锁合为一步，而不是像苹果那样需要按下按键才能解锁。随着手机市场经验的积累，华为开始跳出竞争对手的框架，通过收集销售信息和建立会员体系等措施广泛地收集品牌消费者数据，建立数据库和分析模型，把握品牌消费者的特征和需求，为开发新产品提供依据。这种思维方式的转变，是华为在市场竞争中脱颖而出的关键，也值得所有从B2B转向B2C的企业学习。

最后，做有温度的营销，提升受众共鸣。华为投放在各国的广告中，往往以"爱、梦、青春、骄傲"等人类共同所有的情感价值为主题，提升受众的情感共鸣。比如华为为宣传P50系列原色影像功能，围绕"归家""毕业""出嫁"三个主题推出一则短片。短片以三张照片展开，重现生活细微之处，不管是妈妈冻红的手、室友回身时朦胧的泪眼，还是偷偷脸红的喜悦神情，这些定格了美好的瞬间，轻易地唤起了中国人心底对于爱的含蓄表达。华为通过这一短片表达出，爱就在生活不经意的间隙处，只要回头就能发现。

华为也十分擅长制造话题讨论，引发深入思考。比如，2015年，华为发布的"我们想和这个时代谈一谈"的主题广告就出现在了闹市街头。华为抛出了四个具有时代感的话题："坚持是这个时代的奢侈品，还是必需品？""浅思考的时代是制造热点重要，还是坚持真实重要？""全民都在奔跑的年代，我们何处安放心灵？""用28年来造好国货，还是去海外扫货？"第一个提问就像是华为向全世界抛了一个问题，让关注的人去审视，你还在坚持自我吗？而之后的问题，越来越多地回到了自身的产品，华为不紧不慢地告诉大众，28年华为不求快，但求做精品国货。

从B2B转向B2C，除了技术的积累、产品的研发，最重要的是企业思维模式的转变。深度洞察消费者的需求、通过品牌运营与消费者建立深层次的情感连接，这是直接面向C端消费者时企业必备的实力，也是那些从B端转向C端的企业所必须学习的一门课程。

案例链接

vivo：携手百年蔡司，重塑移动影像体验（第2.5.3小节补充案例）

vivo创立于2009年，于2011年正式进入智能手机领域。vivo手机以专业的音质和智能拍照功能著称。IDC统计数据显示，从2022年全年来看，vivo国内手机市场份额保持第一，市场份额高达18.6%。紧随其后的分别是荣耀、苹果和OPPO，市场份额分别达到18.1%、16.8%、16.8%。

vivo市场份额的获得与其品牌战略有着紧密的关联。为了突出产品在功能方面的差异化优势，vivo将主要产品划分为三个系列：主打专业影像功能的X系列，配置也较为全面；

主打自拍和人像功能的 S 系列，同样具有较强劲的性能；定位中低端性能的 Y 系列，配置均衡，具有一定的性价比。这样的产品线划分，价格覆盖低、中、高三档，同时能够满足不同人群的功能需求。

为了突出品牌在影像方面的优势，提升产品的差异化水平，vivo 于 2020 年开始与蔡司展开了合作。作为德国著名的光学巨头，消费者一定对蔡司有所耳闻，而蔡司也在摄影、测量技术、显微镜、医疗等领域拥有极强的研发实力。被称之为工业之花的光刻机中的镜头，就采用了蔡司的技术。

与许多品牌联名浮于"噱头""宣传"不同，vivo 与蔡司的合作更加深入。合作之初，双方就定下在深度研发、联合产品打造以及文化与品牌影响力方面深入合作的计划。

深度研发夯实品牌基础。vivo 与蔡司合作成立联合影像实验室，致力于将尖端光学技术与智能手机结合。比如，要实现传统光学镜头所拥有的高透光率、超低色散、高热稳定性等特点往往意味着手机镜头会有较大的体积，这也是移动影像领域一直以来面对的一大难题——如何在有限的空间内复现传统光学镜头的素质。而 vivo 与蔡司的联合实验室在进行光学镜头模组设计之初，就将小型化、理想化和差异化考虑在内，最终也实现了最小模组体积和极致成像性能的兼得。此外，vivo 联合蔡司，选取色块更丰富的 140 色卡进行精细化的标准定义，对 80 个实拍场景进行实景效果验收，辅以更精细的色彩调试算法，共同研发出"蔡司自然色"，满足了专业消费者对色彩还原度的需求。为了提升手机底层的拍摄性能，vivo 还推出了自主创新芯片和算法。比如，vivo 的自研芯片 V1、V2，极大提升了手机常规搭载的芯片的运行性能和能效，也极大提升了 X 系列手机的成像效果，让 X 系列手机不只是具有蔡司镜头的手机，而是真正成为具有与高质量镜头相适应的高水平芯片的旗舰级手机。

联名产品彰显品牌差异化优势。与蔡司合作在技术研发上的创新和突破，最终呈现在了 vivo 的产品上，成为彰显 vivo 产品差异化优势、提升产品市场竞争力的重要因素。比如，vivo X60 系列手机就采用了小型化的光学镜头；到了 vivo X70 系列，vivo 则与蔡司定义了最贴合移动设备应用场景的镜头镀膜技术标准；vivo X80 系列则搭载了 vivo 自主研发的 V1+ 摄像芯片，拥有强大的算力，从而给消费者带来了类似于"电影感"的蔡司 Cinematic 虚化风格。而 vivo X Fold+ 更是搭载蔡司全焦段四摄，从而让折叠手机也能拥有大师级的拍照体验。

联合营销提升品牌影响力。作为德国的光学巨头，蔡司在影像方面的实力声名远播，而其对合作品牌的要求也极为严苛，比如早前与诺基亚合作期间，蔡司不仅要求每周都要进行电话会议、每年需要保证两次大型见面会，还要求从原材料、流水线等环节介入产品审批，确保其能符合蔡司认证标准。这样的精神成就了蔡司品牌，也为其合作品牌赋予了更多的市场信心——能够通过蔡司严格的认证标准，在影像上的表现绝不会差。凭借着蔡司镜头的知名度和专业度，打上蔡司小蓝标的vivo进一步深化了拍照手机的定位，并在市场份额的争夺战中获得了更大的优势。同时，蔡司也凭借着vivo在手机市场中的知名度，走出了专业摄影的小圈子，成为家喻户晓的品牌，巩固了蔡司摄影设备在消费者心中专业形象。

vivo与蔡司两家公司在研发、产品打造和营销上的深度合作获得了极大成功，实现了"1+1>2"的效果，为其他品牌的联名提供了一份值得借鉴的成功经验。

参考文献

Aaker, D. A. (1990). Brand extensions: The good, the bad, and the ugly. *Sloan Management Review, 31*, 47–56.

Aaker, D. A. (1996). Misconceptions about brands. *The Journal of Brand Management, 3*(4), 212–214.

Aaker, D. A. (2004). *Brand portfolio strategy. Creating relevance, differentiation, energy, leverage, and clarity*. New York: Free Press.

Aaker, D. A., & Joachimsthaler, E. (2000). *Brand leadership*. New York: Free Press.

Abraham, E. (2021). *Einfuss von Retailer Brands auf das Image von Private Label Brands*. Wiesbaden: Springer Gabler.

Albrecht, C.-A., Backhaus, C., Gurzki, H., & Woisetschläger, D. M. (2013). Drivers of brand extension success: What really matters for luxury brands. *Psychology & Marketing, 30*(8), 647–659.

Arbe, D. (1999). *Markensysteme: Der Einfuss der Branche auf ihre Gestaltung*. Bamberg: Difo-Druck.

Backhaus, K., & Bieling, M. (2005). Markenmigration. In F.-R. Esch (Hrsg.), *Moderne Markenführung – Grundlagen. Innovative Ansätze. Praktische Umsetzungen* (S. 883–901). Wiesbaden: Gabler.

Backhaus, K., Erichson, B., Plinke, W., & Weiber, R. (2016). *Multivariate Analysemethoden – eine anwendungsorientierte Einführung*. Berlin: Springer.

Baker, T. L., Rapp, A., Meyer, T., & Mullins, R. (2014). The role of brand communications on front line service employee beliefs, behaviors, and performance. *Journal of the Academy of Marketing Science, 42*(6), 642–657.

Bartz, T., & Clausen, S. (2015). Deutsche Bank, Deutsches Drama. *Manager Magazin*, Heft 1/2015, 30.

Baumgarth, C. (2003). *Wirkungen des Co-Brandings*. Wiesbaden: Dt. Univ.-Verlag.

Baumgarth, C. (2014). *Markenpolitik: Markentheorien, Markenwirkungen, Markenführung, Markencontrolling, Markenkontexte*. Wiesbaden: Springer Gabler.

Baumgarth, C., & Schmidt, M. (2010). How strong is the business-to-business brand in the workforce? An empirically-tested model of ‚internal brand equity' in a business-to-business setting. *Industrial Marketing Management, 39*(8), 1250–1260.

Bielefeld, K. W. (2014). *Markenführung ist Kopfarbeit: Neurowissenschaftliche Grundlagen für den Markenerfolg – neue Erkenntnisse für die Marketingwissenschaft?* Arbeitspapier des Lehrstuhls für innovatives Markenmanagement (LiM) der Universität Bremen. Bremen: Universität Bremen.

Bieling, M. (2005). *Internationalisierung von Marken – Eine Analyse aus konzeptioneller und empirischer Perspektive*. Hamburg: Kovac.

Binder, C. (2005). Lizenzierung von Marken. In F.-R. Esch (Hrsg.), *Moderne Markenführung – Grundlagen. Innovative Ansätze. Praktische Umsetzungen* (S. 523–548). Wiesbaden: Gabler.

Binder, C. (2019). Lizenzierung von Marken. In F.-R. Esch (Hrsg.), *Handbuch Markenführung* (S. 371–392). Wiesbaden: Springer Gabler.

Blackett, T., & Boad, B. (1999). *Co-Branding*. London: Palgrave Macmillan.

Blankson, C., Kalafatis, S. P., Cheng, J. M., & Hadjicharalambous, C. (2008). Impact of positioning strategies on corporate performance. *Journal of Advertising Research, 48*(1), 106–122.

Bliss, C. (2000). *Management von Komplexität*. Wiesbaden: Gabler.

Boch, S. (2013). *Bestimmung des Repositionierungsspielraums von Marken – Markenführung mit Hilfe neuroökonomischer Forschungserkenntnisse*. Wiesbaden: Springer Gabler.

Bohmann, T. (2011). *Nachhaltige Markendifferenzierung von Commodties – Besonderheiten und Ansatzpunkte im Rahmen der identitätsbasierten Markenführung*. Wiesbaden: Springer Gabler.

Böttger, E. (2012). *Employer Branding – Verhaltenstheoretische Analysen als Grundlage für die identitätsorientierte Führung von Arbeitgebermarken*. Wiesbaden: Gabler.

Bowlby, J. (1979). *The making and breaking of affectional bonds*. London: Routledge.

Brandao, A., Sousa, C. C., & Rodrigues, C. (2020). A dynamic approach to brand portfolio audit and brand architecture strategy. *European Business Review, 32*(2), 181–210.

Brandtner, M. (2011). Einladung zum Markenfrühjahrsputz. *Absatzwirtschaft – Marken*, 30–33.

Brexendorf, T. O., & Keller, K. L. (2017). Leveraging the corporate brand the importance of corporate brand innovativeness and brand architecture. *European Journal of Marketing, 51*(9/10), 1530–1551.

Brinkel, G. (2015). *Erfolgreiches Franchise-System-Management*. Wiesbaden: Springer Gabler.

Brook, S. (2004). *Spin-off brands „more likely to fail"*. https://www.theguardian.com/media/2004/sep/07/marketingandpr. Zugegriffen am 16.08.2017.

Burmann, C. (2002). *Strategische Flexibilität und Strategiewechsel als Determinanten des Unternehmenswertes (zugl. Habilitationsschrift Universität Münster)*. Wiesbaden: Dt. Univ.-Verlag.

Burmann, C. (2005). Interne und externe Kommunikation in Ad-hoc Krisen. In C. Burmann, J. Freiling & M. Hülsmann (Hrsg.), *Management von Ad-hoc Krisen* (S. 461–479). Wiesbaden: Gabler.

Burmann, C., & Barth, S. (2020). Markenführung Weiterdenken: Mehr Verantwortung übernehmen. In M. Bruhn, C. Burmann & M. Kirchgeorg (Hrsg.), *Marketing Weiterdenken. Zukunftspfade für eine marktorientierte Unternehmensführung* (S. 597–613). Wiesbaden: Springer Gabler.

Burmann, C., & Blinda, L. (2004). Identitätsbasiertes Markenmanagement. In B. Wirtz & O. Göttgens (Hrsg.), *Integriertes Marken- und Kundenwertmanagement*. Wiesbaden: Gabler.

Burmann, C., & Feddersen, C. (2007). *Identitätsbasierte Markenführung in der Lebensmittelindustrie. Der Fall FRoSTA*. Münster: LIT.

Burmann, C., & Kanitz, C. (2010). *Gestaltung der Markenarchitektur – Stand der Forschung und Entwicklung eines Managementprozesses*. Arbeitspapier Nr. 45 des Lehrstuhls für innovatives Markenmanagement (LiM) der Universität Bremen. Bremen: Universität Bremen.

Burmann, C., & Kranz, M. (2008). *Die Markenidentität zum Leben erwecken – Interner Markenaufbau durch Mitarbeiterqualifkation*. Bremen: Universität Bremen.

Burmann, C., & Meffert, H. (2005). Gestaltung von Markenarchitekturen. In H. Meffert, C. Burmann & M. Koers (Hrsg.), *Markenmanagement – Identitätsorientierte Markenführung und praktische Umsetzung* (S. 163–212). Wiesbaden: Gabler.

Burmann, C., & Piehler, R. (2013). Employer Branding vs. Internal Branding: Ein Vorschlag zur Integration im Rahmen der identitätsbasierten Markenführung. *Die Unternehmung, 67*(3), 223–245.

Burmann, C., & Piehler, R. (2016). Interne und externe Markenkommunikation im Rahmen des Internal Branding. In F.-R. Esch (Hrsg.), *Handbuch Markenführung* (S. 1–25). Wiesbaden: Springer Fachmedien.

Burmann, C., & Recke, T. (2009). Das Diktat der Markenführung: Gestaltung der Repositionierungsintensität als Herausforderungen an die Markenführung. In H. Hannemann & F. Keuper (Hrsg.), *Das Diktat der Markenführung – 11 Thesen zur nachhaltigen Markenführung und -implementierung mit einem umfassenden Fallbeispiel der Loewe AG*. Wiesbaden: Springer Gabler.

Burmann, C., & Schallehn, M. (2010). *Konzeptualisierung von Markenauthentizität*. Arbeitspapier Nr. 44 des Lehrstuhls für innovatives Markenmanagement (LiM) der Universität Bremen. Bremen: Universität Bremen.

Burmann, C., Zeplin, S., & Riley, N.-M. (2009). Key determinants of internal brand management success: An exploratory empirical analysis. *Journal of Brand Management, 16*(4), 264–284.

Busch, U. (2009). *Reckitt Benckiser: Calgonit heißt jetzt Finish.* https://www.wuv.de/marketing/reckitt_benckiser_calgonit_heisst_jetzt_fnish. Zugegriffen am 16.05.2017.

Chaudhuri, A., & Holbrook, M. B. (2001). The chain of effects from brand trust and brand affect to brand performance: The role of brand loyalty. *Journal of Marketing, 65*(2), 81–93.

de Chernatony, L., & Cottam, S. (2006). Internal brand factors driving successful fnancial services brands. *European Journal of Marketing, 40*(5/6), 611–633.

Chung, Y.-S., & Feng, C.-M. (2016). Brand relationship between global airline alliances adn their member airlines. *Journal of Air Transport Management, 55*, 222–233.

Dahl, D. W., Fuchs, C., & Schreier, M. (2014). Why and when consumers prefer products of userdriven frms: A social identifcation account. *Management Science, 61*(8), 1978–1988.

Danenberg, N., Kennedy, R., Beal, V., & Sharp, B. (2016). Advertising budgeting: A reinvestigation of the evidence on brand size and spend. *Journal of Advertising, 45*(1), 139–146.

Desai, K. K., & Keller, K. L. (2002). The effects of ingredient branding strategies on host brand extendibility. *Journal of Marketing, 66*(1), 73–93.

Deutsche Lufthansa AG. (2017). http://www.lufthansa.com/de/de/Lufthansa-Group-Star-Allianceund-Partner-Airlines. Zugegriffen am 08.09.2017.

Deutscher Franchiseverband. (2021). Franchisestatsitik 2020 – Zahlen, Daten & Fakten. https://www.franchiseverband.com/fleadmin/user_upload/Franchisestatistik_2020.pdf. Zugegriffen am 19.03.2021.

Diegel, M. (2021). *Markenerweiterungsstrategien professioneller Sportvereine im eSport – Eine empirische Vergleichsstudie zu Rückwirkungseffekten von Markentransfer- und Co-BrandingStrategien auf das Markenimage*. Wiesbaden: Springer Gabler.

Dietert, A.-C. (2018). Die Erfolgssicherung von Marken durch Authentizität. Dissertation [in Druck].

Douglas, S. P., Craig, C. S., & Nijssen, E. J. (2001). Integrating branding strategy across markets: Building international brand architecture. *Journal of International Marketing, 9*(2), 97–114.

Du Preez, R., Bendixen, M., & Abratt, R. (2017). The behavioral consequences of internal brand management among frontline employees. *Journal of Product and Brand Management, 26*(3), 251–261.

Duong Dinh, H. V., Gehrmann, K., & Ahlert, D. (2010). Franchising – Ein Überblick. In H. V. Duong Dinh, K.

Gehrmann & D. Ahlert (Hrsg.), *Handbuch Franchising und Cooperation – das Managementkooperativer Unternehmensnetzwerke* (S. 29–58). Frankfurt: Dt. Fachverlag.

Edelmann, R. (2011). *Edelman Trust Barometer*. http://www.edelman.com/trust/2011. Zugegriffen am 04.05.2011.

Einwiller, S. (2003). *Vertrauen durch Reputation im elektronischen Handel*. Wiesbaden: Deutscher Universitätsverlag.

Enke, M., Geigenmüller, A., & Leischnig, A. (2014). *Commodity Marketing. Grundlagen – Besonderheiten – Erfahrungen*. Wiesbaden: Springer Gabler.

Erkmen, E., & Hancer, M. (2015). Do your internal branding efforts measure up? *International Journal of Contemporary Hospitality Management, 27*(5), 878–895.

Esch, F.-R. (2014). *Strategie und Technik der Markenführung*. München: Vahlen.

esports.eintracht.de. (2021). https://esports.eintracht.de. Zugegriffen am 25.02.2021.

Feddersen, C. (2010). *Repositionierung von Marken – Ein agentenbasiertes Simulationsmodell zur Prognose der Wirkungen von Repositionierungsstrategien*. Wiesbaden: Gabler.

FedEx. (2021). *Business segments and services.* http://investors.fedex.com/company-overview/overview-of-services/default.aspx#fedex-express:. Zugegriffen am 10.03.2021.

Fichtner, U., Goos, H., & Hesse, M. (2016). Finanzskandale – Aufstieg und Fall der Deutschen Bank. *Der Spiegel*, Nr. 43.

Finish. (2017). http://www.fnish.de/. Zugegriffen am 01.08.2017.

Fournier, S., Breazeale, M., & Avery, J. (Hrsg.). (2015). *Strong brands, strong relationships*. Milton Park/New York: Routledge.

Freter, H., & Baumgarth, C. (2005). Ingredient Branding – Begriff und theoretische Begründung. In F.-R. Esch (Hrsg.), *Moderne Markenführung* (S. 455–482). Wiesbaden: Gabler.

Füller, J., Matzler, K., & Hoppe, M. (2008). Brand community members as a source of innovation. *Journal of Product Innovation Management, 25*(6), 608–619.

Füller, J., Mühlbacher, H., & Bartl, M. (2009). Beziehungsmanagement durch virtuelle Kundeneinbindung in den Innovationsprozess. In H. H. Hinterhuber & K. Matzler (Hrsg.), *Kundenorientierte Unternehmensführung* (S. 197–221). Wiesbaden: Gabler.

Gallup. (2019). *Engagement Index Deutschland 2019.* https://www.gallup.com/de/engagementindex-deutschland.aspx. Zugegriffen am 10.03.2021.

Gillis, W. E., Combs, J. G., & Yin, X. (2020). Franchise management capabilities and franchisor performance under alternative franchise ownership strategies. *Journal of Business Veturing, 35*(1) (online publication).

Gladwell, M. (2012). *The tipping point – How little things can make a big difference*. New York: Little, Brown and Company.

Greiner, O. (2004). *Strategiegerechte Budgetierung -Anforderungen und Gestaltungsmöglichkeiten der Budgetierung im Rahmen der Strategierealisierung*. München: Vahlen.

Grigorian, V. (2002). *Russian standard vodka: Strategies for global branding and expansion into the US market*. Fontainebleau: INSEAD.

Gummesson, E. (1987). The new marketing – Developing long-term interactive relationships. *Long Range*

Planning, 20(4), 10–20.

Günsch, M. (2017). Konstruktionsfehler: AOC ruft Monitore im Porsche-Design zurück. https://www.computerbase.de/2017-08/aoc-pds241-pds271-rueckruf/. Zugegriffen am 06.03.2021.

Haas, S. (2010). *Markenportfoliobereinigungen – Entwicklung eines Planungsprozesses zur Strategieformulierung*. Wiesbaden: Gabler.

Hage, S., & Nefzger, E. (2021). Der iPhone Moment. *SPIEGEL, 09*, 56–58.

Hansen, N., Kupfer, A.-K., & Hennig-Thurau, T. (2018). Brand crises in the digital age: The shortand long-term effects of social media frestorms on consumers and brands. *International Journal of Research in Marketing, 35*(4), 557–574.

Hätty, H. (1989). *Der Markentransfer*. Heidelberg: Physica.

Heemann, J. (2008). *Markenbudgetierung*. Wiesbaden: Gabler.

Hegner, S. (2012). *Die Relevanz des Vertrauens für das identitätsbasierte Management globaler Marken – Ein interkultureller Vergleich zwischen Deutschland, Indien und Südafrika*. Wiesbaden: Springer Gabler.

Hermes, V. (2009). Die TUI revolutioniert ihre Budgetplanung. *Absatzwirtschaft, 01*, 32–35.

Hiddessen, J. (2021). *Interaktionen mit Social Media Infuencern als Instrument zur Markenprofilierung*. Wiesbaden: Springer Gabler.

Himmelreich, S., & Einwiler, S. (2015). Wenn der „Shitstorm" überschwappt. Eine Analyse digitaler Spillover in der deutschen Print- und Onlineberichterstattung. In O. Hoffjann & T. Pleil (Hrsg.), *Strategische Online-Kommunikation. Theoretische Konzepte und empirische Befunde* (S. 183–205). Wiesbaden: Springer Fachmedien.

Ho, H.-C., Lado, N., & Rivera-Torres, P. (2017). Detangling consumer attitudes to better explain co-branding success. *Journal of Product and Brand Management, 26*(7), 704–721.

Homburg, C., & Schäfer, H. (2001). Strategische Markenführung in einer dynamischen Umwelt. In R. Köhler, W. Majer & H. Wiezorek (Hrsg.), *Erfolgsfaktor Marke: Neue Strategien des Markenmanagements* (S. 157–173). München: Vahlen.

Hoppe, D. (2018). Linking employer branding and internal branding: Establishing perceived employer brand image as an antecedent of favourable employee brand attitudes and behaviours. *Journal of Product and Brand Management, 27*(4), 452–467.

Iyer, P., Davari, A., Zolfagharian, M., & Paswan, A. (2019). Market orientation, positioning strategy and brand performance. *Industrial Marketing Management, 81*(August), 16–29.

Jentschke, M. (2016). *Innengerichtete Markenführung in Unternehmen mit mehreren Marken – Wirkungen und Determinanten multipler Brand Commitments*. Wiesbaden: Springer Gabler.

Kanitz. (2013). *Gestaltung komplexer Markenarchitekturen – Eine empirische Untersuchung zur Ermittlung der Verhaltensrelevanz von Marken unterschiedlicher Hierarchieebenen*. Wiesbaden: Springer Gabler.

Kapferer, J.-N. (2008). *Strategic brand management: Creating and sustaining brand equity long term*. London: Kogan Page.

Kaplan, R., & Norton, D. P. (2000). *The strategy-focused organization*. Boston: Harvard Business School Press.

Keller, C. (2015). *Identitäsbasierter Markenschutz*. Wiesbaden: Springer Gabler.

Keller, K. L. (2013). *Strategic brand management. Building, measuring and managing brand equity*. Boston: Pearson.

Keller, K. L., & Swaminathan, V. (2020). *Strategic brand management: Building, measuring, and managing brand equity* (5. Auf.). Harlow: Pearson.

Keller, K. L., Aperia, T., & Georgson, M. (2012). *Strategic brand management – A European perspective*. Harlow: Prentice Hall.

Kenning, P. (2003). *Customer Trust Management. Ein Beitrag zum Vertrauensmanagement im Lebensmitteleinzelhandel*. Wiesbaden: Dt. Univ.-Verlag.

Kimpakorn, N., & Tocquer, G. (2009). Employees' commitment to brands in the service sector: Luxury hotel chains in Thailand. *Journal of Brand Management, 16*(8), 532–544.

King, C., & Grace, D. (2010). Building and measuring employee-based brand equity. *European Journal of Marketing, 44*(7/8), 938–971.

King, C., & Grace, D. (2012). Examining the antecedents of positive employee brand-related attitudes and behaviours. *European Journal of Marketing, 46*(3), 469–488.

Kleine-Kalmer, B. (2016). *Brand page attachment – An emipirical study on Facebook users' attachment to brand pages*. Wiesbaden: Springer Gabler.

Kleinsmith, N., Campion, N, Puntoni, S., & Sweldens, S. (2019). *TOMTOM: Mapping the course from B2C to B2B. Case Development Center*. Rotterdam: Erasmus University, Rotterdam School of Management.

Koers, M. (2001). *Steuerung von Markenportfolios: ein Beitrag zum Mehrmarkencontrolling am Beispiel der Automobilwirtschaft*. Frankfurt a. M.: Lang.

Korate-Fischer, N., Hoyer, W. D., & Wolframm, C. (2019). What if something unexpected happens to my brand? Spillover effects from positive and negative events in a co-branding partnership. *Psychology & Marketing, 36*(8), 758–772.

Kothes, R. (2017). Intramarkenimagekonfusion. Eine empirische Untersuchung zur Ermittlung der Wirkung von Intramarkenimagekonfusion am Beispiel der Automobilindustrie. Universität Bremen: Dissertation [in Druck].

Kotler, P., Keller, K. L., & Opresnik, M. O. (2017). *Marketing-Management. Konzepte – Instrumente – Unternehmensfallstudien*. Hallbergmoos: Pearson.

Krogh, H. (2010). *Seat-Chef Muir spricht Klartext über Probleme der spanischen VW-Marke*. http://www.automobilwoche.de/article/20100513/NACHRICHTEN/100519972/seat-chef-muirspricht-klartext-uber-probleme-derspanischen-vw-marke#.VE4sxf5PHQ. Zugegriffen am 27.10.2014.

Kumar, P. (2005). The impact of cobranding on customer evaluation of brand counterextensions. *Journal of Marketing, 69*(3), 1–18.

Kuß, A., Wildner, R., & Kreis, H. (2014). *Marktforschung – Grundlagen der Datenerhebung und Datenanalyse* (13. Auf.). Wiesbaden: Springer Gabler.

Laforet, S., & Saunders, J. (1994). Managing brand portfolios: How the leaders do it. *Journal of Advertising Research, 34*(5), 64–76.

Laforet, S., & Saunders, J. (2007). How brand portfolios have changed: A study of grocery suppliers brands from 1994 to 2004. *Journal of Marketing Management, 23*(1/2), 39–58.

Lawler, E. J. (1992). Affective attachment to nested groups: A choice-process theory. *American Sociological Review, 57*(3), 327–339.

Li, F., Zhou, N., Kashyap, R., & Yang, Z. (2008). Brand trust as a second-order factor. *International Journal of Market Research, 50*, 817–839.

Li, F., Xu, L., Li, T., & Zhou, N. (2015). Brand trust in a cross-cultural context: Test for robustness of an alternative measurement model. *Journal of Product and Brand Management, 24*(5), 462–471.

Lieberknecht, J., & Esch, F.-R. (2014). Fallstudie: Rebranding – vom Ende her denken. In F.-R. Esch, T. Tomczak, J. Kernstock, T. Langner & J. Redler (Hrsg.), *Corporate Brand Management – Marken als Anker strategischer Führung von Unternehmen* (S. 139–148). Wiesbaden: Springer Gabler.

Lienemann, A. (2021). *Die Wirkung von Beziehungen im Influencer Branding – Eine experimentelle Analyse des Brand-Fits und des Influencer Attachments*. Wiesbaden: Springer Gabler.

Liu, Y., Foscht, T., Eisingerich, A. B., & Tsai, H.-T. (2018). Strategic management of product and brand extensions: Extending corporate brands in B2B vs. B2C markets. *Industrial Marketing Management, 71*, 147–159.

Mael, F. A., & Ashforth, B. E. (1992). Alumni and their alma mater: A partial test of the reformulated model of organizational identifcation. *Journal of Organizational Behavior, 13*(2), 103–123.

Maloney, P. (2007). *Absatzmittlergerichtetes, identitätsbasiertes Markenmanagement: Eine Erweiterung des innengerichteten, identitätsbasierten Markenmanagements unter besonderer Berücksichtigung von Premiummarken*. Wiesbaden: Gabler.

Mao, H., Luo, X., & Jain, S. P. (2009). Consumer responses to brand elimination: An attributional perspective. *Journal of Consumer Psychology, 19*(3), 280–289.

Markowitz, H. M. (1952). Portfolio selection. *Journal of Finance, 7*, 77–91.

Markowitz, H. M. (1959). *Portfolio selection: Effcient diversifcation of investments*. New York: Yale University Press.

Mars Deutschland. (2017). http://international.mars.com/germany/de/index.aspx. Zugegriffen am 08.09.2017.

Mars Deutschland. (2021). Hergstellt von Mars. https://www.mars-riegel.de/. Zugegriffen am 11.03.2021.

Meffert, H., & Burmann, C. (1996). Identitätsorientierte Markenführung – Grundlagen für das Management von Markenportfolios. In H. Meffert, H. Wagner & K. Backhaus (Hrsg.), *Arbeitspapier Nr. 100 der Wissenschaftlichen Gesellschaft für Marketing und Unternehmensführung e. V.* Arbeitspapier der Wissenschaftlichen Gesellschaft für Marketing und Unternehmensführung e. V., Bd. 100 Münster.

Meffert, H., & Heinemann, G. (1990). Operationalisierung des Imagetransfers. *Marketing, 1*, 5–10.

Meffert, H., & Koers, M. (2005). Markenkannibalisierung in Markenportfolios. In H. Meffert, C. Burmann & M. Koers (Hrsg.), *Markenmanagement* (S. 297–318). Wiesbaden: Gabler.

Meffert, H., Burmann, C., & Becker, C. (2010). *Internationales Marketing-Management: Ein marktorientierter Ansatz*. Stuttgart: Kohlhammer.

Meffert, H., Burmann, C., Kirchgeorg, M., & Eisenbeiß. (2019). *Marketing: Grundlagen marktorientierter Unternehmensführung* (13. Auf.). Wiesbaden: Springer Gabler.

Meurer, J., & Rügge, M. (2012). Kafka für Marketers. *Absatzwirtschaft, 7*, 30–34.

Mishra, A. A. (2018). Consumer responses to brand deletion. *Journal of Brand Management, 25*, 160–170.

Mishra, A. S., & Muthukumar, R. (2011). *Unilever's power brands strategy*. Hyderabad: IBS Center for Management Research.

Moon, H., & Sprott, D. E. (2016). Ingredient branding for a luxury brand. The role of brand and product ft. *Journal of Business Research, 69*, 5768–5774.

Morgan, N. A., & Rego, L. L. (2009). Brand portfolio strategy and frm performance. *Journal of Marketing, 73*(January), 59–74.

Ipsos Mori. (2009). *The fight to value*. http://www.ipsos-mori.com/Assets/Docs/The-fight-tovalue.pdf. Zugegriffen am 27.10.2014.

Müller, A. (2012). *Symbole als Instrumente der Markenführung. Eine kommunikations- und wirtschaftswissenschaftliche Analyse unter besonderer Berücksichtigung von Stadtmarken*. Wiesbaden: Springer.

Murillo, E., & King, C. (2019). Examining the drivers of employee brand understanding: A longitudinal study. *Journal of Product and Brand Management, 28*(7), 893–907.

Nee, I. (2016). *Managing negative word-of-mouth on social media platforms*. Wiesbaden: Springer Gabler.

Netzer, F. (1999). *Strategische Allianzen im Luftverkehr: nachfrageorientierte Problemfelder ihrer Gestaltung*. Frankfurt a. M.: Lang.

Newzoo Esports. (2020). *2020 global esports market report*. San Francisco: Newzoo.

Ngo, L. V., Nguyen, N. P., Huynh, K. T., Gregory, G., & Cuong, P. H. (2019). Converting internal brand knowledge into employee performance. *Journal of Product and Brand Management, 29*(3), 273–287.

Nguyen, H. T., Zhang, Y., & Calantone, R. J. (2018). Brand portfolio coherence: Scale development and empirical demonstration. *International Journal of Research in Marketing, 35*(1), 60–80.

Nielsen. (2009). *What makes a megabrand*. http://www.nielsen.com/us/en/insights/news/2009/what-makes-a-megabrand.html. Zugegriffen am 17.08.2017.

Nitschke, A. (2006). *Event-Marken-Fit und Kommunikationswirkung – Eine Längsschnittsbetrachtung am Beispiel der Sponsoren der FIFA-Fußballweltmeisterschaft 2006*. Wiesbaden: Gabler.

Park, C., Jun, S. Y., & Shocker, A. D. (1996). Composite branding alliances. *Journal of Marketing Research, 33*(4), 453–466.

Park, C. W., MacInnis, D. J., Priester, J., Eisingerich, A. B., & Iacobucci, D. (2010). Brand attachment and brand attitude strength: Conceptual and empirical differentiation of two critical brand equity drivers. *Journal of Marketing, 74*(6), 1–17.

Parker, J. R., Lehmann, D. R., Keller, K. L., & Schleicher, M. G. (2018). Building a multi-category brand: When should distant brand extensions be introduced? *Journal of the Academy of Marketing Science, 46*, 300–316.

Perrey, J., Freundt, T., & Spillecke, D. (2015). *Power brands. Measuring, making and managing brand success*. Weinheim: Wiley.

Piehler, R. (2011). *Interne Markenführung – Theoretisches Konzept und fallstudienbasierte Evidenz*. Wiesbaden: Gabler.

Piehler, R. (2018). Employees' brand understanding, brand commitment, and brand citizenship behaviour: A closer look at the relationships among construct dimensions. *Journal of Brand Management, 25*(3), 217–

234.

Piehler, R., Hanisch, S., & Burmann, C. (2015). Internal branding – Relevance, management and challenges. *Marketing Review St. Gallen, 32*(1), 52–60.

Piehler, R., King, C., Burmann, C., & Xiong, L. (2016). The importance of employee brand understanding, brand identifcation, and brand commitment in realizing brand citizenship behaviour. *European Journal of Marketing, 50*(9/10), 1575–1601.

Piehler, R., Grace, D., & Burmann, C. (2018). Internal brand management: Introduction to the special issue and directions for future research. *Journal of Brand Management, 25*(3), 197–201.

Piehler, R., Schade, M., & Burmann, C. (2019). Employees as a second audience: The effect of external communication on internal brand management outcomes. *Journal of Brand Management, 26*(4), 445–460.

Poggenpohl. (2021). https://www.poggenpohl.com/de/projekte/porsche-design-tower/. Zugegriffen am 11.03.2021.

Porsche. (2011). http://www.porsche.com/germany/aboutporsche/overview/principleporsche. Zugegriffen am 25.07.2012.

Porsche. (2021). Modelle. https://www.porsche.com/germany/models/. Zugegriffen am 11.03.2021.

Porsche Design. (2021). https://www.porsche-design.com/de/de/. Zugegriffen am 11.03.2021.

Portal, S., Abratt, R., & Bendixen, M. (2019). The role of brand authenticity in developing brand trust. *Journal of Strategic Marketing, 27*(8), 714–729.

Procter & Gamble. (2017). *Images.* http://news.pg.com/multimedia/images. Zugegriffen am 15.05.2017.

psg-esports.com. (2021). https://psg-esports.com/team/dota-2-2/. Zugegriffen am 25.02.2021.

Rao, A. R., & Ruekert, R. W. (1994). Brand alliances as signals of product quality. *Sloan Management Review, 36*(1), 87–97.

Rao, V. R., Agarwal, M. K., & Dahlhoff, D. (2004). How is manifest branding strategy related to the intangible value of a corporation? *Journal of Marketing, 68*(4), 126–140.

Recke, T. (2011). *Die Bestimmung der Repositionierungsintensitätvon Marken. Ein entscheidungsunterstützendes Modell auf Basis von semantischen Netzen.* Wiesbaden: Gabler.

Reeves, R. (1960). *Reality in advertising.* New York: Knopf.

Ries, A., & Trout, J. (2001). *Positioning: The battle for your mind* (20th anniversary. Auf.). New York: McGraw-Hill Education.

Riley, F. D. O., JPina, J. M., & Bravo, R. (2015). The role of perceived value in vertical brand extensions of luxury and premium brands. *Journal of Marketing Management, 31*(7–8), 881–913.

Rosenberg, M. (1979). *Conceiving the self.* New York: Basic Books.

Rößler, A. (2019). *Internal City Branding: Ein empirisch validiertes Modell zur internen, identitätsbasierten Markenführung von Städten.* Wiesbaden: Springer Gabler.

Sachs, A. (2002). Portfolio-Management bei Unilever. *Marketingjournal, 2*, 8–17.

Sasserath Munzinger Plus. (2017). *Marken in der Vertrauenskrise.* http://sasserathmunzingerplus.com/leistungen/studien/vertrauen/brand-experience-trust-monitor-2016/marken-in-dervertrauenskrise/. Zugegriffen am 16.05.2017.

Sasserath Munzinger Plus. (2021). *Brand Trust: Welchen Marken wird im Corona Jahr am meisten Vertrauen geschenkt?* https://sasserathmunzingerplus.com/brand-trust-welchen-marken-wirdim-corona-jahr-am-meisten-vertrauen-geschenkt. Zugegriffen am 10.03.2021.

Sattler, H., & Völckner, F. (2013). *Markenpolitik*. Stuttgart: Kohlhammer.

Sattler, H., Völckner, F., & Zatloukal, G. (2003). Erfolgsfaktoren von Markentransfers. *Marketing ZFP, 25*(3), 147–168.

Schiele, T. P. (1999). *Markenstrategien wachstumsorientierter Unternehmen*. Wiesbaden: Deutscher Universitätsverlag.

Schloemer, A., Esch, F.-R., & Krieger, K. H. (2009). Aus VIAG Interkom wird o2. Erfolgreiche Migration und Turnaround einer Marke. In F.-R. Esch & W. Ambrecht (Hrsg.), *Best Practice in der Markenführung* (S. 202–224). Wiesbaden: Gabler.

Schlüter, T., & Victoria Villeda, I. V. (2011). Markendifferenzierung durch Ingredient Branding. Ein Überblick über empirische Studien. In F. Völckner, C. Willers & T. Weber (Hrsg.), *Markendifferenzierung. Innovative Konzepte zur erfolgreichen Markenprofilierung* (S. 95–116). Wiesbaden: Gabler.

Schmidt, S., Krause, F., & Päffgen, C. (2018). SPOAC Sportbusiness-Studie 2018. https://opus4.kobv.de/opus4-whu/fles/549/SPOAC_Sportbusiness-Studie_2018.pdf. Zugegriffen am 25.02.2021.

Schmitt, B. (2003). *Customer experience management – A revolutionary approach to connecting with your customers*. Weinheim: John Wiley & Sons.

Scholz, J., & Smith, A. N. (2019). Branding in the age of social media frestorms: How to create brand value by fghting back online. *Journal of Marketing Management, 35*(11–12), 1100–1134.

Schulze-Bentrop, C. (2014). *Management von Markentransfers. Der Einfuss des Kaufentscheidungverhaltens auf die Erfolgsfaktoren*. Wiesbaden: Springer Gabler.

Schweiger, G., & Schrattenecker, G. (2017). *Werbung: Eine Einführung*. München: UVK/Lucius.

Schweiger, G., Strebinger, A., Otter, T., & Friederes, G. (1999). Markenstrukturen in den Köpfen der Konsumenten – Vom Reißbrett zur Realität. *Zeitschrift für Automobilwirtschaft, 2*(3), 6–12.

Sivaramakrishnan, S., & Carvalho, S. W. (2019). The implication of country disposition in consumer response to ingredient branding strategies. *Journal of Business Research, 103*, 286–292.

Skala-Gast, D. (2012). *Zusammenhang zwischen Kundenzufriedenheit und Kundenloyalität: Eine empirische Analyse am Beispiel der deutschen Automobilindustrie*. Wiesbaden: Springer Gabler.

Springer, C. (2008). *Multisensuale Markenführung: Eine verhaltenswissenschaftliche Analyse unter besonderer Berücksichtigung von Brand Lands in der Automobilwirtschaft*. Wiesbaden: Springer.

Starbucks. (2021). Ideas.Starbucks.com. https://ideas.starbucks.com. Zugegriffen am 14.01.2021.

Stauss, B., & Seidel, W. (2014). *Beschwerdemanagement*. München: Hanser.

Steiner, P. (2018). *Sound Branding. Grundlagen akustischer Markenführung*. Wiesbaden: Springer Gabler.

Strebinger, A. (2010). *Markenarchitektur – Strategien zwischen Einzel- und Dachmarke sowie lokaler und globaler Marke*. Wiesbaden: Gabler.

Terglav, K., Konečnik Ruzzier, M., & Kaše, R. (2016). Internal branding process: Exploring the role of mediators in top management's leadership-commitment relationship. *International Journal of Hospitality Management, 54*, 1–11.

The Economist. (2004). *Path to no growth*. http://www.economist.com/node/3222955. Zugegriffen am 17.08.2017.

Thomson, M., MacInnis, D., & Park, C. W. (2005). The ties that bind: Measuring the strength of consumers' emotional attachments to brands. *Journal of Consumer Psychology, 15*(1), 77–91.

TNS Infratest. (2009). *Building brands in troubled times*. http://www.tnsinfratest.com/presse/pdf/Antworten_auf_die_Krise/TNS_Infratest_Markenfuehrung_in_der_Krise.pdf. Zugegriffen am 15.05.2017.

Varadarajan, R., DeFanti, M. P., & Busch, P. S. (2006). Brand portfolio, corporate image, and reputation: Managing brand deletions. *Journal of the Academy of Marketing Science, 34*(2), 195–205.

Veloutsou, C., Christodoulides, G., & Chernatony, L. D. (2013). A taxonomy of measures for consumer-based brand equity: Drawing on the views of managers in Europe. *Journal of Product and Brand Management, 22*(3), 238–248.

Visible Measures. (2012). www.visiblemeasures.com. Zugegriffen am 24.07.2012.

Völckner, F. (2003). *Neuprodukterfolg bei kurzlebigen Konsumgütern: Eine empirische Analyse der Erfolgsfaktoren von Markentransfers*. Wiesbaden: Dt. Univ.-Verlag.

Völckner, F. (2004). Fünf Faktoren entscheiden über den Erfolg von Markentransfers. *Absatzwirtschaft, 9*, 74–79.

Völckner, F., & Sattler, H. (2006). Drivers of brand extension success. *Journal of Marketing, 70*(2), 18–34.

Wang, C.-Y., Wu, L.-W., Lin, C.-Y., & Chen, R.-J. (2017). Purchase intention toward the extention and parent brand: The role of brand commitment. *Journal of Economics and Management, 13*(1), 83–103.

Weiber, R., & Mühlhaus, D. (2014). *Strukturgleichungssmodellierung – Eine anwendungsorientierte Einführung in die Kausalanalyse mit Hilfe von AMOS, SmartPLS und SPSS* (2. Auf.). Wiesbaden: Springer Gabler.

Weinberg, P., & Diehl, S. (2001). Aufbau und Sicherung von Markenbindung unter schwierigen Konkurrenz- und Distributionsbedingungen. In R. Köhler, W. Majer & H. Wiezorek (Hrsg.), *Erfolgsfaktor Marke – Neue Strategien des Markenmanagements* (S. 26–35). München: Vahlen.

von Weizsäcker, E. (1974). Erstmaligkeit und Bestätigung als Komponente der pragmatischen Information. In E. von Weizsäcker (Hrsg.), *Offene Systeme I. Beiträge zur Zeitstruktur von Information, Entropie und Evolution* (S. 82–113). Stuttgart: Klett-Cotta.

Welge, M. K., Al-Laham, A., & Eulerich, M. (2017). *Strategisches Management: Grundlagen – Prozess – Implementierung*. Wiesbaden: Springer Gabler.

Westfälische Provinzial. (2017). https://www.provinzial-online.de/export/sites/wpv/_resources/bilder/privat_vorsorge/kampagne_vorfreude-01a.jpg. Zugegriffen am 24.08.2017.

Xiao, N., & Lee, S. H. M. (2014). Brand identity ft in co-branding. The moderating role of C-B identifcation and consumer coping. *European Journal of Marketing, 48*(7/8), 1239–1254.

Xiong, L., & King, C. (2019). Aligning employees' attitudes and behavior with hospitality brands: The role of employee brand internalization. *Journal of Hospitality and Tourism Management, 40*, 67–76.

Xiong, L., & King, C. (2020). Exploring how employee sense of brand community affects their attitudes and behavior. *Journal of Hospitality and Tourism Research, 44*(4), 567–596.

Xiong, L., King, C., & Piehler, R. (2013). 'That's not my job': Exploring the employee perspective to becoming brand ambassadors. *International Journal of Hospitality Management, 35*(December), 348–359.

Zatloukal, G. (2002). *Erfolgsfaktoren von Markentransfers*. Wiesbaden: Dt. Univ.-Verlag.

Zeplin, S. (2006). *Innengerichtetes, identitätsbasiertes Markenmanagement*. Wiesbaden: Gabler.

第 3 章

品牌运营管理

学习目的

在本章中,读者将了解,针对品牌内部员工,哪些具体和详细的措施可以用于品牌管理。读者还将了解如何具体设计品牌的各种元素(如品牌名称、标志、口号和广告曲)和整个营销组合才能成功。

3.1 内部品牌运营管理

  3.1.1 影响品牌群体行为的主导因素

  3.1.2 影响品牌认知、品牌承诺和品牌群体行为的工具

3.2 外部品牌运营管理

  3.2.1 品牌元素的选择

  3.2.2 营销组合：产品政策和方案政策

  3.2.3 营销组合：定价政策

  3.2.4 营销组合：分销政策

  3.2.5 营销组合：沟通政策

小结

参考文献

本章主要阐述在面对品牌内外部目标群体时，品牌管理的运作（见图3.1）。

图 3.1　品牌运营管理在基于身份品牌管理过程中所处的环节

基于战略规划，内部品牌运营管理负责向品牌的内部目标群体传达品牌身份（见3.1节），使全体员工具有共同的理念基础，以便在所有品牌接触点上实现和"传递"品牌效用承诺。为此，必须确保品牌身份的接受度，并且消除对品牌身份的抵触（落实）。在理想情况下，可以通过让员工及早、全面地参与品牌身份的创建过程来实现上述目标。同时，战略规划中大部分有关品牌身份的相对抽象的陈述必须在企业内部具体化（实施），以便使其与每个品牌相关员工的工作行为相关，且具有可实施性（Meffert等，2019，第881页）。

此外，外部品牌运营管理针对品牌的外部目标群体（见3.2节）。它的任务是识别消费者与品牌接触的相关品牌接触点（关于电视/网络广告、网站、社交媒体等单个品牌接触点的讨论，见Meffert等，2019，第393页起），并在所有品牌接触点充分传达品牌效用承诺。

外部品牌管理的运营质量受到内部品牌管理质量的重大影响。只有当传达的品牌效用承诺与所有品牌方员工的实际行为相一致时，消费者才会觉得品牌是真实的，并对其产生信任（见第1.9节）。员工的重要性还体现在，他们负责在众多与消费者直接联系的品牌接触点上传达和实施品牌效用承诺（例如，在交易会和展览会上、在客户服务中、在送货服务中）。但在其他那些员工不与消费者直接接触的品牌接触点，他们也要为品牌的行为间接负责（见图3.2）。在传达品牌效用承诺时，品牌管理组织内部对自我形象和特定内部角色分配的明晰度越低，通过外部品牌管理创建分散的、可互换品牌形象的可能性越大，因为员工最终只被视为成本的构成部分。在长期来看，这会导致品牌的失败。

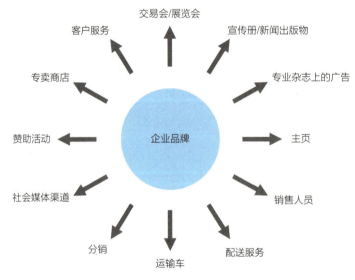

图3.2 企业品牌的潜在品牌接触点

3.1 内部品牌运营管理

内部品牌管理的重要性和目标已经在第2.2.1小节中做了详细解释。对品牌群体行为、品牌承诺和品牌认知这三个目标变量的控制构成了内部品牌管理的核心（见图3.3）。除了影响这三个核心目标变量的工具，在内部品牌运营管理方面还有一些必须考虑的主导因素。品牌认知和品牌承诺对品牌群体行为的影响受到结构契合和流程契合，以及资源契合和专长契合的影响（Piehler，2011，第33页；Piehler等，2015，第56页；Zeplin，2006，第148页）。

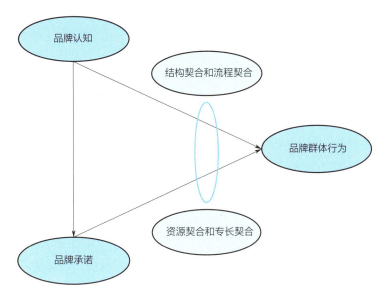

图3.3 内部品牌管理目标与影响品牌群体行为的主导因素之间的关系
（基于：Piehler，2011，第333页；Piehler等，2015，第55页；Zeplin，2006，第233页）

3.1.1 影响品牌群体行为的主导因素

1. 结构契合和流程契合

品牌群体行为是基于员工的品牌认知和品牌承诺形成的。这种相互依存关系受到组织结构和工作流程的影响，使组织内的员工能够落实品牌群体行为。

结构契合描述了企业的组织结构在多大程度上适合支持员工在所有品牌接触点上传达品牌身份和品牌效用承诺（Piehler，2011，第188页起、第276页、第332页；Piehler等，2015，第56页；Zeplin，2006，第136页起）。如果组织结构支持员工表现出符合品牌要求的行为，这就强调了品牌的重要性和员工行为的相关性。例如，如果一个品牌代表"综合服务，一站式服务"，那么组织结构还必须允许员工为了客户的利益而获得品牌绩效的各个方面。另外，如果内部组织的结构是由多个部门各自负责具体服务内容的形式，那么个别员工很难在自己与客户的接触中实现品牌效用承诺。例如，如果一个电信品牌将固定网络、互联网和移动网络作为综合服务提供，那么负责相应服务的组织单位就不应该相互独立管理。同样，"快速"这一品牌效用承诺也受到众多复杂组织结构的阻碍。如果一个跟团旅游品牌是以高度分散方式组织起来的，并且每个国家的子公司都有在自己的国家实施质量标准的高自由度，那么这就与该品牌希望代表全球统一质量标准的品牌效用承诺相矛盾。

流程契合描述了组织流程，特别是服务提供流程支持员工实现品牌效用承诺的程度

（Piehler，2011，第189页，第276页起，第332页；Piehler等，2015，第56页）。例如，如果品牌效用承诺的一部分是快速、不拘一格地处理客户的要求和投诉，那么呼叫中心的员工必须能够采取适当的措施，快速满足客户的要求，而不需要先向许多上级请示。

2. 资源契合和专长契合

为了使员工能够将其品牌认知和品牌承诺转化为品牌群体行为，还需要员工的某些资源和专长。

例如，必须有必要的财务、人事和业务的资源（资源契合），以便每个品牌相关员工都能按照品牌的要求行事（Zeplin，2006，第145页起）。然而，在员工的实际操作中，对与实现品牌效用承诺契合资源的要求往往与理性手段相违背，例如，员工和客户之间的直接人际接触被基于人工智能的数字语音助手（服务机器人）所取代。一个在资源契合上呈负面状态的例子是，一家银行承诺高度保护员工的隐私，然而却让员工在大型开放式的空间里办公。另一个涉及建筑机械和飞机制造业务的公司的例子是，这家公司承诺提供全球范围内48小时的维修服务，然而公司却不给员工配备紧急维修所需要的零件和设备，以至于员工不能快速反应和维修。

除了资源契合，还需要专长契合，即员工将其品牌认知和品牌承诺转化为具体行为的必要专长（Piehler，2011，第330页起；Piehler等，2015，第56页；Zeplin，2006，第144页起）。对于直接与客户接触的员工，这里指的是社交和语言技能。例如，如果某银行的愿景是成为全球性的金融服务公司，那么国外分行的客户经理必须在母语之外掌握一门外语，才能更好地为当地客户提供服务。同样，如果一个铁路客运供应商品牌承诺了高度的客户导向，其员工就需要有决策权来实际满足列车上乘客的愿望。例如，在夏季空调出现故障时为乘客提供免费饮料，或者在列车长时间延误而使乘客错过中转列车时提供出租车券。

另一个例子是汽车品牌奥迪，它想直接与特斯拉竞争。如果没有员工在开发和控制电力驱动系统以及相应的充电基础设施方面具有杰出专长，这将是不可能的。客户非常容易发现员工是否真的具有这些技能，以及是否遵守了品牌效用承诺。为此，只需要比较奥迪e-Tron和特斯拉产品的续航里程、耗电量或充电过程的持续时间。在这些方面，奥迪e-Tron的表现明显不如特斯拉产品，因此，由于缺乏相应的专长，奥迪的品牌效用承诺在这一点上没有实现，奥迪品牌也因此受损（SPIEGEL，2019）。

3.1.2 影响品牌认知、品牌承诺和品牌群体行为的工具

建立、维护和扩展品牌认知、品牌承诺和品牌群体行为是内部品牌管理的核心目标。管理层可以使用各种工具来完成此任务。在内部品牌管理的相关文献中有以下四点（Piehler等，2016，第1591页；Piehler等，2018，第198页；Saleem和Iglesias，2016，第45页）：①内部品牌互动；②外部品牌互动；③品牌导向的人力资源管理；④品牌导向的领

导。这些已经被确立为重要工具（见图3.4）。

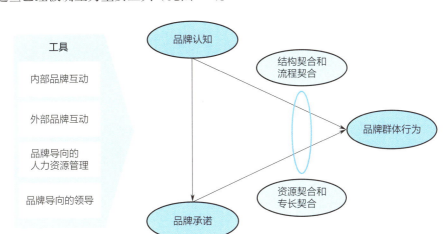

图 3.4 内部品牌管理工具概述（基于：Piehler，2011，第 543 页；Zeplin，2006，第 233 页）

这些工具又可以细分为更多的组成部分（见图3.5）。对于内部品牌互动来说，内部互动的工具可以分为中心沟通、纵向沟通和横向沟通。在外部品牌互动方面，常见的外部互动工具有经典广告、户外媒体、数字化传播、直接沟通和公共关系等。它们都会对员工产生影响，因此在内部品牌管理运作方面也必须考虑到它们的影响。品牌导向的人力资源管理涵盖了社会化进程的所有阶段，包括品牌导向的员工招聘、员工选拔、员工入职、员工发展、薪酬和激励机制以及员工考核、晋升和离职等。最后，品牌导向的领导可划分为具体的领导风格，如品牌导向的交易型领导和变革型领导。下面将详细解释内部品牌管理的工具及其组成部分，以及它们对作为内部品牌管理目标变量的品牌认知、品牌承诺和品牌

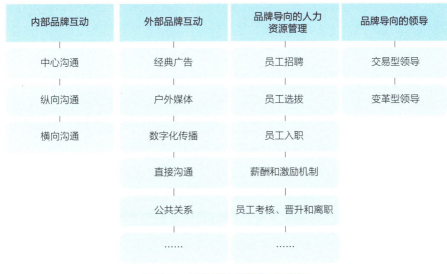

图 3.5 内部品牌运营管理工具详述

群体行为的影响。

1. 内部品牌互动

内部品牌互动包括"组织内不同层级员工之间所有与品牌相关的信息传递活动"（Piehler，2011，第144页）。由于内部品牌互动是内部互动的一个特例，所有的内部互动工具都可以被认为是内部品牌互动工具（Bruhn，2014，第1166页）。内部品牌互动基本上可以通过三种不同的方式进行，除了中心沟通，管理层还可以采取纵向沟通和横向沟通的措施。这三种沟通形式在信息传递方式上有所不同（见图3.6）。

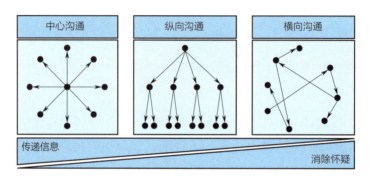

图3.6　内部品牌互动的方式 (Zeplin，2006, 第116页)

在中心沟通过程中，信息从一个中央发送者发送到信息受众。就组织结构而言，这通常由一个公司内的中心沟通部门来完成（Zeplin，2006，第116页）。在中心沟通的框架内，主要使用向下导向的大众互动工具，如员工杂志、员工手册、通知、内部网或电子邮件，以及面向个人的互动工具，如讲习班、研讨会或活动等。由于信息的发送是片面的、集中的，在使用大众互动工具的情况下，通常没有办法检查员工是否已经收到沟通内容。此外，这种互动形式无法考虑到员工在品牌认知、品牌承诺或品牌群体行为方面的个体差异，因为信息没有适应接受者的个人需求。由于信息只在低水平参与的情况下被吸收，因此大众互动工具比较适合用作支持和塑造媒体（Esch和Eichenauer，2016，第310页）。

Punjaisri等（2008）在实证研究中发现，员工仅将新闻或公告板等大众沟通工具视为备用媒体。尽管如此，大众互动工具在短时间内接触所有员工方面仍发挥着重要作用。多层次传播有助于人们更多地参与及吸收大众媒体传达的信息。

使用大众互动工具进行中心沟通的一个例子是德国最大乳制品合作社 DMK 集团的"Watchbox"（观影箱）项目。随着2019年重新制定了"2030年使命宣言"（DMK Group，2019a），其中包括品牌愿景（"首选永不变"）和品牌价值观（公平、创新、经营），DMK 集团为各部门的所有员工制定了明确的未来方向，这反映了集团从生产驱动的大众产品供应商向客户导向食品供应商的转变。"Watchbox"（观影箱）项目的目的是引导员工认知新的使命宣言（品牌身份），建立连接并激励他们采取新的行动。这会改善品牌认知、品牌承诺和品牌群体行为。为此，集团制作了一部企业宣传片，通过员工、客户或其他利益相关者介绍新的使命宣言（DMK Group，2019b）。

这部宣传片是在一个木箱（Watchbox，观影箱）中播放的，该木箱配备了多媒体设备。木箱本身带有制定的使命宣言标识（见图3.7）。作为路演的一部分，其中，三个木箱在三个月内流转了该集团的20家工厂，7000名员工中的每一位都能参与其中，集团以此来鼓励员工通过社交媒体传播这个消息，而员工发布的数百张自拍照就证明了这一点。

图 3.7　DMK 集团的"观影箱"(DMK，2019c)

与内部大众媒体相比，通过更多个人导向、交互式的中心沟通工具，可以提高沟通的信息量和说服力。然而，这类工具的效率往往较低，因为目标群体往往很小，财务支出通常很高（Zeplin，2006，第117页）。然而，德国TUI公司在内部介绍其新的品牌形象时，除了使用在线沟通、员工报纸和内网等大众媒体工具，也使用研讨会作为内部介绍的一种方式，这表明使用此类工具可能是值得一试的。例如，该公司举办了140多场持续数小时的研讨会，覆盖了在德国的1500名员工，并与员工互动讨论了新的品牌形象。不来梅大学马克斯通营销、品牌与技术研究所的一项员工调查证实了这种互动沟通方法的成功，它对品牌认知和品牌承诺产生了积极影响（Piehler等，2015，第57页）。

使用互动工具进行中心沟通的另一个例子是关于虚拟现实（VR）的。Nikic-Cemas（2020）通过实验和深度访谈证明了在组织内部使用虚拟现实技术对品牌认知、品牌承诺和品牌群体行为的积极影响。它可以加强员工对品牌的理解，将抽象的品牌身份相关信息在员工心中固定下来，并加强品牌与员工之间的情感纽带（Nikic-Cemas，2020，第265页起）。成功使用它的先决条件是与员工相关的内容及其游戏性的呈现，大量的互动性和自主性、生动性（计算机所生成环境的客观丰富性和生动性）体验和整个VR体验的高度情感化（Nikic-Cemas，2020，第262页）。

这些因素最终导致员工产生了完全的沉浸感，呈现出一种主观感知的状态，即他们感知到"存在现实之外的另一个世界，并能够在那里自由移动和互动"（Nikic-Cemas，2020，第97页）。正是这种沉浸感对员工层面所有目标变量产生了非常积极的影响（Nikic-Cemas，2020，第262页）。Nikic-Cemas（2020）推荐使用VR，特别是在服务业（B2B和B2C）以及工业设备领域的技术型品牌，以便显著增强员工对通常比较抽象的品牌信息的理解。

此外，Nikic-Cemas（2020）推荐虚拟现实技术的应用，特别是面向那些仍处于入职阶段的新聘员工时。例如，默克公司（一家医疗保健、生命科学和高性能材料领域的大型科技公司）在达姆施塔特使用其"虚拟现实品牌穹顶"，使员工建立品牌认知并增强他们的品牌承诺。这里使用了三种虚拟现实体验（Nikic-Cemas，2020，第199页起）。第一种虚拟现实体验是"过山车之旅"，它的场景设置在一个由微生物和奇异的生物元素与物体组成的色彩斑斓的世界中，主要展示了对研究工作场所的好奇心及其对创新精神的影响。第二个虚拟现实体验是"塑造未来"，它以互动方式向员工传达了十个品牌信息。在第三个虚拟现实体验"创意箱"中，以游戏的方式把品牌价值观传达给员工，让他们从一群彩色的微生物和其他生化物品中捕捉和触摸几种微生物，这符合公司的座右铭"研究与发现"。每当触摸到微生物时，系统就会打开默克公司历史上的一个成功故事。对使用"虚拟现实品牌穹顶"的员工进行的调查显示，员工认为其与品牌高度契合，并对VR工具的评价非常高（Nikic-Cemas，2020，第202页）。

纵向沟通是内部品牌互动的第二种主要形式。在纵向沟通过程中，信息逐步地由高层向低层传递，这种信息的传递可能仅限于在企业部分阶层之间。在纵向沟通的框架内，一种经常使用的互动形式是会议。例如，在信息传递开始时，一个公司的总经理可以与公司各业务部门的负责人举行会议；之后这些人又召集各自的部门主管开会，在会上只传递与各自业务领域相关的信息。再下一步，部门主管将信息传递给向他们报告的小组长。上级亲自传递信息，使纵向沟通具有更高的价值和可信度（Zeplin，2006，第117页）。此外，由于该方法能够更好地了解受众，适应受众的需求，从而有利于受众接受其内容，这也是一种优势（Esch等，2012，第112页）。

个人沟通这个工具起着决定性的作用，尤其是在加深对品牌的理解和传达更复杂的关系方面（Esch等，2012，第110页）。但是，个人接触的优势也被认为是品牌承诺的优势所在（Esch和Eichenauer，2016，第314页）。事实上，Hartmann（2010）可以证实这一点，通过与管理者和员工的交谈，他认为与品牌接触的频率对品牌承诺的影响最大。Punjaisri等（2008）在他们的定性研究中也证实，员工特别重视日常简报或小组会议形式的个人沟通。

横向沟通是内部品牌互动的第三种形式，它描述了员工之间非正式的信息沟通，而不考虑企业中的阶层和组织部门（Laux和Liermann，2005，第275页）。由于其非正式和私人的特点，横向沟通成为最具说服力的沟通形式。横向沟通往往是自发的和难以管控的，因此企业很少将其作为发布纯信息的途径。在传递过程中，信息很可能被歪曲、添加多余内容，或缺失关键信息。

横向沟通总是需要对员工有高度的信任（Zeplin，2006，第120页起）。即使有针对性地使用横向沟通，实施起来通常也很困难。但事实证明，讲故事，或者说讲述品牌历史，可以从品牌的角度传达有关品牌合规行为的信息。例如，以个人的经验报告为框架，可以以讲故事的方式来传递员工品牌合规行为的效果及其对客户的积极影响。经历过类似情况的员工可以很容易地直接对照自己，并在未来采用故事中讲述的方式进行工作。品牌故事可以创造身份和意义，建立情感纽带，长时间留在员工记忆中，并且不会产生说教的效果（Kernstock和Brexendorf，2014，第258页起）。通过显示哪些价值观对品牌来说是重要的，它们实现规定性的功能，同时也通过显示价值观如何被具体应用和实施来实现描述性的功能（Brexendorf等，2012，第351页；Kernstock和Brexendorf，2014，第259页；Wentzel等，2012，第428页起）。这种方式可以加强品牌认知、品牌承诺和品牌群体行为。

成功讲述故事的一个例子是3M公司发明的便利贴（Wentzel等，2012，第427页起）。故事从Spencer Silver博士开始，他是3M公司的一名科学家，正在从事黏合剂的开发。在他的工作中，他发现了一种黏合剂，它很容易粘在物体表面上，但却不能牢固地粘在上面。因此他想开发一种更黏的黏合剂。这位科学家最初多年都无法为他的发明找到任何应用，他一直向同事推荐也一无所成。由于他坚持不懈地努力，在公司里他被称为"坚持先生"。当3M公司的另一位科学家Art Fry发现一种可能的应用时，突破性的进展出现了：他在教堂唱诗班唱歌，令他感到沮丧的是，他赞美诗集上标记段落的纸条总是脱落。他想起了Spencer Silver博士的发明，这是他在一次研讨会上偶然了解到的，于是他有了用胶水做书签而不损坏书页的想法。这两位科学家最终共同开发了便利贴。这个故事至今仍放在3M品牌网站上（见图3.8），一方面让员工明白创新精神和主动精神是3M的核心价值观，另一方面也说明了这些价值观是如何在日常职业生活中得以体现的（Wentzel等，2012，第429页）。

关于中心沟通、纵向沟通和横向沟通对员工相关目标变量的具体影响，实证研究表明，中心沟通和纵向沟通的使用频率对品牌认知有积极影响，纵向沟通和横向沟通的质量对品牌承诺有积极影响（Piehler，2011，第543页；Zeplin，2006，第215页）。这支持了这样一个论点：与品牌承诺相关的不是纯粹数量，与之相关的是内部品牌互动的质量。综上所述，对于这三种类型的内部品牌互动，纵向沟通的效果，也就是来自上级的沟通对员工相

便利贴的品牌故事

40多年来,便利贴产品在许多方面帮助人们提高生产力,更好地沟通和更有创造力。

尽管便利贴产品如今几乎是万能的,但刚开始它也是不显眼的。回过头来看,便利贴故事给我们上了重要的一课:聪明才智和勤奋一样重要!

这一切的开始是:

发现

在实验室研究中,3M公司的科学家Spencer Silver博士发现了一种能安全地粘在物体表面但也容易脱离的黏合剂。

以下是他对此事的说法:

"当时,我们正在寻求开发更有效、更黏和更强效的黏合剂。这个新发现根本不符合要求。"

Silver发现了所谓的微球,它使黏合剂能够保持其黏性,但由于其特殊的性质,它会很容易地从物体表面撕脱。

一切为了服务

几年里,Silver一直寻找着他发明的用途,他不断向他的同事讲述这些好处。

"因为我就是不放弃,所以很多人叫我'坚持先生'"。

与此同时,3M公司的另一位科学家Art Fry相当恼火:每周三晚上在教堂唱诗班排练时,他用小纸条在赞美诗集上标出下一次礼拜要唱的赞美诗。然而,到了周日,它们都脱落了。

他需要一个能粘在纸上而不损坏书页的书签。

"豁然开朗"体验

紧接着,他的脑海中回想起了Silver博士关于微球的研讨会,这为他提供了决定性的"豁然开朗"体验,"肾上腺素激增的那种"。

他与Silver博士一起着手开发一种新产品。当他们开始在办公室告知同事新发明的便利贴时,他们认识到了这个新想法的潜力:

Fry说:"那时我意识到它不仅仅是一个简单的书签,而是一种新的沟通媒介。"

试过后发现还不错。

Fry决定将3M的总部用作试验场。

Fry向整个公司提供了他的新便利贴,工作人员很喜欢它们。

图3.8 品牌故事的案例:便利贴(3M,2021)

关目标价值的影响是积极突出的。

众多的实证研究证明了内部品牌互动对品牌认知、品牌承诺和品牌群体行为的根本影响。Thomson等(1999)已经证明了内部品牌互动对"理智购买"的影响,它涵盖了品牌认知的各个方面。Herrmann等(2002)认为,内部品牌互动是一种工具,可以让员工了解内部品牌管理的目标和所期望的品牌身份。Burmann和Zeplin(2005)、Zeplin(2006)、de Chernatony等(2006)、Burmann和Piehler(2013)以及Piehler等(2015)等研究也认为,内部品牌互动是向员工传达品牌身份的重要工具。此外,在构建品牌认知的行为品牌理念中也考虑到了内部沟通(Brexendorf等,2012,第346页起;Esch和Eichenauer,2016,第301页起)。最后,Rößler(2019)证实了,即使在城市品牌背景下,城市与其公民的内部互动也会对居民的城市品牌认知产生积极影响。

Thomson 等（1999）也证明了内部品牌互动对员工"情感购买"的影响。Punjaisri 和 Wilson（2007、2011）以及 Punjaisri 等（2008、2009）证实了，内部品牌互动对于建立品牌承诺的核心重要性。基于"曝光"效应，Hartmann（2010）通过实证研究证明，通过内部沟通而与品牌接触的频率对品牌承诺有影响。Matanda 和 Ndubisi（2013）以及 Baker 等（2014）证明了内部品牌互动对员工个人价值观和品牌价值观之间一致性的影响，这与品牌承诺的内部化维度相呼应。对于认可维度，Buil 等（2016）可以证明内部品牌互动的积极作用。行为品牌方法也强调内部品牌互动可以加强品牌承诺（Brexendorf 等，2012，第 346 页起；Esch 和 Eichenauer，2016，第 301 页起）。最后，Burmann 和 Zeplin（2005）以及 Burmann 和 Piehler（2019）的研究也认为，内部品牌互动是影响员工品牌承诺的核心抓手，这可以在实证研究中得到证实（Burmann 等，2009，第 276 页起；Zeplin，2006，第 213 页起）。基于这些研究，Porricelli 等（2014）、Du Preez 和 Bendixen（2015）、Du Preez 等（2017）以及 Garas 等（2018）的研究后来也证明内部品牌互动对品牌承诺有影响。就城市品牌建设而言，Piehler 等（2021）的研究认为内部品牌互动的质量对居民的品牌承诺有积极影响。

在品牌群体行为方面，内部品牌互动也很重要（Brexendorf 等，2012，第 346 页起；Esch 和 Eichenauer，2016，第 301 页起）。Punjaisri 和 Wilson（2007、2011）、Punjaisri 等（2008、2009）、Porricelli 等（2014）和 Du Preez 等（2017）的研究证实了内部品牌互动对于品牌相关员工行为的核心重要性。

为了达到相应的积极效果，有文献对内部品牌互动提出了许多要求（Burmann 和 Piehler，2019，第 1065 页起）。作为内部品牌互动的一部分，员工必须被细分，并根据这些细分情况调整信息（Esch 和 Eichenauer，2016，第 309 页；Kernstock 和 Brexendorf，2014，第 252 页起）。潜在的细分标准有，员工的需求、工作年限、某些互动形式的权限、在公司和服务提供过程中的地位和重要性、活动领域/地区或部门隶属关系、活动地点、人口学和心理学标准、参与度以及与客户联系的类型和频率等（Brexendorf 等，2012，第 342 页起；Esch 等，2012，第 105 页起）。除了对信息的调整，对互动质量的研究还需要确保信息的准确性、及时性、可用性、完整性、可信度和可理解性等（Piehler，2011，第 156 页起、第 231 页起；Baker 等，2014，第 646 页）。

此外，建议通过不同的工具传递品牌信息（Joachimsthaler，2002，第 33 页；Kernstock 和 Brexendorf，2014，第 253 页），事实上，Piehler（2011）实证研究证实，员工使用的内部品牌互动工具的数量对员工的品牌认知有积极影响，随着使用工具数量的增加，所有内部品牌互动工具在内容、形式和时间上的整合变得更加重要（Anees-ur-Rehman 等，2018，第 306 页；Esch 和 Eichenauer，2016，第 311 页）。在这种情况下，Bravo 等（2017）研究证明了跨不同渠道就员工身份认可以及品牌群体行为保持一致沟通的必要性。

在时间上，员工应该首先接收品牌相关信息，然后再让外部目标群体了解外部品牌互动。此外，内部品牌互动应被视为一项永久性的互动任务，而不仅仅是一项一次性的活动（Kernstock和Brexendorf，2014，第253页起）。这是因为，一方面，品牌及其品牌身份是可以改变的；另一方面，基于员工的自然流动，需要长期努力向员工传达品牌信息。

最后，在要求减少大众媒体、增加个人互动的背景下，也就是在前文关于纵向沟通的内容中已经讨论过的，互动性被强调为内部品牌互动的要求（Kernstock和Brexendorf，2014，第253页起；Piehler，2011，第155页起、第231页）。Zeplin（2006）已经将互动性视为确保员工真正理解品牌理念的前提条件，因为通过它可以获得更大的信息量和说服力。de Chernatony等（2006）也呼吁进行交互式的内部品牌互动，以便员工真正内化这些价值观。

2. 外部品牌互动

外部品牌互动包括品牌管理组织与其外部目标群体之间的所有消息构建活动（Piehler，2011，第159页）。尽管外部品牌互动主要针对外部目标群体来建立品牌意识和与购买行为相关的积极品牌形象，但它也与公司员工的工作密切相关。具有这种强烈内部效应的原因是外部互动的高度承诺。因此，与内部品牌互动相比，员工认为其更具可信度和重要性。在这方面，员工作为"第二受众"是外部品牌互动的另一个重要目标群体（George和Berry，1981，第52页）。所有常见的外部互动工具，如经典广告、户外媒体、数字化互动、直接互动、公共关系、促销、交易会和展览会、事件营销、赞助、产品植入、游戏内广告和游击营销等，都可以作为外部品牌互动的工具（Meffert等，2019，第650页起）。

关于外部互动内部效果的最早研究可以追溯到Acito和Ford（1980）的研究以及George和Berry（1981）的研究，他们研究了市场导向广告对员工的影响以及应该如何购买服务；Acito和Ford（1980）认为，广告对员工态度和行为的影响比内部互动的更强；同样，George和Berry（1981）认为外部互动是告知和激励员工的有效工具。许多研究认为，外部品牌互动对品牌认知、品牌承诺和品牌群体行为具有根本性的影响。

在关于内部品牌运营管理的研究中，Mitchell（2002）指出，企业应该将员工视为外部品牌互动的目标群体，以使员工认同品牌的理念，并使他们有一种方向感和目的感。Miles和Mangold（2004、2005）的研究认为，员工是广告和公共关系信息的受众，这些正式的外部信息可以影响员工对品牌的认知，这一点在Miles等（2011）的实证研究中得到了证实。同样，de Chernatony等（2006）的定性研究将外部品牌互动确定为向员工传播品牌价值观的工具。Piehler等（2019）的实证研究证明了外部品牌互动对员工的品牌认知有积极影响。因此，总体而言，可以认为外部品牌互动对员工的品牌认知有影响（Burmann和Piehler，2019，第1064页起；Piehler，2011，第159页起；Piehler等，2019，第451页起）。

品牌承诺也受到外部品牌互动的积极影响。Brexendorf和Tomczak（2004）的研究已经证明了这一观点。Henkel等（2012）、Burmann和Zeplin（2005）以及Piehler等（2019）等研究也发现外部品牌互动对员工品牌承诺的影响。许多实证研究可以证实这种效果（Du Preez和Bendixen，2015，第85页；Du Preez等，2017，第255页；Piehler等，2019，第453页；Zeplin，2006，第215页）。德国电信的"Paul Potts"电视广告是外部品牌互动对员工忠诚度产生积极影响的一个例子。德国电信在电视广告中使用了局外人Paul Potts在选秀节目《Britain's Got Talent》中的形象，来展现新主张"互联的体验（Experience what connects）"。世界各地的人们通过互联网或智能手机观看了广告，而这句口号在广告中被赋予了生命。该广告不仅在外部目标群体中引起了反响很好的轰动，甚至连Paul Potts的专辑和单曲《Nessun Dorma》也进入了德国排行榜。该广告还对员工产生了积极影响，显著加强了品牌承诺。

外部品牌互动也会促进品牌群体行为（Henkel等，2007，第312页；M'zungu等，2010，第614页；Piehler等，2019，第448页）。Henkel等（2009）和Wentzel等（2010）研究了，在广告中呈现的行为范式是否以及在什么条件下可以激励和引导员工的行为符合品牌形象；Hughes（2013）通过调查数据和客观业绩数据证实，销售员工感知的广告数量和质量对他们对品牌的承诺有积极影响；Piehler等（2019）也证实了外部品牌互动对品牌群体行为的积极影响。

德国旅游公司TUI与Joachim Löw合作的电视广告就是一个外部品牌互动也能向员工传达行为期望的例子。各种TUI服务（如行李运输、迎宾饮品、水果篮）被展示出来，以传达"您应该拥有"的主张。在广告中，这是为国家队教练Joachim Löw提供的特别服务，他向接待员表示感谢，并要求不要为他做额外的努力（"不要特殊待遇"），接待员惊讶地问他什么是特殊待遇。除了向外部目标群体宣传TUI的特殊服务，广告还向员工说明了TUI的特殊服务意味着什么以及管理层对他们的期望。

为了达到积极的效果，有文献对外部品牌互动提出一些要求（Burmann和Piehler，2019，第1071页起）。例如，要求外部互动的品牌效用与实际提供的品牌效用一致（Piehler，2011，第232页起；Piehler等，2019，第447页起）。因此，强烈夸大的品牌效用承诺是品牌和员工在行为上无法遵守的，不应该在外部品牌互动中展示。Henkel等（2007）也实证了一致性的积极影响。另一项研究验证，员工对适度夸大的广告行为范式的反应比对过度夸大的广告行为范式的反应更积极（Henkel等，2009，第50页）Piehler等（2019）证明了一致性对品牌认知、品牌承诺和品牌群体行为的积极影响。

此外，需要在外部品牌互动中呈现的文化应与公司内部文化相匹配（Miles等，2011，第495页；Piehler，2011，第232页起；Piehler等，2019，第447页起）。而Piehler等（2019）证实了其对品牌组织及其价值观的真实表述有积极效果。

为了确保可信度，Bowers和Martin（2007）建议在外部品牌互动中使用真实的员工。

许多关于内部品牌管理的出版物都提出了对外部品牌互动中所描绘员工的真实性或相似性的要求(Henkel等，2012，第457页起；Piehler等，2015，第57页起)。

最后，需要将内部品牌互动与外部品牌互动结合起来（Anees-ur-Rehman等，2018，第306页；Kernstock和Brexendorf，2014，第253页；Miles等，2011，第495页；Piehler，2011，第166页起、第232页起；Piehler等，2015，第57页起；Piehler等，2019，第447页起）。不一致性会导致员工产生愤怒和不确定性，从而阻碍品牌认知的发展。此外，不一致性会导致员工之间混乱和角色冲突，而这又对品牌承诺和品牌群体行为会产生负面影响。例如，在外部品牌互动过程中，医疗机构发出以质量为导向的信息，就不应该在内部品牌互动中传达相互矛盾的信息，如减少报销的治疗费用。否则，品牌认知和品牌承诺的建立，以及由此产生的品牌群体行为都会受到阻碍。Piehler等（2019）证实了这方面的一致性对品牌承诺和品牌群体行为的积极影响。

3. 品牌导向的人力资源管理

品牌导向人力资源管理的目标在于，实现与品牌相结合的员工社会化。这一过程包含了对品牌相关知识、能力、信念、规则和价值观的介绍与学习，使员工能够以"品牌员工"的身份行事（Piehler，2011，第170页）。它包括品牌导向的员工招聘、员工选拔、员工入职、员工发展、薪酬与激励机制，以及员工考核、晋升和离职（Burmann和Piehler，2013，第231页起）。

各项措施可以根据它们是否涉及招聘新员工（入职前阶段）、将这些员工引入组织（入职阶段）或进一步社会化（蜕变阶段）而加以区分。

在入职前阶段，品牌导向人力资源管理的起点在员工招聘和员工选拔。早在招聘时，作为人力资源营销的一部分，应针对性地传达有关品牌标识和员工对实现品牌目标重要性的信息（de Chernatony等，2006，第822页）。这样一来，在品牌导向的人事广告中，品牌认知就可以在员工中建立起来。一个例子是印度钢铁制造商塔塔钢铁公司的"价值比钢铁更强大"活动。作为活动的一部分，在职员工展示了公司重要的价值观，从而向潜在员工传达了品牌形象和品牌效用承诺（WordPress.com，2012）。

在这种情况下，另一个有许多承诺的理念是人力资源营销的游戏化（Küpper等，2021a，第2页）。游戏化是指用游戏元素（如积分或排名）增强非游戏实体（如品牌、网站等）或非游戏背景（如营销或招聘新员工），以改善体验（Eppmann等，2018，第98页）。这个概念利用了人们的游戏倾向和享乐主义消费体验（Klein和Eppmann，2020，第488页）。

在人力资源营销方面，游戏化通常是通过所谓的"严肃游戏"进行的。严肃游戏是一种以说教为主的数字游戏，而不是纯粹的娱乐性游戏（Michael和Chen，2006，第17页）。

严肃游戏使用了"隐性学习"的机制,在这种机制下,玩家会学到一些东西,但因为学习内容被嵌入到一个娱乐性的游戏中,他们并没有有意识地感知到这一点(Sharp,2012,第42页)。严肃游戏非常适合用于人力资源营销,因为一个关键目标是为潜在员工提供关于雇主的相关信息,从而提高他们对雇主的兴趣。然而,Küpper等(2021b)的研究表明,这取决于所用游戏的设计。严肃游戏使玩家能够进行复杂的认知学习,反过来又对其求职意向产生积极的影响。另外,这种游戏不应被认为是太傻或太平凡的,否则就无法引导玩家学习,并将对其求职意图产生负面影响。

在人力资源营销中,内部品牌管理和雇主品牌的概念常常混淆。虽然这两个概念都以员工为目标群体,但也有区别。这两个概念应该被看作是互补的,因为它们相辅相成,都对公司的成功有决定性的贡献。

> **背景知识**
>
> **雇主品牌建设**
>
> 雇主品牌是品牌管理原则在人力资源管理中的应用(Backhaus和Tikoo,2004,第501页;Edwards,2010,第6页;Elving等,2013,第357页)。由于人口变化导致技术工人和管理人员日益短缺,这一概念也被称为"人才战争"(Moroko和Uncles,2008,第164页;Elving等,2013,第356页)。2020年,超过一半的公司表示,他们在填补职位空缺方面存在大量问题(ManpowerGroup,2020)。这对年轻一代来说尤其如此,因此他们特别受青睐。这个术语可以追溯到Ambler和Barrow(1996,第187页)的研究,他们将雇主品牌定义为"由就业提供的、与雇用公司相关的一揽子功能、经济和心理利益"。因此,雇主品牌被理解为一个概念,它涉及对员工的批判效用承诺的开发、实施(尤其是沟通)和控制,并源自品牌身份(Burmann和Piehler,2013,第227页)。
>
> 在文献中,对雇主品牌有不同的理解,在哪些员工是理念焦点方面存在差异。在狭义理解中,该理念侧重的目标群体是潜在员工(Foster等,2010,第403页;Schmidt和Kilian,2012,第31页)。在广义理解中,在职员工也被列为目标群体(Ewing等,2002,第12页;Backhaus和Tikoo,2004,第501页;Moroko和Uncles,2008,第161页;Edwards,2010,第6页;Martin等,2011,第3619页;Wilden等,2010)。雇主品牌的目标变量可以根据潜在员工和现有员工进行区分(Burmann和Piehler,2013,第228页起)。潜在员工的行为目标是申请工作,以及在公司发出邀约的情况下接受工作合同。上游目标是申请意向和接受意向,这方面的先决条件是雇主的吸引力、积极且与众不同的品牌形象和对雇主的熟悉程度。对于在职

员工来说，雇主品牌建设的目的是提高绩效、个人参与度、生产率和忠诚度。这需要员工有较高的品牌契合度、工作满意度、品牌承诺和相应的品牌群体行为。

虽然雇主品牌的概念因其对员工的关注而与内部品牌管理重叠，但仍有一个本质差别（Burmann和Piehler，2013，第228页）。内部品牌管理的目的是履行对消费者作出的品牌效用承诺。虽然内部品牌管理的操作手段是针对员工的，但这一理念的实际目标是对消费者产生影响。与此相反，雇主品牌建设是关于对潜在和现有员工的品牌效用承诺的，没有提到消费者："雇主品牌建设方法的一个问题是，它孤立地关注员工，而与消费者没有联系"（Mellor，1999，第26页）。因此，从品牌管理的角度来看，雇主品牌建设需要得到内部品牌管理的补充。

从现有潜在员工库中，品牌导向的员工选拔应该选择那些与品牌形象契合度特别高的人（Burmann和Zeplin，2005，第287页）。与员工职业资格的发展相比，通过进一步的人力资源措施或其他内部品牌管理手段来改变员工个人特质更为困难（Punjaisri和Wilson，2007，第60页）。因此，"为态度而招聘，为技能而培训"是美国西南航空公司几十年来的座右铭（Gallo，2013；Taylor，2011）。该公司在1971年以三架飞机起家，现在是世界上最大的航空公司之一，约有56000名员工，2019年有1.3亿乘客（Southwest Airlines，2021a）。在招聘面试中，面试官用提问来试图确定申请人的个性，并将其与西南航空公司的价值观比较（见图3.9）（Gallo，2013）。

我
我是如何出现的
自豪
- 高水准的职业道德
- 主动性
- 承担责任

正直
- 主人翁意识
- 选择做对的事情
- 勇敢

谦虚
- 别把自己看得太重
- 保持洞察力
- 别做个混蛋

我们
我们如何对待彼此
团队合作
- 礼貌
- 拥抱团队胜过自我
- 包容

诚实
- 说出来
- 透明
- 说实话

LUV服务
- 热情好客
- 遵循黄金法则
- 不要粗鲁

西南航空公司
西南航空公司是如何成功的
效率
- 不要使简单的复杂化
- 保持低成本
- 保持敏捷

纪律
- 安全
- 专注
- 可靠

卓越
- 取得结果
- 以正确的方式取胜
- 末位淘汰

图3.9　西南航空公司的价值观（Southwest Airlines，2021b）

对员工的关注为西南航空公司带来了回报。一项员工调查得出的结论是，86%的员工对为公司工作感到自豪，80%的员工推荐公司为好雇主，86%的员工推荐公司作为出行的航空公司（Conaway，2016，第12页）。公司获得的众多奖项包括，在"2019年劳动力100强"名单中排名第一（Work force Magazine，2019），在"2020年世界最佳雇主"名单中排名第27位（Forbes，2021）。此外，西南航空公司连续27年出现在《FORTUNE》杂志的"最受赞赏的公司"名单中，2021年排名第11位（FORTUNE，2021）。因此，西南航空公司在2015年收到超过37.1万份6000个空缺职位的申请，这就并不奇怪了（Conaway，2016，第6页）。除了确保品牌身份和求职者之间的高度契合，品牌导向的员工选拔也可以用来传达品牌知识（Piehler，2011，第174页起）。

入职阶段指新员工成功通过招聘，刚刚进入企业的时期。此时，他们面临来自同事的适应性压力，同时，他们会对公司内部的现状提出自己的意见和期望。在这个阶段，人力资源管理的任务在于，做好品牌导向新员工入职引导，可以通过合适的入门培训和活动建立品牌认知、品牌身份、品牌承诺和品牌群体行为（Brexendorf等，2012，第363页起；Piehler，2011，第174页起；Punjaisri等，2009，第210页起）。

例如，在豪华连锁酒店丽思卡尔顿，所有新员工都必须完成为期两天的入职培训——向他们介绍丽思卡尔顿的期望和价值观（Ritz-Carlton Leadership Center，2015a）。重点不是使之具备职业资格（例如，作为服务员、接待员或客房服务员），而是通过视频、管理人员的介绍和小组讨论来传达文化和理念（Ritz-Carlton Leadership Center，2015b）。通过这种方式，公司不仅向新员工传授了品牌知识，而且还为他们提供了职业方向和工作意义，进而又提高了他们的品牌承诺和品牌群体行为。获得的众多奖项证明了该连锁酒店品牌导向人力资源管理的成功（Ritz-Carlton Leadership Center，2015c）。除了针对新员工的入职培训和活动，有意识地使用社会化策略可以加速品牌内容的传播和内部化（Piehler，2011，第176页起、第239页起）。例如，可以将新员工专门分配到团队中，让他们与具有高度品牌承诺和品牌认知的资深同事密切接触。

在蜕变阶段，品牌导向的人力资源管理不再局限于新员工的入职，而是包括对所有员工的品牌导向管理。在这一阶段，品牌导向的员工发展（如培训、活动、辅导、指导方案以及进一步的教育和管理发展方案）特别重要。

品牌导向员工发展的一个最佳实践是宝马集团品牌与客户研究院（原宝马集团品牌学院）。20年来，宝马集团一直在向员工传达强大、与众不同、令人满意的高端品牌的重要性。这是宝马集团成功的关键因素。所有行动的出发点是品牌身份，目标群体是宝马集团的所有员工。早在2002年，宝马集团就开设了品牌学院，来提高公司员工的品牌导向意识。由于收购了MINI和劳斯莱斯品牌，该公司在其投资组合中除了宝马品牌，有了其他品牌。为了保持成功，品牌学院进一步发展为品牌与客户研究院，并将对象扩大到包括所有三个品牌的经销商和终端客户的目标群体。在为期一天的活动中，参观者通过研讨会和讨论会以及对实际案例的积极讨论，获得关于品牌，特别是宝马集团品牌的基本知识（BMW Group，2005）。参与者在专门为他们设计的房间里体验三个集团品牌（见图3.10）。据Jörg Dohmen（宝马集团品牌与客户研究院负责人）介绍，已经有超过10万名经理、经销商和服务提供商受过品牌与客户研究院的培训。

此外，在蜕变阶段，品牌导向的薪酬和激励机制，员工考核、晋升以及离职管理均得到应用。上述所有工具都被有针对性地用于奖励品牌目标的实现和品牌合规行为，例如，考核和奖金支付可以与品牌目标的实现挂钩。在品牌导向晋升标准的帮助下，那些已经牢固地将品牌内部化并对其表现出高度忠诚的员工可以得到晋升机会。另外，在解雇员工时，品牌可以专门辞退那些与品牌身份契合度很低的员工。

众多的实证研究证明，品牌导向的人力资源管理对品牌认知、品牌承诺和品牌群体行为具有根本性的影响。de Chernatony等（2006）的定性研究证实，人力资源管理活动，如员工选拔、员工入职和员工发展，可以向员工传达品牌价值观，从而建立品牌认知。Miles等（2011）的定量研究可以证实这些结果。Murillo和King（2019）的研究也证明了品牌导向的员工招聘和员工发展对员工的品牌认知有积极影响。

宝马集团品牌与客户研究院

宝马品牌空间

MINI品牌空间

劳斯莱斯品牌空间

图 3.10　宝马集团品牌与客户研究院

Zeplin（2006）的综合实证研究表明，所有的人力资源管理工具都与品牌承诺有积极的影响关系。Punjaisri和Wilson（2007、2011）以及Punjaisri等（2008、2009）的定性研究和定量研究得出了相同的结论。同样，Garas等（2018）的研究证实了职业方向和培训计划对员工情感品牌承诺的影响。对于品牌承诺的认可维度，Buil等（2016）的研究可以证明品牌导向培训的积极作用。

Bravo等（2017）的研究指出，人力资源管理作为品牌身份管理的一个维度，对员工的认同有积极影响，并因此对他们的品牌群体行为有积极影响。Liu等（2017）的研究证明了其内部品牌机制对员工的品牌相关角色行为产生了积极影响，而这些机制主要是人力资源措施。Aurand等（2005）、Punjaisri和Wilson（2007、2011）、Punjaisri等（2008、2009）和Chang等（2012）的定性研究和定量研究证实了品牌导向的人力资源管理对品牌群体行为的积极影响。

4. 品牌导向的领导

因为它涉及构成身份特征的多面性，且它被用于在内部传达品牌身份，所以品牌导向的领导与成功高度相关。许多出版物都涉及品牌导向的领导对员工相关目标变量的影响。

在此背景下，我们研究了特定的领导风格，如品牌导向的交易型领导和变革型领导。Burmann和Zeplin（2005）的研究将品牌导向的交易型领导定义为基于社会交换过程的行为，这些行为包括：①针对员工如何发挥其品牌代表作用制定的行为标准，并在员工达到预期时给予奖励；②明确哪些是不受欢迎的行为，并惩罚那些不按既定标准行事的员工（Morhart等，2009，第124页）。

品牌导向交易型领导的优点在于：让员工清楚地了解角色、任务和绩效标准，从而促进信任、公平和安全，并激励员工满足上级的期望（Morhart等，2012，第394页）。其缺点是，员工看起来像可替换的机器人，行为不真实。一个例子是员工不断地"唠叨"着对客户的标准化问候语，这使员工失去了与客户打交道的自发性和灵活性，因此不可能谈得上真实地担任品牌代表的角色（Morhart等，2012，第394页）。不过，品牌导向的交易型领导也有其合理性，将抽象的品牌身份和浓缩的品牌效用承诺转化为对员工的具体行为期望，无疑有助于建立品牌认知、品牌承诺和品牌群体行为。Morhart等（2009）的研究证实了，适度的品牌导向交易型领导会强化品牌导向变革型领导的效果。

Burmann和Zeplin（2005）的研究将品牌导向的变革型领导定义为影响（"变革"）员工价值观和态度的行为，从而使他们将自己的利益置于品牌目标之后。同样，Morhart等（2009）的研究将品牌导向的变革型领导理解为管理者通过改变员工的价值观和个人信仰来激励他们按照品牌精神行事的行为。其目的是根据品牌改变员工的需求、动机和目标（Morhart等，2012，第394页起）。经理人的"谦逊领导"支持了这一点，他们在自己的重要性和对下属的影响方面退居二线（von der Oelsnitz，2021，第294页起）。促进交易型领导的行为包括（Morhart等，2009，第123页起）：

1）在日常行为中真实地体现品牌。
2）传达一个有说服力和差异化的品牌愿景，创造对品牌的参与感和自豪感。
3）支持员工从品牌代表角度解释他们的工作，并用他们的日常工作解释品牌效用承诺。
4）指导员工发挥品牌代表的作用。

品牌导向变革型领导的优点在于，员工将其作为品牌代表的角色融入他们的自我理念中，据此，品牌群体行为会很自然地发生，并且员工不会扮演预先定义的角色（Morhart等，2012，第397页）。这种领导方式的缺点是，在某些情况下会让员工不知所措，尤其是新员工，由于高度的自主性和个人责任，他们会感到无所适从。另一个缺点是，员工与变革型领导的上级形成紧密的联系，这可能发展成一种强烈的依赖关系，在这个上级离开时，这会导致员工感觉缺乏领导和产生无助感（Morhart等，2012，第397页）。这些风险可以通过"谦逊"的管理风格来规避。

尽管存在这些挑战，品牌导向的变革型领导在加强品牌认知、品牌承诺和品牌群体行为方面仍具有巨大的潜力。Terglav等（2016）的研究证实了品牌导向的变革型领导对员工的品牌认知和品牌承诺有积极影响；Punjaisri等（2013）的实证研究证明，品牌导向的变革型领导对员工对领导层和品牌的信任产生积极影响，进而加强员工的品牌身份；Zeplin（2006）的研究也可以证实，品牌导向的变革型领导对员工的品牌承诺有积极影响；Morhart等（2009）和Punjaisri等（2013）的研究表明，品牌导向的变革型领导对品牌相关的员工行为有积极影响。

真实品牌领导的品牌群体行为维度在品牌导向的变革型领导中发挥着特殊作用（Burmann和Zeplin，2005，第292页起；Esch和Knörle，2012，第375页起；Piehler，2011，第544页）："管理者的行为应该加强企业的品牌身份……虽然员工对品牌身份的介绍会影响到顾客的感知，但管理者的行为会影响到员工对品牌身份的感知和接受度"（de Chernatony和Harris，2000，第272页）。根据de Chernatony等（2006）的研究，管理行为也是向员工传达品牌价值观的一个关键因素。从沟通和学习理论中可看出这一点（Bandura，1977；Watzlawick等，2017），毕竟人们通常是通过观察他人的行为来学习态度和行为。由于经理人在公司中地位显赫，会产生特殊的信号效应，他们是其他员工的榜样。这种榜样功能不仅可以在初创公司中发挥，因为那里通常有创始人和员工之间的密切合作（Burmann等，2015，第489页），也可以在成熟公司中发挥。在这种情况下，高层管理人员的行为就显得尤为重要。

高层管理人员这种突出角色的弊端是，即使是领导（例如，首席执行官）一些不经意的言行，也会对品牌形象和员工的自我形象造成持久的损害。例如，Elon Musk的行为和推特推文就是一个例子，这不仅对特斯拉的股价有重大影响，而且对员工也有影响（WIRED，2018；The Guardian，2018）。另一个弊端是，品牌形象变得如此依赖首席执行官的个性，以至于在更换首席执行官后，品牌形象就没有载体了。例如，易捷航空在其富有魅力的创始人Stelios Haji-Ionnou离开后就是这种情况。

因此，当务之急是首席执行官要支持品牌身份，而不是反对。一个具有魅力和内在力量的首席执行官如果愿意让自己的个性服从于品牌身份，他就可以对品牌身份起到支持作用（Pälike，2000）。在贝克啤酒公司工作了20多年的首席执行官Josef Hattig这样说："品牌是老板，还是老板是品牌？……消费者是与品牌对话，而不是与公司对话，因此开头提出的问题也得到了答案。品牌是老板！"（Hattig，2005）。管理层的这种榜样功能通过公司的各个层级转移到每个经理身上（Vallaster和de Chernatony，2005，第196页起）。Miles等（2011）实证研究发现，管理者的价值反思行为对员工的品牌认知有积极影响。Boukis和Christodoulides（2020）表明，直接上级树立的品牌榜样对员工的品牌认知和品牌认同有积极影响。同样在城市品牌方面，Rößler（2019）也证实，城市的政治领导层对城市品牌及其身份的塑造对居民的城市品牌认知具有非常积极的影响。在这种情况下，Piehler等（2021）证明了一个城市的政治领导层对品牌身份的示范作用会对居民的品牌承诺有积极影响。在企业范围内，Zeplin（2006）也可以证明上级和高层管理人员对品牌的示范对员工的品牌承诺有积极影响。

3.2 外部品牌运营管理

外部品牌运营管理涉及品牌接触点的管理，它们是品牌身份和品牌形象之间的纽带，使品牌对外部各方来说是有形的（见图3.11）。然而，在管理时，品牌元素（如品牌名称、

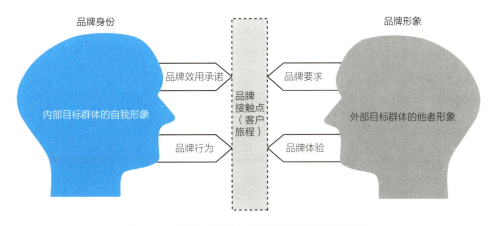

图3.11 品牌接触点作为品牌身份和品牌形象的纽带

品牌标志、品牌身份或标语）首先必须以能够向外界反映品牌效用承诺的方式进行选择。这里需要注意的是，品牌元素是消费者对品牌（属性、品牌效用）的认知，因此也是对品牌形象的记忆锚。所以，品牌元素在战略和品牌运营管理之间起到了"铰链"的作用，这使他们与成功密切相关。在客户旅程中，品牌元素在顾客和品牌之间的所有接触点上被直接或间接地感知（例如，在商店里的实物上或通过在线广告）。

在决定了品牌元素之后，必须将要传播的效用承诺在操作上转化为营销组合的四个经典工具领域（见第3.2.2~3.2.5小节），它们必须在内容、时间和形式上协调。将效用承诺转化为具体的产品和方案政策决定是至关重要的。与此同时，还需判定与效用承诺和服务范围相协调的定价政策。而分销政策可确保在消费者期望的地方向其提供品牌服务，但必须对销售渠道进行相应的设计。然后，沟通政策将品牌的效用承诺传达给消费者。

3.2.1 品牌元素的选择

品牌元素的作用是使人们通过品牌的风格设计来识别品牌本身，并将其与其他供应商区分开来（Keller和Swaminathan，2019，第112页）。品牌通常使用一个以上的品牌元素。基本要素是品牌名称、品牌标志（或整体商标）、品牌形象以及口号和广告曲，它们经常被用来衡量品牌的知名度，例如，通过询问消费者是否记得某个品牌的标志。

Keller和Swaminathan（2019，第112页）定义了品牌元素应该满足的六个标准。品牌元素应该让人过目不忘，这样才能让人轻松快速地记住和识别。例如，耐克品牌的标志（"Swoosh"）已经成为一个标志性的符号，因此耐克不再作为品牌名称出现在标志中（Lalaounis，2021，第29页）。在最好的情况下，品牌元素也应该有内容上的意义。例如，一个品牌元素可以传达一个产品或服务的某些功能：Facebook是一本书的数字形态，旨在为新生提供他们同学的概览，以便他们相互了解。但品牌元素也可以传达关于品牌的某些属性或用途的信息。例如，"GoPro"代表着"Go Professional"。根据该公司创始人自己的说法，他想成为一名专业冲浪者，而这只有通过他的冲浪活动特写才能实现。因此，品牌名称诞生了（GoPro，2015）。品牌元素应该在视觉、语言或其他形式上令人喜欢，以引发积极的联想，这也可能与品牌元素的美学有关，并且可以通过颜色、字体或图形元素来设计。

除了前三个标准，重要的是要考虑品牌元素是否也适用于现有产品或市场以外的产品或其他市场（可转移性）。例如，一个品牌名称是适用于几个产品类别，还是只对一个非常具体的类别有意义？名称越不具体，就越有可能转移到其他类别，例如，Amazon（as）作为一条南美河流的名字，可以比Toys "R" Us更好地用于不同的产品（Keller和Swaminathan，2019，第113页）。然而，这种想法有时会与一个名字在内容上应该有意义的要求冲突，这表明选择正确的品牌元素是多么困难。在地理范围内，可能也要给予品牌元素可转移性。在这里,重要的是在早期阶段注意"绊脚石"(见第5.1节)。有很多国际品牌或产品名称最初在原语言地区使用时没有考虑到国外的内涵问题,例如,宜家的儿童床"GUTVIK"(WELT,2016)或Vicks品牌——由于V的发音问题,品牌名称中的V在德国被改为W,而Vicks的s被省略(WirtschaftsWoche,2020)。

此外,品牌元素应该随着时间的推移而适应发展,以便在必要时符合现代要求并因此与购买行为相关。随着时间的推移,Apple标志的发展变化令人印象深刻(见图3.12)。

图3.12　Apple标志随着时间的推移而演变(基于:99Designs,2018)

最后,但并非最不重要的一点是,品牌元素应该在法律上是可以得到保护的,也是可以防止竞争的。在这方面重要的是,要处理好哪些品牌元素可以以何种形式和在何处受到法律保护。此外,要确保一个品牌元素不能被竞争对手简单地复制,例如,如果名称的后缀是"Light",它非常容易被复制,并且由于其口语化的来源而无法得到法律保护。

1. 品牌保护

下面讨论的许多品牌要素原则上是可以受到保护的,也就是说,它们可以作为"标志"受到法律保护。根据德国《商标法》第3条,所有的标志,特别是人名、插图、字母、数字、声音等标志,包括颜色和颜色组合在内的三维设计,只要能够将一个公司的服务与其他公司的服务区分开来,就可以作为商标进行保护(见图3.13)。

图3.13　可注册为商标的各种标志的例子(Adidas-Group,2021年;Nike,2021年;Mäurer和Wirtz,2021年;Nestle,2021年)

在德国,可以通过三种方式获得商标保护。根据德国《商标法》第4条,商标保护是通过在德国专利商标局保存的注册簿中输入商标(注册商标)、在贸易过程中使用商标(使用商标)或通过公证宣言的商标(公证商标)获得的。商标的申请是以商品或服务的清单,即尼斯分类为基础的。该分类法是一项关于将商品和服务分为45个不同类别的国际协定。商标只在所申请的一类或几类商品和服务中受到保护，因此，在选择商标申请的类别时，也必须考虑到计划中的商标延伸（特别是种类延伸，见第2.5.3小节）。

在注册商标之前，首先要在德国专利商标局（DPMA）检查商标是否有绝对被驳回的情况（德国《商标法》第8条）。除了图形可代表性的要求，缺乏任何显著特征的商标注册都会被驳回。显著性特征要求商标的具体适用性，以识别服务源自一家公司，从而将其与其他公司区分开来（Ströbele和Hacker，2015）。完全由指定商品或服务的种类、质量、数量、价值确定、地理来源、生产时间或其他特征标识或者陈述构成的品牌，不在可以注册之列。此外，可能在商品或服务的性质、质量或地理来源方面欺骗接受者的商标，或违反公共政策和道德的商标，不得注册［德国《商标法》第8（2）条］。遵守所谓的优先权原则很重要，即先申请的商标可以防止商标在以后被第三方（在存在商标保护的地区）注册和投放市场。在这方面，从一开始制定一个商标保护战略就很重要，这里也包括以后可能的国际化努力（见第5.1节）。

在某国家注册的商标的商标保护始终只在商标注册国的领土上有效（地域性原则）。如果商标保护的地域已被确定为欧盟（EU）的几个国家或整个欧盟，那么申请欧盟商标是很方便的。通过在欧盟知识产权局（EUIPO）注册，可以在整个欧盟获得统一的商标保护（欧盟商标条例）。

如果选定的商标保护区域在欧盟以外，那么获得国际注册也是很方便的。获得国际注册的基础是符合《商标国际注册马德里协定》（MMA）和《商标国际注册马德里协定有关议定书》（PMMA）。通过这些，可以在相应国家获得商标保护，商标所有者可以将其在联盟的一个国家注册的商标（基本商标）扩展到联盟的多个国家。通过这种方式，商标所有者在他所选择的联盟国家获得了商标权。通过国际注册需要三个步骤：首先，必须通过国家商标局（原属机构）申请和注册一个"基本商标"；其次，通过在原属机构申请国际注册，该注册被转交给世界知识产权组织（WIPO），由其审查国际注册的要求；最后，商标将被转到相应国家检查是否有任何拒绝注册的理由。国际注册工具使商标所有者有可能以简单和低成本的方式在许多地区获得商标保护。

2. 品牌名称

品牌名称是品牌的核心要素，是品牌形象的基础，它同时传达了最重要的联想和品牌的核心。因此，命名决策是最重要的品牌管理决策之一（Keller等，1998）。同时，品牌名称是最难改变的品牌元素，因为它与消费者对品牌的一切了解相关联（Keller和Swaminathan，2019，第117页）。当一个品牌名称必须改变，以便在国际上保持统一时，就必须在传播方面进行相当大的投资（"Raider现在叫Twix，否则它不会有任何变化"；见第2.5.2小节）。然而，为了使消费者对品牌的认知尽可能容易地从旧名称过渡到新名称，这些投资是必要的。

对好的品牌名称有许多要求，然而其中一些要求是相互矛盾的。例如，一个好的品牌名称应该是简单、易读、易记、易懂、有积极的内涵、与产品类别和特殊性相关、传达一种特有的形象、可转让和可保护的（Francis等，2002，第99页）。然而，一个在一种语言中具有特定含义的品牌名称，可能很难转移到另一种文化背景中。

品牌名称的选择影响着消费者的行为反应（Keller和Swaminathan，2019，第118页）：简单易读的品牌名称只需让消费者付出很少的努力去认知，并且容易记住；易于发音也是消费者能够谈论品牌甚至订购产品的先决条件。在酒吧里喝伏特加的人更可能点纯伏特加（Vodka）而不是Wodká Zoladkowa Gorzk。同样，在内容上有意义的名称（例如，连锁超市Spar或Milka作为牛奶和可可的简称）、熟悉的名称和符合产品类别的名称（描述性的名称如em-eukal、Der Ticketservice或Newsweek）会让消费者更好地记忆品牌名称。另外，不寻常的、复杂的和独特的名字会更易于识别（例如，Xerox、Fjällräven），但在这方面无法得出普遍有效的建议。品牌名称应该在整体上令人难忘，具有高度的差异化潜力，而且应该能让消费者通过语音清楚地了解如何正确地拼写名称。

当开发新品牌名称时，各种语言学标准可以帮助选择决策：头韵（即辅音的重复，如Chupa Chups或KitKat）、谐音（即元音的重复，如Ray Ban或Volvo）、辅音（辅音的重复与元音的变化，如Coca-Cola或Hubba Bubba）或使用某些节奏（Jelly Belly，Tutti Frutti），甚至单一的元音或辅音本身也能表达意思。对语音或声音符号学的研究表明，需求者会把一个词的声音和它的意思直接联系起来（Athaide和Klink，2012；Lowrey和Shrum，2007；Yorkson和Menon，2004）。前元音i或e，与后元音a或u相比，会导致人们联想到不同的内容。有趣的是，这种现象是跨文化的（Kühnl和Mantau，2013）。这表明可以在国际背景下使用与品牌命名相关的语音符号。除了品牌名称的长度和重点，声音也可以引发男性化或女性化的联想（Pogacar等，2021年）。女性化的名称增加了人们对温暖的感知（作为一种品牌个性特征），从而积极影响了品牌形象和购买行为。然而，这并不适用于男性目标群体的产品或功能性产品。

涉及语言学和声音的品牌命名策略被称为外国品牌建设。外国品牌建设是指通过品牌名称的拼写和声音来暗示被希望联想到的原产国的品牌命名策略。这样一来，就可以利用消费者对这个国家的积极联想和文化印象（Leclerc等，1994）。最突出的例子之一是冰激凌品牌Häagen-Dazs（哈根达斯），它暗示着品牌起源于斯堪的纳维亚，但实际上它是一个美国品牌（Der Tagesspiegel，2002）。日本时装设计师Issey Miyake的香水有法语发音的名字，如L'Eau Bleu或La Crème de L'Eau，以配合产品（Issey Miyake，2021）。产品类别（如香槟）和暗示的产品产地（如法国）之间的良好契合会对品牌形象和购买行为产生积极影响（Gelbrich和Müller，2007）。

在外国品牌建设的背景下，品牌名称应该触发最丰富的联想，例如，在涉及法国时，可令人联想到诸如美学、优雅、风格和无与伦比的饮食文化等方面。这样一来，就会加强享乐主义的形象（Leclerc等，1994）。然而，外国品牌建设战略也会产生负面的影响。这往往只是一个"借用"原产地的问题，但有一种风险是，消费者会意识到暗示的原产地并不是品牌的实际原产地或制造国，这样一来，消费者可能会觉得被欺骗了。如果实际的原产国是一个较不发达的国家，情况更是如此。在这种情况下，消费者可能会觉得这个名字是为了掩盖该品牌服务的实际质量不佳的情况（Melnyk等，2012）。在这里，适当的沟通措施可以帮助缓解负面效应，这在享乐主义商品（与功利主义商品相比）上尤其明显（Melnyk等，2012）。

3. 品牌标志

视觉商标信号发挥着重要的作用，尤其是在品牌认知方面（见第1.8.1小节）。视觉标志或符号有着悠久的传统，因为几个世纪以来，贵族家族一直使用纹章来直观地表示他们的出身，例如，霍亨索伦家族的纹章为一个由银色和黑色组成的盾牌，即所谓的Zollernvierung（Flaggenlexikon，2021）。相应地，许多品牌标志也是为了表明产地或所有权状况（Keller和Swaminathan，2019，第124页）。存在各种形式的标志，它们的范围很广，从没有单独图形设计的简单的文字标志（Subway）到带有（Mercedes）或没有刻板的内容含义的抽象标识（Airbnb）。没有文字元素的品牌标志也被称为符号。标志也经常被用来说明品牌名称，是品牌名称的可视化（例如，Apple或Twitter，见图3.14）。

没有单独图形设计的文字标志

没有刻板的内容含义的Airbnb标志

带有刻板内容含义的Mercedes标志

品牌名称的可视化

图3.14 品牌标志的例子

原则上，标志应该是无须过多解释就能被客户理解的，否则，抽象的标志就有可能被顾客以不同的方式解释，并有可能会导致对品牌的非预期联想。另外，抽象的标志对类别的约束较少，因此更加灵活。研究表明，与描述性较差的标志相比，描述性较强的标志对品牌评价、购买意向和品牌表现的影响更大（Luffarelli等，2019）。这是由于描述性的标志更容易被消费者接受，从而显得更加真实，因此更有价值。然而，对于提供多种服务或产品的大公司来说，选择一个非特定的标志可能是有意义的，因为它更容易调整。

品牌标志有很多优点。由于它们大多是非语言性质的，因此它们更容易转移到不同的文化或其他产品类别中（Keller和Swaminathan，2019，第125页）。与品牌名称相比，品牌标志可以更容易地随着时间的推移而调整，从而使品牌能够始终保持现代感（见图3.15）。极简主义已被证明是一种持续的趋势，例如，英特尔宣布将其标志简化为现代性的标志（Intel，2021）。此外，如今的标志还需要有可扩展性，以便在智能手机上可以作为小图标。简单的形状更适合于此（例如，随着时间的推移，Firefox标志的发展）。

图3.15　万事达卡的标志随时间的变化（Mastercard Brandcenter，2021）

在选择标志时，需要考虑许多方面，重要的是要考虑到目标。标志应该容易辨认，传达一种意义，并具有积极的内涵（Henderson和Cote，1998），即引发观者的积极联想。通过标志这个视觉线索，品牌可以传达它的身份并吸引人们的注意（Kim和Lim，2019）。在创建标志时，有三个通用设计要求应予以考虑：精心的执行（"精心制作"），自然的设计和和谐（van der Lans等，2009）。在这里，第一个维度指的是标志的丰富性，以及它能多大程度地描绘出一个事物的本质。自然的设计展示了消费者通常已经体验过的对象，而和谐则说明了方案和设计的各个部分相互之间的一致性。有趣的是，van der Lans等（2009）的研究表明，在和谐方面得分很高的自然标志和设计始终会带来积极的感觉、高度的熟悉感，并且在许多国家都是这样。对标志的积极感受很重要，因为它们可以转移到对品牌甚至整个公司的感受，并且在参与度低的决策情况下，通常影响到最终的购买决定。

除了这些基本的设计要求，还应该考虑颜色的选择。颜色会引起消费者的无意识反应。根据经验，我们应将形容词或物体与某些颜色联系起来（Peter和Olson，2008）。在设计标志时应考虑到这一点。例如，在2009年，McDonald's将其以前标志性的颜色组合从红黄组合改为黄绿组合，以反映其对环境和可持续性的承诺（WELT，2009）。各种公司也设法清楚地"占据"某些颜色，从而为其品牌创造独特而明确的联想，例如，Telekom的洋红色、Milka的紫色或Coca-Cola的红色。颜色方案也应考虑到可能的国际化努力，某些颜色（如蓝色或绿色）在不同的文化背景下具有相似的含义（Madden等，2000），其他颜色（如红色）往往只在个别国家具有独特的含义。

4. 品牌形象化特征

品牌形象化特征也可以成为重要的品牌符号。品牌形象化特征或称品牌吉祥物或广告人物既可以是真实的人（如 Dr. Best 或 Käpt'n Iglo），也可以是数字动画人物，后者是更常见的形式（见图 3.16），如 Bärenmarke 的熊，Schwäbisch Hall 的狐狸以及 Duracell 的兔，其他的还有 Milka 牛、HB 人体模型、Lurchi、麦当劳叔叔、Meister Proper、米其林人体模型或 Frosties 老虎等。虚构人物或动画人物的优势在于他们更具有永恒性，因此比真人更持久（Keller 和 Swaminathan，2019，第 127 页）。一般来说，品牌符号是通过传播措施引入的，并随着时间的推移在广告和包装上不断呈现（Keller 和 Swaminathan，2019，第 125 页），这样消费者就能通过频繁的重复与他们建立关系。

Bärenmarke的
形象化特征——熊

Schwäbisch Hall
形象化特征——狐狸

Duracell
形象化特征——兔

图 3.16　品牌形象化特征的例子 (Bärenmarke, 2021; Schwäbisch Hall, 2021; Duracell, 2021)

品牌形象化特征的目标是将他们所体现的品牌更有效地固定在消费者心中，同时还能吸引注意力，提高品牌知名度。此外，他们还可以传达品牌的核心属性，例如，鱼类产品的 Iglo 品牌的船长，隐晦地传达了一个专家在这里工作。品牌符号往往是可爱的，从而提高了消费者对品牌的情感评价，因为品牌被广告角色拟人化（即人性化）了。这使我们更容易与品牌建立关系（Keller 和 Swaminathan，2019，第 127 页）。研究结果表明，与那些在内容上与品牌相距较远、因而与品牌相关性较低的广告人物相比，能够传达品牌相关信息和核心属性的品牌形象人物会带来更积极的效果（Garretson 和 Burton，2005）。

然而，如果广告活动的根源和后续没有得到持续监控，并且社会上对特定话题进行了激烈讨论，那么广告活动也存在风险。这就是 2020 年 "Black Lives Matter" 运动所发生的情况。在这里，Uncle Ben's 和 Aunt Jemima 这两个品牌面临着种族主义的指控（ZEIT，2020）。这些公司宣布他们将改变其品牌标识。例如，"Uncle Ben's" 将被改为 "Ben's Original"（DER SPIEGEL，2020）。

5. 口号和广告曲

口号是短（半）句子，旨在向消费者传达关于品牌的描述性和有说服力的信息（Keller 和 Swaminathan，2019，第 128 页）。口号应该传达一个品牌所代表的东西，应该直指一个品牌。

表 3.1　知名口号的例子

公司	口号
Fishermen's Friends	如果他们太强，你就太弱了
BMW	纯粹驾驶乐趣
Toyota	没有什么是不可能的
Nike	想做就做
L'Oréal	因为我们值得
Ferrero Küsschen	一吻贻友
Haribo	Haribo 让孩子和大人都快乐

如果口号突出品牌名称，那么口号可以帮助其提高品牌知名度，它们还可以强化品牌定位和差异点（见第2.3.2小节），例如，Ritter Sport 巧克力的"方形、实用、好"。最终，类似的规则也适用于品牌名称的选择：口号应传达相关且重要的信息，无论是对于产品或产品类别本身还是品牌定位（Keller，2013，第158页、第161页）。口号是品牌元素中的另一个工具，通过它可以很好地传达品牌定位，让人记忆深刻。口号往往是广告措施的一个组成部分，它们代表了"标语"，是对广告信息的总结。应该注意的是，标语不一定与口号完全相同，口号是长期使用的，而标语只能在一定时期内用于特定的广告活动（Keller 和 Swaminathan，2019，第130页）。与品牌名称一样，口号也有许多不同的语言变体。文字游戏（"我是美食家"）可以用作双关语的口号（"BILD your opinion."）或押韵口号（"Almighurt von Ehrmann – 没有人再让我兴奋了"）（Marke 41, 2021）。在选择口号的语言时要谨慎，研究表明，许多讲德语的消费者误解了英语标语的实际含义（Endmark GmbH，2016）：在2016年的一项研究中，几乎三分之二的受访者表示他们没有正确理解英语的CLAIM（理解为索赔）（标语）；很少的受访者（28%）能够真正按品牌的意义正确地翻译它们。这样，使用口号或同义词的说法就没有达到目的。然而，研究也显示，受访者的印象是，CLAIM基本上传达了一个积极的信息。

广告曲是关于品牌的音乐信息（Keller 和 Swaminathan，2019，第131页；Steiner，2018，第96页起），是一种音乐形态的口号。永远留在脑海里的广告曲的例子不胜枚举：例如，电信公司的"DaDaDaDiDa"或英特尔的"DoDeDoDo"。广告曲向所谓的声音标志的过渡是流畅的。这两个词经常被作为同义词使用。广告曲或声音标志是一个品牌的声音头像（WuV，2016）。它们提高了品牌识别度，并导致顾客产生积极的情绪，从而使品牌发出的信息能更快、更持久地储存在人们记忆中，因为一般的非语言刺激，特别是声音刺激能更容易被顾客记住（Steiner，2017，第88页起；Steiner，2018，第42页起）。广告曲有助于提高品牌的知名度（Yalch，1991），因为在最好的情况下，它们一直"在耳边"。

它们对传达具体的品牌联想帮助不大，但却能让人产生幸福和积极的感觉，进而将其转移到品牌上。

3.2.2 营销组合：产品政策和方案政策

产品政策和方案政策决定了如何设计一个品牌所提供的服务。"产品"这一概念被定义为能为客户提供效用的一组客观技术属性（Meffert等，2019，第395页）。这表明产品和品牌概念之间的联系，因为两者都是在效用基础上进行定义的。产品和服务只被描述为功能性效用，而品牌的定义则更广泛，它们还包括非功能性效用。

最终的购买行为是由整套效用（=品牌）决定的，而不仅仅是由功能性效用（=产品）决定的。长期以来，功能性效用是营销和品牌管理的关注焦点，这与长期以来在工商管理和其他学科中盛行的"纯经济人"（人是纯粹的理性行为者）的形象相对应。放弃这种人的形象，并认识到人们的行为远没有长期以来假设的那么理性，这大大增加了品牌管理对公司成功的重要性。这种相关性的提高是以牺牲技术和功能产品特征为代价的。由于技术知识的传播速度越来越快，客观技术产品特征的一致性也越来越强，从而支持了这种发展。此外，由于互联网上的信息急剧增加，品牌对购买行为也变得越来越重要。人们并不像计算机那样处理这些泛滥的信息，而是越来越依赖情感的信息处理，这比认知-理性的信息处理方式要有效得多。正如麦肯锡公司与Marc Fischer教授合作对3000多名消费者进行的研究表明，品牌给人们带来了安全感，让他们在混乱的供给中选择正确的商品（Mckingsey&Company和Fischer，2016，第2页）。

一个品牌的"方案"可以定义为一个品牌提供给顾客购买的所有绩效（产品和/或服务）的总和。在基于身份的品牌管理框架内，产品政策和方案政策的目标是，在身份的基础上使这些产品或服务最佳地适应顾客的需要，从而保证品牌在经济上能够长期立足。这种适应的前提是品牌背后机构的创新能力（Hauschildt等，2016；Sammerl，2006；关于产品和方案决策的更深入信息，见Meffert等，2019，第393页起）。

1. 产品设计和包装

产品设计（或称为产品语言）可以帮助品牌建立差异化优势（Burmann和Karrenbrock，2019）。产品设计既要传达功能，又要传达品牌情感上的冲击。心理学的见解可以帮助解决这个问题，例如，Landwehr等（2013）的研究表明，对于其产品类别来说，典型的设计比"非典型"的设计更受好评。但这取决于人们接触相应设计的频率，因为随着时间的推移，非典型设计会获得吸引力（Dietert，2018，第110页）。一般来说，公司会努力创造出使其在情感上具有吸引力，并与品牌身份和品牌定位相一致的产品设计。实现这一目标的一个可能方法是将产品的外观拟人化，即人性化（Landwehr等，2011；

Burmann和Karrenbrock，2019，第67页起）。例如，顾客将汽车向上弯曲的散热器格栅解释为一种微笑，这对产品吸引力有积极的影响。设计出类似人脸的形态（例如，典型的保时捷或MINI的"脸"）也可以成为品牌管理的一个重要设计元素，例如，通过微笑的"嘴"来传达品牌的个性特征（如友好）（见图3.17）。

图3.17 拟人化的产品设计示例（基于：Befurt和Herrmann，2007；Heimann和Schütz，2016）

Landwehr等（2011）的研究表明，这不仅适用于汽车设计，而且也适用其他设计，如手机设计。在这方面，产品中的"脸"和对它们积极评价之间的联系也应该在设计中加以考虑。在这种情况下，重新创建与品牌身份相对应的面部特征非常重要。

公司喜欢使用的另一种方式是"恢复"旧的产品设计（品牌复古），例如，MINI以及大众甲壳虫（VW Beetle）或菲亚特500重新焕发生机。对这一领域的研究表明，这些新推出的复古版本产品在消费者中创造了一种怀旧的感觉，并产生了积极的影响，例如，对品牌的态度。这只适用于过去和现在之间的变化不太明显的情况，所以人们在原始版本和更新版本之间不会感觉到过多的差异（Shields和Johnson，2016）。

包装指参与设计和生产产品的容器或包装的所有活动（Keller和Swaminathan，2019，第132页）。包装有许多重要的功能，这方面的核心是加强品牌身份，也被称为ID功能，这在销售中尤其重要，例如，色彩鲜艳的包装可以吸引购物者的注意力（例如，卡尼尔果味产品的鲜绿色在任何洗发水货架上都很容易识别）。此外，某些包装形状也可以呈现出标志性的特征，例如，可口可乐瓶的经典形状可能是为了在黑暗中被很容易地识别出来（Solomon，2009，第87~89页）。Toblerone的三棱柱形包装也是巧克力市场上的一个独特卖点，使该品牌在货架上一目了然。此外，产品或包装给人的感觉可以传达基本的产品属性和品牌属性。在通常情况下，产品的触觉性质可作为其质量的一个指标，例如，丝绸等柔软的面料与奢侈品有关，而牛仔布被认为是实用和耐用的。按照同样的逻辑，大多数香水瓶是由玻璃而不是塑料制成的，以传达一种珍贵和奢华的感觉（Solomon等，2016，第135页）。情感和体验也可以通过材料表面、形状或温度的设计来创造。在品牌互动中，视觉和听觉刺激经常被用作"标志刺激"来传达产品给人的感觉（如Kuschelweich品牌的织物柔软剂，见图3.18，这里要传达的是特别柔软的感觉）。

图 3.18　Kuschelweich 品牌的触觉刺激的示例（Fit，2021）

除了这些品牌功能，包装还通过其印刷说明传达有关品牌及其服务的信息。它使运输变得简单，可保护产品，有时还可以有助于在家中储存产品，例如，可以通过包装延长食品的保质期。此外，制造商可以履行他们的标签义务。它们还有助于使产品便于使用和消费（如洗发水瓶、真空容器等）。在这方面，必须考虑到包装的具体功能和美学成分（见第 3.2.2 小节）。美学成分包括材料、尺寸、使用的颜色、使用的文本或图形（Burmann 和 Karrenbrock，2019，第 43 页起）。特别是最后一点，必须像对待品牌元素一样考虑（颜色的效果、图形的选择、文字的设计）（见第 3.2.1 小节）。

产品包装和产品本身的美学设计往往是购买决策的核心，因为美学会引发强烈的积极感受。此外，消费者会将某种味道与颜色、声音或气味联系起来（Müller，2012，第 152 页起；Kilian，2007，第 349 页）。

如果所掌握的味道和颜色之间的联系不匹配，这会对味觉感知产生负面影响，这在 DuBose 等（1980，第 1397 页起）的味觉测试中已经得到证实。在对各种水果饮料（柑橘、樱桃、橙子）进行的实验中，能够确定的是，如果饮料的颜色与实际味道不符，则测试对象将无法再识别味道。这种联系也可以用于包装，包装的颜色会"影响"味道（Spence 等，2010；Spence，2015）。这也可以通过其他例子来证明。2011 年，可口可乐公司推出了一个白色的罐装产品，以引起人们对濒危北极熊的关注，然后，顾客开始抱怨可口可乐公司改变了配方，虽然它并没有改变配方（Fast Company，2015）。此外，对新鲜度的联想也会受到影响，例如，打开瓶子或罐子时的"嘶嘶声"。这些例子强调了通过尽可能多的感官来设计感官产品和品牌体验的重要性。

在包装方面可以发现一个有趣的趋势。民众的可持续发展意识不断增强（2019 年，90% 的德国消费者希望有更多没有塑料包装的产品），这导致越来越多的所谓"无包装"商店的出现（FAZ，2020）。他们的想法是提供尽可能多的散装产品（即没有包装）。面对这样的发展趋势，必须对包装进行重新思考，例如，引入能够提供必要产品信息的数字解决方案。

2. 通过品牌体验实现情感化

现如今大量市场基本饱和。在这些产品准同质化的市场中，功能–技术性能特征很难被用于品牌差异化。特别是在这些市场中，品牌的情感导向被视为成功的关键（Freundt，2006；Khan 和 Fatma，2017，第1页）。

神经生物学的研究结果也证实了情绪和感受的高度重要性（Bielefeld，2012）。与品牌相关的情感和感受会与品牌属性一起储存在消费者的记忆中。如果消费者之后再次接触到该品牌，除了品牌属性，还会检索相关的情绪和感受，这使消费者能够在购买之前评估品牌的主观"奖励价值"。

情绪是人类兴奋的生理状态，感受一词作为一个子集描述了那些可以被个人有意识地体验和表达的情绪。个人可以非常快速和有效地处理感受和情绪，从而防止接收大量信息（Bielefeld，2012，第205页起）。鉴于智能手机的密集使用导致人们要处理的信息量不断增加，感受和情绪的这种功能特别重要，这也说明了感受和情绪与品牌的成功高度相关。

Herrmann 和 Stefindes（2011，第142页）的研究（n=32）通过功能磁共振成像证明了，在记忆中高度情感固定的品牌有更强的奖励效应。此外，在高情感化品牌的情况下，关于品牌的负面知识对品牌评价的影响相对较低。Brakus 等（2009）和 Bielefeld（2012）的研究也证明了品牌体验与品牌成功的相关性。Brakus 等（2009）的研究开发了一个测量品牌体验的量表。作为多阶段过程的一部分，一项针对209名学生的研究，能够确定品牌体验（通过品牌个性）对消费者满意度和品牌忠诚度的直接和间接影响（Brakus 等，2009，第63页起）。

> 品牌体验（Brand Experience）是由品牌接触点上的品牌相关刺激引起的个人感官印象、感受和认知（Brakus 等，2009，第53页）。

品牌体验发生在消费者购买过程的所有阶段。然而，消费者对体验的看法不一定相同，根据个人对品牌的参与度（主观意义），它们可以有不同的解释。根据 Schmitt（2009，第702页起）的观点，品牌体验由五个部分组成，每个部分都可以单独或相互组合发生，它们是感官体验、情感体验、认知体验、行为体验和社交体验。感官体验可以通过产品政策和分销政策来塑造，而其他体验则主要通过品牌互动来表达。

感官体验是基于对几种感官的吸引（视觉、听觉、触觉、嗅觉和味觉），涉及的感官越多，品牌体验对购买行为的影响就越强。多感官吸引力传达了丰富的、令人信服的体验，并有助于消费者对品牌信息的深入体验和在记忆中的有效储存（Springer，2008，第16页和第191页）。这里成功的核心标准是认知一致性和感官多样性的结合，也就是说，体验必须是品牌特有的，对消费者来说是清晰可辨的，同时又总是新的和创新的（Springer，2008，第202页；Stone等，2014）。全面的、多感官的感官吸引力必须与品牌定位相一致，从而与品牌的效用承诺和身份相一致，只有这样才能达到积极和持久的记忆效果。经典品牌管理和在线品牌管理之间的协调尤为重要（Springer，2008，第202页）。最重要的是，社交媒体中的感官体验必须与线下领域的多感官方式相匹配（Springer，2008，第202页）。

情感体验能唤起消费者的积极感受和情绪（Schmitt等，2015，第731页），这应该在尽可能多的品牌接触点出现。这可以通过用户和品牌之间互动中的高趣味因素来实现（Springer，2008，第88页；Ashley和Tuten，2015，第19页）。例如，红牛的社交媒体旨在通过娱乐向消费者传达积极的体验。

认知体验针对消费者的智力，并通过大量的创造力为消费者带来效用（Schmitt，2003，第106页；Kästner，2009）。例如，这些经验是通过社区内或网红与其粉丝之间互动产生的（Algesheimer和Herrmann，2005，第751页；Hiddessen，2021，第47页起）。由品牌发起的竞赛或产品应用活动促进了消费者对品牌的智力参与，从而创造了一种认知体验。

行为体验意味着消费者行为的改变。例如，公司、其他用户或网红可以建议品牌的其他用途。互联网能够以视频或图像的形式精确记录这些可能的用途。这简化了其他用户的模仿（Schmitt和Mangold，2005，第298页；Prahalad和Ramaswamy，2004）。因此，该品牌始终保持最新状态，并提供新的想法和替代用途，例如，在社交媒体中，有许多社区展示了品牌及其产品的替代用途。

社交体验建立在前面的四个组成部分之上，它使消费者能够与他人互动，通过分享经验，可以满足社会认可和自我表达的需要，增强自己的社会认同感。这往往会导致高度的品牌吸引（Lienemann，2021，第74页起）。例如，社交体验大多通过在线和离线社区传播。消费者和品牌的网络联系以及消费者之间的网络联系影响着消费者的归属感，并经常提供非常重要的附加价值。哈雷戴维森社区为其社区成员提供了表达他们对品牌认同，并在成员之间建立关系的机会（McAlexander等，2002，第38页起）。

为了量化品牌的情感性，从而衡量多感官品牌体验对成功的贡献，需要适当的操作性。然而，情绪是非常个性化的，与个人经历密切相关，这使得它们很难被系统地测量和控制。相比之下，作为感觉的生理基础和触发因素的普遍情绪，对人类的影响总是相同的。对于品牌管理来说，通常只有快乐这种普遍的情绪是相关的，因为只有快乐才能对品牌产生积极的联想；其他普遍的情绪，如恐惧、悲伤、愤怒和厌恶，在大多数情况下会产生负面影响。普遍情感层次对于品牌管理来说并无差别，而情感的层次往往过于个体化，在这方面，缺少一种桥接机制，它可以系统地将快乐的普遍情感具体化，从而建立起与情感层面的联系。

为此，体验领导力研究所与不来梅大学合作开发了一套方法。根据这个模型，可以区分出六类情感类别（Lensker，2020）：

- Appeal（吸引力）指独特的功能性品牌绩效和令人印象深刻的设计。这一维度对具有高度自我表达的品牌（如时尚品牌、汽车品牌和智能手机品牌）尤为重要，例如，苹果公司在这个方面的得分非常高。
- Simplify（简化）描述了与品牌体验有关的感受，这些体验对消费者来说很容易获得，非常可靠，而且不复杂。食品折扣店和在线零售商（如亚马逊）在这个方面得分很高。
- Inspire（灵感）代表了品牌体验中的创造力，它是关于创新和趋势的体验。宜家家具品牌在这个方面的得分特别高。
- Vision（愿景）指的是品牌向消费者传达更深层的意义。其中重要的方面是可持续性和对社会负责的行为。例如，像Weleda这样的品牌，在这方面表现得非常好。
- Welcome（欢迎）代表着人与人之间的亲近感，如乐于助人、友好和热情好客带来的结果。这里的一个正面例子是dm品牌。
- Myself（自我）指的是，对消费者采取非常个性化的方式，认可消费者的特殊愿望和个性化建议。例如，像mymuesli这样有个性化商品供给的网上商店在这方面得分很高。

图3.19显示了这六类情感类别，包括测量项目。通过关注品牌体验中的具体类别，品牌可以满足客户的要求，并将自己与竞争对手区分开来。因此，该模型支持基于身份的品牌管理，以管理非功能性效用和有针对性地创造情感品牌体验。

> **深入阅读**
>
> 在与smart insights GmbH合作进行的一项在线研究中，体验领导力研究所在2019年10月至2020年2月对来自德国的16000名18～69岁的受访者进行了调查，了解他们对总共550个品牌的体验（Lensker，2020）。根据研究结果，积极的品牌体验与钱包份额（购物者在某一品牌上的支出占购物者在整个产品类别上的支出的比例；Lappeman等，2019）之间存在着显著的相关性。但这在行业之间存在差异：对于银行、保险公司来说，品牌体验是钱包份额的强大驱动力，但与旅游目的地或酒店等相比，所需的体验强度较低（Lensker，2020）。
>
> 研究还显示，只有少数品牌成功地创造了鼓舞人心的体验：即使是"最好

的"品牌，也只有不到50%的受访者将最后的体验评为"鼓舞人心"（例如，dm，32%；耐克，32%；星巴克，24%），47%的受访者对德国铁路公司的最后一次品牌体验感到失望，38%的受访者对瑞安航空感到失望，36%的受访者对邮政银行感到失望（Lensker，2020）。研究结果说明了通过品牌体验创造情感附加值的巨大必要性和挑战。

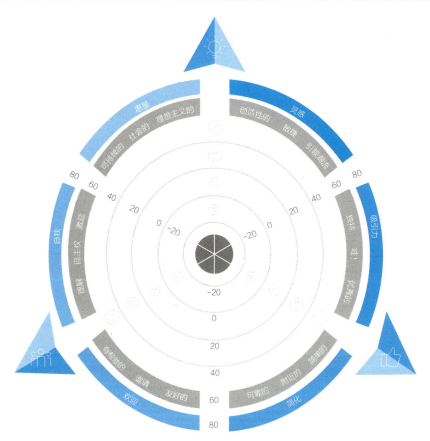

图3.19　品牌的六类情感类别（情感附加值）及测量项目(Lensker，2020)

3.2.3　营销组合：定价政策

在品牌定价政策框架内做出的决定包括关于品牌绩效报酬，可能的折扣和额外的送货、付款和贷款条款，以及市场上的价格执行在内的所有协议（Meffert等，2019，第487页起）。因为价格变化与购买行为直接相关，所以定价政策措施的特点是作用强度大，见效快。由于价格的短期可变性，价格的调整往往导致消费者的即时反应。公司面临的一个挑战是如何改变价格调整的方向，尤其是，降价后很难恢复。

定价政策可以使消费者在心中产生关于品牌价格水平的联想（Keller，2013，第191

页)。它影响着消费者对一个品牌价格的看法。由此,一个品牌的价格可以被认为是低的、中等的或高的,是稳定的或变化的(例如,通过折扣促销)。这些价格认知可以辐射到对品牌个性的认知上(Solomon,2011,第249页),例如,如果一个品牌在促销活动中经常打折,这就会导致该品牌被视为廉价的。如果一个品牌收取高价并使用独家分销策略,这可能会产生负面的含义,被认为是势利的,或者从正面看,被认为是培育中的品牌。

在不同的情况、环境和背景下,人们对价格的感知和反应是价格心理学关注的焦点。价格-质量启发式与品牌认知度特别相关,这说明,高价是质量好的指标,价格门槛可以起到一定的作用。以数字1~9结尾的价格(如2.99欧元)被称为小数价格,而以0结尾的价格被理解为整数价格(Meffert等,2019,第508页)。具有小数价格的产品通常被视为特价商品,而整数价格会导致更高的质量感知。Wadhwa和Zhang(2015)的研究表明,对于更多基于情感的购买决策(如享乐主义产品),整数价格会导致更高的购买意向和更高的产品得分。另外,在功能性产品的产品价格决策中,即在做出更受认知驱动的购买决策时,小数价格是首选,这是基于"感觉不错"的主观感知,被称为"四舍五入价格"效应。

定价政策的一个重要组成部分是定价战略的确定,它对营销组合中的其他政策产生影响,例如,一个奢侈品牌的高价战略意味着品牌服务、分销渠道和沟通也必须满足奢侈的要求。否则,如果品牌体验在所有品牌接触点上都不能满足奢侈品消费者阶层的期望,就会在消费者之中产生不和谐的声音(关于定价政策决策的更多信息,见Meffert等,2019,第487页起)。

3.2.4 营销组合:分销政策

品牌分销政策涉及的范畴是,怎样将有形或无形的产品和服务提供给最终买家(Meffert等,2019,第577页起)。分销政策目标来自总体的品牌目标,实现这些目标是销售渠道管理的责任,它包括选择理念和合同理念:选择理念决定了品牌销售渠道的纵向和横向结构;合同理念决定了销售中间商的合同承诺程度。销售渠道系统的运营实施和控制是激励理念、供应链管理(SCM)和有效的消费者响应管理(ECR)的任务。激励理念包括获得和保留销售中介机构。供应链管理的任务是分析整个供应链,以提高效益和效率。有效的消费者响应管理是制造商和零售商之间的一种特定合作形式,旨在尽可能地满足消费者需求(关于分销政策决策的更多信息,见Meffert等,2019,第577页起)。

销售渠道,或称分销渠道,可分为实体渠道(实体零售、电话购物)和虚拟渠道(电子商务)。对于品牌管理来说,针对不同的渠道,品牌管理有不同的设计构架,以传达品牌体验并加强品牌形象。

实体零售中品牌接触点的设计可以大大促进品牌定位和品牌效用承诺的传达,例如,品牌专卖店的美学设计可以加强感官沟通,最重要的是视觉品牌体验。进入Nespresso精品店的顾客会沉浸在为品牌量身定制的感官体验中（见图3.20）。该店的设计和陈设旨在为客户提供高质量和个性化的品牌体验，以符合其作为独家咖啡品牌精品店的定位。为此，他们追求简单的和现代的设计，并辅以精美的深色木质家具，棕色和米色的基本颜色也是为了让人联想到浓缩咖啡。该店的房间布局也旨在为顾客提供不同的感官体验，例如，在所谓的"俱乐部室"中，Nespresso员工向顾客提供品牌和服务方面的建议。另外，"专属房间"为已经注册Nespresso会员的顾客提供使用个人俱乐部卡进行购买的机会，而拥有自己吧台的"咖啡室"，员工则会邀请顾客品尝所有类型的咖啡（Lebensmittel Zeitung，2010）。

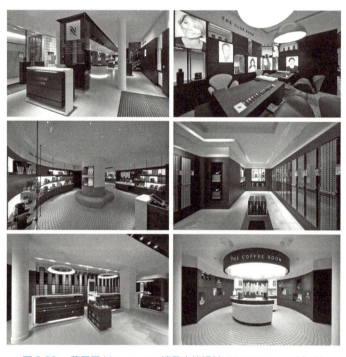

图3.20　慕尼黑 Nespresso 精品店的设计 (Nespresso，2017)

此外，嗅觉刺激也可以用来创造积极的情绪，并传达特殊的情感体验（Müller，2012，第114页）。气味可以唤起记忆，在这种积极的背景下，它使品牌储存在消费者的意识中。在行为层面上，通过增加在销售点花费的时间和增加购买意愿，气味对品牌评估产生积极影响（Rempel，2006，第109页起）。例如，Kahn和Wansink（2004）的研究表明，对一家商店的总体评价，以及对那里提供产品组合的评价，会受到令人愉快的气味（相对于更中性的气味）的积极影响。

声音刺激，如具体音调、广告曲、背景音乐，也直接用于销售点，以改善品牌体验。声音刺激的范围（见3.2.1小节）可以从单个音调（如著名的Telekom广告曲）到独特的声音（如Harley Davidson令人难忘的引擎声），再到整首歌（如Becks品牌以前的传播时融入的《Sail Away》）。例如，美国的购物中心正在越来越多地使用拉丁音乐，因为该地区的拉美顾客比例很高,这是为了给这个目标群体创造一种感觉良好的氛围。研究还表明,播放的音乐类型会影响购买决策,例如,当背景音乐为古典音乐时,消费者会花更多的钱,而当背景音乐是法语(相对于德语)歌时,消费者更有可能选择法国(相对于德国)葡萄酒(Areni 和 Kim,1993;North 等,1999)。

Müller(2012,第133页起)在关于"商店品牌"的商店氛围设计的文章中指出,在销售点的多感官品牌刺激可以很好地将品牌个性传达给顾客。这里涉及颜色、气味和音乐的刺激,她在 Aaker(1997)个性模型的帮助下建立了一个多感官品牌个性表达模型(见图 3.21)。相应感官刺激的分配基于广泛的文献分析以及之后通过实验和专家访谈对调查结果进行的验证。

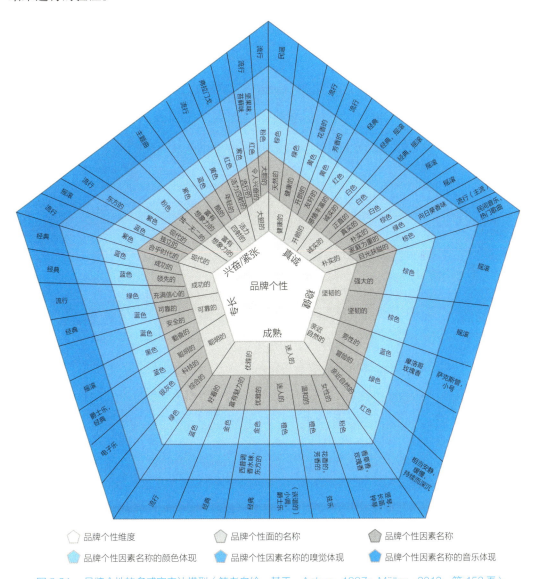

图 3.21　品牌个性的多感官表达模型(笔者自绘,基于:Aaker,1997;Müller,2012,第152页)

还有一种形式的固定品牌接触点是所谓的品牌领地。品牌领地的特点是个人的、直接的和双向的沟通，它可以被定义为长期的、大多固定的、三维的和真实的场所，由公司运营，使内部和外部目标群体能够拥有多感官品牌体验（Springer，2008，第15页起）。例如，慕尼黑的"宝马世界"、大众汽车在沃尔夫斯堡的"汽车城"或瓦滕斯（奥地利）的施华洛世奇水晶世界。运营品牌领地的目标是品牌的可持续情感化，以实现与竞争对手的差异化。这方面的前提条件是存在一个明确的品牌身份，否则多感官体验很容易被复制，没有可持续的差异化潜力。对于品牌效用承诺的多元构架来说，最重要的组成部分是品牌个性（Schade，2012，第60页起；Müller，2012），因为这与品牌的情感评价密切相关。在品牌定位的框架内，必须确定哪些感官刺激特别适合传达品牌个性，以及品牌个性的哪些特征需要多感官实施。图3.22显示了品牌效用承诺多感官构架的必要步骤。

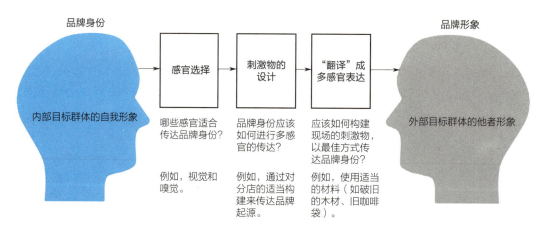

图 3.22　以星巴克品牌为例，对品牌效用承诺进行多感官设计的过程（基于：Müller，2012，第 247 页起）

以星巴克为例说明多感官设计的过程：第一步，必须确定品牌效用承诺是通过哪些感官来传播的，在本例子中，选了视觉和嗅觉；第二步，要"翻译"成多感官表达，必须确定要传达什么（如品牌起源）、在哪里（如在星巴克分店）传达和如何传达（如通过室内设计）；第三步，必须通过现场的刺激物构建来实现这一目标，例如，星巴克品牌通过以"传承"为名的分店设计实现了这一点——店内使用了破旧木材、带有磨损痕迹的混凝土块或瓷砖，在某些情况下使用了金属座椅，以及俱乐部椅子、工厂风格的照明、大型公共桌子和木质百叶窗。这旨在反映20世纪初的气氛，并回顾了该公司的起源。星巴克曾是西雅图派克市场的贸易公司（Starbucks，2017）。而咖啡的制作过程以及挂在墙上的旧咖啡袋刺激了人们的嗅觉。

近年来，品牌也越来越依赖快闪店。快闪店是临时性的商店，经常在不寻常的地方突然"冒出来"，并在短时间内再次消失（Kastner，2015）。它们提供特供产品和特别的购物体验。这使得客户在他们的社交媒体渠道上转述和分享这些体验，从而提高品牌知名度。

此外，这种创新的分销渠道有助于人们对品牌形象的感知。例如，通过与创新、独家或"地下形象"的关联来提升人们对品牌形象的感知。与常设商店相比，时间限制的优势是不再需要长期租赁，从而使成本可控。

与实体渠道一样，虚拟渠道可以由零售商（如Amazon）运营，也可直接由制造商品牌（如adidas）运营。虚拟渠道的特点是，几乎可以从任何地方永久访问，并有可能通过增值服务来丰富商品的范围。产品的实体存在与固定的销售点脱钩，使电子商务能够提供更广泛的产品和相当多的针对目标群体的信息和服务。从品牌管理的角度来看，电子商务的核心挑战是品牌和消费者之间缺乏或少有个体性质的实际接触。消费者和品牌之间完全的虚拟接触在很大程度上排除了某些目标群体，并使其难以传达品牌的情感体验。在这种情况下，电子商务和社交媒体的结合能帮助在互联网上产生积极的品牌体验。同样，许多长期以来只活跃在电子商务领域的品牌正在用实体店来补充其分销渠道（例如，Amazon、About YOU、Mister Spex；OMR，2017）。

电子商务解决方案的成功实施基于创造高水平的吸引力和不同的效用承诺，特别是在在线环境中，消费者有机会在许多竞争性价格之间迅速进行比较。在此背景下，独特而强烈的品牌情感体验的重要性也在互联网上显现出来。

3.2.5 营销组合：沟通政策

一个品牌的沟通政策通常描述为，通过信息的发送以影响受众（Meffert等，2019，第631页起）。品牌互动可以让消费者了解品牌，让他们相信品牌，鼓励他们购买，并提醒他们注意品牌的核心联想和品牌效用承诺（Keller，2001，第813页）。沟通对于传达特定的品牌属性和品牌联想至关重要，沟通可以展示产品或服务的使用方式和原因、产品的典型受众可能是什么样子的，以及何时何地可以使用它。通过广告信息的设计（关于具体的设计形式，见Meffert等，2019，第823页起），可以将名人与品牌联系起来（推荐信），或者通过幽默的方式将积极的情感转移到品牌上。这里最重要的是建立与品牌效用承诺的联系，也就是说，沟通信息的设计应与品牌定位相一致。

在沟通信息的设计中，有一个不容小觑的效应是所谓的吸血鬼效应，这体现在广告中利用名人（Erfgen等，2015），以及通过幽默的方式传递品牌的积极情感上。它经常也存在于强烈的激活性广告设计中（例如，在激情广告中）。吸血鬼效应的核心思想是，消费者在看到广告后对名人推荐（或笑话）的记忆比对广告品牌的记忆更深刻，在极端情况下甚至只记得推荐。这种效应在名人短期参与品牌广告的情况下发生得尤为频繁。在使用名人推荐时，能够减轻吸血鬼效应的因素包括合作的持续时间、可信度以及名人推荐和品牌之间的契合度。

总的来说，在所有沟通措施的框架内（关于各个沟通工具的详细描述，见Meffert等，

2019，第650页起），必须注意确保这些措施在所有品牌接触点上的协调性（360°的沟通）。正如在分销政策方面，多渠道方法也越来越多地出现在品牌互动中。沟通性多渠道方法使用不同的工具和渠道与目标群体互动。由于使用了不同的媒体形式或流派，这也被称为跨媒体（Meffert等，2019，第652页起）。但这并不意味着要在所有品牌接触点上传达完全统一的信息，而是在所有接触点上传达专门准备的内容。在这方面，确定内容策略很重要——它应该包括哪些内容，通过哪个渠道，触达哪个目标群体。

在今天的媒体环境中，规划和控制品牌的所有沟通措施是一个巨大的挑战。技术发展和由此产生新媒体的密度，导致了选择合适沟通工具的高度复杂性。此外，消费者面临着大量的信息，这些信息往往使人类的接受能力不堪重负（信息过载），这就是为什么在今天为沟通信息创造的吸引力比过去更加重要。

由此，对所有沟通措施的专业规划和管理变得更加重要。沟通目标是由企业的总体目标和品牌目标衍生出来的，需要一个长期的沟通战略来确保目标的实现。这一战略首先就决定了沟通工具的使用。沟通预算是根据设定的目标和适当的预算过程来确定和分配的（见第2.6节）。总的来说，还应该确定如何以符合数据保护要求的方式来衡量这些目标，分析结果的反馈应反过来影响渠道的选择。

现代品牌管理的一个重要挑战是品牌承诺和品牌行为的一致性，特别是在数字领域，以及它们在品牌身份中的固定性，这比以往任何时候都重要（见第5.3节）。只有成功做到这些，才能形成品牌信任和品牌吸引。尤其是社交媒体具有高透明度，品牌效用承诺和实际品牌行为之间的分歧会被很快揭示出来（Floreddu等，2014，第740页；Munzinger和Wenhart，2012，第117页）。因此，在数字时代，不遵守品牌承诺以及不真实的、不以身份为中心的和不道德的品牌行为会受到更迅速且更一致的惩罚。例如：食品品牌雀巢的口号是"美好食物，美好生活"，主张的不仅是美食，更是"美好生活"。但是，公司的行为与所传达的价值观不符，雀巢公司被指控在最需要水的地方抽水生产矿泉水（例如，在南非干旱期为产品品牌Nestlé Pure Life生产矿泉水）。该公司这种不真实的和不道德的行为导致许多消费者在互联网和社交媒体上呼吁抵制它（Augsburger Allgemeine，2018；Handelsblatt，2019）。

现代品牌管理的另一个挑战是如何协调因数字化而急剧增加的内部部门和外部服务提供商，这些部门和服务提供商负责当今数字化带来的众多品牌接触点上的品牌形象。由于数字化，快速而适当的品牌响应比以往任何时候都重要，因为用户期望并要求品牌做出快速而简单的回应，尤其是在品牌出现问题的时候。这需要简短的决策路径、扁平化的等级制度和合适的组织结构（Totz和Werg，2014，第119页起；Munzinger和Wenhart，2012，第119页；Gaiser和Theobald，2017，第142页）。

小结

基于品牌战略管理（第2章），品牌运营管理涉及向内部传达品牌身份，并向外部目标群体传达品牌效用承诺。内部品牌互动、外部品牌互动、品牌导向的人力资源管理和品牌导向的领导已成为内部沟通品牌认同和实现内部品牌目标的重要工具。内部品牌互动包括员工杂志、员工手册、通告、内部网或电子邮件等工具，以及更多个人互动工具，如工作会、研讨会或活动等。外部品牌互动主要针对外部目标群体，以建立品牌意识和积极的、与购买行为相关的品牌形象。外部品牌互动具有自我学习特征，与内部沟通相比，对员工态度和行为的影响更大，因此，员工也被称为外部品牌互动的"第二受众"。在品牌接触点提供效用承诺，可以通过对新员工的入门培训和活动来实现。作为品牌导向领导的一部分，由于管理者具有特殊的榜样效应，因此，由领导者带来的"品牌榜样"具有重要意义。

在外部品牌运营管理过程中，品牌的要素（如品牌名称、品牌标志或口号）的设计必须反映品牌对外的效用承诺。品牌元素也有助于消费者识别品牌，并将其与其他供应商区分开来。为此，品牌元素应满足以下要求：①令人难忘；②应该在视觉、语言或其他形式上令人喜欢；③传达品牌内容上的意义；④可转移到其他产品类别和其他国家；⑤随着时间的推移而适应发展；⑥受到法律保护（见第3.2.1小节）。

在确定品牌要素后，必须将要传达的效用承诺转化为营销组合的四个经典领域（4P，即产品和方案、定价、分销和沟通）。在具有准同质产品的市场中，用于品牌差异化产品政策的功能特征几乎不再可用，尤其是在这些市场，品牌的情感取向被视为成功的关键。积极的情绪可以由品牌体验引发，这些体验给消费者带来更深层次的意义（例如，可持续性和社会责任感）（见第3.2.2小节）。

定价政策最重要的组成部分是定价政策战略的定义，例如，奢侈品牌的高价战略，因此，品牌服务、分销渠道和沟通也必须满足奢侈品消费者的需求（见第3.2.3小节）。零售业中品牌接触点的构建（分销政策）可以显著促进品牌效用承诺的传达。品牌店的美学设计也可以增强感官品牌体验的交流，例如，当进入Nespresso精品店时，顾客会沉浸在完全为品牌量身定制的感官体验中（见第3.2.4小节）。

品牌互动（例如，电视广告、在线广告、社交媒体上的赞助帖子等）可以让消费者了解品牌，让他们相信品牌并鼓励他们购买。例如，品牌互动可以将知名人士与品牌联系起来，或者通过幽默的方式传递品牌的积极情感。建立与品牌效用承诺的联系非常重要，即沟通信息应根据品牌定位进行设计。

参考文献

3M. (2021). *Die Geschichte der Marke Post-it®*. http://www.3mdeutschland.de/3M/de_DE/post-itnotes/contact-us/about-us/. Zugegriffen am 06.04.2021.

99Designs. (2018). *10 berühmte Logos und was du von ihnen lernen kannst*. https://99designs.de/blog/logo-und-branding/beruehmte-logos. Zugegriffen am 01.04.2021.

Aaker, J. (1997). Dimensions of brand personality. *Journal of Marketing Research, 34*, 347–356.

Acito, F., & Ford, J. D. (1980). How advertising affects employees. *Business Horizons, 23*(1), 53–59.

Adidas-Group. (2021). Marken – Adidas. https://www.adidas-group.com/de/marken/adidas/. Zugegriffen am 29.04.2021.

Algesheimer, R., & Herrmann, A. (2005). Brand Communities – Grundidee, Konzept und empirische Befunde. In F.-R. Esch (Hrsg.), *Moderne Markenführung – Grundlagen. Innovative Ansätze. Praktische Umsetzungen* (S. 747–764). Wiesbaden: Gabler.

Ambler, T., & Barrow, S. (1996). The employer brand. *Journal of Brand Management, 4*(3), 185–206.

Anees-ur-Rehman, M., Wong, H. Y., Sultan, P., & Merrilees, B. (2018). How brand-oriented strategy affects the fnancial performance of B2B SMEs. *Journal of Business & Industrial Marketing, 33*(3), 303–315.

Areni, C. S., & Kim, D. (1993). The infuence of background music on shopping behavior: Classical versus top-forty music in a wine store. *NA – Advances in Consumer Research, 20*, 336–340.

Ashley, C., & Tuten, T. (2015). Creative strategies in social media marketing – An exploratory study of branded social content and consumer engagement. *Psychology and Marketing, 32*(1), 15–27.

Athaide, G. A., & Klink, R. R. (2012). Creating global brand names: The use of sound symbolism. *Journal of Global Marketing, 25*(4), 202–212.

Augsburger Allgemeine. (2018). Warum so viele Menschen den Nestlé-Boykott bejubeln. https://www.augsburger-allgemeine.de/wirtschaft/Warum-so-viele-Menschen-den-Nestle-Boykottbejubeln-id50471786.html. Zugegriffen am 18.04.2021.

Aurand, T. W., Gorchels, L., & Bishop, T. R. (2005). Human resource management's role in internal branding: An opportunity for cross-functional brand message synergy. *Journal of Product & Brand Management, 14*(3), 163–169.

Backhaus, K., & Tikoo, S. (2004). Conceptualizing and researching employer branding. *Career Development International, 9*(5), 501–517.

Baker, T. L., Rapp, A., Meyer, T., & Mullins, R. (2014). The role of brand communications on front line service employee beliefs, behaviors, and performance. *Journal of the Academy of Marketing Science, 42*(6), 642–657.

Bandura, A. (1977). *Social learning theory*. Englewood Cliffs: Prentice-Hall.

Bärenmarke. (2021). *Marke*. https://baerenmarke.de/marke. Zugegriffen am 18.04.2021.

Befurt, R., & Herrmann, A. (2007). Mit einem Lächeln zum wirtschaftlichen Erfolg? Ein Beitrag zur Design-Wahrnehmung von Produktgesichtern. *Marketing Review St. Gallen, 24*, 8–12.

Bielefeld, K. W. (2012). *Consumer Neuroscience – Neurowissenschaftliche Grundlagen für den Markenerfolg*. Wiesbaden: Springer Gabler.

BMW Group. (2005). *BMW Group presents its Brand Academy*. https://www.press.bmwgroup.com/latin-america-caribbean/article/detail/T0050598EN/bmw-group-presents-its-brandacademy?language=en. Zugegriffen am 09.04.2021.

Boukis, A., & Christodoulides, G. (2020). Investigating key antecedents and outcomes of employeebased brand equity. *European Management Review, 17*(1), 41–55.

Bowers, M. R., & Martin, C. L. (2007). Trading places redux: Employees as customers, customers as employees. *Journal of Services Marketing, 21*(2), 88–98.

Brakus, J. J., Schmitt, B. H., & Zarantonello, L. (2009). Brand experience – What is it? How is it measured? Does it affect loyalty? *Journal of Marketing, 73*(3), 52–68.

Bravo, R., Buil, I., de Chernatony, L., & Martínez, E. (2017). Managing brand identity: Effects on the employees. *International Journal of Bank Marketing, 35*(1), 2–23.

Brexendorf, T., Tomczak, T., Kernstock, J., Henkel, S., & Wentzel, D. (2012). Der Einsatz von Instrumenten zur Förderung von Brand Behavior. In T. Tomczak, F.-R. Esch, J. Kernstock & A. Herrmann (Hrsg.), *Behavioral Branding: Wie Mitarbeiterverhalten die Marke stärkt* (3. Auf., S. 337–371). Wiesbaden: Springer Gabler.

Brexendorf, T. O., & Tomczak, T. (2004). Interne Markenführung. In S. Albers, V. Hassmann & T. Tomczak (Hrsg.), *Verkauf: Kundenmanagement, Vertriebssteuerung, E-Commerce* (S. 1–26). Düsseldorf: Symposion Publishing.

Bruhn, M. (2014). *Unternehmens- und Marketingkommunikation: Handbuch für ein integriertes Kommunikationsmanagement* (3. Auf.). München: Vahlen.

Buil, I., Martínez, E., & Matute, J. (2016). From internal brand management to organizational citizenship behaviours: Evidence from frontline employees in the hotel industry. *Tourism Management, 57*, 256–271.

Burmann, C., & Karrenbrock, T. (2019). *Das Erfolgspotenzial strategischer Produktsprache für die identitätsbasierte Markenführung*. Arbeitspapier des markstones Institute of Marketing, Branding & Technology der Universität Bremen. https://www.uni-bremen.de/markstones/forschung/publikationen.

Burmann, C., & Piehler, R. (2013). Employer Branding vs. Internal Branding – Ein Vorschlag zur Integration im Rahmen der identitätsbasierten Markenführung. *Die Unternehmung, 67*(3), 223–245.

Burmann, C., & Piehler, R. (2019). Interne und externe Markenkommunikation im Rahmen des Internal Branding. In F.-R. Esch (Hrsg.), *Handbuch Markenführung* (S. 1055–1078). Wiesbaden: Springer Fachmedien.

Burmann, C., & Zeplin, S. (2005). Building brand commitment: A behavioural approach to internal brand management. *Journal of Brand Management, 12*(4), 279–300.

Burmann, C., Zeplin, S., & Riley, N.-M. (2009). Key determinants of internal brand management success: An exploratory empirical analysis. *Journal of Brand Management, 16*(4), 264–284.

Burmann, C., Piehler, R., Schade, M., & Beckmann, C. S. (2015). Identität und Marke im Entrepreneurial Marketing. In J. Freiling & T. Kollmann (Hrsg.), *Entrepreneurial Marketing* (S. 473–499). Wiesbaden: Springer Gabler.

Chang, A., Chiang, H., & Han, T. (2012). A multilevel investigation of relationships among brand-centered HRM, brand psychological ownership, brand citizenship behaviors, and customer satisfaction. *European Journal of Marketing, 46*(5), 626–662.

de Chernatony, L., & Harris, F. (2000). Developing corporate brands through considering internal and external stakeholders. *Corporate Reputation Review, 3*(3), 268–274.

de Chernatony, L., Cottam, S., & Segal-Horn, S. (2006). Communicating services brands' values internally and externally. *Service Industries Journal, 26*(8), 819–836.

Conaway, S. (2016). *Best place to work: It starts with your people.* https://www.slideshare.net/Glassdoor/chicago-best-places-to-work-roadshow-southwest-airlines. Zugegriffen am 09.04.2021.

DER SPIEGEL. (2020). *Uncle Ben's heißt bald Ben's Original.* https://www.spiegel.de/wirtschaft/unternehmen/rassismus-debatte-uncle-ben-s-heisst-jetzt-ben-s-original-a-709407ae-f308-4e3ebbf3-55ccec43e148. Zugegriffen am 17.08.2021.

Der Tagesspiegel. (2002). *Das Eis aus der Bronx.* https://www.tagesspiegel.de/wirtschaft/das-eisaus-der-bronx/313758.html. Zugegriffen am 15.03.2021.

Dietert, A. C. (2018). *Die Erfolgssicherung von Marken durch Authentizität.* Wiesbaden: Springer Gabler.

DMK Group. (2019a). *Unser Leitbild 2030.* https://dmk.de/was-uns-bewegt/unsere-dmk/artikel/unser-leitbild-2030/. Zugegriffen am 06.04.2021.

DMK Group. (2019b). *DMK Unternehmensflm.* https://dmk.de/fleadmin/redaktion/videos/190604_DMK_Unternehmensflm_720p_DE_UT.mp4. Zugegriffen am 06.04.2021.

DMK Group. (2019c). *Du bist DMK – Holzbox on Tour.* https://dmk.de/was-uns-bewegt/unseredmk/artikel/du-bist-dmk-holzbox-on-tour/. Zugegriffen am 13.05.2021.

Du Preez, R., & Bendixen, M. T. (2015). The impact of internal brand management on employee job satisfaction, brand commitment and intention to stay. *International Journal of Bank Marketing, 33*(1), 78–91.

Du Preez, R., Bendixen, M. T., & Abratt, R. (2017). The behavioral consequences of internal brand management among frontline employees. *Journal of Product & Brand Management, 26*(3), 251–261.

DuBose, C. N., Cardello, A. V., & Maller, O. (1980). Effects of colorants and favorants on identifcation, perceived favor intensity, and hedonic quality of fruit-favored beverages and cakes. *Journal of Food Science, 45*, 1393–1399.

Duracell. (2021). Hallo, wir sind Duracell. https://www.duracell.de/. Zugegriffen am 18.04.2021.

Edwards, M. R. (2010). An integrative review of employer branding and OB theory. *Personnel Review, 39*(1), 5–23.

Elving, W. J. L., Westhoff, J. J. C., Meeusen, K., & Schoonderbeek, J. (2013). The war for talent? The relevance of employer branding in job advertisements for becoming an employer of choice. *Journal of Brand Management, 20*(5), 355–373.

Endmark GmbH. (2016). *Claimstudie 2016.* https://www.endmark.de/de/aktuelles/presse/claimstudie-2016/. Zugegriffen am 17.03.2021.

Eppmann, R., Bekk, M., & Klein, K. (2018). Gameful experience in gamifcation: Construction and validation of a gameful experience scale [GAMEX]. *Journal of Interactive Marketing, 43*, 98–115.

Erfgen, C., Zenker, S., & Sattler, H. (2015). The vampire effect: When do celebrity endorsers harm brand recall? *International Journal of Research in Marketing, 32*(2), 155–163.

Esch, F.-R., & Eichenauer, S. (2016). Bedeutung der Internen Kommunikation für die Unternehmenskommunikation. In M. Bruhn, F.-R. Esch & T. Langner (Hrsg.), *Handbuch Instrumente der Kommunikation: Grundlagen – Innovative Ansätze – Praktische Umsetzungen* (2. Auf., S. 301–324). Wiesbaden: Springer Gabler.

Esch, F.-R., & Knörle, C. (2012). Führungskräfte als Markenbotschafter. In T. Tomczak, F.-R. Esch, J. Kernstock & A. Herrmann (Hrsg.), *Behavioral branding* (3. Auf., S. 373–387). Wiesbaden: Gabler.

Esch, F.-R., Fischer, A., & Strödter, K. (2012). Interne Kommunikation zum Aufbau von Markenwissen bei den Mitarbeitern. In T. Tomczak, F.-R. Esch, J. Kernstock & A. Herrmann (Hrsg.), *Behavioral Branding: Wie Mitarbeiterverhalten die Marke stärkt* (S. 101–120). Wiesbaden: Springer Gabler.

Ewing, M. T., Pitt, L. F., de Bussy, N. M., & Berthon, P. (2002). Employment branding in the knowledge economy. *International Journal of Advertising, 21*(1), 3–22.

Fast Company. (2015). *How packaging infuences the way we taste food.* https://www.fastcompany.com/3052745/how-packaging-infuences-the-way-we-taste-food. Zugegriffen am 17.03.2021. FAZ. (2020). *Unverpackt wird schick.* https://www.faz.net/asv/handel-2020-trendbarometer/unverpackt-wird-schick-16630120.html. Zugegriffen am 17.03.2021.

Fit. (2021). *Weich, Weicher. Kuschelweich.* https://www.ft.de/kuschelweich. Zugegriffen am 18.04.2021.

Flaggenlexikon (2021). https://www.faggenlexikon.de/fdthohes-md.htm. Zugegriffen am 16.03.2021.

Floreddu, P. B., Cabidou, F., & Evaristo, R. (2014). Inside your social media ring: How to optimize online corporate reputation. *Business Horizons, 57*(6), 737–745.

Forbes. (2021). *America's Best Employers.* https://www.forbes.com/companies/southwestairlines/?list=best-employers/&sh=368e70674c2a. Zugegriffen am 07.04.2021.

FORTUNE. (2021). *The worlds most admired companies.* https://fortune.com/worlds-mostadmired-companies/2021/search/?ordering=asc. Zugegriffen am 07.04.2021.

Foster, C., Punjaisri, K., & Cheng, R. (2010). Exploring the relationship between corporate, internal and employer branding. *Journal of Product & Brand Management, 19*(6), 401–409.

Francis, J. N. P., Lam, J. P. Y., & Walls, J. (2002). Executive insights: The impact of linguistic differences on international brand name standardization: A comparison of English and Chinese brand names of Fortune-500 companies. *Journal of International Marketing, 10*(1), 98–116.

Freundt, T. C. (2006). *Verhaltensrelevanz emotionaler Markenimages – eine interindustrielle Analyse auf empirischer Grundlage*. Wiesbaden: Dt. Univ.-Verlag.

Gaiser, B., & Theobald, E. (2017). Marketingkommunikation im digitalen Wandel. In E. Theobald (Hrsg.), *Brand Evolution* (S. 125–146). Wiesbaden: Springer Gabler.

Gallo, C. (2013). *How southwest and virgin America win by putting people before Proft*. https://www.forbes.com/sites/carminegallo/2013/09/10/how-southwest-and-virgin-america-win-byputting-people-before-proft/#59d77f1d695a. Zugegriffen am 09.04.2021.

Garas, S. R. R., Mahran, A. F. A., & Mohamed, H. M. H. (2018). Internal corporate branding impact on employees' brand supporting behaviour. *Journal of Product & Brand Management, 27*(1), 79–95.

Garretson, J. A., & Burton, S. (2005). The role of spokescharacters as advertisement and package cues in integrated marketing communications. *Journal of Marketing, 69*(4), 118–132.

Gelbrich, K., & Müller, S. (2007). Fremdsprachige Markennamen zwischen Xenophilie und Xenophobie. In T. Bayón, A. Hermann & F. Huber (Hrsg.), *Vielfalt und Einheit in der Marketingwissenschaft* (S. 45–65). Wiesbaden: Springer Gabler.

George, W. R., & Berry, L. L. (1981). Guidelines for the advertising of services. *Business Horizons, 24*(4), 52–56.

GoPro. (2015). *Top Ten Q&A from Nick Woodman's Reddit AMA*. https://gopro.com/de/de/news/top-ten-qa-from-nick-woodmans-reddit-ama. Zugegriffen am 14.03.2021.

Handelsblatt. (2019). *Warum Nestlé so unbeliebt ist*. https://www.handelsblatt.com/unternehmen/handel-konsumgueter/lebensmittelkonzern-warum-nestle-so-unbeliebt-ist/26287122.html. Zugegriffen am 18.04.2021.

Hartmann, K. (2010). *Wirkung der Markenwahrnehmung auf das Markencommitment von Mitarbeitern: Eine empirische Untersuchung der Wirkung von Markenimage, interner Kommunikation und Fit zwischen persönlichen und Markenwerten auf das Commitment*. Hamburg: Dr. Kovac.

Hattig, J. (2005). Festrede zum 50-jährigen Bestehen des Marketing Clubs Bremen. *Arbeitspapier Nr. 15 des Lehrstuhls für innovatives Markenmanagement (LiM)*. Bremen: Universität Bremen.

Hauschildt, J., Salomo, S., Schultz, C., & Kock, A. (2016). *Innovationsmanagement*. München: Vahlen.

Heimann, M., & Schütz, M. (2016). *Wie Design wirkt – Psychologische Prinzipien erfolgreicher Gestaltung*. Bonn: Rheinwerk Design.

Henderson, P. W., & Cote, J. A. (1998). Guidelines for selecting or modifying logos. *Journal of Marketing, 62*(2), 14–30.

Henkel, S., Tomczak, T., Heitmann, M., & Herrmann, A. (2007). Managing brand consistent employee behaviour: Relevance and managerial control of behavioural branding. *Journal of Product & Brand Management, 16*(5), 310–320.

Henkel, S., Wentzel, D., & Tomczak, T. (2009). Die Rolle der Werbung in der internen Markenführung. *Marketing ZFP, 31*(1), 43–56.

Henkel, S., Tomczak, T., & Jenewein, W. (2012). Werbung als Verhaltensvorbild für Mitarbeiter. In T.

Tomczak, F.-R. Esch, J. Kernstock & A. Herrmann (Hrsg.), *Behavioral Branding: Wie Mitarbeiterverhalten die Marke stärkt* (S. 443–467). Wiesbaden: Springer Gabler.

Herrmann, A., & Stefndes, J. (2011). Wechselspiel zwischen emotionalem und kognitivem Markenerlebnis – Ergebnisse und Implikationen einer neurowissenschaftlichen Studie. In M. Bruhn & R. Köhler (Hrsg.), *Wie Marken wirken. Impulse aus der Neuroökonomie für die Markenführung* (S. 131–143). München: Vahlen.

Herrmann, A., Huber, F., & Wittke-Kothe, C. (2002). Interne Markenführung – Verankerung der Markenidentität im Mitarbeiterverhalten. *Journal für Betriebswirtschaft, 52*(5-6), 186–205.

Hiddessen, J. (2021). *Interaktionen mit Social Media Infuencern als Instrument zur Markenprofierung*. Wiesbaden: SpringerGabler.

Hughes, D. E. (2013). This ad's for you: The indirect effect of advertising perceptions on salesperson effort and performance. *Journal of the Academy of Marketing Science, 41*(1), 1–18.

Intel. (2021). The world is transforming – And so is Intel. https://www.intel.com/content/www/us/en/company-overview/visual-brand-identity.html. Zugegriffen am 29.04.2021.

Issey Miyake. (2021). https://www.isseymiyakeparfums.com/de/. Zugegriffen am 15.03.2021.

Joachimsthaler, E. (2002). Mitarbeiter – Die vergessene Zielgruppe für Markenerfolge. *Absatzwirtschaft, 45*(11), 28–34.

Kahn, B., & Wansink, B. (2004). The infuence of assortment structure on perceived variety and consumption quantities. *Journal of Consumer Research, 30*(4), 519–533.

Kästner, E. (2009). *Kreativität als Bestandteil der Markenidentität: Ein verhaltenstheoretischer Ansatz zur Analyse der Mitarbeiterkreativität*. Wiesbaden: Gabler.

Kastner, O. L. (2015). *Erfolgsfaktoren von Pop-up Stores*. Wiesbaden: Springer Gabler.

Keller, K. L. (2001). Mastering the marketing communications mix: Micro and macro perspectives on integrated marketing communication programs. *Journal of Marketing Management, 17*, 819–847.

Keller, K. L. (2013). *Strategic brand management* (4. Auf.). London: Pearson Education.

Keller, K. L., & Swaminathan, V. (2019). *Strategic brand management* (5. Auf.). Harlow: Pearson Education.

Keller, K. L., Heckler, S. E., & Houston, M. J. (1998). The effects of brand name suggestiveness on advertising recall. *Journal of Marketing, 62*(1), 48–57.

Kernstock, J., & Brexendorf, T. O. (2014). Die Corporate Brand in Richtung Mitarbeiter gestalten und verankern. In F.-R. Esch, T. Tomczak, J. Kernstock & T. Langner (Hrsg.), *Corporate brand management* (3. Auf., S. 243–265). Wiesbaden: Springer Gabler.

Khan, I., & Fatma, M. (2017). Antecedents and outcomes of brand experience: An empirical study. *Journal of Brand Management*, 24(5), 439–452.

Kilian, K. (2007). Multisensuales Markendesign als Basis ganzheitlicher Markenkommunikation. In A. Florack, M. Scarabis & E. Primosch (Hrsg.), *Psychologie der Markenführung* (S. 323–356). München: Vahlen.

Kim, M. J., & Lim, J. H. (2019). A comprehensive review on logo literature: Research topics, fndings, and future directions. *Journal of Marketing Management, 35*(13/14), 1291–1365.

Klein, K., & Eppmann, R. (2020). Spielbasiertes Marketing – Marketing weiterdenken mit Spielen und

Spieldesign. In M. Bruhn, C. Burmann & M. Kirchgeorg (Hrsg.), *Marketing Weiterdenken. Zukunftspfade für eine marktorientierte Unternehmensführung* (2. Auf.). Wiesbaden: Gabler.

Kühnl, C., & Mantau, A. (2013). Same sound, same preference? Investigating sound symbolism effects in international brand names. *International Journal of Research in Marketing, 30*(4), 417–420.

Küpper, D., Klein, K., & Völckner, F. (2021a). Gamifying employer branding: An integrating framework and research propositions for a new HRM approach in the digitized economy. *Human Resource Management Review, 31*(1).

Küpper, D., Klein, K., & Völckner, F. (2021b). *Recruitment meets gamifcation: Facilitating learning through serious games*. Working paper.

Lalaounis, S. T. (2021). *Strategic brand management and development: Creating and marketing successful brands*. Oxfordshire: Routledge.

Landwehr, J. R., McGill, A. L., & Herrmann, A. (2011). It's got the look: The effect of friendly and aggressive "facial" expressions on product liking and sales. *Journal of Marketing, 75*(3), 132–146.

Landwehr, J. R., Wentzel, D., & Herrmann, A. (2013). Product design for the long run: Consumer responses to typical and atypical designs at different stages of exposure. *Journal of Marketing, 77*(5), 92–107.

van der Lans, R., Cote, J. A., Cole, C. A., Leong, S. M., Smidts, A., Henderson, P. W., Bluemelhuber, C., Bottomley, P. A., Doyle, J. R., Fedorikbin, A., Moorthy, J., Ramaseshan, B., & Schmitt, B. H. (2009). Cross-national logo evaluation analysis: An individual-level approach. *Marketing Science, 28*(5), 968–985.

Lappeman, J., Chigada, J., & Pillay, P. (2019). Rethinking share-of-wallet at the bottom of the pyramid: Using fnancial diaries to observe monthly category trade-offs. *Journal of Consumer Marketing, 36*(1), 50–63.

Laux, H., & Liermann, F. (2005). *Grundlagen der Organisation: die Steuerung von Entscheidungen als Grundproblem der Betriebswirtschaftslehre*. Berlin: Springer.

Lebensmittel Zeitung. (2010). *Bildstrecke: Store Check Nespresso München*. http://www.lebensmittelzeitung.net/storechecks/Store-Check-Nespresso-Muenchen-155. Zugegriffen am 07.08.2017.

Leclerc, F., Schmitt, B. H., & Dubé, L. (1994). Foreign branding and its effect on product perceptions and attitudes. *Journal of Marketing Research, 31*(2), 263–270.

Lensker, P. (2020). Experience zählt gerade jetzt. *Absatzwirtschaft, 7*(8), 46–51.

Lienemann, A. (2021). *Die Wirkung von Beziehungen im Infuencer-Branding – Eine experimentelle Analyse des Brand-Fits und Infuencer Attachments*. Wiesbaden: SpringerGabler.

Liu, G., Ko, W. W., & Chapleo, C. (2017). Managing employee attention and internal branding. *Journal of Business Research, 79*, 1–11.

Lowrey, T. M., & Shrum, L. J. (2007). Phonetic symbolism and brand name preference. *Journal of Consumer Research, 34*(3), 406–414.

Luffarelli, J., Mukesh, M., & Mahmood, A. (2019). Let the logo do the talking: The infuence of logo descriptiveness on brand equity. *Journal of Marketing Research, 56*(5), 862–878.

M'zungu, S. D. M., Merrilees, B., & Miller, D. (2010). Brand management to protect brand equity: A conceptual model. *Journal of Brand Management, 17*(8), 605–617.

Madden, T. J., Hewett, K., & Roth, M. S. (2000). Managing images in different cultures: A crossnational study of color meanings and preferences. *Journal of International Marketing, 8*(4), 90–107.

ManpowerGroup. (2020). *Talent shortage 2020. Closing the skills gap: What workers want.* https://workforce-resources.manpowergroup.com/closing-the-skills-gap-know-what-workers-want/ closing-the-skills-gap-know-what-workers-want. Zugegriffen am 07.08.2020.

Marke 41. (2021). *Multisensorisches Marketing 3: Die Macht des Klangs.* https://www.marke41.de/content/die-macht-des-klangs. Zugegriffen am 14.03.2021.

Martin, G., Gollan, P. J., & Grigg, K. (2011). Is there a bigger and better future for employer branding? Facing up to innovation, corporate reputations and wicked problems in SHRM. *The International Journal of Human Resource Management, 22*(17), 3618–3637.

Mastercard Brandcenter. (2021). *Markengeschichte.* https://brand.mastercard.com/brandcenter-de/more-about-our-brands/brand-history.html. Zugegriffen am 18.04.2021.

Matanda, M. J., & Ndubisi, N. O. (2013). Internal marketing, internal branding, and organisational outcomes: The moderating role of perceived goal congruence. *Journal of Marketing Management, 29*(9/10), 1030–1055.

Mäurer, & Wirtz. (2021). *Marken.* https://www.m-w.de/. Zugegriffen am 16.04.2021.

McAlexander, J. H., Schouten, J. W., & Koenig, H. F. (2002). Building Brand Community. *Journal of Marketing, 66*(1), 38–54.

McKinsey&Company, & Fischer, M. (2016). *McKinsey. Comeback der Marke als Statussymbol. Pressemitteilung vom 6. Oktober 2016.* https://www.mckinsey.de/fles/161006_pm_markenrelevanz.pdf. Zugegriffen am 22.08.2017.

Meffert, H., Burmann, C., Kirchgeorg, M., & Eisenbeiß. (2019). *Marketing: Grundlagen marktorientierter Unternehmensführung.* Wiesbaden: Springer Gabler.

Mellor, V. (1999). Delivering brand values through people. *Strategic Communication Management, 5*(2), 26–29.

Melnyk, V., Klein, K., & Völckner, F. (2012). The double-edged sword of foreign brand names for companies from emerging countries. *Journal of Marketing, 76*(6), 21–37.

Michael, D., & Chen, S. (2006). *Serious games: Games that educate, train and inform.* Boston: Thomson Course Technology.

Miles, S. J., & Mangold, W. G. (2004). A conceptualization of the employee branding process. *Journal of Relationship Marketing, 3*(2-3), 65–87.

Miles, S. J., & Mangold, W. G. (2005). Positioning Southwest Airlines through employee branding. *Business Horizons, 48*(6), 535–545.

Miles, S. J., Mangold, W. G., Asree, S., & Revell, J. (2011). Assessing the employee brand: A census of one company. *Journal of Managerial Issues, 23*(4), 491–507.

Mitchell, C. (2002). Selling the brand inside. *Harvard Business Review, 80*(1), 99–105.

Morhart, F., Jenewein, W., & Tomczak, T. (2012). Mit transformationaler Führung das Brand Behavior stärken. In T. Tomczak, F.-R. Esch, J. Kernstock & A. Herrmann (Hrsg.), *Behavioral Branding – Wie Mitarbeiterverhalten die Marke stärkt* (S. 389–406). Wiesbaden: Springer Gabler.

Morhart, F. M., Herzog, W., & Tomczak, T. (2009). Brand-specifc leadership: Turning employees into brand champions. *Journal of Marketing, 73*(5), 122–142.

Moroko, L., & Uncles, M. D. (2008). Characteristics of successful employer brands. *Journal of Brand Management, 16*(3), 160–175.

Müller, J. (2012). *Multisensuale Gestaltung der Ladenatmosphäre zur Proflierung von Store Brands – Ein theoriegeleitetes, experimentelles Design zum Shopperverhalten*. Wiesbaden: Gabler.

Munzinger, U., & Wenhart, C. (2012). *Marken erleben im digitalen Zeitalter*. Wiesbaden: Springer Gabler.

Murillo, E., & King, C. (2019). Examining the drivers of employee brand understanding: A longitudinal study. *Journal of Product & Brand Management, 28*(7), 893–907.

Nespresso. (2017). *Pictures*. http://www.nestle-nespresso.com/media/library/pictures. Zugegriffen am 01.08.2017.

Nestle. (2021). *Marken – Perrier*. https://www.nestle.ch/de/brands/perrier. Zugegriffen am 18.04.2021.

Nike. (2021). https://www.nike.com/de/. Zugegriffen am 16.04.2021.

Nikic-Cemas, I. (2020). *Virtual Reality als neuartiges Kommunikationsinstrument der internen, identitätsbasierten Markenkommunikation*. Wiesbaden: Springer Gabler.

North, A. C., Hargreaves, D. J., & McKendricks, J. (1999). The infuence of in-store music on wine selections. *Journal of Applied Psychology, 84*(2), 271–276.

OMR. (2017). *Infuencer Marketing. So nutzt du den Einfuss der neuen Medienstars für dein Unternehmen*. Rockstars Report, 1, S. 1–78.

Pälike, F. (2000). Die Manager-Marke kommt! Persönlichkeit ist ein Added Value. *Absatzwirtschaft, 43*(Oktober), 16–18.

Peter, P., & Olson, J. (2008). *Consumer behavior and marketing strategy* (8. Auf.). Boston: McGrawHill/Irwin.

Piehler, R. (2011). *Interne Markenführung – Theoretisches Konzept und fallstudienbasierte Evidenz*. Wiesbaden: Gabler.

Piehler, R., Hanisch, S., & Burmann, C. (2015). Internal branding – Relevance, management, and challenges. *Marketing Review St. Gallen, 32*(1), 52–60.

Piehler, R., King, C., Burmann, C., & Xiong, L. (2016). The importance of employee brand understanding, brand identifcation, and brand commitment in realizing brand citizenship behaviour. *European Journal of Marketing, 50*(9/10), 1575–1601.

Piehler, R., Grace, D., & Burmann, C. (2018). Internal brand management: Introduction to the special issue and directions for future research. *Journal of Brand Management, 25*(3), 197–201.

Piehler, R., Schade, M., & Burmann, C. (2019). Employees as a second audience: The effect of external communication on internal brand management outcomes. *Journal of Brand Management, 26*(4), 445–460.

Piehler, R., Rößler, A., & Burmann, C. (2021). The role of leadership and communication in internal city branding. *Journal of Product & Brand Management,* (im Druck).

Pogacar, R., Angle, J., Lowrey, T. M., Shrum, L. J., & Kardes, F. R. (2021). EXPRESS: Is Nestlé a lady? The feminine brand name advantage. *Journal of Marketing*.

Porricelli, M. S., Yurova, Y., Abratt, R., & Bendixen, M. (2014). Antecedents of brand citizenship behavior in retailing. *Journal of Retailing and Consumer Services, 21*(5), 745–752.

Prahalad, C. K., & Ramaswamy, S. (2004). Co-creation experiences – The next practice in value creation. *Journal of Interactive Marketing, 18*(3), 5–14.

Punjaisri, K., & Wilson, A. (2007). The role of internal branding in the delivery of employee brand promise. *Journal of Brand Management, 15*(1), 57–70.

Punjaisri, K., & Wilson, A. (2011). Internal branding process: Key mechanisms, outcomes and moderating factors. *European Journal of Marketing, 45*(9/10), 1521–1537.

Punjaisri, K., Wilson, A., & Evanschitzky, H. (2008). Exploring the infuences of internal branding on employees' brand promise delivery: Implications for strengthening customer-brand relationships. *Journal of Relationship Marketing, 7*(4), 407–424.

Punjaisri, K., Evanschitzky, H., & Wilson, A. (2009). Internal branding: An enabler of employees' brand-supporting behaviours. *Journal of Service Management, 20*(2), 209–226.

Punjaisri, K., Evanschitzky, H., & Rudd, J. (2013). Aligning employee service recovery performance with brand values: The role of brand-specifc leadership. *Journal of Marketing Management, 29*(9-10), 981–1006.

Rempel, J. E. (2006). *Olfaktorische Reize in der Markenkommunikation. Theoretische Grundlagen und empirische Erkenntnisse zum Einsatz von Düften*. Wiesbaden: Deutscher Universitätsverlag.

Ritz-Carlton Leadership Center. (2015a). *Signifcant stat: Onboarding orientation*. http://ritzcarltonleadershipcenter.com/2015/08/onboarding. Zugegriffen am 01.08.2017.

Ritz-Carlton Leadership Center. (2015b). *Culture and onboarding*. http://ritzcarltonleadershipcenter.com/2015/12/culture-and-onboarding. Zugegriffen am 01.08.2017.

Ritz-Carlton Leadership Center. (2015c). *An award-winning journey*. http://ritzcarltonleadershipcenter.com/about-us/awards. Zugegriffen am 01.08.2017.

Rößler, A. (2019). *Internal City Branding: Ein empirisch validiertes Modell zur internen, identitätsbasierten Markenführung von Städten*. Wiesbaden: Springer Gabler.

Saleem, F. Z., & Iglesias, O. (2016). Mapping the domain of the fragmented feld of internal branding. *Journal of Product & Brand Management, 25*(1), 43–57.

Sammerl, N. (2006). *Innovationsfähigkeit und nachhaltiger Wettbewerbsvorteil – Messung – Determinanten – Wirkungen*. Wiesbaden: Gabler.

Schade, M. (2012). *Identitätsbasierte Markenführung professioneller Sportvereine – Eine empirische Untersuchung zur Ermittlung verhaltensrelevanter Markennutzen und der Relevanz der Markenpersönlichkeit*. Wiesbaden: Gabler.

Schmidt, H. J., & Kilian, K. (2012). Internal Branding, Employer Branding & Co.: Der Mitarbeiter im Markenfokus. *transfer Werbeforschung & Praxis, 58*(1), 28–33.

Schmitt, B. (2003). *Customer experience management – A revolutionary approach to connecting with your customers*. Weinheim: Wiley.

Schmitt, B. (2009). Customer experience management. In M. Bruhn, F.-R. Esch & T. Langner (Hrsg.), *Handbuch Kommunikation* (S. 697–711). Wiesbaden: Gabler.

Schmitt, B., & Mangold, M. (2005). Customer Experience Management als zentrale Erfolgsgröße der Markenführung. In F.-R. Esch (Hrsg.), *Moderne Markenführung – Grundlagen. Innovative Ansätze. Praktische Umsetzungen* (S. 287–304). Wiesbaden: Gabler.

Schmitt, B. H., Brakus, J., & Zarantonello, L. (2015). The current state and future of brand experience. *Journal of Brand Management, 21*(9), 727–733.

Schwäbisch Hall. (2021). *Die Marke*. https://www.schwaebisch-hall.de/unternehmen/ueber_uns/die_marke.html. Zugegriffen am 18.04.2021.

Sharp, L. A. (2012). Stealth learning: Unexpected learning opportunities through games. *Journal of Instructional Research, 1*, 42–48.

Shields, A. B., & Johnson, J. W. (2016). What did you do to my brand? The moderating effect of brand nostalgia on consumer responses to changes in a brand. *Psychology & Marketing, 33*(9), 713–728.

Solomon, M. R. (2009). *Marketing: Real people, real decisions*. London: Pearson Education.

Solomon, M. R. (2011). *Consumer behavior: Buying, having, and being* (9. Auf.). London: Pearson Education.

Solomon, M. R., Bamossy, G. J., Askegaard, S., & Hogg, M. K. (2016). *Consumer behaviour. A European perspective*. Harlow: Pearson.

Southwest Airlines. (2021a). *Southwest corporate fact sheet*. https://www.swamedia.com/pages/corporate-fact-sheet#. Zugegriffen am 07.04.2021.

Southwest Airlines. (2021b). *Culture*. https://www.southwest.com/html/about-southwest/careers/culture.html. Zugegriffen am 07.04.2021.

Spence, C. (2015). On the psychological impact of food colour. *Flavour, 4*(1), 1–16.

Spence, C., Levitan, C., Shankar, M. U., & Zampini, M. (2010). Does food color infuence taste and favor perception in humans? *Chemosensory Perception, 3*, 68–84.

SPIEGEL. (2019). *Fahrbericht Audi e-Tron: Das Warten hat kein Ende*. https://www.spiegel.de/auto/fahrberichte/audi-e-tron-im-test-elektroauto-mit-ladehemmung-und-gewichtsproblemena-1272487.html. Zugegriffen am 10.04.2021.

Springer, C. (2008). *Multisensuale Markenführung – Eine verhaltenswissenschaftliche Analyse unter besonderer Berücksichtigung von Brand Lands in der Automobilwirtschaft*. Wiesbaden: Gabler.

Starbucks. (2017). *Starbucks store design*. http://www.starbucks.com/coffeehouse/store-design. Zugegriffen am 24.08.2017.

Steiner, P. (2017). *Sensory Branding. Grundlagen multisensualer Markenführung*. Wiesbaden: Springer Gabler.

Steiner, P. (2018). *Sound Branding. Grundlagen akustischer Markenführung*. Wiesbaden: Springer Gabler.

Stone, D., Pulido, A., & Strevel, J. (2014). *Customer satisfaction survey: Who's up and who's down*. http://

www.mckinsey.com/business-functions/marketing-and-sales/our-insights/customersatisfaction-survey-who039s-up-and-who039s-down. Zugegriffen am 07.08.2017.

Ströbele, P., & Hacker, F. (2015). *Markengesetz (MarkenG), Kommentar*. Eschborn: Christian Rieck.

Taylor, B. (2011). *Hire for attitude, train for skill*. https://hbr.org/2011/02/hire-for-attitude-trainfor-sk. Zugegriffen am 09.04.2021.

Terglav, K., Konečnik Ruzzier, M., & Kaše, R. (2016). Internal branding process: Exploring the role of mediators in top management's leadership-commitment relationship. *International Journal of Hospitality Management, 54*, 1–11.

The Guardian. (2018). *Tesla workers say they pay the price for Elon Musk's big promises*. https://www.theguardian.com/technology/2018/jun/13/tesla-workers-pay-price-elon-musk-failedpromises. Zugegriffen am 08.04.2021.

Thomson, K., de Chernatony, L., Arganbright, L., & Khan, S. (1999). The buy-in benchmark: How staff understanding and commitment impact brand and business performance. *Journal of Marketing Management, 15*(8), 819–835.

Totz, C., & Werg, F. (2014). Interaktionen machen Marken – wie die Digitalisierung Interaktionen zum Kern der Markenführung macht. In S. Dänzler & T. Heun (Hrsg.), *Marke und digitale Medien* (S. 113–131). Wiesbaden: Springer Gabler.

Vallaster, C., & de Chernatony, L. (2005). Internationalisation of services brands: The role of leadership during the internal brand building process. *Journal of Marketing Management, 21*(1/2), 181–203.

Von der Oelsnitz, D. (2021). Diener des Ganzen. Demütige Führung („Humble Leadership"). *Forschung & Lehre, 28*(4), 294–295.

Wadhwa, M., & Zhang, K. (2015). This number just feels right: The impact of roundedness of price numbers on product evaluations. *Journal of Consumer Research, 41*(5), 1172–1185.

Watzlawick, P., Beavin, J. H., & Jackson, D. D. (2017). *Menschliche Kommunikation*. Bern: Hofgrefe.

WELT. (2009). *McDonald's will die Farbe Rot nicht mehr*. https://www.welt.de/wirtschaft/article5297617/McDonald-s-will-die-Farbe-Rot-nicht-mehr.html. Zugegriffen am 15.03.2021.

WELT. (2016). *Das fauschige Geheimnis hinter Ikeas „Kackling"*. https://www.welt.de/kultur/article153067906/Das-fauschige-Geheimnis-hinter-Ikeas-Kackling.html. Zugegriffen am 15.03.2021.

Wentzel, D., Henkel, S., & Tomczak, T. (2010). Can I live up to that ad? Impact of implicit theories of ability on service employees' responses to advertising. *Journal of Service Research, 13*(2), 137–152.

Wentzel, D., Tomczak, T., & Herrmann, A. (2012). Storytelling im behavioral branding. In T. Tomczak, F.-R. Esch, J. Kernstock & A. Herrmann (Hrsg.), *Behavioral Branding – Wie Mitarbeiterverhalten die Marke stärkt* (S. 425–442). Wiesbaden: Springer Gabler.

Wilden, R., Gudergan, S., & Lings, I. (2010). Employer branding: Strategic implications for staff recruitment. *Journal of Marketing Management, 26*(1-2), 56–73.

WIRED. (2018). *A brief history of Elon Musk's market-moving tweets*. https://www.wired.com/story/elon-musk-twitter-stock-tweets-libel-suit/. Zugegriffen am 08.04.2021.

WirtschaftsWoche. (2020). https://www.wiwo.de. Zugegriffen am 15.03.2021.

WordPress.com. (2012). *TATA STEEL's „values stronger than steel" campaign advertisement*. https://uniqueadideas.fles.wordpress.com/2012/12/tata1.jpg. Zugegriffen am 09.04.2017.

Workforce Magazine. (2019). *2019 workforce 100: Ranking the world's top companies for HR*. https://www.workforce.com/news/2019-workforce-100-ranking-top-companies-hr. Zugegriffen am 07.04.2021.

WuV. (2016). *Die 10 besten Soundlogos der Markenwelt*. https://www.wuv.de/specials/musik_in_der_werbung/die_10_besten_soundlogos_der_markenwelt. Zugegriffen am 14.03.2021.

Yalch, R. F. (1991). Memory in a jingle jungle: Music as a mnemonic device in communicating advertising slogans. *Journal of Applied Psychology, 76*(2), 268–275.

Yorkson, E., & Menon, G. (2004). A sound idea: Phonetic effects of brand names on consumer judgements. *Journal of Consumer Research, 31*(1), 43–51.

ZEIT. (2020). *Uncle Ben's und Aunt Jemima ändern Markenlogo*. https://www.zeit.de/wirtschaft/unternehmen/2020-06/rassismus-debatte-uncle-bens-aunt-jemima-marken-logo-aenderung. Zugegriffen am 14.03.2021.

Zeplin, S. (2006). *Innengerichtetes, identitätsbasiertes Markenmanagement*. Wiesbaden: Gabler.

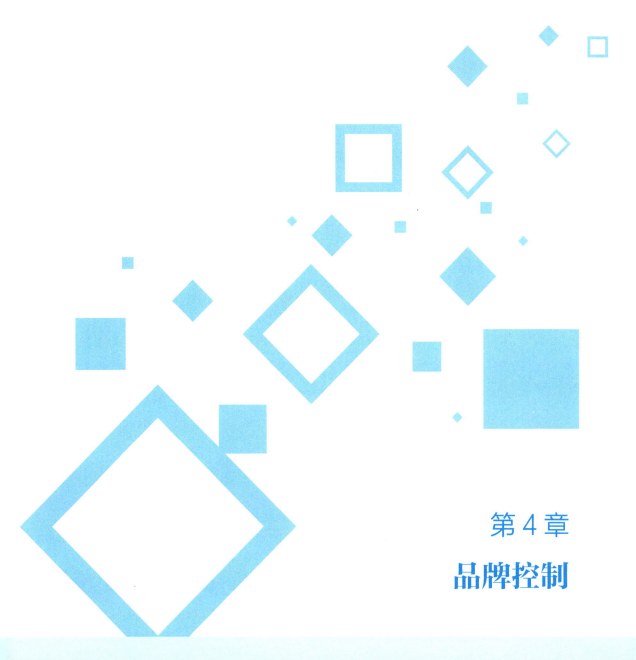

第 4 章

品牌控制

学习目的

在本章中,读者将了解如何监控品牌的实际成功,以及哪些控制指标尤为重要。通过本章的学习,读者还将能够解释,为什么品牌的财务估值作为品牌管理的工具如此重要。此外,读者还将了解到计算品牌财务价值的不同方法,以及这些方法的优势和劣势。

4.1 品牌内外部效益衡量

    4.1.1 品牌内外部优势理念化

    4.1.2 品牌成功度衡量的工具精选

4.2 品牌评估

    4.2.1 客户权益与品牌权益作为品牌控制的关键指标

    4.2.2 品牌评估的必要性和要求

    4.2.3 品牌评估在资产负债表方面的框架条件

    4.2.4 品牌评估方法的分类

    4.2.5 基于身份的品牌评估

小结

参考文献

第 4 章 品牌控制

本章从基于身份品牌管理框架的角度出发，依次介绍品牌控制的各个领域，阐述其间的关联，并举例说明有关内容。

> 品牌控制的定义：品牌控制涉及对参与品牌管理的所有部门提供信息和咨询，并结合协调功能以支持公司品牌相关规划、操控和监督流程（Meffert等，2019，第927页）。

品牌控制包括品牌内外部效益衡量（见图4.1），以及记录、分析和评估品牌管理的结果（见第4.1节），品牌效益衡量是品牌评估的基础（见第4.2节）。品牌控制的所有结果都应以系统的和简洁的形式提供给品牌管理层，作为未来决策的基础（Heemann，2008，第8页）。

图 4.1　品牌控制在基于身份品牌管理过程中所处的环节

在实现企业目标的过程中，要进行成功的品牌管理，仅靠直觉管理是不够的。品牌自身不是目的，而是为了实现企业的目标。打造强势品牌需要巨额投资，因此必须有职业化程度较高的品牌管理。品牌管理需要卓有成效的控制系统，该系统能够兼顾定量和定性数据，并反映出品牌管理的贡献。

构建一个控制系统的出发点，需要制定品牌控制的目标值。为了确保指标能够恰当、有意义地反映品牌绩效，除了有效性（正确性）和可靠性（可信度），还必须保证信息的高质量，因此：

- 品牌控制必须包括经济变量（核心效益变量）和心理变量（绩效驱动因素）。
- 品牌控制必须包括定量和定性变量。
- 品牌控制必须包括事前控制和事后控制。
- 品牌控制必须考虑品牌管理的内部变量（由内而外的视角）和外部变量（由外而内的视角）。

至关重要的是，所有关键指标相互补充，形成一个连贯的系统，并提前为明确的品牌战略提供支撑。品牌控制可以从预算的角度考察目标的完成程度。在为品牌控制确定合适的测量标准时，建议将多个指标合并为一个综合指标。基于身份品牌管理的综合指标是品牌内部和外部优势（见第4.1节）和品牌经济价值（见第4.2节）。

4.1 品牌内外部效益衡量

4.1.1 品牌内外部优势理念化

> 品牌优势被定义为品牌在企业内部、外部相关群体中行为相关性的程度（Jost-Benz，2009，第63页）。

品牌内部优势构成了基于身份品牌价值的核心，反映了品牌对内部受众的锚定作用，是品牌未来发展的前置指标。品牌内部优势代表了员工与品牌利益一致的行为，他们通过与品牌身份相关的认知、定位、专长和资源表现出来。

品牌内部优势可以通过员工的品牌承诺、品牌群体行为和品牌认知来衡量。品牌承诺描述了员工在心理上对品牌的依恋程度，品牌群体行为考虑符合品牌要求的员工行为。由于品牌认知是品牌承诺和品牌群体行为发展的先决条件，因此在确定品牌内部优势时也必须考虑这一组成部分（见图4.2）。

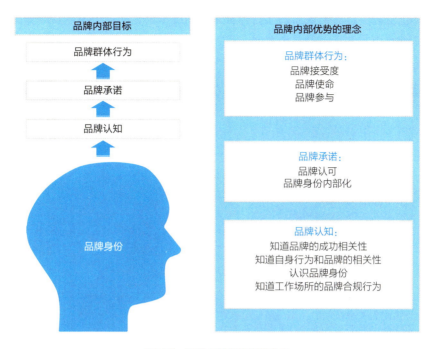

图 4.2 品牌内部优势的理念化

品牌外部优势衡量品牌与消费者购买行为之间的关联程度。在基于身份的品牌管理中,品牌知名度、品牌形象、品牌真实性、品牌信任、品牌吸引和消费者行为(包括购买和再购买行为、支付意愿、推荐行为)是品牌外部优势的重要决定因素(见图4.3)。仅出于教学考虑,这里将品牌形象和品牌真实性、品牌信任和品牌吸引区分开,以便更好地阐

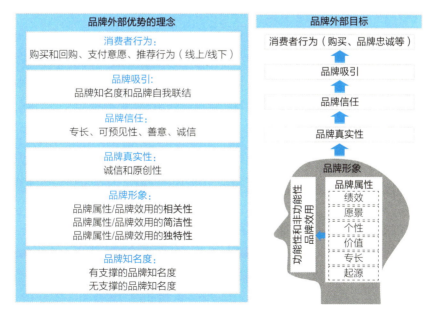

图 4.3 品牌外部优势的理念化

明品牌外部优势的具体影响因素。从行为理论的角度来看，品牌形象以及品牌真实性、品牌信任和品牌吸引，都是一种品牌态度。

品牌知名度是品牌形象的基础，描述了客户识别品牌并将其归入某一产品类别的能力。品牌知名度的形成过程从品牌的识别到在记忆中将这个品牌作为同类产品的唯一选择（见图4.4）。

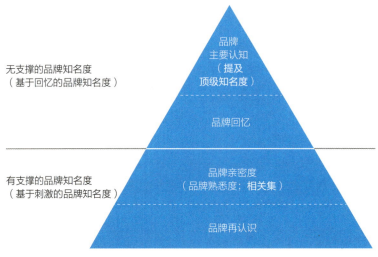

图 4.4　品牌知名度的基本形式

有支撑的品牌知名度包括基于视觉或听觉刺激的品牌识别，和如何将品牌放到合适的类别之中，这时发生的品牌识别是品牌知名度最弱的存在形式。除此之外，品牌熟悉度超越了无支撑的品牌知名度，描述了进一步了解品牌的主观感受。客户正在考虑购买的所有备选品牌都被称为"唤起集合"或"相关集"。无支撑的品牌知名度，还分了两种形式：品牌回忆和品牌主要认知。

可用来建立品牌外部优势的其他因素如图4.3所示。品牌形象可以通过品牌属性和品牌效用的相关性、简洁性和独特性来衡量（Keller，2013，第52页起）。品牌属性和效用的感知相关性（好感度）被认为与满足客户的主观需求相关。此外，客户品牌感知的属性和效用应该能够快速地与品牌联系起来，尤其是以图形等简洁方式与品牌相关联（简洁性）。单个属性和效用或其特定组合（独特的销售主张/USP）的独特性是明确和差异化品牌定位的先决条件。

此外，品牌外部优势应通过品牌真实性、品牌信任、品牌吸引和消费者行为来界定。对于品牌信任的构建，品牌接触点对品牌感知真实性起着重要的作用。如果缺乏真实性，该品牌就不能通过其实际行为证明其内涵，这将使消费者未来的行为变得难以预估，并降低其购买的可能性。对品牌信任的衡量是从专长、可预见性、善意和诚信四个维度来进行的。最重要的是，品牌吸引衡量品牌对客户自身的意义，它对预测客户未来的购买行为具有非常高的相关性（Park等，2010）。在衡量消费者行为时，除了购买和再购买行为，还必须考虑推荐行为（线下/线上）和支付意愿。

内部和外部品牌优势的重要性不仅适用于B2C市场，也适用于B2B市场（Krause，2013，第46页；Baker等，2014）。由于服务的复杂性往往很高，品牌员工与客户之间的个人联系在B2B环境中尤为重要。Krause（2013）证明，在与客户的个人接触中，B2B品牌的员工可以非常有效地传达他们对品牌的态度和价值观，并将其锚定在客户身上。因此，员工的品牌认知、品牌承诺和品牌群体行为对B2B消费者的购买行为有很大影响。

4.1.2　品牌成功度衡量的工具精选

在基于身份的品牌成功度衡量过程中，有两种工具尤为重要：品牌购买漏斗和品牌缺口模型。

品牌购买漏斗（采购漏斗）等购买过程模型是衡量品牌外部优势的常用工具。传统的品牌购买漏斗将客户的采购过程划分为多个阶段，这些阶段依次排列、相互制约，没有上一阶段，下一阶段就无法进行，这样做的主要优点是可以比较和评估不同品牌流程间的转化率。

尽管传统的品牌采购漏斗得到广泛认可，但长期以来，学术界和实践界对其时效性和适用性一直存在争议。特别是，由于数字化而改变的信息和购买行为导致了更高的需求灵活性，从而可能改变客户旅程框架内的流程步骤。为了解决这一问题，传统的漏斗模型已经在各种理念中得到了进一步发展（Court等，2009；Lecinski，2011；Moran等，2014；Nunes等，2013；Pauwels和van Ewijk，2013；Freundt等，2021，第45页起；Burmann等，2021；Dierks，2017，第130页起）。

麦肯锡咨询公司给出了增强型品牌漏斗（见图4.5）（Perrey等，2015，第137页起；Freundt等，2015，第90页起）。与传统的品牌购买漏斗相比，"增强型品牌漏斗"具有两个基本扩展。其一，"增强型品牌漏斗"可以区分非客户（或新客户）和现有客户。通过这种区分，在分析框架内，它创建了更广泛的事实基础，有利于准确地得出客户获取和保持客户忠诚度的措施，例如：非客户（新客户）对品牌的熟悉程度低于长期的现有客户。此外，这种区分还有两个主要优点：

- 区分首次购买者与多次购买者：这一点很重要，因为首次购买者和多次购买者的购买过程和涉及的品牌管理措施不同。
- 分别确定新客户和现有客户品牌忠诚度的驱动因素，并在此基础上采取适当的措施（Perrey等，2015，第138页）。品牌忠诚度应以"复合忠诚度"来衡量，即对品牌的心理依恋和对品牌再购买行为的结合（Day，1969；Dick和Basu，1994；Freundt，2006，第211页）。

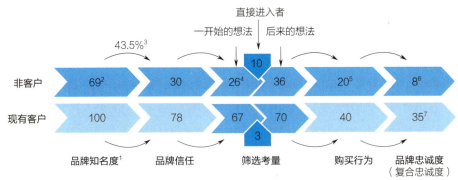

图 4.5 增强型品牌漏斗的模拟图

1）品牌知名度应该在控制系统的情况下按照有支撑和无支撑分别衡量。
2）非客户中的有支撑的品牌知名度为69%。
3）转化率：43.5%有支撑的前期非品牌客户熟悉该品牌。
4）30名了解并熟悉该品牌的人中有26人会考虑在下一次购买该品牌（转化率为86.7%）。
5）在购买时考虑（在目标范围内）该品牌的36人中，有20人后来实际购买了该品牌。
6）20个品牌的首次购买者中有8个对品牌有忠诚度，这意味着他们对品牌有很高的依恋度，并打算再次购买该品牌（转化率为40%）。
7）40个现有客户中有35个具有较高的品牌忠诚度，并计划在未来再次购买该品牌（转化率为87.5%）。由于品牌购买或使用体验不太理想，只有40%的现有客户再次购买了该品牌。

与传统的品牌采购漏斗相比的第二个优点是，在购买决策过程中，客户可以直接进入"筛选考量"的阶段（直接进入者），其中包括根据朋友圈的推荐或是品牌在比较门户网站中出色的表现，或由于特价促销，在决定购买前不久将品牌列入候选名单的情况。这种直接进入可能有几个原因（Perrey等，2015，第139页；Burmann等，2021）：

- 有吸引力的特价或折扣"突然"导致一个以前没有被考虑过的品牌被列入候选名单中（例如，在度假旅行的最后一分钟预订）。这也可能发生在现有客户身上，他们由于令人失望的品牌体验和/或有吸引力的新竞争产品而不再考虑该品牌，但随后由于特价又改变了他们的态度。
- 来自社会环境的强烈影响（例如，通过互联网上的品牌评级或朋友的推荐），"突然"让新品牌被列入候选名单。
- 冲动购买者会自发决定将一个品牌列入候选名单（例如，因为有吸引力的品牌广告）。

此外，整合消费者购买后的社会行为，可以进一步提高"增强型品牌漏斗"的说服力（Dierks，2017，第159页起）。这包括确定消费者在多大程度上对品牌提出积极或消极的建议（线上/线上），从而影响其他消费者的购买过程（Burmann等，2021；Nee，2016）。随着购买决策过程中的许多阶段转移到互联网上（例如，信息搜索、完成购买、客户服务和投诉），这种扩展在今天变得非常重要。因此，在基于身份品牌控制的框架内，还应该衡量消费者在购买后的社会行为。

图 4.6 给出了 Dierks 对来自德国的 3100 名消费者进行的实证研究结果，研究将一个品牌考虑品牌者在所有购买者中所占比例与直接进入者所占比例进行比较。这种比较可以提供对品牌管理的有效建议。例如，现代汽车显然还没有成功地在德国成为一个强大的品牌，因为 54% 的购买者只是在购买之前才决定将现代汽车列入候选名单（例如，因为特价）；相比之下，奥迪、宝马和梅赛德斯-奔驰均有 82% 的购买者在购买过程开始时就对品牌有明确的偏好。

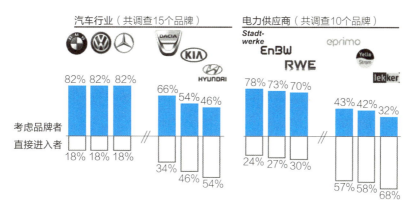

图 4.6　一个增强型品牌漏斗分析结构摘要（Dierks，2017，第 294 页）

品牌控制的另一个重要工具是品牌缺口模型（Burmann 和 Meffert，2005，第 107 页起）。该模型涉及品牌内部和外部两种视角的平衡（见图 4.7），可确定品牌身份和品牌形象的每一个预期状态与实际状态。基于这些结果，进而研究四种品牌缺口。

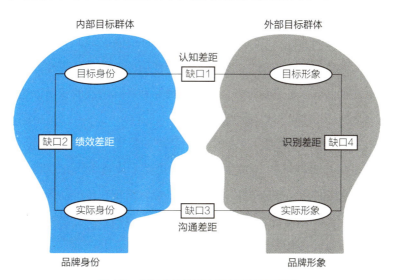

图 4.7　基于身份品牌控制的品牌缺口模型

图 4.7 中的缺口 1 展示了消费者预期的理想状态（目标形象）和员工预期的理想期望（目标身份）之间的认知差距，例如，对于大众汽车品牌来说，理想的品牌形象可以集中在所有车辆的完全电气化和避免车辆运行过程中的废气排放上。与此对应的是，大众汽车的消费者可能希望品牌从客户欺诈事件中吸取教训而提供氢动力汽车。

绩效差距（缺口 2）是对内部目标群体目标身份和实际身份进行对比的结果。例如，对于宝马汽车来说，员工们是否会将实际身份的核心描述为驾驶的乐趣、平稳运行的六缸内燃机和汽车的运动操控性。相比之下，管理层可以将自动驾驶和跨模式移动理念的发展视为目标身份的核心。

沟通差距（缺口 3）描述了消费者的实际认知（实际形象）与员工实际的自我形象（实际身份）之间的差异。例如，大众汽车品牌的员工和管理人员可以认为 2015 年曝光的欺诈丑闻的影响将在 2021 年完全结束，并将自身品牌视为汽车行业的创新型全球市场领导者（实际身份）。而就客户而言，欺诈丑闻可能仍然牢牢地固定在对大众汽车的实际印象中。

缺口 4 被称为识别差距，展示了消费者对品牌的理想期望（目标形象）与实际认知（实际形象）之间的差异。以大众汽车品牌为例，有可能大众汽车的客户希望其能实现从客户欺诈到氢动力汽车（目标身份）的转变，而大众汽车的实际形象却被欺诈丑闻所支配。由于这种情况，客户不会认同大众汽车。

为了进一步研究缺口并揭示其发生的原因，需要研究不同品牌管理活动的品牌适用性（Lienemann，2021，第 56 页起）。即通过研究与之相配的品牌管理工具和管理活动，来确定管理方法的成效（Jost-Benz，2009，第 18 页起；Schneider，2004，第 142 页起）。重要的是不要依赖个人的直觉和主观扭曲的感知，而要使用专业的市场研究方法。在管理实践中，仅仅客观地揭示内部和外部目标群体的不同目标和实际想法的状况，这往往会产生非常有趣的见解，从而使得措施得以快速实施。

图 4.8 以沟通差距为例，衡量了德国消费品品牌的品牌个性。2020 年，该品牌的所有员工以及来自该品牌目标群体的 1600 多名消费者接受了调查。研究表明，品牌员工对目前形象的看法比消费者的看法要差得多。这种结果经常出现在传统品牌中，这些品牌几十年来一直非常成功，但最近却陷入了困境。这很快就会影响员工对品牌形象的认知，而消费者则会在很长一段时间内坚持他们牢固确立的品牌形象。

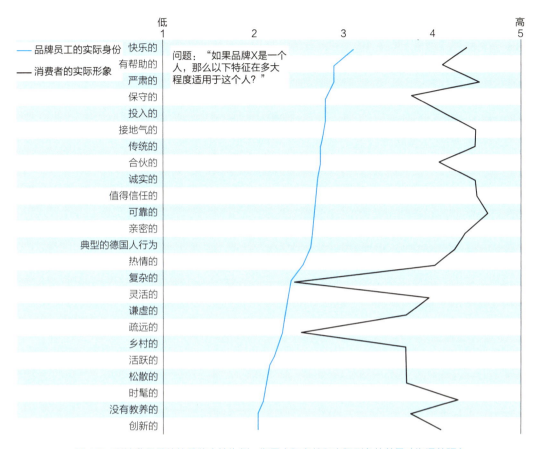

图 4.8 以消费品品牌的品牌个性为例，衡量实际身份和实际形象的差异（沟通差距）

4.2 品牌评估

4.2.1 客户权益与品牌权益作为品牌控制的关键指标

近年来，在品牌控制的范畴中，品牌权益管理和客户权益管理成为学术界和实践界的重心，并在很长一段时间内被认为是相互对立的。客户权益强调，每个客户都是独一无二的，所以品牌应该对每个个体的需求给予特殊考虑（Bayón等，2002，第214页；Breusch，2009；Di Benedetto和Kim，2016，第3721页起；Dahana等，2019；Gao等，2020）。因此，需要针对单个客户的需求进行品牌管理。"我们愿意做一切需要对品牌做的事（甚至用新品牌替换老品牌），来维持我们与客户的关系，我们的态度应该是品牌可以变，但客户……是一定要留住的"（Rust等，2004，第112页）。因此，随时随地都能建立新品牌、放弃或改变原有品牌，这种看法与基于身份品牌管理的一致性和连续性理念相违背。Rust等（2004）的理论忽视了一点：一般来说，顾客更倾向于与品牌，而不是与具体的产品建立联系。因此，客户改变对产品或服务的选择，比改变对品牌的选择更加频繁。这尤其适用于公司品牌或业务部门品牌，而Rust等（2004）更倾向于考虑产品市场。这两个研究分支的核心问题也有所不同。品牌权益着重研究品牌的经济价值，而客户权益更多地考虑客户整个生命周期的价值。这是通过将一个品牌所有客户的生命周期内个体价值相加得出的（Burmann，2003）。

尽管客户权益和品牌权益的研究存在差异，但目前的研究方法正在寻求综合解决方案。甚至Rust等（2004，第116页）提出："重视客户权益并不意味着品牌权益是不重要的；相反，提高品牌权益也是营销最重要的任务之一。"基于身份的品牌评估为这种品牌评估的改进提供了良好基础（见第4.2.4小节）。

4.2.2 品牌评估的必要性和要求

如今，因为品牌重塑变得越来越困难和昂贵，特别是在饱和市场，所以品牌被认为是并购交易中的重要购买动机（Rippe，2017，第6页起）。这提高了现有品牌的价值和收购它们的动力。许多公司专注于其核心竞争力，以及对许多品牌进一步优化组合，促进了并购交易的增长（Raabe和Haas，2019，第509页起）。此外，品牌作为内部资产的重要性也急剧上升。这两种发展都导致品牌价值（品牌商誉）通常代表目标公司购买价格的主要部分。例如，Bahadir等（2008，第50页）估计，当宝洁收购吉列时，支付的535亿美元中的50%与品牌商誉有关。在2017年亚马逊收购连锁超市全食超市的案例中，高达70%的收购价格归因于全食超市的品牌商誉（Kim，2018）。普华永道与德国品牌协会于2019年合作进行的一项研究显示，51%的受访者认为品牌商誉的价值贡献是影响公司整体价值的最重要因素之一（PwC，2019a，第7页）。

品牌评估的重要性导致了品牌评估理念难以统一，因为许多审计师、广告公司、咨询公司和其他服务提供商希望在快速增长和利润丰厚的品牌评估市场中获利。因此，今天存在多种不同的品牌评估理念。Hanser等（2004）在他们的TANK AG研究中说明了许多不同理念导致了不良结果：在匿名评估TANK AG的品牌价值时，受委托的品牌评估人员用不同方法得出的结果截然不同，得出的品牌价值在1.73亿欧元至9.58亿欧元之间波动。

由于对如何量化品牌价值的理解不同，导致品牌价值评估结果有明显的差异。最主要的原因是，品牌管理至今仍然缺乏理论基础，这种缺陷导致出现了大量任意开发的品牌评估模型，而这些模型的可靠性值得商榷。在这里，基于身份品牌管理理论的基础理念提供了一条出路。在这一理念的基础上，首次有可能将品牌财务价值的实际来源、品牌资源和品牌专长整合到评估中，从而将品牌评估锚定在基于专长的企业管理理论中（Freiling，2013；Svenson和Freiling，2019）。因此，基于身份品牌评估超越了一般的"表面评估"，着眼于品牌的内在实际元素，而其他品牌评估方式往往将其忽略。

长期以来，品牌评估结果缺乏说服力的第二个原因是缺乏明确要求来进行有效品牌评估。在这方面，德国品牌协会的评估工作组取得了进展，制定了品牌财务价值的普遍适用原则。然而，从基于身份品牌管理的角度来看，其十项原则必须通过另外两项要求加以扩展（见图4.9中的第11、12条）：一方面，考虑公司内部品牌价值，因为只有这样才能将财务价值的实质和原因纳入品牌价值的核算中。另一方面，必须考虑主要客户价值（Burmann和Jost-Benz，2005；Hundacker，2005；Breusch，2009）。

在品牌价值核算中，主要客户价值考虑了客户财务价值的所有决定因素。主要客户价值是在评估的基础上由品牌引起需求行为的经济吸引力（Burmann，2003，第113页起）。通过提高有效性、可靠性和客观性，包括客户核心价值及客户生命周期价值，进而提高品牌评估的质量（Jost-Benz，2009，第45页起）。

序号	原则	来源
1	考虑评估动机和评估功能	品牌评估论坛（2007）
2	考虑品牌类型	
3	考虑品牌保护	
4	考虑品牌相关性和目标群体相关性	
5	根据相关目标群体的代表性数据考虑当前品牌状态	
6	考虑品牌潜力和品牌经济寿命	
7	分离品牌特定收支盈余	
8	考虑资本价值导向过程和适当的贴现率	
9	考虑品牌特有的风险（市场风险和竞争风险）	
10	可理解性和透明度	
11	考虑内部品牌价值决定因素（内部品牌优势）	基于Jost-Benz（2009）
12	考虑客户群价值（客户价值）	

图4.9 品牌财务价值评估的基本原则（基于：Brand Valuation Forum，2007，第10页起）

图4.9中的第一个原则是考虑评估动机和评估功能，应使用适合该场合的评估方法。而动机可以区分为内部和外部动机（见图4.10）。拥有评估功能的品牌财务价值核算是企业外部动机的重心，而企业内部动机更注重行为导向的指标。品牌外部评估动机有：在资产负债表中确认已收购的品牌（Rippe，2017，第7页）、确定品牌买入价、品牌专利核算、确定损失赔偿等。相比之下，品牌内部评估动机注重品牌的诊断和控制、人力资源管理。品牌内部评估动机以财务价值调查为背景，以行为导向的品牌评估方面为主要内容。对于内部动机，通常使用行为科学的品牌评估方法，而对于外部动机，更适用财务评估方法。两个动机是相对的，评估方法必须要结合行为学理论和财务理论。

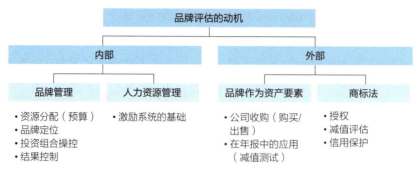

图 4.10　品牌评估的动机（基于：Jost-Benz，2009，第 26 页）

第二个原则要求考虑品牌类型。它包括基于品牌种类（服务、产品）、地理范围（区域、国家、国际）及其在品牌架构中定位（企业品牌、产品品牌等）的品牌设计。根据品牌的类型不同，必须对品牌评估方法的适用性进行针对性评估。由于其对品牌内部优势的考虑，基于身份品牌评估特别适用于企业品牌。

第三个原则是考虑品牌保护。由于产品和品牌剽窃现象越来越多，品牌保护受到的重视正在日益增加。因此应该通过法律手段来保护品牌，也应在进行品牌评估的时候将之考虑在内（Keller，2016）。所以，只有那些充分受法律保护的品牌，才适用基于身份的品牌管理；对于基于身份的品牌评估，只有那些充分受到法律保护的品牌才应进行评估。

第四个原则对品牌相关性和目标群体相关性的考虑描述了品牌对消费者购买决策的影响（外部品牌优势）。这要求必须明确定义品牌目标群体，否则对一个品牌的评估就没有意义。它必须考虑到现有的经营范围和潜在的发展空间。基于身份品牌评估模型考虑了品牌相关性，且必须为每个目标群体单独核算。

第五个原则要求，在相关目标群体代表性数据的基础上，考虑品牌的实际状况。这要求品牌效益的确定要以定量的数据为基础，如果市场上缺乏数据，那么则需要对有代表性的目标群体做调查，再得出相应的数据。基于身份的品牌评估方法可以确定与不同客户群体分别对应的、基于经验的品牌外部优势。在确定企业内部优势的同时，要对员工群体进行适当的分割，因为根据员工类别的不同，其与客户的接触及由此产生的品牌内部优势对外部优势的影响也有所不同。

第六个原则是要考虑品牌潜力和品牌经济寿命。一方面，这个原则要求考虑品牌延伸的潜力。而需要注意的是，这里只考虑那些实际上可以计划实施的品牌延伸。基于身份的品牌评估理念可以通过核算品牌潜在价值满足这个要求。另一方面，要考虑品牌的经济寿命。在基于身份的品牌评估范畴中，品牌价值的财务测定是建立在贴现现金流基础上的，所以确定品牌的经济寿命非常重要。

第七个原则涉及品牌特定收支盈余的分离，借此确保只有品牌引起的现金流量才能计入品牌价值核算。类似数量或价格溢价、享乐主义价格、品牌修正销售额或许可证价格类比等方法，已经基于这个目的被开发出来（Sattler，2005，第42页起；Farsky和Sattler，2007，第232页起）。基于身份的品牌评估考虑到了这一原则，但采取了一种限制性极强的方法，因为基于身份的品牌理解是整体且非常全面的。因此，在企业的现金流中，只有少数一部分可以被看作是品牌引发的。

第八个和第九个原则（考虑资本价值导向过程和适当的贴现率、品牌特有的风险）涉及确定合适的风险贴现。除了市场和企业的风险，也应该考虑品牌的风险。因此，基于身份的品牌评估应该掌握品牌风险相关的信息。企业的平均资本费用（资本的加权平均成本/WACC）可以被看作是适当的贴现因子。基于身份的品牌评估方法将通货膨胀率看作市场特定的贴现因子，并借此考虑品牌特定风险，而将WACC看作企业特定的贴现因子。这个过程以品牌内部和外部优势为导向（市场越强大，风险会越小）。

第十个原则涉及大多数品牌评估方法都忽视的可理解性和透明度。只有满足这一要求，才能验证品牌评估方法的有效性、客观性和可靠性。Jost-Benz（2009）的论文使基于身份的品牌评估满足了这些基本原则。

4.2.3 品牌评估在资产负债表方面的框架条件

如今由于法律规定越来越严格，品牌财务评估得到很多关注，这就是品牌价值的财务核算对许多公司具有重要意义原因。然而，由于德国商法相关规定与《国际会计准则》（IAS）和《国际财务报告准则》（IFRS）存在巨大差异，目前仍缺乏可以普遍接受的品牌价值评估方法，这就导致品牌价值的会计处理变得更加困难（Huber，2014；Tafelmeier，2009，第31页）。

根据德国《会计法》，尽管企业有义务对获取的品牌进行估价，企业内部建立的自有品牌仍然无法得到会计确认。自有品牌确认禁令的基础是谨慎原则的特殊表现形式。从法律的视角来看，由于品牌缺乏实体形式，无法证明它的存在，这决定了对未来利益流入和可疑价值测定的高度不确定性（Tafelmeier，2009，第92页起）。《国际会计准则》中也存在对企业自有品牌明确的确认禁令，这是因为品牌建立成本无法从企业发展成本中分离出来。在企业兼并或收购的情况下，购买方企业需要以货币形式对无形资产（包括品牌在内）进行单独估值，作为收购价格摊销的一部分，并在收购时将其资本化（Huber，2014；Pfeil和Vater，2002；Tafelmeier，2009，第88页起）。

品牌初步评估的基础价值尺度是公允价值。公允价值指有经验、自愿且彼此独立的商业伙伴之间交易资产的定价。在交易之后的几年内，对品牌价值的会计处理需要考虑品牌是否有确定的使用年限（Meffert和Burmann，1999，第244页起）。如果使用年限确定，品牌将根据年限进行摊销。

在使用年限不确定的情况下，每年至少进行一次品牌减值测试。减值测试（对上一年品牌账面价值的客观审查）规定了对所有收购品牌进行年度品牌评估的要求，这对显著提高企业管理有实用意义，也促进了品牌评估市场的强劲发展。

4.2.4 品牌评估方法的分类

品牌评估方法按科学起源法可分为财务法、行为导向法、组合法和利益相关者导向法。财务法可以追溯到20世纪80年代初，在品牌现金流的基础上核算品牌的经济价值，是这种评估方法最核心的内容。财务法包含了四种子方法：成本导向法（Kapferer，1992）、价格导向法（Crimmins，1992）、资本市场导向法（Simon和Sullivan，1993）和未来成果价值导向法（Kern，1962）。正如这些名称所表明的那样，这四个子方法在所考虑的财务指标上有所不同。财务法的优点在于其简单的理念结构、高度的透明性和相对较低的资源消耗（Bekmeier-Feuerhahn，1998，第69页）。这种方法的主要缺陷在于：由于忽视了行为理论的指标，无法解释品牌经济价值的成立理由，从而导致操控潜力的缺失（Kriegbaum，2001，第118页）。

行为导向法将品牌对消费者的影响作为重心。品牌心理价值产生于独立的或被引导的品牌认知，以及对品牌的联想，这种心理价值的内涵与品牌外部优势紧密相关。Keller将品牌心理价值定义为"品牌认知对消费者在品牌市场中做出反应的不同影响（Keller，2013，第69页）"。行为导向法包括Keller基于客户的品牌权益法、PwC和Sattler的实时品牌评估模型（RBV）（PwC，2019a；PwC，2019b）和隶属于VMLY&R的BAV集团的品牌资产评估法（BAV Group，2018）。

在行为导向的品牌评估方法中，诊断和控制品牌价值是研究的重心。与财务法相比，行为导向法形成了对品牌管理的具体行为指导，例如，确定品牌知名度和品牌联想的过程，指出品牌管理的不足之处。它最重要的优势在于，品牌评估的结果可以直接转化为品牌管理措施；它的主要缺陷在于，行为导向法忽视了经济目标值，很难满足品牌财务价值评估的要求。行为导向品牌评估方法只能在非常有限的程度上满足图4.9中品牌财务价值评估的要求。

单独使用行为导向法或财务法得到的结果往往不尽如人意，因此，产生了组合品牌评估方法（组合法）。该类别最重要的代表之一是Interbrand的品牌评估模型（Rocha，2014）。组合品牌评估法的核心优势在于可以结合品牌价值产生的原因和操控抓手来分析确定品牌价值。然而，从行为理论信息到财务目标值的换算还是难以解决。组合法只解决了消费者一方的问题，员工等其他利益相关者并未被充分考虑。

利益相关者导向法，整合了消费者之外其他要求财务价值评估的群体。这类方法的典型代表是Leslie de Chernatony（2010）的方法。该方法同时考虑了企业内部和外部的视角，目的是考察品牌的"健康发展"状态。为此，将从品牌愿景、组织文化、品牌目标、品牌本质、执行和品牌资源等维度对员工和消费者进行考察（de Chernatony，2010，第349页起）。

Jones（2005）提出了另一种利益相关者导向的评估方法。他认为，品牌价值不仅产生于品牌与顾客关系，而是源于品牌与所有重要利益相关者的关系。Jones认为，主要的利益相关者包括消费者、公共舆论参与者、政府、非政府组织（NGOs）、竞争者、媒体、分销合作伙伴、供货商、员工和管理层等。品牌与其中每一个目标群体的关系，都构成了品牌价值的一部分。为了优化品牌价值的构成，需要对利益相关者的重要性进行排序，确定他们对品牌的期望，并有目的地管理各种关系（Jones，2005，第26页）。

这里提及的最后一个利益相关者导向的方法是由Burmann等（2013）提出的。Burmann和Halaszovich把品牌商誉监测分为三个阶段：首先分析一个品牌在七个不同的利益相关者群体中商誉（整体形象）的驱动因素。然后分析各个利益相关者如何通过个人接触、传统媒体和互联网三个沟通渠道相互影响。"品牌商誉监测"中的相关利益相关者群体包括消费者、员工、初级管理人员、政治家和非政府组织、记者和网红（如博客作者）。最后计算品牌的综合价值（Burmann等，2013；Düring等，2015）。

利益相关者导向的方法最重要的优势是综合考虑所有品牌利益驱动相关群体。然而这些方法仍有重大缺陷，例如，没有明确地考虑到由员工带来的品牌优势（企业内部）和被消费者感知的品牌优势（企业外部）之间存在着因果关系。Burmann等（2013）的利益相关者模型则考虑到这一点。在利益相关者导向的方法中，员工都未被视为企业外部品牌优势的主要来源。此外，利益相关者导向的方法中始终缺少对财务目标值的考虑。因此，这些方法与行为导向的品牌评估方法存在类似的问题。

4.2.5 基于身份的品牌评估

基于身份品牌评估的目的是建立一个模型，将内部和外部品牌优势（见第4.1.1小节）转化为品牌价值，同时考虑品牌的未来潜力。为此，有必要将品牌价值细分为品牌现值和品牌潜在价值：品牌现值包括来自品牌当前业务领域的品牌引发贴现现金流，品牌潜在价值描述了当前未处理业务领域产生的贴现现金流（见第2.5.3小节）。考虑到这些方面，基于身份的品牌价值可以根据Jost-Benz（2009）的理论定义如下：

> 基于身份的品牌价值就是给所有相关利益群体提供现有品牌效益（品牌现值）和潜在品牌效益（品牌潜在价值）所产生的品牌收支盈余。

如图4.11所示，基于身份的品牌评估过程中的第1阶段包括确定内部和外部品牌优势，由此产生的品牌优势体现在以下两个阶段：品牌财务现值的核算和品牌潜在价值的核算。

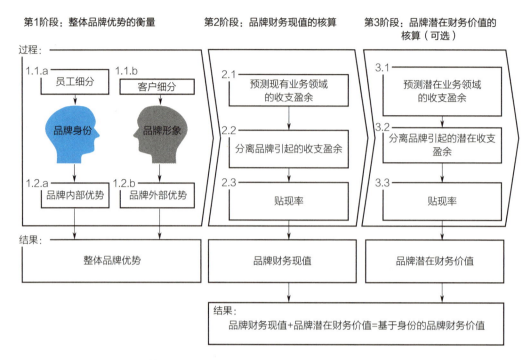

图 4.11　基于身份品牌评估过程（基于：Jost-Benz，2009，第 51 页）

衡量外部品牌优势的先决条件是按尽可能同质的细分市场划分客户（Meffert 等，2019，第 214 页起）。这是必要的，因为品牌形象对品牌的购买行为，特别是客户的价值是不同的。这可以通过同时提供低档车和高档车的汽车品牌例子来说明。这里假设，低档车客户群体在客户价值方面与高档车客户群体存在很大差异。根据内在价值对客户进行细分，可以将单个客户生命周期价值和特定细分市场的客户价值整合到基于身份的品牌评估模型中。为了找到内部品牌优势，也需要对员工进行细分（例如，根据层级、技能或服务年限等）。

第 1 阶段包括找到每个客户和员工细分领域的内部和外部品牌优势（见第 4.1.1 小节），这些结果可以根据与品牌的相关性进行加权。结论：竞争者之间的品牌优势是可以进行比较的。

在第 2 阶段，确定品牌现值。此步骤的基础是计算品牌当前的预期收支盈余（现金流）。为了单独计算品牌引起的收支盈余，必须确定品牌在购买决策中所占的份额，用预期收支盈余乘以品牌在购买决策中的份额得出未来品牌引起的收支盈余。通过贴现获得它们的现值。为此，公司特定的贴现率是根据公司总资本成本确定的。另外，还应确定特定品牌的贴现系数，因为随着品牌优势的增加，品牌引发的支付盈余的波动性（波动幅度）随着时间的推移而减小。这降低了品牌特定的风险，从而降低了品牌特定的贴现率（Jost-Benz，2009，第 145 页起）。

在第3阶段，首先核算之前确定的潜在业务领域收支盈余。在这些预期的基础上，单独考虑品牌在这些潜在收支盈余中所占的份额，由此得出品牌引发的潜在收支盈余，随后再贴现为现值。最后，将品牌现值和品牌潜在价值相加，其结果是基于身份的品牌价值。Jost-Benz（2009，第171页起）以德国的一个技术品牌为例，对其品牌价值进行了具体计算。

小结

品牌控制涉及内部和外部品牌优势。品牌内部优势反映了员工品牌认同合规行为（BCB）的程度，其特征是他们的品牌认知和品牌承诺。品牌真实性、品牌信任、品牌吸引和消费者行为（包括购买和回购行为）是外部品牌优势的最重要组成部分（见第4.1.1小节）。

获得内部和外部品牌优势是品牌评估的基础。通过基于身份的品牌评估模型，内部和外部品牌优势被转化为品牌价值，同时也考虑到品牌的未来潜力。所有品牌控制结果应以系统的和精简的形式提供给品牌管理层，作为未来决策的基础（见第4.2.5小节）。

案例链接

鞍钢集团：品牌价值发展指数的构建与应用（第4.2节补充案例）

鞍钢集团是世界500强企业，在中国东北、西南、东南、华南等地有十大生产基地，具备5300万吨铁、6400万吨钢、4.6万吨钒制品和50万吨钛产品生产能力。它是中国最具资源优势的钢铁企业，有效掌控位于中国辽宁、四川和澳大利亚卡拉拉的丰富铁矿和钒、钛资源，年产铁精矿5000万吨，是世界上最大的产钒企业，中国最大的钛原料生产基地。工业服务事业涵盖工程技术、化学科技、节能环保、信息技术、金融贸易和现代服务业等领域。

鞍钢集团拥有26家境外公司及机构，500多家国内外客户及合作伙伴，产品销售覆盖全球70多个国家和地区，是众多国际知名企业的全球供货商。

2018年以来，为了提升品牌意识，推进品牌建设，鞍钢建立了以"品牌价值发展指数"为核心的品牌建设考核评价机制。

具体做法如下：

1.构建品牌价值发展指数评估模型

（1）建立具有导向性的品牌价值发展指数评价指标体系

鞍钢以评价要素具有工作导向性，数据获取具有操作性、准确性为原则，结合行业特性和以"创新、品质、服务"为重点的品牌建设方向，建立了9类17项评价指标，并赋予相应权重，形成品牌价值发展指数评价指标体系（见表4.1）。这一指标体系明确了品牌建设重点工作，对子企业品牌建设方向具有指导作用。

表4.1 鞍钢集团品牌价值发展指数评价指标体系

序号	指标		单位	权重（%）
1	营业收入		万元	8
2	营业利润		万元	10
3	主要产品市场占有率		%	15
4	产品（服务）售价与市场平均售价比		%	11
5	科技创新能力	5.1 研发投入率	%	5
		5.2 当年获得国家技术发明奖、国家科技进步奖和产品全球首发数量	项	6
		5.3 当年获得的冶金科学技术奖等行业类技术奖项数量	项	3
6	产品（服务）质量	6.1 当年获得质量认证数	项	4
		6.2 质量事故数	项	5
		6.3 质量异议数	项	5
		6.4 当年正在主导或参与制/修订的国际标准数	项	4
		6.5 当年正在主导或参与制/修订的国家、行业标准数	项	3
7	品牌互动力	7.1 在国家级新闻媒体上进行正面品牌传播数量	篇	5
		7.2 在省部级、市级新闻媒体进行正面品牌传播数量	篇	3
		7.3 主动接触客户数量	个	5
8	品牌传播投入		万元	3
9	品牌全球化程度		%	5

（2）构建品牌价值发展指数计算模型

为体现变化趋势，以两年评价指标对比值为基础建立子企业品牌价值发展指数计算模型。集团品牌价值发展指数建立在子企业品牌价值发展指数基础上，体现出子企业品牌建设对集团品牌建设的支撑作用。

子企业品牌价值发展指数=$\sum$[每项指标权重×（当年指标值÷上年指标值）]×100。其中，产品质量事故数、质量异议数计算方式为：指标权重×（上年指标值÷当年指标值）。

集团品牌价值发展指数=∑［子企业品牌价值发展指数权重×子企业品牌价值发展指数］×（集团品牌传播投入÷上年集团品牌传播投入）×（集团品牌互动力÷上年集团品牌互动力）。

品牌价值发展指数计算模型是各项评价指标加权之和，可以根据不同时期品牌建设和评价指标完善的需求，增加或完善评价指标及其权重。这一特性使该模型具有广泛的适用性，并具有自我完善功能。

（3）明确指标数据获取范围和路径

为避免数据获取偏差导致后续数据错误，对无法直接获取的数据进行了获取范围和路径的规范。例如，主要产品市场占有率的数据获取范围是：占本企业产品总产量70%以上的产品市场占有率的加权和。具体计算公式为：主要产品市场占有率=产品1市场占有率×产品1产量加权+产品2市场占有率×产品2产量加权+……+产品N市场占有率×产品N产量加权，其中，（产品1产量+产品2产量+……+产品N产量）÷本企业总产量≥70%；产品产量加权=该产品产量÷本企业产品总产量。

2.建立品牌价值发展指数考核评价机制

2018年12月18日，鞍钢集团印发《鞍钢集团品牌建设管理办法（试行）》，正式实施了以品牌价值发展指数为核心的品牌建设考核评价机制。以2019年度子企业品牌价值发展指数评价考核工作实践为例：

设定子企业年度品牌价值发展指数考核目标值。2019年初，鞍钢集团根据品牌价值增长的目标要求，设定子企业2019年度品牌价值发展指数年度考核目标值为100，并将这一目标值作为专项工作提升类指标，纳入二级子企业2019年度经营业绩考核。完成目标值加1分，没完成不加分。

具体而言，子企业品牌价值发展指数计算主要分三步走：

第一步：子企业提供2018年、2019年年度评价指标完成情况。2020年1月，8家子企业按要求提供2018年、2019年年度评价指标完成情况和主要指标计算基础数据。

第二步：数据审核。由集团企业文化部、科技发展部、财务部、管理与信息化部组成联合评估组，审核子企业数据的真实性、合理性。

第三步：计算品牌价值发展指数。评估组根据校正的评价指标体系，计算出8家子企业2019年年度品牌价值发展指数。

通过构建品牌价值发展指数评估模型并实施以品牌价值发展指数为核心的品牌建设考核评价机制，鞍钢集团的品牌建设工作取得了不小的进展：

一是品牌意识得到显著强化。子企业品牌意识迅速提升。品牌价值发展指数考核评价机制的实施，是鞍钢集团首次将品牌建设纳入子企业经营业绩考核。考核指标下发后，子企业品牌意识空前强化，子企业向集团专业部门咨询品牌建设业务和品牌培训需求量急骤增加；子企业品牌建设职责得到有效落实。考核指标下发后，子企业把品牌建设纳入年度重点工作，众元产业、工程技术等子企业首次明确品牌建设归管理部门管理，设立品牌建设管理岗位。子企业品牌建设工作力量得到强化。

二是子企业品牌建设能力得到普遍提升。品牌价值发展指数评价指标为子企业品牌建设指明了路径，推动各子企业积极开展品牌建设工作。另外，根据品牌价值发展指数计算列表，各子企业能够清晰查找出品牌建设存在的问题，从而有的放矢地开展整改工作。

三是形成集团品牌建设合力，鞍钢品牌价值进一步提升。品牌价值发展指数评价指标体系的设计体现了鞍钢集团品牌建设工作的重点和方向，以此为路径开展品牌建设，有效聚合了集团品牌建设力量。鞍钢集团以子企业2019年度品牌价值发展指数为基础，计算出集团2019年年度品牌价值发展指数为113.7，说明2019年鞍钢集团品牌价值得到提升。

参考文献

Aaker, D. A. (1996). *Building strong brands*. New York: Free Press.

Bahadir, S. C., Bharadwaj, S. G., & Srivastava, R. K. (2008). Financial value of brands in mergers and acquisitions: Is value in the eye of the beholder? *Journal of Marketing, 72*(6), 49–64.

Baker, T. L., Rapp, A., Meyer, T., & Mullins, R. (2014). The role of brand communications on front line service employee beliefs, behaviors, and performance. *Journal of the Academy of Marketing Science, 42*, 642–657.

BAV Group. (2018). BRANDASSET® VALUATOR. https://www.bavgroup.com/about-bav/brandassetr-valuator. Zugegriffen am 18.03.2021.

Bayón, T., Gutsche, J., & Bauer, H. (2002). Customer equity marketing: Touching the intangible. *European Management Journal, 20*(3), 213–222.

Bekmeier-Feuerhahn, S. (1998). *Marktorientierte Markenbewertung. Eine konsumenten- und unternehmensbezogene Betrachtung*. Wiesbaden: Gabler.

Brand Valuation Forum. (2007). *Zehn Grundsätze der monetären Markenbewertung*. http://www.markenverband.de/kompetenzen/markenbewertung/brand-valuation-forum-grundsaetze-dermonetaeren-markenbewertung/10%20Grundsaetze%20der%20monetaeren%20Markenbewertung.pdf. Zugegriffen am 16.03.2021.

Breusch, A. (2009). *Customer-Equity-Management in einem dynamischen Wettbewerbsumfeld–Konzeption und Anwendung eines Customer-Equity-Wettbewerbsmodells*. Wiesbaden: Gabler.

Burmann, C. (2003). Customer Equity als Steuerungsgröße für die Unternehmensführung. *Zeitschrift für Betriebswirtschaft (ZfB), 73*(2), 113–138.

Burmann, C., & Jost-Benz, M. (2005). *Brand Equity Management* vs. *Customer Equity Management? Zur Integration zweier Managementkonzepte*. Arbeitspapier Nr. 19 des Lehrstuhls für innovatives Markenmanagement (LiM). Bremen: Universität Bremen.

Burmann, C., & Meffert, H. (2005). Managementkonzept der identitätsorientierten Markenführung. In H. Meffert, C. Burmann & M. Koers (Hrsg.), *Markenmanagement – Identitätsorientierte Markenführung und praktische Umsetzung* (S. 73–114). Wiesbaden: Gabler.

Burmann, C., Halaszovich, T., Peter, K. & Weers, J.-P. (2013). *Reputationsmanagement und Markenführung bei der Robert Bosch GmbH*. Arbeitspapier.

Burmann, C., Dierks, A., & Fink, T. (2021). Brand Purchase Funnel. In C. Zerres (Hrsg.), *Handbuch Marketing-Controlling. Grundlagen, Methoden, Umsetzung,* (im Druck). Berlin: Springer Gabler.

de Chernatony. (2010). *From brand vision to brand evaluation*. London: Elsevier.

Court, D., Elzinga, D., Mulder, S., & Vetvik, O. J. (2009). *The consumer decision journey*. http://www.mckinsey.com/business-functions/marketing-and-sales/our-insights/the-consumerdecision-journey. Zugegriffen am 16.03.2021.

Crimmins, J. C. (1992). Better measurement and management of brand value. *Journal of Advertising Research, 32*, 11–19.

Dahana, W. D., Miwa, Y., & Morisada, M. (2019). Linking lifestyle to customer lifetime value: An exploratory study in an online fashin retail market. *Journal of Business Research, 99*(2019), 319–331.

Day, G. S. (1969). A two-dimensional concept of brand loyalty. *Journal of Advertising Research, 9*(3), 29–35.

Di Benedetto, C. A., & Kim, K. H. (2016). Customer equity and value management of global brands: Bridging theory and practice from fnancial and marketing perspectives. *Introduction to a Journal of Business Research Special Section. Journal of Business Research, 69*, 3721–3724.

Dick, A. S., & Basu, K. (1994). Customer loyalty: Toward an integrated conceptual framework. *Journal of the Academy of Marketing Science, 22*(2), 99–113.

Dierks, A. (2017). *Re-modeling the brand purchase funnel. Conceptualization and empirical application.* Wiesbaden: Springer Gabler.

Düring, U.-M., Peters, K., & Weers, J.-P. (2015). Den guten Ruf messen – Reputationsmanagement und Markenführung bei der Robert Bosch GmbH. In G. Hesse & R. Mattmüller (Hrsg.), *Perspektivwechsel im Employer Branding: Neue Ansätze für die Generationen Y und Z* (S. 42–49). Wiesbaden: Springer Gabler.

Farsky, M., & Sattler, H. (2007). Markenbewertung. In S. Albers & A. Herrmann (Hrsg.), *Handbuch Produktmanagement* (S. 219–250). Wiesbaden: Gabler.

Freiling, J. (2013). On the Firm's Reason d'Etre and Competence-based Nature of the Firm. In W. Kersten & J. Wittmann (Hrsg.), *Kompetenz, Interdisziplinarität und Komplexität in der Betriebswirtschaftslehre* (S. 29–38). Wiesbaden: Springer Gabler.

Freundt, T., Lehmann, S., Liedtke, N., & Perrey, J. (2021). *Mega-Macht Marke. Bleibende Werte in wechselvollen Zeiten.* München: Redline.

Freundt, T. C. (2006). *Emotionalisierung von Marken: Inter-industrieller Vergleich der Relevanz emotionaler Markenimages für das Konsumentenverhalten.* Wiesbaden: Deutscher Universitätsverlag.

Freundt, T. C., Lehmann, S., & Zimmermann, L. (2015). Spontankäufer, Neu- und Bestandskunden – Der erweiterte Kauftrichter. *Marketing Review St. Gallen, 32*(6), 86–98.

Gao, L., Melero-Polo, I., & Sese, F. J. (2020). Customer equity drivers, customer experience quality, and customer proftability in banking services: The moderating role of social infuence. *Journal of Service Research, 23*(2), 174–193.

Hanser, P., Högl, S., & Maul, K.-H. (2004). *Die Tank AG – Wie neun Bewertungsexperten eine fktive Marke bewerten.* Düsseldorf: Verlags-Gruppe Handelsblatt.

Heemann, J. (2008). *Markenbudgetierung.* Wiesbaden: Gabler-Verlag.

Huber, B. (2014). *Einführung in die Bilanzierung und Bewertung – Grundlagen des Handels- und Steuerrechts sowie den IFRS.* Wiesbaden: Springer Gabler.

Hundacker, S. (2005). *Customer Equity Management bei kontinuierlichen Dienstleistungen – Konzeption, Modell und Anwendung im Mobilfunk.* Wiesbaden: Dt. Univ.-Verlag.

Jones, R. (2005). Finding sources of brand value: Developing a stakeholder model of brand equity. *Journal of Brand Management, 13*(1), 10–32.

Jost-Benz, M. (2009). *Identitätsbasierte Markenbewertung – Grundlagen, theoretische Konzeptualisierung und praktische Anwendung am Beispiel einer Technologiemarke*. Wiesbaden: Gabler.

Kapferer, J. N. (1992). *Die Marke – Kapital des Unternehmens*. Landsberg/Lech: Verlag Moderne Industrie.

Keller, C. (2016). *Identitätsbasierter Markenschutz – Konzeptualisierung im Kontext der internationalen Marken- und Produktpiraterie*. Wiesbaden: Springer Gabler.

Keller, K. L. (2001). *Building customer-based brand equity: A blueprint for creating strong brands*. Working Paper Report No. 01-107 des Marketing Science Institute. Cambridge: Marketing Science Institute.

Keller, K. L. (2013). *Strategic brand management: Building, measuring, and managing brand equity*. Boston: Irwin.

Kern, W. (1962). Bewertung von Warenzeichen. *Betriebswirtschaftliche Forschung und Praxis, 14*(1), 17–31.

Kim, E. (2018). *Amazon's soaring goodwill balance shows how Whole Foods buy was a long-term bet*. https://www.cnbc.com/2018/02/06/amazon-10-billion-goodwill-balance-shows-wholefoods-strategy.html. Zugegriffen am 19.03.2021.

Krause, J. (2013). *Identitätsbasierte Markenführung im Investitionsgüterbereich – Management und Wirkungen von Marke-Kunde-Beziehungen*. Wiesbaden: Springer Gabler.

Kriegbaum, C. (2001). *Markencontrolling: Bewertung und Steuerung von Marken als immaterielle Vermögenswerte im Rahmen eines unternehmenswertorientierten Controlling*. München: Vahlen.

Lecinski, J. (2011). *Winning the zero moment of truth*. https://ssl.gstatic.com/think/docs/2011-winning-zmot-ebook_research-studies.pdf. Zugegriffen am 16.03.2021.

Lienemann, A. (2021). *Die Wirkung von Beziehungen im Infuencer Branding – Eine experimentelle Analyse des Brand-Fits und des Infuencer Attachments*. Wiesbaden: Springer Gabler.

Meffert, H., & Burmann, C. (1999). Abnutzbarkeit und Nutzungsdauer von Marken. *Jahrbuch für Absatz- und Verbrauchsforschung* (S. 244–263).

Meffert, H., Burmann, C., Kirchgeorg, M., & Eisenbeiß, M. (2019). *Marketing: Grundlagen marktorientierter Unternehmensführung*. Wiesbaden: Springer Gabler.

Moran, G., Muzellec, L., & Nolan, E. (2014). Consumer moments of truth in the digital context: How „search" and „E-word of mouth" can fuel consumer decision making. *Journal of Advertising Research, 54*(2), 200–204.

Nee, I. (2016). *Managing negative word-of-mouth on social media platforms*. Wiesbaden: Springer Gabler.

Nunes, J. C., Bellin, J., Lee, I., & Schunck, O. (2013). Converting the nonstop consumer into a loyal consumer. *Strategy & Leadership, 41*(5), 48–53.

Park, C. W., MacInnis, D. J., Priester, J., Eisingerich, A. B., & Iacobucci, D. (2010). Brand attachment and brand attitude strength: Conceptual and empirical differentiation of two critical brand equity drivers. *Journal of Marketing, 74*(6), 1–17.

Pauwels, K., & van Ewijk, B. (2013). Do online behavior tracking or attitude survey metrics drive brand sales? – An integrative model of attitudes and actions on the consumer boulevard. *Marketing Science Institute Working Paper Series 2013*, Nr. 13–118.

Perrey, J., Freundt, T., & Spillecke, D. (2015). *Power brands – Measuring – Making – Managing – Brand success*. Weinheim: WILEY-VCH.

Pfeil, O., & Vater, H. (2002). „Die kleine Unternehmensbewertung" oder die neuen Vorschriften zur Goodwill-

und Intangible-Bilanzierung. *KoRe, 2*, 66–81.

PwC. (2019a). *PwC Markenstudie 2019: Marken und Markenbewertung im Zeitalter der digitalen Transformation*. https://www.pwc.de/de/consulting/markenstudie-2019-pwc.pdf. Zugegriffen am 18.03.2021.

PwC. (2019b). *Real-time Brand Valuation: Starke Marken als Kapital von Unternehmen*. https://www.pwc.de/de/deals/real-time-brand-valuation-starke-marken-als-kapital-von-unternehmen.html. Zugegriffen am 18.03.2021.

Raabe, T., & Haas, S. (2019). Strategische Markenbereinigung. In F.-R. Esch (Hrsg.), *Handbuch Markenführung* (S. 507–524). Wiesbaden: Springer Gabler.

Rippe, K. (2017). *Strategische Marken-Due-Diligence. Konzeptionelles Modell zur Messung des identitätsbasierten Markenfit bei M&As*. Wiesbaden: Springer Gabler.

Rocha, M. (2014). *Financial applications for brand valuation*. http://interbrand.com/wp-content/uploads/2015/10/Interbrand-Financial-Applications-for-Brand-Valuations.pdf. Zugegriffen am 16.03.2021.

Rust, R. T., Zeithaml, V. A., & Lemon, K. N. (2004). Customer-centered brand management. *Harvard Business Review*, (September), 110–118.

Sattler, H. (2005). Markenbewertung: State-of-the-Art. *ZfB Zeitschrift für Betriebswirtschaft, 75*(2), 33–57.

Schneider, H. (2004). *Marken in der Politik: Erscheinungsformen, Relevanz, identitätsorientierte Führung und demokratietheoretische Refektion*. Wiesbaden: Gabler.

Simon, C. J., & Sullivan, M. W. (1993). The measurement and determinants of brand equity: A fnancial approach. *Marketing Science, 12*(1), 28–52.

Svenson, F., & Freiling, J. (2019). Symbolic interactionism as a methodology for process organization studies: Grounding the enactment of competences in organizational life. *Journal of Competences, Strategy and Management, 10*(1), 139–161.

Tafelmeier, R. (2009). *Markenbilanzierung und Markenbewertung: Analyse und Eignung von Markenbewertungsverfahren in Hinblick auf die bilanzielle Behandlung von Marken nach HGB und IAS/IFRS*. Frankfurt a. M.: Lang.

Walser, M. G. (2004). *Brand strength: Building and testing models based on experiential information*. Wiesbaden: Dt. Univ.-Verlag.

第5章
基于身份品牌管理的特殊应用场景

学习目的

在本章中,读者首先会了解,在国际舞台上成功实施基于身份的品牌管理时,必须考虑哪些方面。读者应学会评估,在何种条件下品牌管理必须适应各个国家市场的特殊性(差异化),以及在多个国家市场的市场发展标准化是否合理。

其次,读者还将了解为什么零售商品牌可以与制造商、销售商自营品牌(产品层面的"销售商自营品牌"和公司层面的"零售商品牌")抗衡。

此外,读者还将了解为什么社交媒体和网红的利用对当今品牌的成功如此重要,且这并不局限在年轻人目标群体。

最后,读者还将了解在亚马逊或腾讯等平台上进行品牌管理的特殊挑战。最重要的是,读者还将了解到,在不过度依赖平台的情况下,品牌如何从平台的成功机会中获益。

- 5.1 国际化的基于身份品牌管理
  - 5.1.1 标准化与差异化的品牌国际市场发展
  - 5.1.2 在国际市场中，影响品牌消费者行为的重要因素
  - 5.1.3 国际品牌管理的战略和实施步骤
- 5.2 零售中基于身份的品牌管理
  - 5.2.1 生产商贸易导向的品牌管理
  - 5.2.2 基于身份的零售商品牌管理
  - 5.2.3 基于身份的零售商自营品牌管理
- 5.3 网络社交媒体中基于身份的品牌管理
  - 5.3.1 数字化给品牌管理带来的挑战
  - 5.3.2 网络互动和社交媒体互动的工具
  - 5.3.3 社交媒体上的品牌管理
- 5.4 平台上基于身份的品牌管理
  - 5.4.1 平台越来越重要
  - 5.4.2 平台经济取得成功的要素
  - 5.4.3 平台经济的风险
  - 5.4.4 基于身份线上平台品牌管理的意义

小结

参考文献

5.1 国际化的基于身份品牌管理

如今品牌国际化不再是企业管理的特殊现象。无论是在采购、生产还是销售环节，一个品牌极少只在本国市场运作，即便只在本国运作，也得面对国际竞争和国际消费者。除此之外，近年来国际间的交流显著增加，当今德国中小企业的品牌也经常布局到国外市场，特别是所谓的新兴市场国家，尤其是金砖四国（巴西、俄罗斯、印度和中国）。他们的高增长率吸引了国际品牌商品制造商的视线。

5.1.1 标准化与差异化的品牌国际市场发展

一旦一个品牌出现在至少两个国家市场，品牌管理层就必须决定：是否以及在多大程度上应该在多国家以标准化或差异化的方式提供该品牌。在高度异质化国家中，市场的个性化处理（差异化）是有意义的；而标准化可以使品牌通过同质的客户行为实现规模经济。然而，在管理实践中，只有部分跨国行为模式可以证明标准化是合理的（Khanna 和 Palepu，2010，第 37 页起）。对跨境消费者行为同质化的基本趋势还没有定论（Friedmann，2008，第 575 页起）。Theodore Levitt 在 1983 年的收敛假说中预测，消费者行为的同质化是全球化的结果，因为商品往来限制的减少导致国际商业活动频繁，但当今大多数学术和实践文献都否定了这个假说（Keegan 和 Green，2017，第 64 页起）。

在日常用品领域也是如此。德国汉高（Henkel）前任首席执行官 Ulrich Lehner 以气味来确定清洁度，德国消费者就会把柠檬香味和清洁程度联系起来，而西班牙人更喜欢氯的气味。此外，和德国人相比，中国人需要另外一种洗发水，所以汉高就着手制造适应不同发质的洗发水（Jensen 和 Schlitt，2002，第 140 页）。

与欧洲贸易伙伴相比，中国和印度拥有巨大的文化和经济发展多样性（Haritas 和 Das，2021），这要求品牌管理需要更高的适应性（Andrews 和 Chew，2017，第 18 页；Cheon 等，2007，第 138 页；Wang，2010，第 22 页）。即使消费者的需求被完全同质化，但由于其他地方特色（例如，法律制度、地理环境、分配制度和竞争情况等）也需要品牌管理针对不同国家做出不同的适应调整。这进一步指出，国际品牌通常总是与本土品牌竞争的，这些本土品牌更了解国内市场，而且往往更能与客户建立紧密联系。在许多情况下，外国品牌最初并未被当地利益相关者视为合法的市场参与者，并受到其他市场参与者的歧视（Halaszovich，2020，第 118 页起）。因此对于全球知名品牌而言，它们标准化程度越强，所带来的弊端也会越多，因为这对当地市场的接受度产生了负面影响。Levitt 这种在所有国家高度标准化的假说，在当今社会只是例外情况。

但许多研究也表明，标准化对公司的成功也产生积极影响，特别是在成本优势方面

（Walter，2004，第5页；Schwarz-Musch，2013，第123页；Fuchs和Unger，2014，第635页）。除了成本优势，被称为"全球消费者网"或"全球细分市场"的国际消费者目标群体，也是全球范围品牌管理标准化的对象（Cavusgil等，2005，第14页；Khanna和Palepu，2010，第38页）。这些全球消费者具有高国际流动性和联合性（Cleveland和Bartsch，2019，第556页起；Cannon和Yaprak，2002，第30页起；Riefler等，2012，第285页起；Jin等，2015）。

通过广泛的品牌标准化可以创建强大的全球品牌，其产生的积极效果，比通过全球化降低的成本更有意义（Wafer和Badir，2017；Zou和Cavusgil，2002，第52页起）。学术界对此观点进行了批判性讨论（Fuchs和Unger，2014，第645页起），因为全球品牌形象的基本优点是不明确的。相反，本地品牌则有形象优势，因为他们在其区域为人熟知，并受人喜爱（Schilke等，2009，第36页；Becker，2012，第249页）。例如，全球酿造公司Anheuser-Busch InBev以丰富的品牌组合，除了少数全球知名品牌（如Stella Artois和Budweiser），包揽了250多个所谓的"地方冠军"（例如，德国Hasseröder、Löwenbräu和Diebels），其成功秘诀是强大的本地背景和通常只在小范围内售卖（Becker，2012，第279页；Anheuser-Busch InBev，2013，第8页起）。因此，这些"地方冠军"的特点是在当地市场具有高度的合法性。

全球品牌和本地品牌的结合帮助Anheuser-Busch InBev减轻了随着其在国外市场发展而出现的"外来者劣势（LoF）"（Zaheer，1995，第341页）。这些"外来者劣势"包括只有外国公司在国内市场产生的成本和劣势。"外来者劣势"大致可以分为三组（Halaszovich，2020，第119页）：对外国市场的不熟悉导致了市场开发效率低下；消费者和潜在商业伙伴对外国供应商缺乏信任可能导致市场接受度不足；被视为外国品牌的品牌可能会在市场上受到刻意的歧视，因为从当地角度来看，它们缺乏合法性。对品牌组合和品牌标识进行调整，至少是部分调整，有助于建立信任和合法性。

基于外来者劣势，与当地供应商和销售中介的合作可以显著提高外国公司在新兴和发展中国家的盈利能力，因为它们充当知识和联系"调解"媒介（Halaszovich和Lundan，2016，第1136页；Halaszovich，2020，第137页起）。自2017年以来，这一优势就很明显，例如，在南非的电信供应商Vodacom，以南非拿撒勒浸信会作为销售合作伙伴进行合作，可以接触到大约650万宗教社区成员，这使Vodacom可以接触到一个大型目标群体和一个熟悉其成员文化特性并获得极大信任的销售合作伙伴。

5.1.2　在国际市场中，影响品牌消费者行为的重要因素

1. 国情作为国际品牌管理的决定因素

国情是影响消费者行为的重要因素之一："文化是消费者行为最复杂和强大的影响因

素"（Cleveland 和 Chang，2009，第963页）。文化有着多种定义：Kroeber 和 Kluckhohn（1952，第180页）认为，"文化"是"共同的知识储备"，其可供一个群体中的成员互相分享，并区别于其他群体；Müller 和 Gelbrich（2004，第61页）则认为文化影响着"个人行为且构建一个社会，在这个社会中，文化构建了共同的社会现实、身份以及凝聚力"。

Hofstede（1980、1993、2001 和 2006）和 Hofstede 等（2017）通过心理金字塔探讨了文化的概念（见图5.1）。他们认为，在个体人格层面之下，是训练有素的文化层面，以此区别于其他群体，因此他们称此为"集体心理纲领"。文化就是"精神上集体的纲领，其使成员们区别于其他集体或类别"（Hofstede，2006，第4页）。因此，他们将文化作为集体特殊化阶段，置于可继承、普遍人性，以及部分继承、部分进化的个体人格之间。"如果人性是我们的感觉，那么文化就是我们如何对待以及如何表达这些感觉。"（Vogelsang，1999，第40页）。

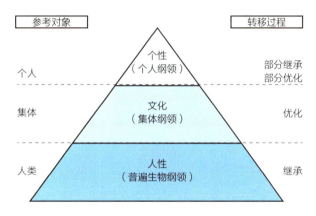

图 5.1　Hofstede 文化金字塔（基于：Hofstede 等，2017）

为了后续衡量，有必要评估国情对品牌管理的影响。为此，形成了大量不同的方法。Hofstede 等（2017）的模型被广泛应用于学术研究和实践。Hofstede 等（2017）从如下六个维度评估了文化：

- 权利距离是个人关系中权威性差异的表达，特别是人们对组织中权利分配不平等情况的接受程度，或者在低权利距离文化中存在一个"平等"社会。
- 个人主义关注的是个人和集体之间各自社会关系的形态，并说明了一种文化如何将个人利益置于集体利益之前。
- 男性化描述了社会中两性关系以及男性化价值观的意义，如对物质财富和成功的追求。相比之下，女性化价值观倾向于人际和谐与帮助弱势群体。
- 规避不确定性指社会努力避免不确定性和矛盾的情况。
- 长期取向包括价值观，如传统意识、勤奋、毅力或节俭。

- 灵活性描述了一个社会对幸福和享受生活的接受程度，该维度衡量个人在日常生活中屈服于或控制他们的欲望和冲动的程度。

图5.2以巴西、德国、中国、俄罗斯和美国为例展示了六个文化维度。这六个文化维度影响着社会生活的方方面面，它们对国际品牌管理有直接影响。

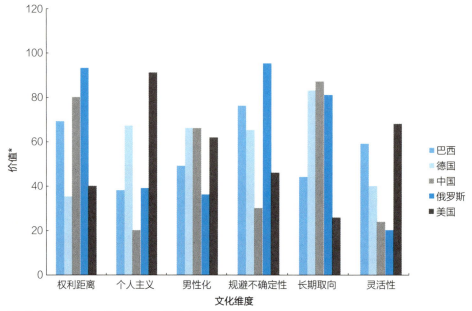

*数值越大说明拥有该特点的程度越高

图5.2　基于Hofstede文化维度的巴西、德国、中国、俄罗斯和美国的情况（基于：Hofstede Insights，2021）

Foscht等（2008，第134页起）的研究显示，在六个国家（德国、英国、荷兰、奥地利、新加坡和美国）分析了红牛这个世界上最规范的品牌之一后，发现国情对品牌认知有很大影响。除此之外，他们还发现在品牌个性评价这个维度各国有显著差异。例如，红牛品牌个性的成功刻画在个人主义国家（如美国）尤为强烈，与此相反的是，在集体主义国家（如新加坡）则相对较弱。他们的结论是，国情对品牌认知和品牌形象的评价具有强烈影响，形象的全球统一这个目标只能通过考虑国情差异性（即国际差异化）的市场构建来实现。Halkias等（2017）得出了类似的结论，在分析文化对品牌互动感知影响的基础上，他们证明了民族文化和品牌互动两者之间必须保持一致性，这样的沟通才能产生预期的效果。如果缺少这种一致性，消费者就无法处理广告消息。

Stolle（2013）在其国际研究中以汽车品牌为例，详细分析了文化对品牌认知的影响。他依据五种文化分析了五个品牌效益的重要性（见图5.3）。结果表明，在个人主义相对较少的文化中，如中国，一个品牌的社会效益是非常重要的。

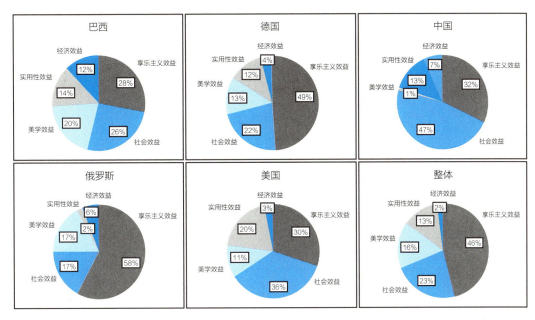

图 5.3　不同国家的品牌效益对比（基于：Stolle，2013，第 259 页）

研究表明不同文化对品牌标准化认同是有明确差异的，并给出了品牌标准化的边界。为了使各国品牌形象保持一致，在品牌管理中，根据不同国家做出相应调整就显得尤为重要。作为品牌定位的一部分，Klein 等（2019）引入了所谓的品牌–国家契合度，即 brand image-country image（BICI）fit，用来衡量品牌形象与母国形象的对应程度。通过该指标可以识别单个品牌形象属性，针对这些属性，在相应国家形象方向上的进一步本地调整（例如，在沟通的背景下）可以对消费者的品牌态度产生积极影响。这就要求进行高度灵活的战略性调整（Burmann，2002），也就是要有对国情的深入认知。因此，在品牌管理的国际化进程中，在获得进一步国际化所需的经验和技能之前，首先应当探讨文化类似地区和国家的市场。在这种情况下，人们还谈到了渐进或扩大的国际化过程（Vahlne 和 Johanson，2020，第 5 页起）。

2. 国家经济发展状况作为国际品牌管理的决定因素

国家的经济发展，包括宏观经济指标，如衡量可支配购买力的人均国内生产总值或作为经济动态衡量指标的 GDP 年均增长率，也经常被用来作为国际细分市场的基准变量（Zentes 等，2013，第 146 页起）。Martinez 和 Haddock（2007，第 1 页起）以实践经验证明了，人均国内生产总值和国内需求结构之间的关系。据此而言，国民经济经历了消费者购买力增长的四个阶段，这也表明了其与马斯洛需求层次理论（Maslow，1970，第 35 页起）的相似性。远远低于平均水平的发展中国家的消费者首先要为生存而奋斗。随着国民经济日益繁荣，消费者将会开始考虑产品的质量。国民经济发展到后期阶段，需求满足的便利性就会在消费者决策中占中心地位。最后一阶段时消费者对个性化产品产生需求，这更强地体现在最发达的经济体消费者身上（Stolle，2013，第169页起）。这种联系也可以在图5.4中看到，其中可以看出人均国内生产总值与"个人主义"文化维度发展之间的明显联系。

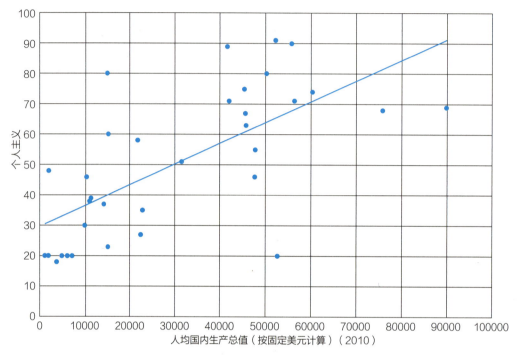

图5.4　人均国内生产总值与"个人主义"文化维度的关系

Roth（1995，第166页起）的研究也得出相似结论。其实证研究表明，国家经济发展状况对不同利益优先品牌战略成功的影响。此外，Roth还证明了，越高的经济发展水平越能提高非功能性效用结构品牌战略的成功性。

大部分发表的学术论文中的基本观点认为，随着发展水平的不断提高，非功能性效用元素会变得尤为重要，但其并不等同于，在欠发达的国家只有功能性效用元素影响购买行为。特别是社会地位低的消费者，他们经常通过购买品牌来在其他社会团体中找存在感（Han等，2010，第17页）。

在这种情况下，中产阶级的需求尤为重要。在国际比较中，中产阶级成员不是通过统一的收入水平来定义自己，而是通过可用于消费的收入以及由此产生的消费需求扩展来定义自己（Cavusgil等，2018，第96页）。额外的可支配收入花在"住房""医疗""教育"或"休闲时间"等类别上，这是中产阶级的典型特征。即使中产阶级的需求结构在全球范围内表现出极大的相似性，但他们的实际购买力和满足需求的具体方式却有很大差异。

3. 社会人口及结构作为国际品牌管理的决定因素

社会人口特征（如年龄、性别、收入和教育程度）是影响消费者行为的显著因素（Trommsdorff，2011，第182页起）。在大多数西方发达国家，年龄金字塔正向老龄化倾斜，同时人口不断减少。而在发展中国家和新兴市场国家，正值青年化和高出生率使人口不断增加。社会人口的年龄分布情况决定了一个品牌的效用要求。Stolle（2013，第340页起）的研究表明，社会人口特征影响汽车消费行为的各种品牌效用。例如，汽车的美学效用对男性显著比对女性重要。Hsieh等（2004，第28页起）与Stolle得出一致结论，如老年人更重视经济效用，而青年受调查者更注重享乐主义，特别是汽车的驾驶乐趣。

4. 品牌起源作为国际品牌管理的决定因素

在国际品牌管理中，品牌的原产地地理标志是人们关注的焦点。负责品牌和形象研究的跨国集团西门子（Siemens）前执行董事Claus Merbold认为："任何国际品牌都需要一个'产地'和其民族的根。如果一个品牌不归属于任何一个国家或地区，在世界范围内无形地飘荡，那么它将很快失去本质和定位。进入国际环境和覆盖国家市场并不冲突，而是一个成功品牌战略的先决条件。"（Merbold，1993，第580页）。

从德国的角度来看，其质量标志"德国制造"（Made in Germany）的形成十分重要，在十九世纪这被视作国家原产地效应的诞生：在1887年8月23日，英国议会通过了《商品标志法》，该法案规定外国生产商的产品要注明生产地，特别是德国的产品应标注为"德国制造"（Made in Germany）。建立在民族自豪感之上的英国政府希望，避免国内市场对德国产品的需求，以加强英国工业。然而，就在同一年，德国的生产状况发生了戏剧性的良好转变，"德国制造"成为品质保证的标签（Hirschmann，1990，第7页起）。如今许多德国公司将此标签融入其业务中，以便在消费者中树立正面的品牌形象。此处引例高端厨具制造商Poggenpohl，其强调专业生产技术和完美品质的厨房（Maloney，2009，第18页起）。提起Swatch（瑞士手表），马上就会让人联想到生产精密钟表的瑞士传统。在这两种情况下，地理起源都被用作优异的产品质量标签。

研究国家原产地效应（CoO）在国际品牌管理中具有重要意义（Costa等，2016，第1066页；Herz和Diamantopoulos，2017，第52页；Kim等，2017，第254页）。自Dichter（1962）和Schooler（1965）著作首次发表以来，超过1000篇论文（其中包括近400篇学术论文）研究了品牌原产地对品牌形象的影响（Roth和Diamantopoulos，2009，第726页）。

Thakor和Kohli（1996，第28页）因两个原因将国家原产地效应（CoO）发展为品牌原产国理念：首先，根据现有的知识，品牌，而不是产品，是消费者行为的相关参考对象。其次，对于消费者来说，与购买行为相关的不是品牌的实际起源，而是消费者自我感知的品牌起源。这就使得我们思考"什么是'确切'的品牌原产地起源"这样一个问题。传统的国家原产地效应研究，考虑到以实际生产国为界标，但如今的全球化和向低工资国家的生产迁移，使得此论点已太过牵强，人们不会认为NIKE和adidas是亚洲品牌，尽管他们几乎所有的产品都是在亚洲生产的。同时公司总部所在地对消费者也几乎没有意义，例如，Ferrero的Kinder Schokolade和Nutella被视为是德国品牌，尽管其总部设在意大利。Becker（2012）的研究表明，外资品牌有诸如从消费者方面对品牌空间起源的识别问题（Becker，2012，第164页）。只有46.9%的印度消费者能正确识别一个外国产品，反之，91%的印度消费者都能正确识别印度品牌。

Thakor和Kohli（1996，第30页起）认为，品牌的实际原产地无关紧要，因为即便一个产品不在这个地方生产，消费者也会清楚地知道这个品牌源起这里。因此，一个品牌没有客观形式上完全正确的原产地。相反，一个品牌的空间身份却可以自由选择，重要的是，原产地要匹配整个品牌身份。我们可以由Häagen Dasz这个品牌来印证，该冰激凌品牌在1961年由来自波兰并生活在纽约的移民Reuben Mattus在美国市场上推出，这个品牌名称让人联想到丹麦的冰激凌艺术并因此为品牌树立了正面的品牌形象（原产地并不来自丹麦）。除了这个丹麦式的品牌名称，Mattus在品牌成立之初还使用了丹麦地图的轮廓。如今，Häagen Dasz已在全球建立冰激凌高端品牌细分市场（Friederes，2006，第116页起）。

品牌原产地对购买行为影响的经济研究结果可分为三个级别：品牌原产地认知功能级别、品牌原产地非功能性情感级别以及规范级别（Obermüller和Spangenberg，1989，第456页；Verlegh和Steenkamp 1999，第524页）。

汽车、手机、人寿保险和啤酒领域的最新研究显示，品牌的空间原产地对品牌形象和消费者行为具有很大的影响力（Becker，2012，第237页）。特别是对实用主义、审美主义和享乐主义的品牌效益评定时，消费者在其主观认知上都会追溯品牌原产地。除了对品牌效益的影响，Becker（2012）还证明了品牌原产地对品牌个性也有很大影响。Costa等（2016，第1072页）也获得了类似的结果。在一项针对法国消费者的研究中，作者表明品牌空间背景对家用电器等技术产品的质量评估影响最大，然而此影响在食品供应中明显较弱。

品牌原产地是否对品牌形象产生积极影响，关键取决于品牌身份和起源之间的正确联系（见第1.9节）。这样一些品牌是值得推荐的，其品牌定位有针对性地使用和强调品牌原产地，因为他们品牌身份的权威性已通过地理标志刻画在消费者认知中（见第2.3节），例如，瑞士的钟表品牌、德国的玻璃制品厂或者法国香槟区的香槟品牌。在这种情况下，品牌地理原产地描述了重要的品牌本质身份特征，因此不该仅仅在沟通中强调，还要在所有重要的企业决定中考虑到它（Adomeit，2020，第190页起）。

对于国际市场的规范化发展问题，可以指出的是，品牌原产地说明必须是全球一致的。此申明也适用于品牌管理的内部目标群体。原产地作为基本身份标志是很难随着时间改变的。当然，说明原产地可以在强度和详细程度发生变化，以实现入乡随俗。这种做法特别适合用于原产地可能会导致消费者拒绝购买产品的情况（Herz和Diamantopoulos，2017）。

5.1.3 国际品牌管理的战略和实施步骤

本小节将提出国际标准化及差异化的品牌管理部分决策。首先分析进入市场的时机以及产品定位，其次是品牌架构设计，最后考虑员工的特殊重要性，本部分将讨论国际背景下的内部品牌管理。

1. 市场进入时机

是否成功进入市场是与其进入时机有关的（Holloway，2017，第104页；Hsu等，2017，第544页；Johnson和Tellis，2008，第4页起）。至于进入市场时机的战略，可分为特定国家时机战略和跨国时机战略，特定国家时机战略是确定进入市场的确切时间，而跨国时机战略则决定了在哪个时期内应该开辟多少国家市场（Meffert等，2010，第192页）。关于市场进入的时期可按两种战略选择：一是洒水式战略，二是瀑布式战略（Kreutzer，1989，第238页起；Perlitz，2004，第124页）。

洒水式战略意味着，基于标准化品牌管理同时开辟多个国家市场。在此战略中，可以实现规模经营以及分散市场进入的风险。就德国的品牌而言，在洒水式战略中，可以先同步开辟欧洲多个重要国家市场，其次是北美自由贸易区（NAFTA）市场和东盟（ASEAN）的相关国家的市场。相反，瀑布式战略则是缓慢分层级地开辟市场，这就需要一个在前期阶段详细搜索信息，以适应针对每个国家市场特性的品牌管理。瀑布式战略承载着重要市场被忽视，以及竞争对手在此期间提前开辟此市场的风险（Meffert和Pues，2002，第407页）。Reibstein（2016，第198页起）借助汽车工业领域的例子说明，进入的国家市场顺序跟地理距离的远近没有关系，而是受到与本国市场日益增加的文化距离影响。基于目标国家市场与品牌本国市场之间感知差异来选择国家代表了国际化背景下经常遇到的决策模式（Vahlne和Johanson，2020，第5页起）。

进入市场的时间点关乎企业成败（Holloway，2017，第104页；Holtbrügge和Puck，2008，第125页起）。这也分先驱战略和跟随战略。先驱者经常采用瀑布式战略，而跟随者则选用洒水式战略（Meffert和Pues，2002，第414页）。

先驱者受益于先发优势，这可以帮助他们建立并保持长期的竞争优势。这些优势主要来自优先得到资源、本地市场开发能力和需求关系的建立，以及从政府获得投资奖励（Pan和Chi，1999，第359页起；Johnson和Tellis，2008）。追随者主要从先驱者的学习效果中获利，由此可以避免错误，同时模仿成功的产品。追随者的行为也可由此对投资回报产生积极影响，因为先驱者已经显著地促进了市场的发展（例如，基础设施）。此外，摒弃政府官僚作风，降低市场进入门槛都使追随者得益（Holtbrügge和Puck，2008，第90页）。

归根结底,这与先驱者有很大的相关性,与追随者相较,先驱者的先发优势长期捍卫了他们的领先地位,这可以由专业的品牌保护来实现(见第3.2.1小节)。另外,品牌供求关系(高度品牌吸引)是先驱者拥有的很难被模仿的优势。

2. 国际范围的品牌定位

为了确保品牌定位能适应国际化程度,有必要把效用分成本质(基本)特征和非本质(偶然)特征(见第2.3.3小节)。在这种情况下,Strebinger(2010,第358页起)更强调非本质特征丰富本质特征的必要性。他以汽车工业为例说明,尽管在全球产品定位有相似的基本维度,但是产品质量、驾驶乐趣以及品牌声望等的具体含义在国与国之间存在着差别(Stolle,2013,第250页起)。在美国,主动和被动安全性是一个汽车品牌的产品质量指标,而在中国和泰国则更注重由此提高品牌声望。

de Chernatony等(1995,第17页起)强调,只要一个品牌的本质特征是不变的,消费者也就会接受产品某些局部的调整,如交流战略或产品战略。品牌管理面临着为各国家市场找到标准化和适应性措施最佳组合的挑战(Yap和Yazdanifard,2014,第250页起)。同样Strebinger(2010,第364页起)也以Philadelphia这个鲜奶酪品牌为例说明,Philadelphia以其特别丰富、细腻的口感以及"此物只应天上有"的品牌特征享誉全球,并还特别为女性目标群体设计,且在不同的国家通过非本质特征加强了这些本质特征。跨国稳定持久的本质特征保护了一个品牌免遭品牌稀释。否则,非本质特征的变化将会使一个品牌大打折扣。Philadelphia在德国传统中是涂抹在面包片上享用的,而在意大利,这个产品是与蔬菜搭配作为开胃菜享用的,在北美则是烹饪及烘焙的重要配料。该品牌在意大利只提供原味产品,而在德国则有很多口味的产品,甚至产品的包装类型也有显著的差别,以便适用于不同使用需求。许多国家在20世纪90年代末到21世纪初把天使作为交流主题,但天使主题也是随国情期望变换的。经过长时间的休整,Philadelphia品牌几年前再次在沟通中使用天使主题(Horizont,2016),只有在少数国家不使用天使主题。

为了标准化能达到正确水平,管理层必须对所有国家市场集中指导,从而确定活动范围。如大众汽车(VW)在全世界都以以下英语单词确定其本质身份特征:Responsibility(责任)、Honesty(诚信)、Bravery(勇气)、Diversity(多元化)、Pride(自豪)、Solidarity(团结)、Reliability(可靠)(VW AG,2021)。其本质身份特征口号"Das Auto"在任何一个国家都是用德语,这是强调了这个品牌的德国血统,也是作为大众汽车(VW)第四个本质身份特征。例如,在印度市场导入大众POLO时,德国起源在沟通中充当重要角色。2010年大众推出了以"德国工程,专为印度"(German Engineering. Made for India)为核心信息的全国性运动,这既明确了其德国血统,又适应了印度市场(Chabra,2010,第33页)。

正如自2006年以来发生的与大众汽车尾气值相关的欺诈行为所表明的那样,大众汽车官方宣布的基本身份特征"责任"实际上并不是一个鲜活的身份特征，而这将如何影响国际品牌管理还有待观察。这可能会对特定国家产生影响，因为社会责任与购买行为的相关性因国家而异，而且主要受影响的柴油发动机不是在所有国家对大众汽车销售都具有重要性。同样，根据各国家的文化，对自己客户的持续欺诈和不断违法的评估和制裁也会有所不同。

3. 国际品牌架构设计方案

公司的品牌架构通常基于两个维度进行设计：垂直维度，通过层级化的组织和品牌层面的品牌整合设计；水平维度，品牌在细分市场的量化设计（见第2.4节）。这两个维度在国际市场上是不够的，因此需要另外的维度进一步补充（Douglas等，2001，第106页起）。在这种情况下，便区分了一个企业的品牌是本土化的、国际化的（在两个或两个以上国家的市场）、跨国化的（这里是跨国化的，而不是全球性质的，如欧盟或北美自由贸易区），还是全球化的（见图5.5）。

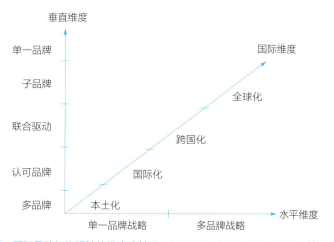

图5.5　国际品牌架构设计的维度（基于：Burmann和Kanitz，2010，第41页）

例如，企业可在单一品牌架构下确定一个全球性的品牌（全球标准化）。同样，企业也可以在一些国家使用一个全球化的企业品牌，而在另一些国家使用与当地业务领域相宜的企业品牌，例如，Aldi Süd品牌在德国本土市场以及澳大利亚、英国、希腊、爱尔兰、斯洛文尼亚、瑞士、匈牙利和美国都以同一品牌运作，而在奥地利则使用Hofer品牌。因此，企业必须决定是要建立全球化的标准品牌架构，还是要与当地市场相适应（Brexendorf和Keller，2017；Talay等，2015，第55页起）。

我们将先详细介绍国际维度的品牌架构：

图5.5中的四个国际品牌架构的设计维度受企业管理基本原则的影响。Schuiling和Kapferer（2004，第98页）定义本土化品牌为只在本土范围内经营的品牌（如德国的BILD

或congstar），或存在于一个国家内限定销售地区的品牌，如在一个城市的品牌（如Köln的啤酒品牌Hellers）或一些区域中的品牌（如德国北部的零售商Dodenhof）。如果一个品牌至少在两个国家的市场上运营，并以国内市场的标准化为导向，则视其为国际化品牌，如Mirácoli品牌不但在德国销售也在奥地利销售。而全球化品牌管理尝试使一个品牌以标准化方式尽可能针对其目标群体。然而，如果一个品牌不是以世界市场的标准化为导向，而是面向跨国区域的（如北美自由贸易区和欧盟），我们则称其为跨国化品牌。此处的跨国区域被认为是同质化的，品牌的标准化是基于这个跨国区域需求的（见表5.1）。

表5.1 本土化、国际化、跨国化以及全球化品牌的划分

品牌定义	目标群体
本土化品牌	一个城市、一个国家内的区域或一个国家的消费者
国际化品牌	首先是国内市场消费者，此外少数相似国家市场的消费者
跨国化品牌	明确定义的跨国区域（如北美自由贸易区、欧盟、东盟）的消费者
全球化品牌	全球同类消费者

（基于：Meffert等，2010，第150页）

Levitt（1983）认为全球化品牌通常是企业"成功的秘诀"。Morgan和Rego（2009，第70页起）以其经验数据研究表明，减少国际化品牌的品牌组合明显并没有那么成功。他们认为，本土化品牌战略和专注于少数全球化品牌的战略都可以取得成功。Kapferer（2002、2005）认为，全球化品牌管理并没有显著的成功。相反，他认为本土化品牌会复兴，因为它们有特殊的文化定位以及和顾客更密切的联系，因此具有卓越的、起决定性作用的高度品牌吸引。Ng等（2021）在一项针对美国一所大型大学383名学生的研究中证明了，强烈的本地归属感与本土化品牌偏好之间的关系。这样的定位是基于一种假设，即考虑每个国家具体情况是建立一个成功品牌的必要条件。21世纪消费者行为也表现出很多变化，除了消费能力的增长、消费者自我意识的加强（主要取决于互联网和智能手机信息的传播），以及对可持续性发展的反思，还包括对真实性和区域品牌的渴望（Rennhak，2014，第177页起；Thiefes，2021）。一项研究也证实了此趋势：64%的受访者表示，在当今全球化时代，品牌起源对他们具有重要意义（Kurbjuweit，2012，第63页）。德国巴伐利亚电台于2015年对巴伐利亚州1031名14岁及以上讲德语的人进行了一项调查，其中92%的受访者把巴伐利亚州作为他们的家，83%的受访者为他们所在的地区感到自豪，77%的受访者认为保持他们所在地区的传统很重要（BR-Bayernstudie，2015）。

在表5.2中可看出本土化品牌和全球化品牌的优缺点，该评级仅基于极端维度（国际化和跨国化是这两个极端维度的混合模式）以及遵循如下标准：

- 实现差别优势：在什么程度时，可以立即实现市场架构差异化？选择哪种架构可以在

品牌定位上拥有更多的适配潜力？
- 实现标准化优势：以哪种规模可以通过规模经济或范围经济实现成本优势？
- 资源支出：对各架构的实施，哪种资源支出是必要的？
- 复制专长要求：此架构是否能提高企业专长，使其现有的内部资源和专长能够快速、低成本、高成效地转移到另外一个新的国家（Burmann，2002，第276页起）？
- 重构专长要求：所选用的架构是否能提高企业专长，使其能定义和适应新的、针对具体国家特殊化的资源和能力？

从表5.2中可以明显看出本土化品牌差异化优势和全球化品牌标准化优势（Strebinger，2010，第329页起）。

表5.2 本地化和全球化品牌的比较评价

评判标准	构架	
	本土化品牌	全球化品牌
实现差别优势	高	低
实现标准化优势	低	高
资源支出	高	中等
复制专长要求	低	高
重构专长要求	高	低

（基于：Meffert等，2010，第153页）

4. 国际范围品牌管理内部导向的特殊性

许多国际品牌管理战略的实施都以失败告终。品牌管理和实施成功的前提是员工的支持。因此，在国际品牌管理中，需要给予内部导向很高的优先级。

基于内部导向的品牌身份管理可以首先确定受不同国情影响的三个范围：其一，区分不同文化环境中员工的基本意愿和对品牌的承诺。其二，关于品牌的管理风格并不能同样成功适用于每个国家。这是因为，权利距离的文化维度决定了员工的期望和领导风格的可接受性。其三，当地语言和文化影响内部品牌信息沟通的认知和评价。因此，国际范围的内部品牌沟通也要适应各个国家。

（1）文化对品牌承诺强度的影响

实证研究表明，员工对品牌承诺的认可程度首先取决于三个文化维度（Hofstede，2001，第44页起；Felfe等，2006，第95页）：其一，在较高的权利距离文化背景下，员工会感觉更强大，其会对公司及品牌有较高的、规范的、有条件的承诺；其二，同样存在较强承诺时，因为员工害怕改变，文化维度中的规避不确定性对公司及品牌产生影响；其三，集体主义文化比个人主义文化存在更高的品牌承诺。集体主义文化将集体利益置于首位，而在个人主义文化中，人们多数只追求实现个人利益（Clugston 等，2000，第15页起；Felfe 等，2008，第225页起）。

对于管理实践来说，问题在于内部导向的品牌管理怎样才能适应民族特色，以便在当地市场构建相应最大化的品牌承诺。这可以通过品牌导向的计划管理和内部沟通简要说明。

（2）文化对品牌导向领导的影响

员工管理总是始于社会相互作用（Jung，2017，第410页）。如果社会相互作用涉及跨文化团队，个人文化价值的取向就增加了员工管理的复杂性。每个人都将自动假设，其他人也有相同的文化价值和规则取向。因此，个人想法会产生相应行为（Loth，2007，第34页）。这就是跨文化团队经常发生冲突的原因（Chua 和 Jin，2020，第903页）。在这一前提下，Weibler 等（2000，第588页）指出，由文化决定的领导和被领导行为方式越协调，员工品牌承诺就越高。在跨文化对比中，在感知上适当的领导风格也会有较大出入。即使地理上相近的两个国家，由于文化差异，其领导行为也会有显著差异（见表5.3）。例如，虽然北欧国家有相近的管理风格，但是法国的高权利距离文化会导致距离感和分层级的管理风格。

表5.3 欧洲典型管理风格

上级领导（如英国）	协商一致的领导（如瑞士、芬兰）
• 强调公司成功领导者的特征 • 结果导向的实用主义 • 忽视规则和程序	• 推广团队精神 • 与员工推心置腹交谈 • 员工参与企业决定 • 强调详细组织
有距离的领导（如法国）	实现共同目标的领导（如奥地利、德国）
• 战略理念思维 • 执行决定时缺乏纪律 • 与员工沟通不足 • 独立活动	• 重视专业知识 • 授权领导 • 强调规则、程序和监控

（基于：Kühlmann，2008，第43页）

总而言之，文化及其产生的员工个人价值全世界都不尽相同，尤其是文化维度的集体主义和权力距离对管理工具的认可产生强烈影响。在集体主义文化中的品牌管理，首先应通过集体活动（如在节日、家庭日）实现且强调集体目标；而在个人主义文化中，特别要设置个人奖励（如直接考核、薪酬、晋升）。在低权利距离文化中，员工倾向于合作式的管理风格；相反，在高权利距离文化中，独裁式或家长式领导风格更有意义。因此，内部品牌管理的跨国标准化措施实施起来是十分困难的。

（3）语言及文化对内部品牌沟通设计的影响

内部品牌沟通的目的是给所有员工传达一致的品牌身份，从而将其传递到所有品牌接触点。在国际范围内，这个目标的实现是一个特殊挑战。它需要基本一致的员工沟通和世界上同类的企业文化（Bruhn，2014，第1208页）。然而，民族语言和文化却是（被视为）国际品牌内部沟通标准化的壁垒。

国际品牌内部沟通首先要适应当地语言，不仅仅是单纯翻译的沟通，更重要的是要考虑到语言背后的民族特点。此外，文化也对品牌沟通的感知起到决定性影响（Walsh等，2014，第77页起）。这意味着，在内部品牌管理背景下，不同文化对于品牌信息有不同的认知和解释（Ravazzani等，2016，第73页起）。在对来自丹麦的国际公司进行的一项研究中，Ravazzani发现，丹麦员工对内部沟通的完全透明度持积极态度，而美国员工对这种透明度的态度非常消极，甚至反感（Ravazzani，2016，第83页）。

国际品牌内部沟通的构建总是取决于公司情况，例如，在IKEA共有15种沟通语言，而在Aventis（化学和制药）只用3种语言。这个差异是由于员工的资历不同以及IKEA这个家具企业需要更强的区域联系（Bruhn，2014，第1157页）。早在2002年，根据内部沟通战略，德国杜塞尔多夫的Henkel公司撰写了名为《我们在一起》的企业颂歌，以增强员工的集体感（Schmidt，2007，第93页起）。这首颂歌除了有国际通用版，还有考虑到各员工不同语言背景以及每个国家典型音乐风格的地区版。

正如外部环境一样，内部管理需要适应局部特性，因为只有员工行为和品牌价值主张协调，才能建立一个强大的品牌。

5.2 零售中基于身份的品牌管理

5.2.1 生产商贸易导向的品牌管理

制造公司通常通过零售商"间接"销售他们生产的商品，但依赖直销的品牌除外（Meffert等，2019，第598页起）。尤其是在企业面对消费者市场时，近年来依赖这种直接面向消费者（Direct-to-Consumer）商业模式的品牌出现了强劲增长，因此它们也被称为DTC品牌（Hidessen，2021，第87页）。在德国，Oceans Apart、Hello Body、Gymshark或Banana Beauty等品牌就是很好的例子。他们利用社交媒体的强劲增长，尤其是年轻目标群体从网红那里接触他们品牌，这主要基于社交媒体网红（SMI）的效用（见第5.3节）。企业通过此方法和他们自己的在线商店来销售他们的品牌产品。此外，越来越多的社交媒体网红正在开发和经营自己的SMI品牌。例如，有影响力的Bianca Heinicke及其旗下品牌bilou，来自SMI Fynn Kliemann的时尚品牌Oderso或来自SMI Louisa Dellert的品牌Naturalou等（Hiddessen，2021，第87页起；Lienemann，2021，第10页起）。

在间接销售的情况下，制造商在品牌管理领域有多种行动选择。首先，必须明确企业是只生产自己的品牌产品，还是额外或专门为第三方生产品牌产品，还是同时或专门从第三方购买品牌。

购买第三方品牌有助于完善自主品牌的范围或更好地利用自己的销售队伍。为第三方生产可能涉及为第三方品牌制造商（制造商品牌）生产，例如，在没有足够的财力或人力资源来建立自己品牌的情况下，这样做可能很实用。这也可能是基于竞争对手强劲增长的结果，该竞争对手无法再用自己的生产能力满足生产需求，因此向其他制造商下达生产订单。

然而，在为第三方生产的情况下，另一种选择更为重要，即生产零售商品牌的产品。由于零售集团实力的强劲增长，在签订合同时，零售商品牌对许多制造商品牌变得越来越重要（Chen和Liaw，2020，第268页）。例如，德国四大食品零售商（EDEKA、REWE、Aldi、Schwarz Group/Lidl）销售额占德国食品零售总额的85%以上（Deutscher Bundestag，2020，第3页）。出于这个原因，中小型公司在生产自己品牌产品的前提下，有时只能在食品零售商的货架上提供自己生产的零售商品牌产品。基于这一发展，例如，来自不来梅港的冷冻食品制造商FRoSTA AG在2020财年的5.52亿欧元销售额中，44%以上来自零售商自营品牌的生产（FRoSTA AG，2021）。

为第三方定制生产为品牌商品制造商提供了特定的优势，但是也有风险。优势主要在于优化使用内部生产能力。例如，通过扩大生产以包括生产第三方的产品，可以弥补产量的季节性波动，或者可以经济地利用永久性产能过剩。另外，零售商自营品牌往往可以带来相当大的规模经济，因为零售商品牌商品的特点通常是数量非常大，并且趋向于非常高的标准化水平。零售商品牌生产的另一个优势在于，各个零售商与为其生产的品牌商品制造商之间有着紧密联系。这提高了品牌商品制造商与零售商的谈判地位，并可以利用这一点来扩大他们自己的品牌商品在零售商销售网点的上架数量（Shroff等，2021，第116页起）。这一点在FRoSTA AG的案例中体现得尤为明显（Burmann和Feddersen，2007）。

然而，订单生产的优势被相当大的风险抵消。通过为第三方生产来扩大生产或利用现有生产能力增加了操作过程的复杂性，这会影响生产过程，例如，生产时间、采购和销售物流以及会计等方面。因此，必须始终权衡不断增加的复杂性成本与可能的额外利润。

进一步的风险在于内部品牌管理，以及零售商品牌与自己制造商品牌的必要差异化。如果零售商自营品牌产品与公司自己的制造商品牌产品同时生产，存在员工误解的风险。在理想情况下，员工强烈认同他们自己的制造商品牌，但现在"必须"同时为零售商品牌工作，即通常为"价格和质量水平较低"的竞争对手生产产品。为了解决这种紧张关系，管理层必须开展密集的、内部导向的沟通工作，以便向员工解释这一战略决策对他们自己的制造商品牌的优势（见第3.1节）。

同样，品牌商品制造商必须确保他们自己的品牌与他们为之生产的零售商品牌有明显的区别，这指品牌的功能性和非功能性效用。由于来自同一个生产设施，若客户认为零售商品牌和制造商品牌可以互换，很快会给制造商品牌带来相当大的经济问题。由于当今生产和供应链的高透明度，品牌商品制造商的问题将更加严重。WER zu WEM 等互联网门户网站在其网站上发布了哪些销售商品牌由哪些品牌商品制造商生产的概览（https://www.wer-zu-wem.de/handelsmarken/no-name-suche/）。

然而，即使是不为零售商生产的品牌商品制造商，也在与零售商品牌展开激烈的竞争。由于德国零售商品牌的市场份额不断增加，制造商品牌面临的问题是，零售商作为分销合作伙伴正日益成为最强大的竞争对手。由此产生的零售业力量体现在零售商谈判地位显著提高，对制造商的利润率造成巨大压力。作为品牌管理的一部分，制造商品牌对此采取了各种应对策略。

首先，制造商品牌通常比零售商品牌具有明显的优势，因为制造商品牌的重点通常是在某个产品领域的专业化。Schöfferhofer品牌专注于啤酒和啤酒混合饮料领域，它有一个明确定义的产品组合，因此可以建立一个非常具体的品牌形象。相反，连锁超市real的自营品牌 TiP 并不局限于特定的产品区域，而是提供来自real的几乎所有产品组的许多不同产品。因此，零售商品牌TiP除了价格低廉和与上级零售商品牌"real"的关联等形象，只能建立非常分散的品牌形象，在非常有限的程度上发展独立的品牌身份。此外，许多此类自营品牌不具备与制造商品牌相媲美的创新专长。然而，与零售商自营品牌相比，制造商品牌的未来竞争地位将恶化，特别是零售商自营品牌定位越来越趋向于单个品牌（服务范围狭窄），而不是产品组品牌或分类品牌（具有广泛或非常广泛的服务），并且制造商品牌削弱了其创新专长时（Indrest，2013，第 27 页）。在这方面，Kanitz的实证研究非常清楚地表明，品牌的产品范围越广，其与消费者购买行为的相关性就越低，因为品牌的效用组合越来越分散，难以具体化（Kanitz，2013，第180页起）。

例如，食品折扣店Lidl提供了证明这种情况非常现实的证据：Bonback（烘焙食品）、Solent（巧克力）和MEG（饮料）这三家公司已经为折扣店Lidl生产其自营品牌产品，并由Lidl全资拥有（Brück，2015）。零售商下一步可能是发展自主创新品牌和单个品牌。这种发展迫使制造商品牌更具创新性，并朝着一致的基于身份品牌管理方向进行品牌管理现代化，以加强其与零售商自营品牌相比的竞争地位。

制造商品牌的其他策略包括：与消费者建立密切而强烈的情感关系（品牌吸引），发展网络销售或直接销售，以及与购买行为相关的真实品牌利益承诺，通过沟通产生强大的需求拉动效应（Szeliga，1996），"强制"进入零售公司的产品范围（见表5.4）。

表 5.4 制造商品牌与零售商自营品牌竞争的策略

策略	描述
创新策略	对新产品、新（在线）沟通/（在线）销售渠道和新服务的持续投资
吸引策略	与消费者建立密切的关系，尤其是情感关系（高度品牌吸引），如通过大量使用社交媒体，尤其是网红品牌（见第5.3节）
直销策略	在自己或第三方在线商店（如在网络平台）或在品牌专属的实体销售场所（专柜）
沟通拉动	通过以高度真实性和购买行为相关性直接面向消费者，使之产生需求，这会产生需求拉动效应，促使零售商将品牌纳入其供货范围

这些战略的目标是扩大市场准入并加强与消费者的直接联系。后者尤为重要，因为与经销商相比，制造商在该领域通常存在明显的不足。随着会员卡的推出，零售商拥有与消费者相关的最新数据，这可能使他们能够更快、更准确地预测消费者的愿望和行为。从制造商的角度来看，这个问题可以通过建立自己的品牌和网上商店来解决。制造商品牌还可以通过直接或在线支持的销售来收集和使用与消费者相关的数据。此外，制造商可以在独家销售点为消费者提供独特的品牌体验，这在传统零售中往往无法产生。

直销的一种特殊形式是所谓的快闪店（Kastner，2015）。这些是专为引起注意而开发的商店，仅在选定位置短期设置。快闪店通常会引起很多媒体的兴趣，并最终通过暂时高频率的访客来访来为品牌赢得新目标群体（Duncan，2008，第48页）。例如，Ritter Sport品牌于2014年3月1日在德国汉堡开设了一家所谓的"快闪巧克力店"，开业四个月后，一直保持着良好的收支平衡：超过63000名访客和出售约27000块的巧克力（Ritter Sport，2014）。尤其受到新冠疫情的影响，许多传统零售商破产，市中心出现许多空置的营业场所，可以临时用于快闪店。市中心令人担忧的大量空置场所也显著降低了快闪店的建设和租金成本。

制造商品牌还可以选择以直接和不寻常的方式（沟通拉动）来解决消费者问题，从而刺激需求。在理想情况下，零售商将此视为将该品牌纳入其产品系列的理由（Meffert等，2019，第546页）。2002年在美国市场推出的能量饮料Monster就是一个例子。在2009年前，人们都无法从连锁店买到它。但通过对赛车运动、越野摩托车和Monster卡车赛车的赞助，零售店消费者对该公司产品的需求增加，这种能量饮料自2009年起在德国的连锁店中销售，2013年的市场份额达到39%（o.V.，2013）。

除了这些策略，还应避免与零售商发生重大冲突。这将会给制造商品牌带来问题，因为在极端情况下，冲突可能导致制造商品牌商品暂时甚至永久下架，例如，在2014年初，零售商Lidl在价格谈判失败（价格上涨约2%）后，将Coca-Cola品牌从其产品系列中移除，转而专注于出售其自己品牌的商品（o.V.，2014）。尽管Coca-Cola后来被重新引入该系列，但这个例子显示了制造商品牌与零售商冲突的潜在负面后果，即使是Coca-Cola这样的大品牌也是如此。这些冲突绝不仅限于折扣店。在德国，近年来EDEKA品牌似乎越来越多地与领先的制造商品牌对抗，以维护其市场地位。例如，2017年来自Mars的产品、2018年来自Nestlé的产品、2019年来自Heinz的产品和2020年来自Coca-Cola的产品都曾被暂时从其产品系列中移除（Kläsgen，2020）。

5.2.2 基于身份的零售商品牌管理

在对制造商和零售商角色的经典理解中，后者主要担任没有自己品牌管理技能的销售中介和品牌大使（Roßmann，2019，第15页；Achter，2016，第24页起）。然而，今天，这种经典的角色划分方式受到了很大的质疑。鉴于线上交易导致竞争不断加剧，零售企业越来越清楚，如果没有自己的专业品牌管理技能，就无法长期保持客户对自己零售商品牌的忠诚度。因此，零售公司也应将基于身份的品牌管理理念转移到其零售商品牌和自营品牌，从而使其销售线和自营品牌在竞争中脱颖而出，并赢得新客户和新员工（Roßmann，2019，第62页；Horstmann，2017，第9页）。

> 零售商品牌是功能性和非功能性效用的集合，是一家零售商的合法财产，被零售商用来识别自己的销售线，从相关目标群体的角度长远来看，它可用于区分相关的竞争产品（Roßmann，2019，第62页）。

在一项大规模实证研究中，Roßmann（2019）检验了零售商品牌在汽车贸易中的决定因素和影响，该研究共对德国442名新车购买者进行了调查（Roßmann，2019，第144页）。Roßmann研究的结构方程分析结果如图5.6所示。结构方程分析的系数可以在两个极值-1.0和+1.0之间波动，系数绝对值越大，对零售商品牌形象的正面或负面的影响就越大，或者零售商品牌形象对零售商品牌的品牌吸引和品牌忠诚度的影响越大。例如，结构系数为0.53的员工行为是所考察零售商品牌形象的最重要决定因素。零售商品牌形象也很明显随着产品种类的增加而降低。这证实了Kanitz（2013，第180页起）的研究结果。

相比之下，汽车经销商在其产品范围内所携带的制造商品牌对零售商品牌形象的影响非常低，为0.061。很明显，购物中心的品牌形象并不主要取决于它所提供的产品和品牌，购物中心被顾客视为一个独立的品牌。这一发现再次证实，从消费者的角度来看，经销商不再被视为品牌商品制造商的"代理人"，而是平等的竞争者。最后但同样重要的是，Amazon或Zalando等许多在线零售商的快速增长强化了这一发展。

研究结果表明，零售商品牌的品牌形象对消费者对于零售商品牌的依恋和忠诚度有非常积极的影响。零售公司追求的差异化和客户忠诚度目标是通过购物地点层面的品牌管理来实现的。因此，基于身份的现代零售商品牌是零售公司品牌管理的关键成功因素。

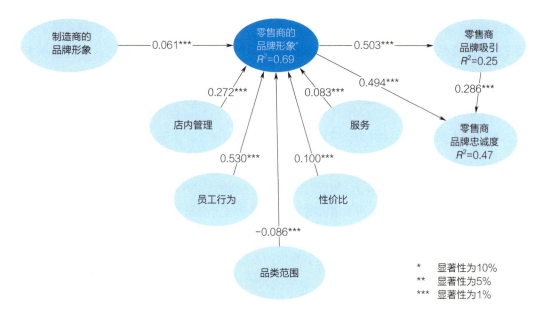

* 决定系数（R^2）表示各个变量的百分比可以通过此处研究的决定因素来解释。例如，47%的零售商品牌忠诚度可以通过零售商品牌吸引和零售商品牌形象来解释。

图5.6 零售商品牌的影响因素（基于：Rossmann，2019，第193页）

5.2.3 基于身份的零售商自营品牌管理

自营品牌的效用与零售商品牌的管理密切相关，这些可以作为零售商品牌管理的一部分以不同的方式加以使用。通过使用它们，上级零售商品牌的品牌形象也可以在产品和产品组层面使用。自营品牌提供了区分零售集团不同零售商品牌的机会。此外，它们打破了零售商对品牌商品制造商高度依赖的平衡（Abraham，2020，第10页起）。

> "自营品牌是功能性和非功能性效用的组合，从品牌目标群体的角度来看，其设计可区别于竞争产品品牌，并用于标记选定的商品，以便独家销售，并且通常只通过自己的销售渠道销售。"（Abraham，2020，第46页）

零售商发展自营品牌的两个重要原因是利润率（成本覆盖率）会更具吸引力和零售商品牌的互换性降低。后者变得越来越重要，因为如今许多零售商经常提供与许多制造商品牌几乎相同的产品系列。在德国，几乎所有食品零售商都提供这些制造商品牌 Persil、Coca-Cola、Tempo、Krombacher、Maggi 或 Iglo，而汽车经销商大多基于特殊品牌的车型（例如，欧宝经销商）。因此，消费者通常很难区分零售商（Roßmann，2019，第13页；Batten & Company，2014，第8页）。高度的互换性也大大增加了消费者的价格敏感度，因为对于可互换的供给产品，通常只有价格决定了消费者在哪里购买。在全球比较中，德国的食品价格水平非常低，因此食品零售行业也清楚地表明，活跃于德国食品零售行业的零售商品牌的形象特别弱。

这就是为什么通过零售商品牌的独立品牌形象（特征轮廓）来实现差异化变得越来越重要。自营品牌仅在特定零售商品牌（销售线）的商店中出售，这一事实使零售商能够更好地从各自销售线的竞争中脱颖而出。

自营品牌（PLB）的利润率（终端消费价格与采购价格之间的差额）通常比制造商品牌的高20%~25%（Abraham，2020，第10页），因为零售商没有支付研发费用，几乎也没有支付任何营销和销售费用。这样，自营品牌除了具有有利于零售商品牌的差异化效应，还提供了短期的财务优势。自营品牌适用于那些制造商品牌无法提供的低价水平或使用该品牌可以获得特别高利润的产品。

虽然自营品牌过去主要用于门店零售，尤其是食品零售，但如今它们也被在线零售商和服装行业广泛使用。例如，在过去五年中，Amazon的自营品牌数量增加了十倍以上，达到500多个。在Amazon上，自营品牌现在在各种产品组中的占比高达25%（Abraham，2020，第10页）。

在德国和西班牙这两个零售商自营品牌分布最多的欧洲国家，零售商自营品牌占实体食品零售中所有品牌的36%~42%（Nielsen，2018，第7页）。如图5.7所示，德国零售商自营品牌的市场地位近十年来一直非常稳定，因此存在一定的饱和度。显然，现有的零售商自营品牌很容易接触并覆盖食品零售业中价格导向的消费者。同样，制造商品牌的消费者似乎对经典品牌商品很满意。这就是为什么这两个细分市场之间几乎没有进行更大的"迁移运动"（见图5.7）。

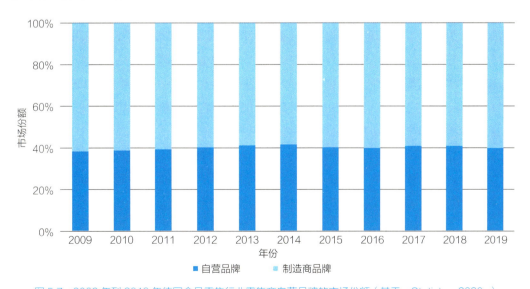

图5.7 2009年到2019年德国食品零售行业零售商自营品牌的市场份额（基于：Statista，2020a）

使用表5.5中的标准，可以将零售商自营品牌的众多不同表现形式彼此区分开来。通过这种方式，可以回答零售商应该使用哪个品牌、以哪个价格水平、在哪个地理范围和使用什么名称自营品牌运营，以及各个自营品牌在其整个产品范围内的重要性等具有战略意义的重要问题。

表5.5 界定不同形式的零售商自营品牌的标准

标准	类型
自营品牌的专长广度	单一品牌/产品组品牌/产品系列品牌
自营品牌的价格范围	高端品牌/仿品牌（经典自营品牌）/通用品牌
自营品牌的专长深度	地区/国家/国际/全球
自营品牌的品牌名称	公司名称/虚构名称
自营品牌的产品范围重要性	核心品牌/附加品牌或边缘品牌，如入口价格段产品、区域产品、特别环保产品或非常特殊的产品

（基于：Bruhn，2012，第552页）

专长广度提供了有关服务范围的信息，从而提供了品牌提供的各个产品内容功能的匹配度。单一品牌，如Aldi的Tandil洗涤剂，具有定位清晰的优势，同时降低了负面形象向其他品牌转移的风险（Meffert和Heinemann，1990）。单一品牌的劣势在于财力和人力资源的高支出。产品组品牌则是在一个品牌下提供整个产品系列中的产品，仅提供香肠和肉类产品组品牌的示例是属于Lidl折扣店的Dulano品牌或属于REWE集团的Wilhelm Brandenburg品牌。如果零售商自营品牌提供来自大量不同产品组甚至零售商整个系列的商品则称之为产品系列品牌，如购物中心内同名零售集团的产品系列品牌EDEKA（在这种情况下，零售商品牌和零售商自营品牌相同），其目的是将零售商品牌的形象尽可能全面和快速地转移到零售商自营品牌以及每个单独的产品上。另一个例子是Bünting集团公司的Küstengold系列品牌，Küstengold产品在其三个零售品牌（销售线）Jibi、Combi和familia，也在其直销线"myTime.de"销售。

对于产品系列品牌而言，构建差异化、内容丰富和清晰的品牌形象尤其成问题。因此，许多产品系列品牌通常仅在与特定零售商品牌的隶属关系方面与竞争品牌不同。那么它们就没有独立的形象，而只是"活"在上级零售商品牌的形象传递过程中。

关于自营品牌的价格范围，必须决定自营品牌定位的销售质量和价格水平（Abraham，2020，第11页起）。高端自营品牌的特点是质量非常高、品牌活跃和定位在较高的价格段（Bruhn，2012，第551页）。仿品牌使消费者可以以更低的价格获得与制造商品牌质量相当的零售商自营品牌产品，这些品牌也被称为"Me-too"品牌（Berentzen，2010，第

46页)。这些零售商自营品牌的包装设计往往很容易被误认为是仿制制造商品牌的。为了在直接价格比较中强调低价,其销售点的位置通常紧挨着被模仿的制造商品牌(Kumar和Steenkamp,2007,第27页起)。零售商自营品牌的定向投放发挥着重要作用,尤其是在线上交易中。通过完全控制搜索结果的输出,线上商店为他们的运营商提供了许多关于布局和展示的选项来介绍他们的零售商自营品牌(Abraham,2020,第10页)。

此外,零售商定期将其自营品牌作为通用品牌进行供给,以提供构造非常简单、保证基本质量和与制造商品牌相比价格比较低的日常产品(Berentzen,2010,第43页)。如来自EDEKA的Gut & Billig,这种类型的零售商自营品牌主要服务于阐明零售品牌的价格竞争力,从而吸引那些倾向于在折扣店购物的顾客。

专长深度决定了零售商自营品牌是否在地区、国家、国际甚至全球范围内提供产品。尤其是最近,零售商越来越依赖区域销售自营品牌。例如,EDEKA推出的"Unsere Heimat—echt und gut"商标,它提供区域性产品,也仅限于德国西南部的地理销售区域。情况有所不同的是零售商自营品牌REWE也强调产品的地区起源,但它的产品在整个德国都有销售,因此它代表了一个国家品牌。由于零售商日益国际化,零售商自营品牌产品也在国际或全球范围内销售(Bruhn,2012,第552页)。例如,Aldi美妆产品由来自美国的零售商自营品牌"Lacura"在德国、英国和澳大利亚销售,或由零售商自营品牌"Amazon essentials"销售全球标准化的大众产品,价格非常低廉。将专长深度扩展到全球市场对于价格激进的零售商自营品牌(通用品牌)尤为重要,因为可以通过扩大销售区域来实现规模经济(由于与规模相关的数量递减而降低了生产成本)。

专长深度的设计也会影响品牌名称的选择。如果零售商自营品牌和零售商的名称相同,则很容易将零售商的形象转移到其自营品牌(Geyskens等,2018,第487页起;Abraham,2020,第41页)。如果使用虚构名称,则形象传递要困难得多。此外,在选择品牌名称时,必须注意与竞争对手有足够的差异化。在理想情况下,名称会引发清晰的联想。

另外,必须决定销售商自营品牌是代表边缘品牌还是附加品牌,或者它是否在零售商的整个品牌组合中发挥核心作用(产品范围重要性)。如果一个品牌被定位为一个附加品牌或边缘品牌以满足数量较少的目标群体的需求,它只会出现在选定的产品范围内,并倾向于提供专业的和狭窄的产品组合。列为边缘品牌或附加品牌的零售商自营品牌用于入口价格段产品、区域产品、特别环保产品或非常特殊的产品。如Aldi Süd的MinuLakt品牌,该品牌专门销售无乳糖牛奶、酸奶和生奶油。

如果将自营品牌用作核心品牌,则它具有广泛而深入的产品组合。在这种情况下,零售商自营品牌在传达其上级零售商品牌的定位方面发挥着关键作用。零售商自营品牌的不同表现形式可以被单独或组合包含在零售商品牌的范围内(见图5.8)。

零售商品牌 标准	REWE	EDEKA	Aldi Süd
专长广度			
单一品牌	➢ Maximal G	➢ Booster Energy Drink	➢ Tandil
产品组品牌	➢ Wilhelm Brandenburg	➢ vehappy	➢ Choceur
产品系列品牌	➢ REWE Beste Wahl	➢ EDEKA	➢ One World
价格范围			
高端品牌	➢ REWE Feine Welt	➢ EDEKA Selection	➢ Gourmet
仿品牌	➢ ZooRoyal	➢ All in Fruits	➢ Milsani
通用品牌	➢ ja!	➢ Gut & Günstig	➢ —
专长深度			
地区	➢ REWE regional	➢ Gutfleisch	➢ —
国家	➢ Si! Naturalmente	➢ EDEKA regional	➢ —
国际	➢ Ja!	➢ —	➢ Lacura
品牌名称			
公司名称	➢ REWE Bio	➢ EDEKA zuhause	➢ Aldi talk
虚构名称	➢ VIVESS	➢ elkos	➢ Ombia
产品范围重要性			
核心品牌	➢ ja!	➢ EDEKA	➢ Cucina
附加品牌或边缘品牌	➢ REWE to go	➢ EDEKA España	➢ MinuLakt

图 5.8　REWE、EDEKA 和 Aldi Süd 的自营品牌

从图5.8中可以看出，所有三个零售商品牌在其自营品牌与各自零售商品牌建立了明确相关的特定关系（如REWE Beste Wahl、EDEKA regional、Aldi talk）。这引发的形象转移意味着零售商自营品牌的认知受到零售商品牌的强烈影响（Beresford和Hirst，2020，第1104页起；Sebri和Zaccour，2017，第1695页起）。通常，当零售商自营品牌的目标消费者已经非常熟悉零售商品牌时，这种策略的目标是降低消费者购买决策的感知风险。

然而，食品零售业情况一再表明，在零售商自营品牌中明确提及零售商品牌，仅在那些关注消费者的功能性效益，而享乐主义效益和社会效益在购买中不起作用的产品组中才有意义。原因是我们观察到，许多消费者仍然认为零售商自营品牌的产品质量低于制造商品牌的。除了非常高的功能质量，制造商品牌还将会满足享乐主义需求和社会需求（Semeijn等，2004；Horstmann，2017）。

迄今为止，几乎没有任何食品零售行业以外的、关于零售商自营品牌的研究。Abraham（2020）的成果是一个例外，他检验了在线服装零售中将零售商自营品牌与零售商品牌联系起来的效果（见图5.9）。共有784名来自德国的受试者参加了他的在线实验（Abraham，2020，第116页）。通过两家在线零售商Amazon和About You，他研究了将零

售商品牌纳入高端自营品牌和经济型自营品牌（定价激进型自营品牌）的自营品牌标签的效果。研究表明，来自About You的高端自营品牌从引用零售商品牌中受益匪浅。相比之下，该实验对Amazon的高端自营品牌得出了相反的结果。在这些情况下，将自营品牌的产品贴上零售商品牌Amazon的标签会损害自营品牌的形象（Abraham，2020，第156页）。这种评估差异是基于零售商自营品牌和零售商品牌的定位的。如果零售商自营品牌和零售商品牌都被认为是高质量的（如About You），则零售商自营品牌的形象受益于零售商品牌和零售商自营品牌之间的明确联系。如果零售商品牌与零售商自营品牌的定位不匹配，则零售商自营品牌的形象会受到零售商品牌的影响。零售品牌Amazon就是这种情况，它的定位是走物美价廉路线的，因此与其高质量的时尚自营品牌不相配。

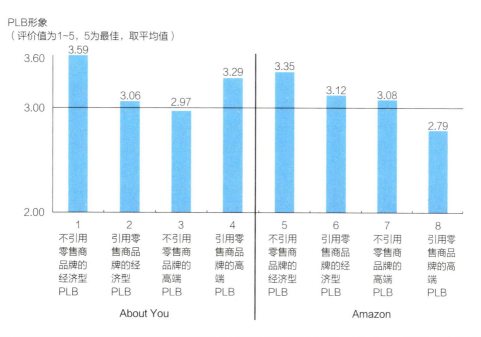

图5.9　零售商品牌对服装行业零售商自营品牌（PLB）形象评价的影响（基于：Abraham，2020，第134页）

评判About You和Amazon的定位是否适合其自营品牌，是基于这两个零售品牌的专长加分的。虽然About You被消费者视为服装市场的专家，但Amazon是一名在服装行业没有特定技能的通才。因此，Amazon品牌与其"制造"的服装之间的直接联系具有负面影响。

图5.9中的结果还表明，不建议Amazon和About You使用其零售商品牌来标记时尚自营品牌，因为这样才能最好地评估各自零售商自营品牌的形象。这证实了。如果消费者的社会效益非常重要，则不应将零售商品牌用于其自营品牌的结果。由于购买时尚产品通常在很大程度上与社会效益的满意度相关，因此在这些情况下应始终使用零售商自营品牌，而无须明确提及零售商品牌。

5.3 网络社交媒体中基于身份的品牌管理

5.3.1 数字化给品牌管理带来的挑战

数字化和由此产生的社会技术发展从根本上改变了人们的媒体使用行为。由于功能越来越强大的智能手机无处不在，人们获取的信息量急剧增加。且它们使持续在线和随时联系成为可能，这一点在人们的沟通中有所体现。当然，这一点不仅反映在人们的私下交流中，同样它还体现在品牌的商业沟通上。如今，大部分信息是通过互联网获取的，互联网用户的数量在不断增加（见图5.10）。

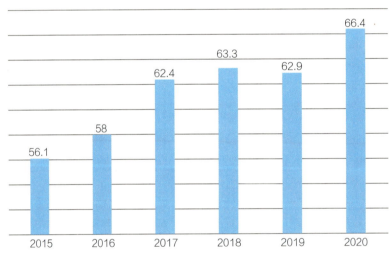

通过计算机辅助电话访谈收集数据，14岁以上受访者的样本量为：2015，n=1800；2016，n=1508；2017，n=2017；2018，n=2009；2019，n=2000；2020，n=2003。

图5.10　德国互联网用户量（单位：百万人）（基于：Statista，2020b）

在德国，14~29岁的公民平均每天的上网时间是388分钟（德国总人口日平均上网时间：204分钟；ARD/ZDF，2020）。平均来看，53.3%的互联网使用行为是通过智能手机进行的，而与智能手机和计算机相比，使用平板电脑访问互联网的明显少（见图5.11）。

基于信息量的快速增长，数字化正在改变人类的信息处理方式，新方式有利于处理以图片为主且有很强情感色彩的信息。人们可以从图像中快速有效地获取信息。于是，在每天通过小屏幕手机使用互联网的日常中，文字变得不再那么重要。

使用以图片为主的信息这种行为体现在社交媒体使用中，这些社交媒体主要承载图片和视频资源。社交媒体是各种数字平台的统称，在这些平台上信息内容不仅通过品牌传播，还会由消费者自己传播。这意味着信息不仅可以在品牌和消费者之间交换，还可以在消费

图 5.11 使用不同设备上网的情况（基于：Wearesocial，2020）

者之间交换（Arnhold，2010，第64页起）。通过这种方式，品牌和消费者之间的关系可以通过消费者与消费者之间关系的发展得到深化和补充（Meffert等，2019，第701页起）。

> 社交媒体包含一系列基于互联网的应用程序，这些应用程序支持品牌生成内容和用户生成内容的交换（Burmann等，2012，第131页）。

在全球范围内，社交媒体极大地加强了我们人际交流的强度。例如，每分钟会有时长超过400小时的新视频材料被上传到YouTube，超过63000张新照片被上传到Instagram，以及563000多条Twitter推文被发送（Internet Live Stats，2021；Brandwatch，2020）。日常生活的数字化创造了一类活跃的新型消费者，他们不再只是接收媒体上的内容，还会对其进行评论、分享或进行创造性地处理。这导致品牌互动有时会在品牌的直接影响范围之外发生。因此，消费者对品牌管理的影响程度显著增加（Bruhn等，2020，第132页起），例如，通过网络口碑（Nee，2016，第3页）、参与线上品牌社群、开发新产品和提出相应改进建议，以及作为受品牌支持的或独立运营的网红有所作为（Brown和Hayes，2015，第50页起；Lienemann，2021，第46页）。

> 网络口碑营销（eWOM）指"潜在的、现在的或以前的消费者将自己对产品或企业的任何正面或负面评论发布在网络环境中，以供各种各样的个人消费者和机构参考"（Henning-Thurau等，2004，第39页）。

高互动性，是社交媒体传播和大众媒体传播最显著的区别。

在社交媒体发展的过程中，线上品牌接触点在品牌管理中的重要性明显增加。一方面，品牌面临着挑战，即如何通过有画面感和有互动感的方式让消费者形成品牌依恋。另一方面，在线上品牌接触点建立起高度品牌信任比在传统品牌接触点建立起高度品牌信任更难

（Burmann 和 Barth，2020）。造成这种情况的原因是网络环境中常常缺乏人与人的直接接触，消费者不能在现场检验品牌服务，但是可以借助 Amazon、Google 或 Facebook 等大型互联网公司进行大规模数据访问（Zuboff，2018；Nadler 和 Cicilline，2020）。因此，品牌真实性作为品牌信任最重要的驱动力，在品牌管理数字化程度越来越高的过程中成为决定性成功因素。

为了打造品牌真实性，品牌承诺和品牌行为要步调一致，并且品牌身份要牢牢地贯穿在所有员工的行为之中。互联网的技术进步，尤其是社交媒体的发展，显著提高了市场透明度。因此，与过去相比，如今品牌承诺与品牌行为之间的差异会被更快地揭露出来（Floreddu 等，2014，第 740 页；Munzinger 和 Wenhart，2012，第 117 页；Hiddessen，2021，第 212 页）。与以往相比，在数字化时代，商家未能遵守品牌承诺的举动和品牌方所有的不道德行为会更快、更彻底地通过消费者的反馈受到惩罚。

例如，2018 年纺织品经销商 Hennes & Mauritz（简称 H&M）的儿童连帽衫系列引发了一场风暴。原因是广告照片展示了一个黑人男孩穿着一件带有 "Coolest Monkey in the Jungle"（丛林中最酷的猴子）字样的连帽衫，然而一件与之同一系列的印有 "Mangrove Jungle Survival Expert"（红树林丛林生存专家）字样的连帽衫，是由一个白人男孩穿着的。在 Twitter 上一篇迅速传播开来批评 H&M 宣传活动的推文中，一位时尚博主发表了那张图片，并批评道："让这个可爱的黑人小男孩穿上写着'丛林中最酷的猴子'的连帽衫是谁的主意？"随后 H&M 这一失败举动在 Twitter 上引起了广泛关注。人们的愤怒是源于"猴子"一词，众所周知，"猴子"一词让人联想对黑人的种族歧视。众多媒体报道和社交媒体用户发表的内容都陆续提到了这位博主发布的照片。两天后，H&M 才在社交媒体上公开道歉并删除了该宣传照片。尽管如此，H&M 并不能阻止关于种族主义的讨论和其他指责，这对公司有很严重的负面影响。出于愤怒，许多 Twitter 用户呼吁全球民众抵制这家瑞典时装连锁店。加拿大 R&B 音乐人 "The Weeknd" 等合作伙伴公开与 H&M 划清界限，终止与其合作，甚至连 H&M 的股价也暂时下跌（DER SPIEGEL，2018；Handelsblatt，2018）。

此外，数字化也增加了产品的种类，由此导致品牌方越来越难以在人们的脑海中简明扼要（独特、清晰、可信）地树立自己的品牌形象。因此，这使消费者越来越容易混淆品牌，这是一种心理状态，它指"消费者在购买决策过程中自发地感知到与品牌使用有关的信息处理问题"。这些品牌使消费者感到困惑，因为它们的定位和形象是不清晰的、相似的或不可信的（Weers，2008，第 25 页）。这些在品牌管理中遇到的挑战可以通过网红的宣传来应对（Hiddessen，2021）。

5.3.2 网络互动和社交媒体互动的工具

所有的品牌互动方式都可以分为付费媒体、自有媒体和免费媒体。这种分类方式也可以延伸到网络互动方式的划分（Meffert 等，2019，第 652 页起）。

> 网络互动指企业与网络用户之间，以及网络用户之间所有的信息传递活动，这些活动会影响企业营销目标和企业价值的实现，而且这些活动都是基于互联网协议进行的（Meffert 等，2019，第 702 页）。

自有媒体指公司或品牌自己所有并进行控制的互动工具，包括品牌网站、社交媒体页面或移动应用程序（Meffert 等，2019，第 653 页）。主页仍然是消费者和其他利益相关群体互动的中心枢纽，如对工作感兴趣的人。重要的是，使用主页会为消费者带来相关效用，这与主页的内容、视觉设计和功能设计，以及系统性有关。品牌还可以在网页中心位置展示所有其他互动渠道，如品牌自己的博客、品牌社群或品牌的各种社交媒体账号（Kreutzer，2014，第 2 页）。此外，品牌还可以使用付费媒体来推广自己的自有媒体。

付费媒体指需要支付费用并由外部供应者控制的互动工具。其中网络广告是网络互动的重要组成部分，这一点在线上横幅广告方面表现得尤为典型。在了解用户个人浏览和获取信息行为的基础上，通过使内容变得个性化来提高广告效果（如转化率，见第 5.3.3 小节）（Bleier 和 Eisenbeiß，2015）。另一种常用的网络互动手段是搜索引擎广告（SEA），也称搜索引擎优化（SEO）（Lammenett，2017，第 143 页起）。此外，在用智能手机上网的过程中还可见一些特殊形式的广告，例如，广告可以显示在应用程序内（应用程序内广告）或用户用手机打开的网站上（移动广告）。这些都是横幅广告，为适应智能手机和平板电脑较小的显示屏，人们对其进行了优化。所谓的应用商店优化，类似于搜索引擎优化，旨在改善应用商店或 Google Play 商店中特定应用的运行（Lienemann，2021，第 48 页）。

免费媒体指那些既不收费也不需要品牌直接控制的互动工具（Meffert 等，2019，第 654 页）。因此，这些互动工具不受或仅在很小的程度上受品牌控制。它们是由像记者或网红这样的第三方独立创建和维护的。在网络互动中，免费媒体互动的经典例子是网络口碑营销、评价门户网站的评论和社交媒体中用户发布的内容（Nee，2016，第 3 页）。免费媒体上独立发布的信息对品牌很重要，因为消费者认为这些信息比自有媒体或付费媒体上的信息更可信（Nielsen，2015，第 11 页；Lienemann，2021，第 47 页）。

在某些情况下，无法将品牌互动方式明确地划分到某一类别中。这在社交媒体互动中尤其明显，在社交媒体中品牌管理者常常试图控制网红在免费媒体上的信息内容（Sinnig，

2020，第38页；Lienemann，2021，第47页）。如果品牌方在社交媒体上发布品牌相关的报道，那么这就与对免费媒体的理解相矛盾。所以，在品牌管理中利用网红（见第5.3.3小节）通常是一种付费媒体的形式。然而，与其他形式的付费媒体相比，品牌方在这方面并没有完全的控制权（对网络互动和社交媒体互动的深入剖析可参阅：Meffert等，2019，第702页起）。

下面的数据展示了在社交媒体上进行互动的受欢迎程度。2020年的数据显示，有39.6亿人每月至少使用一次社交媒体，该人数超过了当时世界总人口的一半。2020年全球最大的社交媒体是Facebook（26亿月活跃用户）、YouTube（20亿月活跃用户）和Instagram（10.8亿月活跃用户）（Wearesocial，2020）。在德国，Instagram取代Facebook，成为14~29岁的德国人最常用的社交媒体应用程序，如图5.12所示。

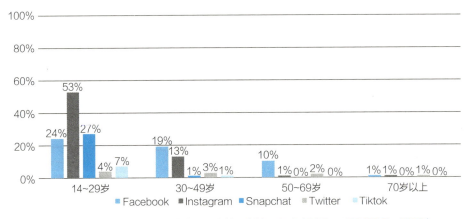

图5.12 德国2020年社交媒体应用程序的日常使用程度（基于：ARD/ZDF，2020）

2020年ARD/ZDF的网络研究是"媒体和受众研究系列"的一部分。该研究挑选了14岁以上1504名具有代表性的德国人进行电话访问，时间跨度为3月9日到4月27日。进一步的数据分析基于ARD/ZDF长期项目"媒体互动"数据和采访数据的总和。

Instagram的使用重点是上传图片和短视频，可以使用特殊筛选对这些图片和视频进行编辑并分享。这不仅可以在Instagram内操作，而且还可以把内容同步到2012年收购了Instagram的Facebook上进行分享。通过聚焦图像，Instagram特别适合传达情感，这对品牌大有裨益（Faßmann和Moss，2016，第27页）。多年来，Instagram一直在与像Snapchat这样的新竞争对手竞争，并将附加功能集成到自己的应用程序中，例如，在"Story"功能中发布的照片和短视频，在24小时后会自动删除。为应对TikTok的迅速推广，Instagram推出了"Reels"功能，它也可以提供短视频分享功能。此外，用户还可以选择使用应用程序"IGTV"来上传更长的视频（Instagram Business，2021）。

TikTok的前身品牌"musical.ly"始于2014年，作为一个社交媒体平台出现，用户可以在上面自行创作唱歌的短视频。2018年它改名为TikTok，并扩展了所有类型的短视频（起初最长15秒，后来可长达60秒）以及直播视频的功能，特别鼓励用户基于挑战创建内容。TikTok的用户中10~29岁的用户占比超过60%（HubSpot，2021）。由于TikTok主要以创意制作和潮流趋势为方向，因此为品牌提供了巨大的潜力，可以快速吸引注意力并引来年轻目标群体的关注（Stark，2020）。例如，经营商品邮购业务的零售公司Otto（OTTO为其电商平台）在2019年夏天，利用其在TikTok的品牌形象发起了话题标签挑战，并呼吁用户创作与"#MachDichZumOTTO"（你与OTTO）话题相关的视频，这些视频可以在相应话题标签频道中观看（Vibrand Media，2019；见图5.13）。

图 5.13　经营商品邮购业务的零售公司 Otto 在 TikTok 上的话题标签频道（Otto，2021）

因为标签频道允许用户使用与品牌名称相关的标签代表品牌制作和发布内容，它们对品牌来说非常有价值。Otto公司与几位有名的网红一起参与了这个活动，他们的参与推动了这个活动的开展。这一挑战迎来了众多小网红和创作者的参与，品牌方通过这样的活动进一步树立了自己的品牌形象。短短四个星期后，"#MachDichZumOTTO"话题标签频道的访问量就超过了1.5亿次（Otto，2021）。

YouTube 作为全球较大的视频平台，每天视频播放时长超过10亿小时，人们每秒观看的视频达到7万个。该平台可在超过91个国家或地区使用（YouTube，2021），这表明了YouTube具有强大的国际推广能力。这给品牌方树立自己的品牌形象创造了机会。视频可以集成到其他社交媒体，这一功能进一步增加了这种潜力。

品牌可以在Facebook、Instagram或YouTube等社交媒体上建立自己的形象，这也可称为品牌账户或品牌频道（Halaszovich 和 Nel，2017，第120页起）。用户可以采用各种形式的互动与这些品牌建立关联。如果用户关注品牌账户，他们将被告知品牌的最新动向并且会在相应的用户界面中看到这些内容。用户还可以直接联系品牌，例如，私聊消息或对品牌公开评论。

社交媒体不仅对品牌自身传播很重要，而且还有助于通过和用户的持续互动与消费者建立稳定的关系（Hiddessen，2021，第61页）。此外，社交媒体也成为服务客户的渠道，在Twitter上就有这样的例子。Twitter是一个微博服务的应用（Meffert等，2019，第718页起），在Twitter上用户可以发布文本类型的短消息，这些短消息可以被互相关注的用户看到、评论和转发。消息最多能有240个字符。DPD和IKEA的例子为我们展示了Twitter作为服务渠道的使用方式（见图5.14）。

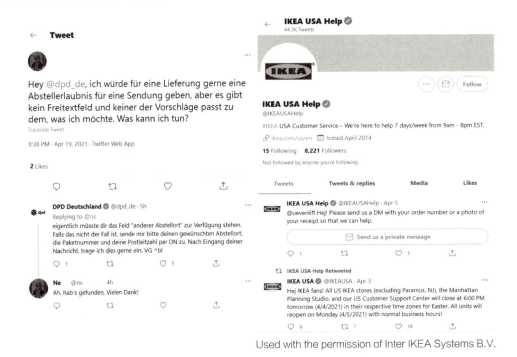

图 5.14　Twitter 上典型的品牌服务互动的例子

用户与社交媒体的互动可以分为三种形式，分别为消费活动、贡献活动和创造活动，它们的区别在于用户参与的规模不同（见第5.3.3小节）。消费活动反映最低水平的用户参与度，这里只涉及品牌或用户生成内容的媒体消费，用户不会创建或贡献出任何内容，他们只会阅读、查看或收听这些内容。中等水平的用户参与度体现在贡献活动上，这包括各种可以被看作是贡献行为的用户参与方式，例如，点赞、评论和分享品牌相关内容。最高水平的用户参与度体现在创造活动上，这包括积极创建和发布与品牌相关的内容（如帖子、视频、图片）。

对于品牌管理来说，有必要了解消费者与用户的三种互动形式会在多大程度上影响品牌管理的目标值。在此基础上，可以有针对性地在社交媒体中创建品牌活动（Piehler等，2019a，第1840页）。

> **深入阅读**

这三种互动形式在研究中被称为"消费者在线品牌相关活动"（COBRA）（Schivinski等，2016，第64页）。Piehler等（2019a）的研究目的是探究三种互动形式背后的消费者动机以及其对消费者推荐行为的影响。为此，他们对359名德国人进行了一项线上调查，这些受访者至少在Facebook上关注了来自3个行业的55个品牌其中之一。核心结论是，只有消费活动会影响消费者的推荐行为（见图5.15）。这对在Facebook上已有的品牌是件好事，因为绝大多数Facebook用户只购买品牌页面上的东西，不参与任何贡献活动或创作活动。研究表明，所有品牌页面的关注者中只有0.08%~0.24%参与Facebook上的贡献活动或创造活动（Pieler等，2019a，第1850页）。该研究证明，其他品牌关注者（占比超过99%）的纯消费者行为对推荐行为具有积极影响。然而，品牌关注者在Facebook上的贡献活动和创造活动是值得期待的，因为它们会在社交网络中产生各种乘数效应。

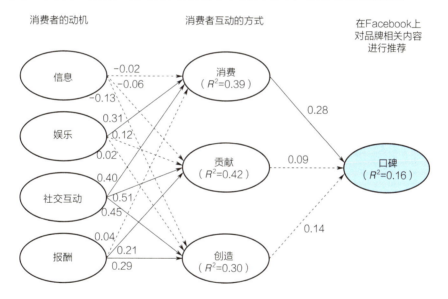

图5.15 消费者在线品牌相关活动（COBRA）研究的实证结果（基于：Piehler等，2019a，第1848页）

说明：显著性影响（$p<0.001$）；非显著性影响（$p>0.05$）。

此处显示的结构方程分析的系数可以在+1.0和−1.0之间变化，它们反映了不同因素对Facebook内容消费的影响程度（正面的或负面的）。如娱乐动机对Facebook内容消费的影响：从图中可以看出，影响程度对应的数据是0.31，这表示影响程度较高且显著（错误概率小于1%）。所谓的决定系数R^2表示"Facebook上的内容消费"有多少可以用四种动机来解释。

在动机方面可以确定的是，这三种消费者在线品牌相关活动（COBRA）中都有的一种动机是源于消费者对社交互动的需求。此外，消费活动是人们出于对休闲娱乐的渴望。消费活动和创造活动也受到奖励（报酬）的激励，例如，抽奖或折扣。

5.3.3 社交媒体上的品牌管理

社交媒体上品牌管理的核心特点是对用户互动的整合。这里重点不再只是品牌开发的内容，而是用户的互动内容（Wirtz等，2010，第277页起；Hiddessen，2021，第55页）。

1. 品牌生成内容和用户生成内容之间的区别

如果互动内容是品牌自己设计的，那就是品牌生成内容（BGC）。品牌生成内容可以分为两类：具有品牌绩效相关属性的品牌生成内容（例如，品牌服务的技术特点是重点）和具有非绩效相关属性的品牌生成内容，如基于品牌体育赞助的营销内容（Eilers，2014，第46页起；Meffert，等2019，第719页起）。品牌相关内容的开发和设计是品牌内容管理的任务，其主要作用是使品牌情感化，赋予品牌形象更清晰的轮廓并加强品牌吸引（Tropp和Baetzgen，2013，第13页起）。图5.16展示了adidas Runtastic品牌两类不同的品牌生成内容。

图5.16　具有绩效相关属性的品牌生成内容和非绩效相关属性的品牌生成内容示例（adidas Runtastic，2021）

社交媒体用户互动的内容是用户生成内容（UGC）。在这种情况下，用户一词仅指不属于品牌管理机构的用户，该群体主要包括品牌现有客户和潜在客户，但也包括一些外部目标群体。这一类用户创作的内容非常多样化，用户将这些内容以文本、照片、图形、图像、音乐和视频的形式发布到各种线上频道。所谓的品牌相关用户生成内容作为用户生成内容的一部分具有重要意义，它被理解为品牌现有客户和潜在客户在互联网上自愿创建和发布与品牌相关的内容（Burmann和Arnhold，2008，第40页）。品牌相关用户生成内容会对品牌形象产生影响，相应地也会对品牌身份产生影响（Arnhold，2010，第338页）。激发积极的品牌相关用户生成内容是社交媒体中品牌管理的一个非常重要的目标，用户在网上发布和传播积极的品牌相关用户生成内容越多，那么品牌收益就越多，越能实现其经济目标。

品牌如何应对与品牌相关的负面用户生成内容（如投诉），可能会对其他与之不相关的消费者的购买行为产生影响。在对381名德国消费者进行的线上实验中，Nee（2016）发现，当酒店根据基于事实的投诉内容以金钱补偿和适当的解释解决第三方投诉时，在浏览其他同类酒店网站进行比较的客户会对这家酒店产生积极的预订意向（见图5.17）。当酒店对投诉没有反馈时，也就是对自己的质量缺陷不做任何解释，也不予以金钱赔偿时，会对酒店产生消极影响。当酒店仅以解释或仅以金钱补偿的方式回应投诉时，对酒店产生的影响既不积极也不消极，处于中间水平。单独的解释或纯粹的金钱补偿在统计学上没有显著差异。因为酒店回顾了事件的发生过程并提出将来避免这种情况的措施，因此解释会让观察者主观上觉得再次发生这种事情的可能性会降低。反过来，因为这些潜在客户会认为他们也将同样获得经济补偿，所以金钱补偿在主观上减少了当投诉内容再次出现时客户对经济损失的担忧。"仅解释"和"仅金钱补偿"这两种措施的效果可以被看作是同等有效的（Nee，2016；Piehler等，2019b）。

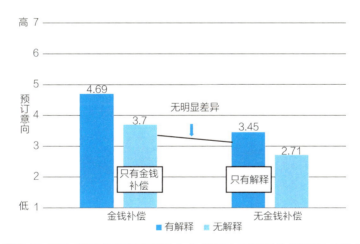

图5.17　酒店对顾客投诉的不同解决方式对第三方（观察者）预订意向的影响
（基于：Nee，2016，第147页起；Piehler等，2019b，第408页）

品牌相关用户生成内容也可以分为无赞助的和有赞助的用户生成内容（Arnhold，2010，第42页）。无赞助的用户生成内容是由用户创建和发布的内容，没有商业意图，也没有品牌对用户的主观影响，这种互动与口碑营销或网络口碑营销（eWOM）密切相关。最初，口碑营销仅限于数量有限的个体间的传播，但如今通过社交媒体它产生了大规模的影响（Nee，2016，第2页）。因此，在没有商业意图时，网络口碑营销内容被归类为无赞助的用户生成内容（UGC）。

有赞助的用户生成内容虽然也是由用户自己创建并在网上发布的，但用户会为此收到金钱或非金钱类奖励（如品牌产品）。对于企业而言，在创建与品牌相关的用户生成内容时，尤其需要关注客户动机的区别。由于无赞助的品牌相关用户生成内容是在没有企业干涉的情况下自发创建的，因此创建者的动机主要是为了满足创作和自我表达的需要。相比之下，有赞助的品牌相关用户生成内容的创建者主要是为了追求收益，获取其他用户认可和雇用他们的品牌的影响力。如果没有品牌提供的奖励，这些用户通常不会发布与品牌相关的用户生成内容（Arnhold，2010，第127页起）。图5.18展示了用户生成内容和品牌生成内容的分类。

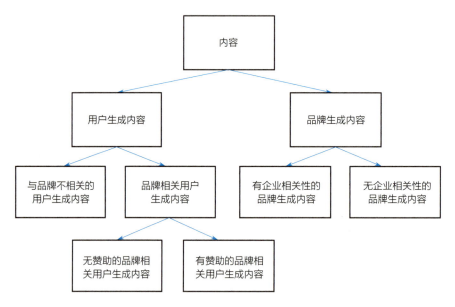

图 5.18 社交媒体内容分类（Meffert 等，2019，第 720 页）

2. 网红营销

在社交媒体中，大量发布用户生成内容的用户越来越多，他们通过自己发布的内容引起其他用户的关注，并就相应的主题征集他们的想法。他们拥有大量的粉丝、订阅者和追随者，并且他们会定期分享自己的看法和经验。在交流信息时，他们会提到一些品牌（品牌相关的用户生成内容）或其他主题（与品牌不相关的用户生成内容）。这些用户被看作是意见领导者，因为他们对第三方的看法有非常大的影响。

> 意见领导者是群体中的这些成员，他们在互动过程中会比其他人发挥更大的个人影响力，从而影响其他群体成员的看法（Meffert 等，2019，第120页）。

大家为这个概念起了一个名称"网红"（Influencer），这个词指的是所有线上和线下意见领导者的一部分。它源于英文单词"influence"，该词用于描述那些在社交媒体中特别有影响力并充当意见领导者的用户（Brown 和 Hayes，2015，第 50 页；Hiddessen，2021，第 5 页）。

> 社交媒体网红（SMI）是"一种新型的、独立的第三方代言人，他们通过博客、推文和使用其他社交媒体来引导大众的观点"（Freberg 等，2011，第 90 页）。

由于社交媒体的快速发展和社交媒体中消费者网络的迅速更新，网红对品牌管理的重要性显著增加（Bruhn 等，2020，第 266 页和第 378 页）。网红的典型特征是他们具有高于平均水平的品牌意识。由于所谓的"数字原住民"对于尤其像电视广告等经典传播手段的接受度较低，因此与经典传播手段相比，网红可以更好地接触到年轻的目标群体（Granados，2017，第 5 页起；Lienemann，2021，第 2 页）。

德国数字经济协会（BVDW）的研究结果也证实了这一点，该研究有 425 名受试者，他们每周至少与网红接触一次（见图 5.19）。当被问到是否曾经因为在网红那里看到某个品牌而选择这个品牌或购买这个品牌的产品时，有 43% 年龄在 16~24 岁的人回答"是"。对于 25~34 岁这个年龄段的人来说，回答"是"的有 30%，而 45~54 岁的人只有 9%，55~64 岁的人只有 5%（BVDW，2019）。

因为网红对年轻人的购买行为有很大影响，所以网红越来越多地参与到品牌管理当中（Nee，2016，第 2 页；Sinnig，2020，第 30 页）。品牌旨在通过雇用社交媒体网红，利用他们的影响力来实现自己的目标。这个过程通常称为网红营销（Sinnig，2020，第 7 页起）。

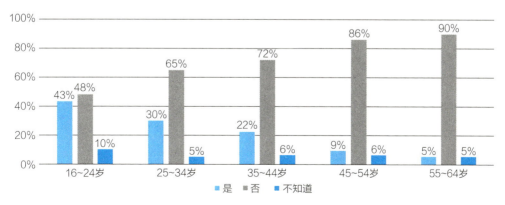

图 5.19　消费者通过网红推荐选择和购买的产品情况（基于：BVDW，2019）

> 网红营销描述了识别、整合和控制社交媒体网红的过程，是品牌管理的一部分，这种合作旨在实现品牌的心理目标和/或经济目标。

来自网红营销中心的数据说明了网红营销对公司的吸引力。从2016年到2019年，在网红营销上，全球的支出从17亿美元增长到65亿美元。当时该公司预计，在2020年全球支出将增至97亿美元。在一项对4000名美国营销经理的调查中发现，91%的受访者认为，网红营销是一种有效的品牌互动形式（Influencer Marketing Hub，2019）。

由于网红将品牌融入他们的个人生活、日常体验和自己的生活方式中，所以他们各自的社交媒体粉丝认为他们的品牌信息非常平易近人，而且一般都很真实。这些网红的高度真实性使得粉丝与网红之间建立了密切的关系，而且粉丝非常信任他们。网红在吸引粉丝的同时，要花很长时间去建立与粉丝之间的信任。网红的真实性越高，网红与粉丝之间的信任程度就越高，那么在购买互动的过程中，粉丝就越容易受到网红的影响（Nee，2016，第4页；Hiddessen，2021，第212页）。社交媒体网红发出的品牌信息可以提升合作品牌的形象，并且可以减少消费者对品牌承诺的怀疑（Brown和Hayes，2015，第44页起；Hiddessen，2021，第102页）。

社交媒体网红因其在社交媒体中通常具有高度的互动性而从传统的大众传播中脱颖而出，这意味着粉丝会特别关注社交媒体网红发送的品牌信息。粉丝可以直接与网红交流或给他们评论。公开可见的互动（如点赞、实时视频中的评论或消息）与私人互动（如私人消息或故事）之间存在区别（Hiddessen，2021，第91页），特别是实时互动（如在视频直播期间）允许社交媒体网红和粉丝之间，以及粉丝与粉丝之间有非常密切的、真实的交流。社交媒体网红和粉丝之间的私下交流可以拉近社交媒体网红与粉丝之间的距离，同时也可以使粉丝与品牌建立密切的关系，这加强了网红营销对粉丝购买行为的影响（Hiddessen，2021，第217页）。

品牌和社交媒体网红之间最常见的合作形式是网红在自己的社交媒体账号上展示品牌相关内容。图5.20展示了德国网红Carmushka与服装品牌Superdry合作的示例。这种合作形式很有意义，因为品牌可以从粉丝与相应社交媒体网红建立的密切关系中受益。

相比之下，在品牌自己的营销账号中使用社交媒体网红的相关内容通常意义不大。例如，如果将社交媒体网红放到该品牌的平面广告或电视广告中，那么社交媒体网红将接触到不了解他们或与他们没有密切关系的目标群体。大部分传统传播渠道中的目标群体都不是社交媒体网红的粉丝，所以对于目标群体来说，社交媒体网红的影响力很难转移到合作品牌上去，进而无法实现社交媒体网红对购买行为的积极影响。因此，在品牌自己的营销渠道中使用社交媒体网红相关内容，通常只服务于内部目标。例如，品牌管理的目标可能

第 5 章 基于身份品牌管理的特殊应用场景

图 5.20 德国网红 Carmushka 和服装品牌 Superdry 的合作（Carmushka，2021）

是在内部说明自己的品牌管理是"现代的和符合时代发展的"（Lienemann，2021，第 46 页起）。

图 5.21 所示的模型是基本的简化后的品牌网红杠杆营销结构。该模型考虑了三个群体（三角形的角）：消费者（粉丝）、社交媒体网红和品牌（Fink，2021，第 11 页；Sinnig，2020，第 43 页起）。此外，发布的营销内容必须是围绕三个群体展开的，因为消费者通过阅读内容既可以了解品牌又可以了解社交媒体网红。

粉丝是网红品牌营销工作的受众，因此，它是模型的组成部分。品牌必须明确品牌的目标群体在多大程度上与网红营销吸引到的人群

图 5.21 网红营销中的杠杆营销模型（基于：Fink，2021，第 11 页；Sinnig，2020，第 43 页起）

相匹配，以及这些人与相应社交媒体网红的关系有多密切（对社交媒体网红的依恋）。为此，需要分析消费者或各个社交媒体网红粉丝的社会人口学特征和个性化特征（例如，年龄、性别、社交媒体使用行为或对网红营销的态度、粉丝与社交媒体网红之间的关系；Sinnig，2020，第 46 页）。

除了消费者和粉丝，网红营销的效果还取决于品牌管理中社交媒体网红的类型。首先要分析通常可识别的社交媒体网红特征，如下面这些内容：

- 年龄、性别和生活方式。
- 粉丝的数量（社交媒体网红的影响力和网络数据指标）。
- 随着时间的推移粉丝的增长量（快速、不稳定的增长意味着粉丝是虚假的）。
- 至今为止品牌不相关的和品牌相关的内容数量比例（品牌不相关的且可信度高的内容越多越好）。
- 已经与社交媒体网红合作的品牌数量（越多越不好）。
- 与其他品牌的合作期限（社交媒体网红长期合作意向的指标）。
- 点赞数和评论数与粉丝总数的比例（粉丝对其关注的社交媒体网红依恋程度的指标）。
- 明确披露与品牌的广告合作（衡量社交媒体网红可靠性和真实性的指标）。
- 一条发布内容中使用的品牌数量（越多越差）。
- 社交媒体网红粉丝使用表情符号的程度（使用表情越多，他们就越有可能是虚假粉丝）。
- 社交媒体网红与其他社交媒体网红的区别程度（社交媒体网红是模仿者还是创新者）。

社交媒体网红和粉丝之间的关系是更深入的选择标准，它源于"来源可信度模型"，这是一个众所周知的广告效果模型。Ohanian（1990，第41页）将来源可信度描述为"信息受众对信息来源所传播信息的相信程度"，它由可信性和专业性两个维度组成。信任（可信性维度）指消费者确信信息（品牌推荐）是由发送者（如社交媒体网红）诚实、认真和真诚地传达的（Chu和Kamal，2008；Ohanian，1991）。如果信息的发送者在相关领域具有知识、技能、资格和经验，他就会被视为专家（专业性维度）（Ohanian，1990）。例如，顶级运动员通常被视为体育用品（运动服、运动食品等）的专家。因此，社交媒体网红的可信性和专业性被认为是社交媒体网红进行可靠且成功的产品推荐的基本前提（Kanitz和Schade，2021）。然而新的研究表明，只有当品牌想要通过与社交媒体网红的合作在传授知识的意义上传播信息时，社交媒体网红的技术专长才是成功所需的必要因素（Sinnig，2020，第138页；Fink，2021，第131页起）。

与Ohanian的模型相似，名人和网红在外形上的吸引力也被视为互动效果的重要影响因素（McGuire的Source Attractiveness Model，1985）。新的研究表明，如果将此模型延伸到社交媒体网红上，可以发现社交媒体网红的吸引力对合作品牌的形象和社交媒体网红发布内容获赞的数量都有显著的积极影响。然而，与此同时还发现，吸引力对粉丝的购买行为以及他们对社交媒体网红发布内容发表的评论数量并没有影响（Sinnig，2020，第138页起；Fink，2021，第132页起）。

在粉丝与社交媒体网红的关系中，认同是一个重要的目标，因为它是粉丝对社交媒体网红产生强烈依恋的前提。认同可以分为两种形式，一种是相似性认同，另一种是愿望认同（Hoffner和Buchanan，2005）。在相似性认同中，社交媒体网红与粉丝的自我形象有很大的相似性。例如，社交媒体网红和粉丝具有相似的年龄、社会背景、兴趣和（或）生活方式。对于他的粉丝来说，社交媒体网红是"像你我一样"的人。相比之下，在愿望认同中，社交媒体网红是粉丝理想中的自我偶像。例如，社交媒体网红的生活方式是粉丝想要实现但负担不起的，在这种情况下，社交媒体网红被当作偶像或榜样。当社交媒体网红的某些特点被识别出和其粉丝具有相似性，并且其他特点与粉丝的愿望相吻合时，那么认同对于粉丝来讲就有很大的影响。例如，社交媒体网红与其粉丝具有相似的社会背景，而且与此同时社交媒体网红迷人的生活方式正是粉丝所梦寐以求的，这时这些对社交媒体网红的认同会使粉丝产生强烈意愿去模仿社交媒体网红的消费行为（Sinnig，2020，第50页起）。这意味着取得粉丝强烈认同的社交媒体网红会直接影响其粉丝的消费行为（Kanitz和Schade，2021）。

此外，在解释粉丝与社交媒体网红之间的关系时，准社会关系理论发挥着重要作用。该理论说明，粉丝可能会和社交媒体网红建立起密切的单向的情感关系，类似于友谊。准社会关系是这样产生的：社交媒体网红经常在他们发布的内容中深度展示他们的日常生活，这就拉近了社交媒体网红与其粉丝之间的距离，从而使粉丝对社交媒体网红的生活产生一种亲近感和参与感。然而，社交媒体网红往往对他们的粉丝知之甚少，这说明了这种关系的单向性（准社会性）。密切的准社会关系对社交媒体网红举办的品牌相关活动具有重要影响。粉丝感到和这些网红有类似于友谊的个人情感连接，因此这些网红所发布的品牌信息，会引起更多的关注，这些发布品牌信息的网红更能取得粉丝信任，其购买建议被采纳的可能性也更高（Hiddessen，2021，第70页起）。

从图5.21来看，社交媒体网红与合作品牌的关系也是影响品牌影响力的重要因素。匹配结构特别重要（Lienemann，2021，第54页起）。根据Misra和Beatty（1990，第161页）的研究来看，如果"代言人的相关特征与品牌的相关属性高度一致"，则将之称作高度匹配（或存在高品牌契合度）。根据匹配假设，只有在品牌和社交媒体网红有尽可能多的共同点时，品牌和社交媒体网红之间的合作才能成功，例如，当社交媒体网红的关注主题与品牌的产品类别相匹配时，他们合作的成功率就比较高。

研究表明，若传统品牌互动中的名人与其所宣传的品牌之间高度契合，会使消费者对名人所宣传的品牌更有好感，并增加消费者的购买意愿（Choi等，2013；Lee和Thorson，2008）。德国数字经济协会的一项调查（BVDW，2019）显示，在选择社交媒体网红时，95%接受采访的营销决策者都非常重视品牌契合度。然而，根据Weizsäcker的传播理论（1974），品牌与社交媒体网红之间的理想状态是中度契合而不是高度契合，因为只有基于品牌与社交媒体网红之间有部分不协调因素的中度契合,才能够引起粉丝对社交媒体网红发布内容的强烈兴趣。这在Lienemann的一项实证研究中得到了证实(Lienemann,2021,第134页)。

粉丝和品牌之间的关系(见图5.21)受到社交媒体网红的积极影响,对此一个重要的衡量标准是品牌吸引,它展现了消费者与品牌之间的联系(见第2.2.2小节)。粉丝对社交媒体网红的高度依附通常会促进粉丝对品牌产生依恋。高度品牌吸引的先决条件是突出的品牌优势,它反映的是品牌在消费者记忆中留下深刻烙印的能力,这与品牌知名度密切相关。社交媒体网红发布的品牌相关内容会提高品牌知名度,从而增加品牌优势(Kleine-Kalmer,2016,第65页起)。储存在消费者记忆中的品牌形象会随着品牌知名度的提高而被唤醒,因此记忆中的品牌形象与购买行为更加相关。由此看出,品牌知名度对于品牌吸引的构建很重要,因为它进一步说明了与品牌的情感连接在消费者日常生活中会产生多大的影响。如果品牌知名度非常低,尽管消费者可以回答有关品牌的具体问题并传播其品牌形象,但通常不会对其他人的购买行为产生影响。

最后看一下图5.21,社交媒体网红品牌信息的具体内容也与网红营销的成功息息相关。首先,必须要精心设计品牌在社交媒体网红发布内容中的呈现方式。一项新的研究表明,当品牌信息在社交媒体网红的发布内容中占主导地位时(见图5.22),粉丝会做出负面反应,因为他们对社交媒体网红激进的打广告方式感到厌恶。相反的是,如果他们"喜爱的"社交媒体网红是发布内容的焦点,而该品牌仅扮演"小配角",则粉丝会做出积极反应(Fink,2021,第152页起)。

图 5.22 品牌信息在社交媒体网红发布内容中居于显著中心位置的示例(Pahde,2018)

此外，必须仔细设计社交媒体网红发布内容中所谓的情节关联度，它展现了品牌与社交媒体网红发布内容中故事情节的融合程度。情节关联度高意味着品牌是社交媒体网红故事中的重要组成部分，即社交媒体网红发布的内容如果没有品牌内容就不再有意义。较高的情节关联度对社交媒体网红发布信息所获得的评价和与之整合在一起的品牌具有积极影响（Ali-Mohammadi 和 Grodecki，2019）。较低的情节关联度意味着品牌与社交媒体网红发布的内容没有显而易见且易于理解的联系（Fink，2021，第117页）。在管理实践中，较高的情节关联度通常是，通过社交媒体网红将品牌信息融入与之相匹配的日常生活情节发布出来而实现的。这样做会使社交媒体网红像以往一样是内容焦点（至少在视觉上），这样社交媒体网红发布的内容就不会被看作是明显的广告。

关于与品牌进行广告合作的披露，Karagür 等（2021）借助现场数据和对 Instagram 平台的三项实验研究发现，该平台提供的"品牌内容工具"（"付费合作"）尤其会让用户觉得发布内容就是广告。这种广告感知会让用户对网红的可信性以及发布内容的互动产生质疑。这是因为用户关注网红主要是出于个人兴趣，而不是想看他们展示的广告。除去负面影响，他们也发现了一些积极影响。用户觉得，与隐藏广告意图相比，他们更希望看到广告合作得到披露（"透明度奖励"）。

此外，网红营销中的内容可以满足粉丝的不同需求，从而为他们提供不同的效用，例如，社交媒体网红发布的消息可以满足粉丝对品牌相关事实信息的需求。信息性内容指所有提供与产品、服务、事件、消费者建议或其他与消费者购买行为相关的信息。对此，社交媒体网红必须确保有高水平的技术专长。粉丝的娱乐动机也可以通过社交媒体网红的发布内容来满足。娱乐动机通常是众多粉丝最主要的动机，娱乐性内容可以通过满足粉丝放松、愉悦或享受的需求来激励粉丝。通常社交媒体网红的发布内容对粉丝的另一个好处是经济激励，如通过社交媒体网红或以抽奖的形式发放的品牌折扣券（Fink，2021，第89页）。

> **深入阅读**
>
> 现有的研究成果深化了如图5.21所示的三个群体之间的相互影响以及这些影响对实现品牌目标的作用：
>
> 2021年，Hiddessen 专注于探索如何应对品牌形象混淆，并将社交媒体网红作为品牌推广的工具进行研究。为此，他探究了粉丝与社交媒体网红的互动对品牌形象混淆和其他品牌目标的影响。在这个框架下，他还更加详细地分析了社交媒体网红和粉丝之间准社会关系的作用。
>
> 在实证研究中，396位来自德国的受试者每人指定了最多三个他们在社交媒

体上关注的社交媒体网红。对于每一个社交媒体网红，受试者都应该记住他们所代表的品牌并指出在社交媒体网红发布的内容中出现的品牌广告。通过这种方式将有733个现有的"社交媒体网红+品牌"的组合接受检验。对上述社交媒体网红与品牌组合的客观分析表明，几乎所有受试者记忆中的品牌与社交媒体网红之间的合作都实际存在。结果还显示，44%的受试者记得与经典品牌（如Puma、adidas）合作的社交媒体网红，39%的受试者记得直接面向消费者的品牌（如Oceans Apart、Hello Body），17%的受试者记得那些致力于发展自营品牌的社交媒体网红（如Bilou）。这一结果可以解释为，粉丝通常只能通过社交媒体网红的积极参与来了解直接面向消费者的品牌和社交媒体网红自营品牌（Hiddessen，2021，第141页起）。

51%的受试者表示，他们每天都会一次或多次地在社交媒体上接触上述的社交媒体网红；69%的受试者表示，他们会关注社交媒体平台Instagram上提及的社交媒体网红，其次是YouTube平台的（25%）和Facebook平台的（3%）；31%的受试者确实购买了社交媒体网红所宣传的品牌产品，原因是社交媒体网红推荐了这些品牌（Hiddessen，2021，第137页起）。

研究结果表明，与社交媒体网红的积极互动，如通过发送消息或点赞和评论进行互动，对品牌的整体形象以及粉丝的购买意愿具有很大的积极影响。相应地，这也减少了品牌形象混淆的情况（Hiddessen，2021，第211页起）。对于被动消费，即只阅读社交媒体网红发布的内容，不做任何反应或回复，不能被证明对品牌的整体形象和粉丝的购买意愿有影响。此外，该研究证实，稳定的准社会关系和对社交媒体网红的高度信任是社交媒体网红互动对品牌管理目标产生影响的机制（见图5.23）。因此，与社交媒体网红的准社会关系和对社交媒体网红的信任对网红营销的成功至关重要。

总之，该研究表明，在真实存在的社交媒体网红与粉丝关系的背景下，粉丝与社交媒体网红的互动对网红营销的成功具有显著的积极影响（Hiddessen，2021，第214页）。

Sinnig（2020）在她的研究中，深入探究了粉丝对社交媒体网红产生认同的不同方式。她针对社交媒体网红的名声起源进行了研究，调查了两种不同类型的社交媒体网红。一类社交媒体网红具有线下的成名路径，这一路径并不是通过线上的手段实现的，例如，著名的运动员、音乐家、演员、政治家或作家；另一类社交媒体网红的名声来自线上，他们仅仅因为在社交媒体中的高度存在感而广为人知。对于通过前一类方式成名的社交媒体网红来说，粉丝是在愿望认同的过程中与他

第 5 章 基于身份品牌管理的特殊应用场景

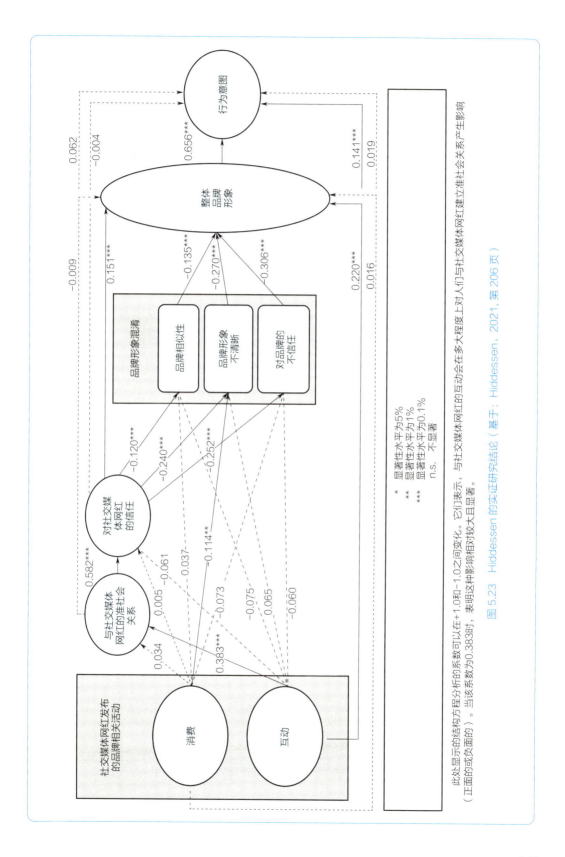

图 5.23 Hiddessen 的实证研究结论（基于：Hiddessen，2021，第 206 页）

们建立了密切的联系，因为粉丝只能向往这些社交媒体网红的生活方式，自己却无法实现。相比之下，对于名声来自线上的社交媒体网红来说，粉丝将他们视为非常平易近人的网友，因此他们与社交媒体网红的联系是由于相似性认同而产生的（Sinnig，2020；Piehler等，2021）。

一个线上实验对来自德国和俄罗斯的700多名消费者进行了调查，探究通过不同方式成名的社交媒体网红对消费者购买意愿的影响。为此，实验选择了以下几位社交媒体网红：Angelique Kerber（德国，线下成名方式）、Sophia Thiel（德国，线上成名方式）、Maria Sharapova（俄罗斯，线下成名方式）和Maria Khlopnikova（俄罗斯，线上成名方式）。每个社交媒体网红都在Instagram上发布一条有效的内容，在内容中每个社交媒体网红都穿着一件带有Hugo Boss品牌标志的白色T恤（Sinnig，2020，第99页起）。

研究结果表明，社交媒体网红的成名方式对德国和俄罗斯的消费者的影响不同（Sinnig，2020，第132页）。在德国，除品牌形象外，只有粉丝与社会媒体网红的相似性认同才能有效促进购买意愿。在俄罗斯，研究表明，除了品牌形象，只有愿望认同对购买意愿有显著的积极影响（见图5.24）。

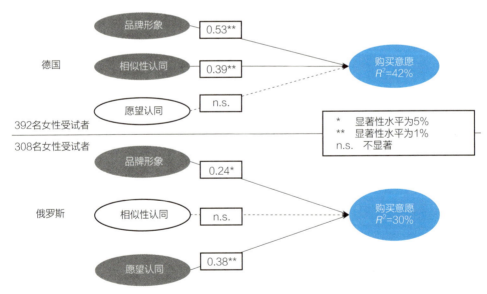

此处显示的结构方程分析的系数可以在+1.0和-1.0之间变化。它们表示，左边的决定因素对德国和俄罗斯的消费者购买意愿的影响有多大（正面的或负面的）。决定系数R^2表示，左边所有的决定因素能在多大程度上可解释消费者购买意愿。

图5.24　关于德国和俄罗斯社交媒体网红的粉丝的愿望认同和相似性认同的研究结果
（基于：Sinnig，2020，第132页）

德国和俄罗斯的民族文化有不同水平的权利距离。俄罗斯的高权利距离（政治家和官僚与普通民众之间的权利分配不平等）使俄罗斯的女性仰望她们的榜样和偶像，并对她们予以认同（愿望认同）。而德国的权利距离远低于俄罗斯的，这强调社会成员平等的重要性，并揭示了为什么在德国接受调查的消费者的购买意愿会受到相似性认同的影响。

结果表明，在权利距离较高的国家（例如，俄罗斯、印度、法国和巴西），品牌只与少数拥有数百万粉丝量的社交媒体网红合作是有意义的，因为这些社交媒体网红通常会引起其粉丝的愿望认同。而在权利距离较低的国家（如德国、美国、英国），品牌应该选择粉丝较少的社交媒体网红进行合作，因为这些社交媒体网红被视为"隔壁"的亲密朋友，从而引发粉丝的相似性认同。

Lienemann（2021）的研究深入探讨了品牌与社交媒体网红之间的契合度（品牌契合度）以及粉丝对社交媒体网红的依恋。这项研究的目的是探究品牌契合度和对社交媒体网红的依恋对粉丝购买行为的影响。

Lienemann将对社交媒体网红的依恋定义为"自己与社交媒体网红之间关系的密切程度"（Lienemann，2021，第80页）。在这项研究中，有566名16~35岁的德国女性志愿者接受了采访，她们拥有Instagram账户，熟悉社交媒体网红Pamela Reif的健身运动视频，并且对时尚运动产品有很大的兴趣。根据研究中的分类，志愿者被分为"低社交媒体网红依恋"组和"高社交媒体网红依恋"组。在调查开始时，研究人员首先衡量了志愿者对运动品牌adidas、hummel和Jack Wolfskin的购买意愿并进行了记录，以便以后能够检查购买意愿的变化。选定的运动品牌adidas、hummel和Jack Wolfskin，每个都有适合社交媒体网红Pamela Reif的高档、中档、低档的品牌。调查使用虚构且看起来逼真的与Pamela Reif和相应品牌相关的Instagram内容作为调查的刺激因素（Lienemann，2021，第105页起）。

研究结果表明，对社交媒体网红的依恋对网红营销的成功具有显著作用（见图5.25），因为对于社交媒体网红宣传的品牌来说，只有高社交媒体网红依恋才能显著提高粉丝购买意愿。同样我们可以看出，如果在实践中盲目追求品牌与社交媒体网红之间的高度契合，它会导致购买意愿无法得到明显改善（Lienemann，第133页起）。结果还清晰地表明，粉丝对其忠诚度很高的社交媒体网红可以在他们自己的社交媒体频道上为任何品牌做广告：即使是一些不适合社交媒体网红且与之匹配度很低的品牌，当社交媒体网红为这些品牌做广告时，也会对粉丝的购买意愿产生积极影响（Lienemann，2021，第131页起）。

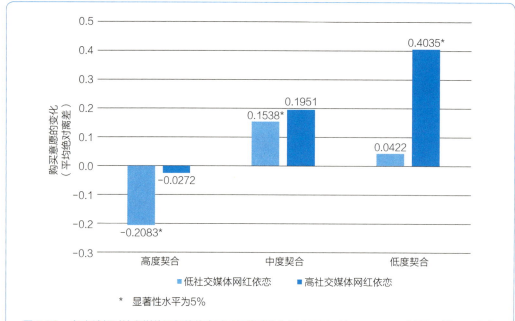

图 5.25　各实验组对社交媒体网红的依恋对网红营销的作用（基于：Lienemann，2021，第 134 页）

因此，品牌应将社交媒体网红的特质作为他们选择过程中的考虑因素，以寻找合适的社交媒体网红，尤其是在以低品牌契合度为特征的合作前提下，品牌应分析社交媒体网红粉丝对其的依恋程度，如有可能，仅与粉丝依恋度高的社交媒体网红合作。这通常对拥有较少粉丝的社交媒体网红有利，因为他们的亲近感和真实性使得他们与粉丝的互动增加，从而使粉丝对品牌有更深的依恋。

3. 社交媒体营销效果的评估

社交媒体营销效果的评估指检验活动或品牌相关目标的实现程度。而所谓的关键绩效指标（KPI）可以用来评估目标的实现程度。由于社交媒体的复杂性和不断更新，很难直接比较社交媒体和传统媒体的关键绩效指标（Fink，2021，第 15 页）。除此之外，快速的技术革新使得新指标和工具被不断开发出来，它们使用了最新的技术创新成果，并为网红营销提供了前所未有的洞察力。

仅根据粉丝数量和粉丝对社交媒体进行评级的这种仍旧广泛存在的做法远远不够，这些核心数据只提供了已有联系人的数量信息。另外，在大部分情况下，会出现粉丝和粉丝的总量会被社交机器人（虚拟的假粉丝）或从专业服务商那里买来的粉丝和粉丝数量高度扭曲的情况，这样的数据是没有意义的。有些只是出于一次性的、自发的冲动而在社交媒体上按了"点赞"按钮的人也会被当作粉丝，然而他们对品牌并没有持久的兴趣。

然而，在此期间出现了许多关键绩效指标，许多公司把这些关键绩效指标作为衡量标准，以评估社交媒体相关举措的成功与否。一般来说，相应的关键绩效指标可以分为定量指标和定性指标。虽然定量关键绩效指标的数量明显高于定性关键绩效指标的，但要想衡量社交媒体中相应举措的效果，只能通过对两类关键数据的综合评估来确定。

下面描述的关键绩效指标属于定量指标，这类关键绩效指标基于消费者在社交媒体上的互动，并对品牌的口碑产生积极影响。如前文所述，能够直接互动是社交媒体与传统媒体最重要的区别。除了影响范围，衡量成功与否最重要的指标是互动率。在通常情况下，影响范围是以粉丝数量来计量的；互动率则是互动（点赞、评论和分享的发布内容）人数总和占查看发布内容总人数的比例（Hiddessen，2021，第7页）。互动率被定义为"用户对社交媒体上的内容产生回应和互动的数量"。互动率的计算方式因社交媒体平台而异，但它通常衡量以某种方式对发布内容做出反应的人的百分比，如通过"点赞"或"评论"（Jaakonmäki等，2017，第1152页）。在通常情况下，人们会觉得互动率比影响范围更重要，因为它显示了粉丝如何积极地回应社交媒体网红发布的内容（Sinnig，2020，第10页起）。

在社交媒体中相关量化关键绩效指标的简要说明如下（Fink，2021，第16页起）：

- 影响范围（自然的/付费的）描述了在消息推送界面中看到发布内容的用户总人数，不论他们是否点击进去。
- 展示次数表示发布内容被浏览者浏览的总次数，无论他们是否点击了该发布内容。与影响范围相反，展示次数是汇总的，而不是根据单个用户进行区分的。
- 浏览量/点击量：社交媒体上一条内容的总浏览量或点击量。
- 用户参与/互动（广义上）可以被看作是任意类别的互动，例如，与网红交流，或与社交网络中其他人或内容进行其他互动。
- 引导指捕获用户与社交媒体内容或品牌可度量的首次联系，如单击发布内容中嵌入的品牌链接。
- 转化率/转化次数代表某一情况下的用户数量，如访问网站且随后进行购买的用户数量。因此，转化是引导的下游活动。
- 点击率（CTR）：衡量总点击次数与总展示次数。
- 单次点击成本（CPC）：反映了点击一次社交媒体内容而产生的品牌成本，这个关键绩效指标仅适用于付费广告。
- 销售额和边际贡献：社交媒体活动产生的销售额和边际贡献。
- 品牌知名度衡量用户听到或看到相关片段后能够回忆起或再次识别出某一品牌的能力，例如，品牌商标、特色标志或者相关内容（Burmann等，2017，第57页）。

与其他定量关键绩效指标相反，品牌知名度不能直接通过线上活动的数据来衡量，它只能通过调查来评估。尽管如此，它仍可以被归类为定量关键绩效指标，因为它不提供任何定性结论。例如，品牌知名度高或评论数量多（作为参与指标）不能直接得出"关键绩效指标良好"的结论。有可能存在这样的情况，品牌在用户那里有较高的知名度，但其形成的品牌形象不佳。同样，评论的数量可能很多，但大多却是负面评论（负面情绪）。因此，建议用适当的定性关键绩效指标来弥补定量关键绩效指标的局限性（Fink，2021，第17页）。

以下对一些常用的社交媒体定性关键绩效指标作出简要说明：

- 评论情绪（也称为受众情绪）捕捉社交媒体内容或用户在评论品牌发布内容时所表达出的积极情绪、中立情绪或消极情绪。
- 发布内容或社交媒体网红的质量是指评估社交媒体网红和已发布的内容符合品牌简介要求的程度。
- 受众契合度表示看到发布内容的用户与品牌目标受众的匹配程度。
- 品牌形象、品牌吸引、对社交媒体网红的依恋和品牌契合度也被认为是社交媒体中重要的定性指标。

近年来，技术创新取得了重大进展，尤其是在情绪分析方面。数据挖掘法用于评估分析，它的工作原理是，在算法的帮助下，可以自动分析社交媒体中的文本内容。文本分析的方法最初来源于自然语言处理（NLP）、机器学习（人工智能）和统计学等领域。如今市场上几乎没有广泛使用的情绪分析工具和程序（Siegel和Melpomeni，2020，第110页起）。在高级搜索中，Twitter提供了一个免费线上工具，这个工具可以把Tweets按照情绪进行分类（Twitter，2021）。图5.26显示了情绪分析工具界面的示例（Siegel和Melpomeni，2020，第113页）。

品牌应该使用情绪分析工具等来了解用户在网上经常提及的一些热点话题。2015年第一季度，与Burger King品牌有关的前十大最常用的主题标签是"森林砍伐""气候"和"棕榈油"等。通过这种方式，消费者让大家在社交媒体上关注到Burger King使用对环境有害的棕榈油这一事件（Brandwatch，2015，第9页）。同样有趣的是对反向链接的定期分析，反向链接指从其他网站指向博客或品牌网站的链接（Dichtl，2016）。

Kleine-Kalmer（2016）还为品牌页面依恋设计了一种跨行业结构，用于衡量互联网用户对社交网络中品牌页面的忠诚度（Kleine-Kalmer，2016，第157页起）。

> 品牌页面依恋反映了一个人对品牌页面感兴趣的程度（Kleine-Kalmer，2016，第93页）。

品牌页面依恋为解释社交媒体中的用户行为（"用户活动"）提供了一个精准的参考。

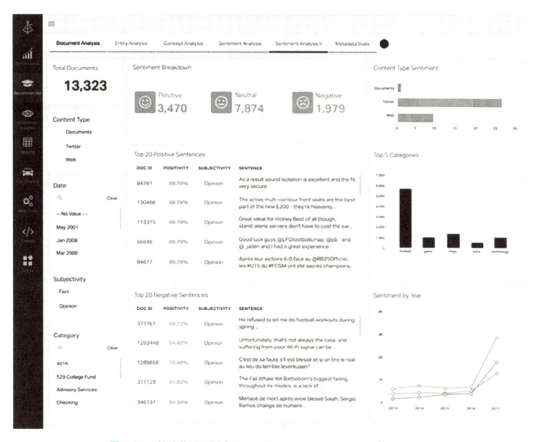

图 5.26　情绪分析示例（Siegel 和 Melpomeni，2020，第 113 页）

对品牌页面比较关注的用户比对品牌页面不太关注的用户更有可能积极地参与到该页面的互动中来（Kleine-Kalmer，2016，第 108 页起）。这为有针对性地改善品牌在社交媒体中的品牌形象提供了启发。

总体而言，上述关键绩效指标对社交媒体活动的成败仅能给出有限的解释。因此，应该通过有说服力的初级市场研究（自行发起的特定市场研究）对这些关键绩效指标进行进一步的补充和证实。

5.4　平台上基于身份的品牌管理

5.4.1　平台越来越重要

技术发展使得品牌管理所面临的新挑战逐渐增多。在 2020 年之前的十年中，特别是互联网和智能手机的日益普及改变了消费者的媒体使用行为（Abraham，2020，第 1 页）。

2020年，有99%年龄在16~64岁的德国人使用互联网（Destatis，2021，第13页）。较高的互联网使用率有利于民众在线购物的普及，在德国也是如此。这印证了2020年16~64岁这个人群的购买行为。因此，89%该年龄组的人决定至少体验一次在线上购买商品或服务，这个数据与2019年相比增加了3%（Destatis，2020，第27页；Destatis，2021，第22页）。

消费者需求的增加使2020年德国电子商务销售额增长了约15%。2019年到2020年，电子商务的总销售额从726亿欧元增长到833亿欧元（Bundesverband E-Commerce und Versandhandel Deutschland e.V.，2020，第21页）。平台销售额占德国电子商务销售额的49%。平台在2020年实现了408亿欧元的销售额，增长率达20.2%（Bundesverband E-Commerce und Versandhandel Deutschland e.V.，2020，第34页）。平台销售额的高增长主要是因为大量的和各种类型的卖家在平台上提供良好服务，并在交易处理方面提供了良好的用户体验。一般情况下，我们将平台理解为在线市场或电子市场（Abraham，2020，第5页）。

> 在这背景下，平台可以被定义为由供货商为处理第三方交易提供基础设施支持，通过该基础设施，使大量已经使用该基础设施并积极参加互动的客户与之"绑定"。在下文中，我们将继续使用该术语"平台"。

基于电子商务的强劲增长，一些经济学家把这个时代称为平台经济时代或消费的亚马逊化时代（IFH Köln，2021，第377页）。事实上，平台经济中很大一部分市场份额被掌握在少数大型平台运营商手中（Reinartz，2019，第11页）。在德国，仅Amazon平台就在2020年实现了245亿欧元的销售额（Amazon，2020a，第66页）。Otto Group和Zalando平台紧随其后。连同其自营贸易，Amazon的市场份额占德国电子商务总销售额的53%（Semmann，2021）。从竞争法则的角度来看，Amazon的经营存在很大的问题，因为Amazon既是平台的提供者，又是其平台上第三方供应商的竞争对手。作为竞争对手，Amazon利用其强大的市场影响力和平台生成的所有数据，复制在其平台上运营的第三方供应商的零售商自营品牌，大幅降低其产品价格，并在原零售商自营品牌旁展示自己的大幅优惠，操纵竞争对手的在线广告，挖走第三方供应商（Nadler和Cicilline，2020）。基于以上原因和其他各种原因，美国对Amazon和其他平台进行了调查（Nadler和Cicilline，2020），欧盟委员会现在也着手进行了这项调查。

受新冠疫情的影响，电子商务环境下的消费者购买行为发生快速变化（Weidemann，2020）。由于一些稳定实体经销商的倒闭，消费者对线上提供的替代品需求显著增加。市场研究机构Appinio对新冠病毒大流行期间德国人的购买行为进行了研究，并在其研究结果中强调了这一点。据此,在2020年初疫情开始时,26%的受访者表示他们在网上购买的商品比疫情前更多。到2021年2月,受访者中增加网上购物行为的人数占比已经上升至67%(Appinio,2021,第30页)。

一方面为抓住平台上出现的新需求增长点;另一方面为了弥补实体店销售的损失,越来越多的实体店零售商转向在线上平台发展。在新冠疫情之前有48%的零售商进行了数字化销售活动,而到2021年初这个数值上升至84%。37%的人将数字销售活动理解为经营他们自己的线上商店,35%的人认为这是通过在线平台销售商品,62%的人认为这是使用像Facebook和Instagram等社交媒体一样(Hielscher,2021)。

因此,Amazon和Alibaba等全球知名大型平台现已在许多国家占据主导地位。在此背景下,MediaMarkt和Kaufland等老牌实体店零售商正在努力发展其网络销售平台。当MediaMarkt正希望逐步向第三方供应商开放其平台的时候(CECONOMY AG,2020,第21页),Kaufland已经宣布将接管Real.de平台,以加强自己在电子商务界的地位(Hell,2021)。

5.4.2 平台经济取得成功的要素

下面以Amazon为例,说明平台经济取得成功的要素。平台的特点是其双向的商业模式,即既面向第三方供应商,又面向消费者。

在大量数字品牌接触点上,消费者可以体验Amazon平台。除了销售自有产品和第三方提供的产品,Amazon的品牌服务还包括自有电子设备(Amazon Kindle和Amazon Echo)的生产和销售以及媒体内容的制作(音乐、电影、游戏,包括Twitch、流媒体)。为了将其客户长期绑定到平台上,Amazon提供了付费的Prime会员制度,除了可以免费发送的1亿篇文章,会员还可以通过"Amazon Prime Video"无限制地传输电影、连续剧和Amazon自制数字作品(Amazon,2020a,第3页)。在美国,超过55%的家庭是"Amazon Prime"的用户(Emarketer,2020a),这就是为什么47%的美国人在网上搜索产品时会优先使用Amazon。如图5.27所示,只有24%的人使用Google作为搜索产品时的首选(CivicScience,2020)。Amazon的例子表明,管理水平良好的平台正在逐渐取代成熟的搜索引擎和门户网站,且通过这样的方式可以进一步夯实其市场地位并增加收入。

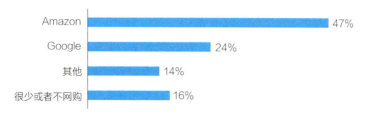

图5.27 线上购物时从哪里搜索产品(基于:CivicScience,2020)

Amazon销售额的巨大增长是由于其客户和服务导向的发展战略。将近80%的消费者选择在Amazon购物的主要原因是其快速且免费的送货服务。69%的消费者使用Amazon是因为其产品种类繁多，66%的消费者是因为是Amazon Prime会员（Emarketer，2020b）。为了将客户长期绑定为他们的Prime会员，Amazon正在增加有吸引力的额外福利，如流媒体音乐和视频以及Prime的1天免费送达。如今这种方法初见成效，在德国PWC的一项研究中发现，66%的受访者表示，成为Prime会员的主要原因是为了使用Amazon娱乐产品（PWC，2018，第21页）。从满足消费者需求的视角来看，Prime会员是Amazon成功的关键因素。Amazon Prime会员制度的成功设立和运行很大程度上归功于Amazon以客户为中心的理念（Amazon，2021a）。这是Amazon品牌身份一个非常重要的部分，它以"我们试图成为地球上最以客户为中心的公司"的口号来表达（Amazon，2020a，第3页）。Amazon的例子清晰地表明，管理良好的平台通过提供补充服务显著提高了客户忠诚度，客户很难更换使用平台。这使得竞争对手的处境以及国家法律的干预更加艰难。

此外，Amazon商业模式的大规模扩张（2020年亚马逊全球营业额近4000亿美元就证明了这一点）为消费者提供了各种与Amazon品牌进行互动的机会，甚至可以一天多次。这种与客户的高强度互动也证实了Amazon品牌的实力，因为它与客户建立了非常强大、有弹性且高度情感化的心理纽带（Hiddessen，2021，第206页）。在客户导向的基础上，通过其吸引客户的会员制度Prime，Amazon让自己还有了一定的事实忠诚度，因此客户对Amazon这个品牌产生了高度信任和依恋，这让Amazon在其竞争者面前几乎无懈可击。自2014年以来，随着拥有智能语音助理Alexa的智能控制设备Amazon Echo的推出，客户与Amazon平台的情感连接和事实联系得到了进一步加强。此外，在对话式商务的框架下，Amazon还可以使用从客户私人领域获得的个人数据，以便更好地了解客户，从而进一步扩大客户忠诚度的范围，同时更好地保护客户使其免受竞争对手的抢夺。

Amazon的双向商业模式不仅关注消费者，还关注作为商品和服务卖家的第三方供应商。第三方供应商的受益点在于，全球数亿消费者可以通过Amazon平台快速轻松地查看第三方供应商的商品（Amazon，2021b）。从品牌管理的角度来看，这种接触大量潜在客户的途径值得关注。Amazon向第三方供应商提供传统销售以外的附加服务，使Amazon拥有了额外优势，这些服务为第三方供应商提供了重要的产品附加值。这些附加值包括"亚马逊仓储派送"（FBA）服务。亚马逊仓储派送允许卖家将商品存储在Amazon的货运中心，并由Amazon来处理所有运输、客户服务和退货问题。Amazon也可以有选择性地提供像商品标签或包装这些附加服务。对于品牌管理来说，作为卖家入驻平台可能是决定性因素，例如，在使用亚马逊仓储派送服务时，第三方供应商无须动用自己的仓储和物流资源，从而使成本显著降低。Amazon的例子表明，管理良好的平台有能力通过全面的附加服务将第三方供应商牢固地绑定在平台上。从而使第三方供应商更难切换到其他平台或建立自己的增值活动。

除了外包整个运输流程，第三方供应商还得益于以下三点："Prime标志"的添加、Amazon将供应商品牌放在"购物车区域"中的选项，以及显示"Shipping by Amazon"的通知（Amazon，2021c）。当不同卖家以新品状态提供相同的产品时，就会在购物车区域中列出来（Amazon，2020b）。因此，消费者可以在不同的卖家之间进行选择（Amazon，2021d）。对于卖家来说，使用亚马逊仓储派送服务可以提高他们自己产品的知名度，同时也增加了销售潜力。

Amazon称，由于使用了亚马逊仓储派送服务，他们平台上78%的第三方供应商增加了销售额（Amazon，2021c）。据此，从卖家的角度来看，亚马逊仓储派送服务是一个决定性成功因素，一方面可以对客户产生积极影响，另一方面可以快速增加自己的销售额。对于小公司而言，尤其是那些初创企业，亚马逊仓储派送服务往往会先给他们提供参与电子商务热潮的机会，否则他们稀缺的财力和人力资源根本就不够用。与此同时，Amazon从各种服务的销售收入和Prime服务提供的多元产品中获得收益（Amazon，2021d）。

平台取得成功的另一个因素在Amazon例子中也是清晰可见的。通过与第三方供应商签订一般性商业条款，Amazon无须对第三方供应商在平台上提供的商品和服务承担责任（Amazon，2021f）。这使Amazon平台和Wal-Mart、Edeka或Galeria Karstadt Kaufhof等传统零售商相比具有决定性优势，因为传统零售商要对其销售的所有商品和服务负责（ZDFInfo，2021）。

前文简要介绍了Amazon为不同目标群体提供的广泛服务以及由此带来的优势。Amazon取得成功的基础是，其所有服务都严格按照不同目标群体的需求量身定制。通过Amazon Prime（针对消费者）或FBA（针对第三方供应商）等项目，消费者的满足度有所提升，需求满足度的提升有利于创造新的收入来源。

尽管从品牌的角度看，以客户为中心是有积极作用的，而且会由此产生一些益处，但使用Amazon平台，特别是对于品牌商品制造商而言，存在极大的风险。

5.4.3 平台经济的风险

Amazon平台的例子说明了平台的一个典型问题：运营商的双重角色。一方面，Amazon将其平台提供给第三方供应商使用；另一方面，Amazon在其平台上提供了1000多个自营品牌，与平台上的第三方品牌竞争。自营品牌的设立绝非Amazon独有的现象，许多其他平台，如Zalando或About You，也使用了自营品牌（Abraham，2020，第7页起）。因此，第三方供应商带着他们的品牌进入这样一个环境，他们的品牌在该环境中与定价激进的平台运营商自营品牌之间有很激烈的模仿竞争关系。值得注意的是，与第三方品牌相比，如何放置、宣传和让消费者看到平台的自营品牌，完全由平台运营商决定。

Bain & Company在一项研究中发现，在Amazon上搜索男士衬衫产品时，有25%~29%的结果被平台的自营品牌所占据，Amazon自己也特别强调这一结果。在搜索某些产品类别时，平台自营品牌的占比高达44%，例如，在Amazon Prime Day期间就是如此（Bain & Company，2017，第6页）。Amazon Prime Day是一年一度的全球购物活动，只有Amazon Prime会员才能参加（Amazon，2021e）。Amazon自己证实了其产品确实在搜索中占据突出位置，但仅以所谓的客户对其产品的偏好来证明这一点（Dudley，2020）。这一点非常令人担忧，因为将第三方供应商列在第一批搜索结果中非常重要（Abraham，2020，第10页）。虽然传统零售中产品放置的方式受到货架上商品摆放的限制，但平台运营商有多种选择，他们可以将自己的自营品牌商品烙印在显著且明确的客户感知中（Amrouche和Zaccour，2006，第657页起；Heinemann，2020，第165页）。

除此之外，作为平台运营商的Amazon受益于由消费者与第三方供应商之间交易而产生的大量客户数据（Abraham，2020，第11页）。而Alexa进一步扩大了这种数据技术竞争优势。早在2018年，Zhu和Liu就得出了关于该数据使用的实证研究结果，他们证明在开发自己的自营品牌时，Amazon始终专注于具有高需求和良好评级的第三方产品（Zhu和Liu，2018，第2630页）。

事实上，前雇员的许多陈述也证实，Amazon违反自己的内部准则，经常向自己的员工提供来自第三方交易的所有数据，并利用这些数据通过其自营品牌推广自己的业务（Nadler和Cicilline，2020，第278页）。Amazon内部可使用的数据比使用第三方供应商的外部工具在平台上生成的信息要详细得多（Hu，2019）。通过这种方式，Amazon员工可以查看有关搜索偏好、销售数量、卖家的运输和营销成本以及Amazon利润的相关汇总数据。这些信息有助于Amazon根据盈利潜力决定提供哪些产品，以及如何设置自有产品的价格和功能范围（Mattioli，2020）。如果第三方供应商也将他们的数据处理外包给Amazon网络服务云，那么Amazon就可以全面了解竞争对手的所有业务流程和内部运作，例如，Amazon可以利用这一点，以更具吸引力的价格从竞争对手那里挖走重要的供应商。除了通过Amazon平台销售其品牌商品，第三方供应商还使用其网络服务，这样会使自己的数据信息在与Amazon的竞争中"暴露"并因此处于非常不利的地位。

根据美国反垄断组织调查，由于Amazon引入自营品牌，许多小公司的畅销商品常常会被挤出市场（Nadler和Cicilline，2020，第281页）。因此，在Amazon平台上活跃的供应商，必须冒着自身销售数据可能泄露并会被Amazon用其自营品牌商品"打败"他们成功产品的风险来经营。

然而，许多商家别无选择，他们只能在Amazon平台上销售他们的产品（Nadler和Cicilline，2020，第271页）。由于小型线上商家使用Amazon平台作为产品搜索引擎，且Amazon拥有大量Prime客户，因此小型线上商家越来越难实现自己业务运营所需的销售额，这一情况在美国尤为明显。因此，美国反垄断调查人员得出结论，Amazon相对于第三方供应商具有垄断地位，并且他们正在有针对性地利用这一点（Nadler和Cicilline，2020，第258页）。这种类似垄断的行为同样体现在，美国约有67%份额的电子书在Amazon平台上销售，而且Amazon要求图书出版商在平台上必须以低于10美元的价格提供电子书。不希望Amazon在平台上规定自己出售价格的出版商（如Hachette）被Amazon从平台上淘汰，就像许多作家一样，他们很快陷入了生存困境（ZDFInfo，2021）。德国联邦企业联合管理局也于2018年11月对Amazon发起了调查，原因是有迹象表明Amazon在市场中处于垄断地位，并且很多零售商对他有依赖性（Bundeskartellamt，2018，第1页）。

除了像Amazon这样的平台特定风险，平台经济普遍会给品牌带来风险。从基于身份的品牌管理的角度来看，这里需要注意三个主要风险：品牌稀释、对平台品牌的依赖以及品牌盗版的威胁（假冒品牌商品）。

品牌稀释描述了品牌对消费者来说可以互换的现象（品牌形象混淆）。如果是这种情况，品牌就失去了在购买行为发生时为客户提供定向和简化购买决策过程的能力（Weers，2008；Dietert，2018；Hiddessen，2021）。平台经济在一定程度上放大了这种现象，因为平台降低了市场进入壁垒。通过将复杂的物流或昂贵的客户服务转移到平台上，许多第三方供应商可以在平台上快速推销新品牌。结果导致竞争品牌的数量急剧增加，而且越来越难以区分每个独立品牌。

特别值得关注的是，通过提供亚马逊仓储派送和使用Alibaba作为B2B平台，越来越多的平台上可以找到来自不同第三方供应商的相同产品。Alibaba为其第三方供应商提供了访问数百万种产品、直接联系制造商、以自己的品牌生产产品并通过亚马逊仓储派送将产品销售给世界各地客户的机会。因为这意味着相同的产品由许多不同品牌的供应商销售，所以品牌的互换性显著增加，价格压力也随之增加（Gutting，2020，第124页）。可互换的"品牌"变成了僵硬的外壳，它们没有身份，与B2C和B2B市场中消费者的购买行为无关。差异化的丧失意味着它们不再是品牌，而是名称或标签。平台上大量可互换的"品牌"给品牌管理带来了挑战，因为在平台上建立品牌知名度并实施自己的品牌定位变得越来越困难。

另外，一旦品牌决定入驻某个平台，他们就会非常依赖这个平台（Gefeke，2019）。

这种依赖表现在几个层面上。一方面，许多第三方供应商依赖于平台提供的服务。这意味着，第三方供应商对其品牌在平台上的用户界面几乎没有（或没有）影响力，并且无法主动干预用户体验，因此，品牌对客户浏览行为以及品牌形象的影响非常有限；另一方面，平台上的第三方供应商依赖于平台的成功和形象。对于品牌管理而言，这意味着在平台上控制对品牌成功至关重要的品牌体验比在自己的销售渠道上要难得多。

IFH Köln的一项研究证实了严重依赖平台的风险，据调查，早在2017年，接受调查的1/3的第三方供应商表示，有对平台品牌的强烈依赖；此外，超过50%的受访人员表示，他们对未来要依赖平台品牌产生了严重担忧（IFH Köln，2018，第9页）。但外部影响也会阻碍平台的成功，从而阻碍第三方供应商的成功。如果像Amazon这样的平台由于其寄生和反竞争行为使其形象在未来遭到损害，那么这可能会导致平台上的客户减少，并给第三方供应商的形象带来负面影响。寄生行为是指Amazon大量避税，同时大量使用公共资助的基础设施，没有这些条件，亚马逊的商业模式就不可能实现（ZDFInfo，2021）。

不幸的是，在平台日益普及的同时，盗版品牌（假冒品牌商品）也逐渐增加，因为上述机会也可能会被公司利用去复制受法律保护的品牌，且故意违反现有品牌保护规定（Keller，2015）。这威胁到了知名品牌的市场地位，因此导致品牌制造商Birkenstock从Amazon平台撤出Birkenstock品牌。Birkenstock总经理谈到了撤出缘由："人们觉得他们购买的是正品，但事实上这些是廉价复制品……总是要向这样的客户解释为什么我们不能修理他这双据称从一家信誉良好亚马逊商店购买的鞋子"（DER SPIEGEL，2017）。

5.4.4 基于身份线上平台品牌管理的意义

前文的内容说明了线上平台在品牌管理中的重要性。由此可见，平台战略是发展的必然趋势。

> 平台战略被定义为有条件的、全球性的、长期的行动计划，制定这样的计划是为了实现与平台使用相关的目标（Meffert等，2019，第20页）。

由于市场控制力的加强以及产品搜索引擎变得日益重要，不建议从根本上禁止使用平台作为销售渠道。相反，建议使用影响力大且知名的平台，从而增加潜在品牌接触点的数量。尽管提出了这样的建议，但要清楚最重要的是避免对平台的依赖。对此，建议使用平台作为补充销售渠道，使用多样化的平台组合可以减少对单个平台的依赖。此外，公司要加强自身的数字化销售渠道并使其专业化。这点首先适用于自营的线上商店，因为在这里商家可以有针对性地设计不一样的用户体验。线上自营渠道的管理应该超越产品营销本身，并专注于品牌情感的延伸。

为了让消费者使用线上自营的销售渠道，可制定差异化的价格和产品策略。由于平台上价格压力大，公司自营品牌的低价产品特别适合在平台上销售。此外，如果平台上的高销量商城（如亚马逊商城）采用这种方法，商家可以提供在配置方面已经缩减成本的自营品牌特供产品，并仅用于平台分销渠道。

此外，在选用特定平台服务时，品牌管理者应分析风险收益比。除了考虑短期的经济利益，如物流外包的盈利能力，更重要的是要考虑对品牌目标的长期影响。通过使用亚马逊仓储派送服务，品牌失去了控制其与消费者之间关键接触点的主动权，因而只能有限地控制消费者的浏览轨迹。所以，品牌很难创造独特的品牌体验，而品牌体验对于传达品牌个性和品牌形象很重要。因此，消费者在平台上与品牌建立情感连接并形成高度品牌依恋的可能性会显著降低。

由于平台上品牌的可替代性不断提高，因此品牌间需要明确的差异化，尤其是需要创造非功能性的品牌优势。这样做的前提是拥有自己独特的品牌身份。然而，在平台上传播品牌身份和品牌承诺有很大局限性。因此，品牌方应该考虑用数字化传播渠道传递品牌身份。

运动品牌耐克和阿迪达斯可以作为正面的例子以供参考：耐克始终努力在尽可能多的品牌接触点为客户提供全面且有体验感的服务，这其中包括提供自己的平台（Nike Plus）和一些庞大的销售网点网络，如自己的商店、批发商和许多不同的第三方平台（Forrester，2019）。对于阿迪达斯来说，在众多不同的销售渠道中广泛宣传自己的销售活动非常重要，在各种销售渠道应主动针对目标群体来设计有特色的品牌体验活动，以此来增加品牌的吸引力。此外，阿迪达斯有针对性地为改善线上客户服务进行投资，并在电子商务中综合使用个性化互动来加强与客户的关系（Adidas，2020，第65页起）。

尽管品牌在平台上有自己的账户，但网红营销是增强品牌影响力的一种不可忽视的好方法（见第5.3.3小节）。鉴于互联网上的信息越来越泛滥，网红营销提供了一个很好的机会。它可以将消费者的注意力吸引到商家的品牌上，通过情感和个人互动来丰富品牌体验，并使品牌变得平易近人。此外，通过建立的巧妙链接，最终可以通过网红吸引消费者到自己的线上销售渠道购买商品。网红营销的成功主要基于网红与其粉丝之间密切的准社会关系。目前的研究结果表明，粉丝与社交媒体网红的互动对与社交媒体网红合作的品牌形象以及消费者随后的购买意愿都有非常积极的影响（Hiddessen，2021，第208页）。上述影响能够加强品牌与消费者之间的关系，利用这种关系可以让社交媒体网红来提供折扣产品、特价产品或特殊产品，从而促进这些销售渠道的发展并使之独立于平台。

小结

一旦一个品牌出现在至少两个国家的市场上，品牌管理层就必须决定，该品牌是否应以标准化或差异化的方式，以及在多大程度上在这两个或两个以上国家立足。一方面，由于国家的高度异质性，市场的个体化处理（差异化）是必要的；另一方面，在消费者行为同质化时，标准化得以利用规模的优势（规模经济）。为了确定在不同国家的同质性或异质性，需要考虑各国消费者行为异质性决定因素：国家的文化、经济发展水平和社会人口结构。由于较大的文化和经济异质性，欧洲公司对中国或印度的品牌管理更需要适应（差异化）。

在对待不同国家市场差异化时，还必须调整品牌定位。一方面，在所有国家市场都应保持基本特征（品牌核心）；另一方面，可以根据国家市场的各自框架条件调整商业特征。

制造商通常通过零售商间接分销他们生产的商品。然而，近年来，依靠直接面向消费者商业模式（直接销售）的制造商品牌增长强劲，在德国，Oceans Apart、Hello Body或Gymshark等品牌就是这样的例子。

为了利用其生产能力，制造商除了生产自己的品牌产品，还可以为第三方生产。在大多数情况下，可为如EDEKA、REWE或Aldi等的零售商自营品牌进行生产。在同时生产零售商自营品牌产品和制造商自己的品牌产品的过程中，制造商必须确保其品牌产品与其生产的零售商自营品牌产品有明显的区别。

在对制造商和零售商角色的经典理解中，零售商主要充当销售中介，没有自己的品牌管理技能。

数字化正在提高在线品牌接触点的重要性，因此，品牌面临着通过图片传达情感和互动的方式使客户形成高度品牌依恋的挑战。然而，在线品牌接触点比经典品牌接触点更难确保品牌信任度。这是由于缺乏与在线环境中人的直接接触，消费者不能实地检查品牌服务，但可借助Amazon、Google或Facebook等大型互联网公司进行广泛数据访问。

社交媒体是在线品牌接触点的重要组成部分。在社交媒体中，越来越多的用户充当意见领导者，因为他们强烈影响第三方的意见（所谓的社交媒体网红）。通过社交媒体网红的营销，品牌可以影响年轻人的购买行为，这被称为网红营销。网红营销的关键成功因素是网红的专业性和可信性、粉丝对网红的认同以及网红与品牌的契合度。

数字化的另一个结果是电子商务日益重要。Amazon和Alibaba等全球知名的大型平台如今已在许多国家的电子商务中占据主导地位。平台的特点是其双向商业模式。由于市场力量不断增强，从根本上避免将平台作为销售渠道是不可取的。相反，最好利用影响力大的知名平台，从而增加潜在品牌接触点的数量。尽管提出了这样的建议，但重要的是要避免对平台的依赖。为此，建议使用平台作为补充销售渠道。由于品牌在平台上的互换性日益增强，需要明确区分各个不同的品牌，这一点的先决条件是有意义的品牌效用承诺。然而，在平台上，品牌效用承诺的传播非常有限。因此，应该使用自己的数字通信渠道（正面例子是Adidas Runtastic）来传达信息。

案例链接

盒马：业态创新与商品力打造，成就新零售标杆品牌（第5.2节补充案例）

盒马鲜生是阿里巴巴旗下的生鲜零售企业，它创立于2015年，首店于2016年1月开出。盒马鲜生标榜超市、餐饮店、菜市场的集合体，消费者可以到店购买，也可以在盒马APP下单。盒马鲜生最大的特点之一就是快速配送，门店附近3公里范围内，30分钟送货上门。作为新零售的开拓者，盒马鲜生诞生以来一路狂奔。截至2019年底，盒马鲜生全国的自营门店已经达到197家。而随着盒马鲜生的发展，盒马的生鲜业态也在不断地拓展和完善。

仓店一体模式，打造线上线下一体化购物体验。目前，国内生鲜电商行业主要有两种主流模式。一种是以叮咚买菜为代表的前置仓模式。这种模式采用的是即时配送的方式，以前置仓为最小仓储单位，为周边数千米范围的小区提供生鲜到家服务，消费者不需要到店消费。另一种则是以盒马为代表的"仓店一体模式"。盒马鲜生的门店一方面作为生鲜产品的配送仓储基地，可以快速识别线上销售订单，精准分拣货物；另一方面，通过产品、服务与场景的创新，提供与传统线下商超不同的消费体验。基于场景定位，盒马围绕"吃"构建商品品类，以消费者复购率极高的生鲜类产品为切入口，辅以标准化的食品，集合了超市、轻食、烘焙、奶茶、生鲜加工等多种业态，满足消费者对于吃的多元化需求。这种多业态混合的模式，提升了消费者的购物体验，也增强了消费者黏性。这也是致力于营造新生活方式的盒马所期望达到的效果。

三业态并驾齐驱，提升品牌渗透力。当前，盒马已经形成大、中、小三种业态，完成了"往上走"和"向下走"两个方向的发展布局。大店为盒马X会员店，采用会员制，针对对品质具有高要求的高消费人群，为门店周边20公里内的消费者提供"半日达"到家服务；盒马鲜生针对具有一定经济实力、注重品质生活，对价格不敏感的中青年群体，提供30分钟送达的购物体验；盒马奥莱，一方面承接盒马鲜生门店临期、短保、易损耗的商品，另一方面挑选一些超高性价比的商品，其用户体验属于盒马生态末端，主打下沉市场。各业态既可以在客群定位上、区域布局上形成差异化，也能从商品联动、供应链协同中组成集成优势。在2022年，这三大业态的销售额都保持正向增长：盒马鲜生同比增长25%；盒马X会员店增长超247%；盒马奥莱暴涨555%。

打造"盒品牌"，提升品牌商品力。盒马认为商品力是唯一的核心竞争力，通过向消费者提供优质的差异化商品，才能获得独特竞争力。因此，盒马的自建品牌之路，从成立那天就已经开始了。2016年首店开业时，盒马就推出了第一款自有品牌产品盒马五常大米，时至今日它仍是各大门店的畅销商品之一。在随后几年，尤其是山姆会员商店凭借一众爆款商品走红网络之后，盒马也加紧搭建自有品牌矩阵，自有品牌占SKU的比例不断上升。目前，盒马的自有品牌已经覆盖到饮品、休闲零食、调味料等诸多类目，其中不乏和其他品牌联名合作推出的商品，日日鲜、盒马火锅系列、部分盒马工坊产品已成为人气产品。数据显示，截至2022年10月末，盒马自有品牌商品类目已突破1200种，还催生了10个销售规模过亿的"盒品牌"。

为了推动自有品牌的发展，盒马在供应链上下了不少功夫。从2019年开始，盒马就在武汉、成都、上海、杭州、西安等城市布局供应链中心。以2024年3月投产的南京供应链中心为例，该供应链中心占地12万平方米，设有生鲜加工配送中心及多温层仓库，全面配套物业、办公和宿舍设施。该供应链中心将会覆盖南京和合肥的35家门店，涵盖数千款生鲜和标品，包括蔬菜水果、鲜花、米面粮油、烘焙、酒水饮料、冷冻水产等。盒马供应链中心投资负责人曾表示："盒马供应链运营中心的最大特色是将生鲜加工、中央厨房等功能与商品流转功能相结合，这样一体化的供应链中心效率将远远高于分布式作业。"基于成熟的供应链体系，盒马自研美食的上市推广时间，可以从以往的半个月缩短至三天。

纵观盒马成长之路，其在发展历程中也经受了不少波折，从前期风风火火"烧钱"扩张，到后期陷入盈利困局开启一系列组织结构调整和降本增效举措，再到实现强劲增长，其在模式上的不懈探索、在自营商品和供应链上的持续投入功不可没。

案例链接

波司登：借势社交媒体，推动年轻化转型（第5.3.3小节补充案例）

波司登诞生于1976年，在1992年11月成功注册商标，以自主品牌参与国内外市场竞争。近年来，在全球消费主力更迭、消费者呈现年轻化趋势的情况下，Canada Goose、Moncler和Mackage等"洋品牌"逐渐受到年轻消费群体的追捧。为了吸引年轻消费者的关注、争夺国内销售份额、开拓海外市场，波司登打响"本土品牌反击战"。从2017年起，波司登在保暖、高品质的基础上，赋予产品"年轻""潮流"的概念和属性。在2018年，波司登正式进行战略转型，着力打造"全球热销的羽绒服专家"这一品牌定位。为提升品牌影响力，波司登加大社交媒体营销投入，通过社交媒体为新产品的发布造势，拓展品牌营销渠道，助力品牌形象进一步升级。

借势社交媒体平台，打造年轻潮流新标签。一方面，微博、小红书、抖音等社交媒体平台的年轻用户较多。波司登在新品发布时通过明星代言、网红带货、大V转发等方式对产品进行充分展示，可以充分撬动明星、网红背后的粉丝经济，增强品牌知名度和渗透力，进而扩大对年轻用户的覆盖，加速波司登品牌的年轻化转型。比如，2018年，波司登在推广一款中高端羽绒服时，就邀请四位分别定位于情感类、技术类、旅行类、健身类垂直领域的博主在抖音平台进行内容的发布。这四位博主围绕"专业保暖"这一核心主题，分别以"寒冷的冬天，记得好好爱自己""在温度和风度之间，选择都要""伦敦之旅购物篇""艾特出你喜欢的人陪你去滑雪吧"为主题进行内容的创作和传播，覆盖了不同喜好、不同圈层的消费者。弱化的广告痕迹，优秀的创意内容，最终取得了940万的视频播放总量，也获得了不少年轻消费群体的好评。

另一方面，社交媒体平台具有热点发酵的作用。借助社交媒体，以热点事件为切口可以帮助品牌实现破圈营销。比如电影《复仇者联盟4》上映时，全球掀起一阵"复联热"，波司登借此机会携手漫威打造联名款"超能战衣"，一众好莱坞明星、大咖们也都纷纷穿着波司登羽绒服走进各大活动现场。在强势资源曝光的助力下，波司登在公众认知中留下了年轻、潮流的印象。

及时把握市场需求，拉近与消费者的距离。借助社交媒体平台，波司登对不同消费群体的喜好加以区分，探索不同类型的产品线，实现品牌业务的优化与完善。基于这一点，波司登秉持着"人找货+货找人"的双轮驱动理念，种草营销与爆款打造双向进行，对目标消费者进行全方位的管理和定位，以此洞察消费者的偏好和趋势，调整后续的营销战略。比如，在2022年双十一期间，波司登就借助阿里妈妈的用户数字化运营平台，对具有不同消费需求的人群精准分层，成功打造天猫服饰行业唯一破亿的直播间，"Top1"单品销量高达3.6万件。

助力国际化传播，提升品牌文化自信。波司登自2018年启动战略转型以来，借助海外社交媒体开展品牌传播，取得不俗的成绩。首先，波司登一改传统的媒体广告营销方式，而与海外名人、好莱坞巨星合作，借助于KOL（有很高影响力和很多粉丝的人）的力量在Facebook、Twitter、Instagram上辐射广大粉丝群体，在海外社交媒体上掀起了追崇热潮；其次，波司登在社交媒体平台发布多元化的宣传内容，打造热门话题，与漫威、迪士尼开发联名款产品，丰富波司登的品牌故事，强化品牌形象，引发消费者共鸣，以此激活消费群体的购买欲望；最后，波司登将海外的营销爆点通过微博、抖音、小红书等传播至国内，反哺国内市场，进而打造波司登品牌的全球营销矩阵，实现波司登品牌的"破圈化"传播。

波司登借助社交媒体营销完成年轻潮流化转型，在全球范围内打造品牌营销矩阵，有力强化了海内外消费者的品牌认同感，使波司登品牌以崭新的姿态迎风而上、逐鹿国际市场。

> **案例链接**

安克：从亚马逊到多平台，安克的平台品牌管理探索（第5.4节补充案例）

安克（ANKER）于2011年在中国长沙创立，主营产品涵盖移动电源、充电器、数据线、蓝牙外设等智能数码周边。当前，安克的产品已经销往全球140多个国家和地区，全球用户超过1亿。据安克创新发布的2022半年度报告显示，2022年1—6月，安克创新实现营业收入58.87亿元，同比增长9.62%；实现归母净利润5.76亿元，同比增长41.01%；实现扣非归母净利润3.06亿元，同比增长1.94%。

与其他国货品牌的发展路径不同，安克虽然是一个中国品牌，但它却崛起于亚马逊平台。安克成立之初就发现在亚马逊平台上，高评分商品价格往往都比较高，低价格的商品评分则都很低。对于消费者而言，两者显然都不是最佳的选项。看到这个市场空白，安克借助于中国供应链优势，以代工形式生产优质产品，然后在亚马逊平台上进行销售。与其他网站相比，亚马逊有个显著的特点，即给高竞争力的产品较高的权重。结合亚马逊的精细算法，品质优良的产品就有更多的曝光机会。这就给了安克极大的机会——专注于产品创新和改良，为顾客提供优质的产品和服务，就更容易获得更多的流量支持。依靠高性价比的产品以及亚马逊的流量倾斜规则，安克的月销很快就突破了100万美元。不过，安克并没有满足于这种模式，而是借助于亚马逊上的用户评价开启了自主研发之路。

亚马逊提供的站内商品推广服务和完善的反馈机制，为安克提供了大量真实的用户评论和反馈。安克的运营团队将这些反馈进行分类整理，并通过分析、汇总和讨论，更加深入的挖掘客户痛点。安克关注的用户评价主要来自于两个方面：一是使用安克产品后，留下的真实诉求；二是对竞品的吐槽。安克认为，消费者对竞品不满意的地方就是安克的机会点，可以帮助安克站在竞争对手的肩膀上，更好地满足消费者的需求。于是，基于亚马逊真实、庞大的用户反馈数据，加大研发投入，持续改良产品、推出新品，安克获得了更长足的发展。比如，2014年研发新品数据线时，安克发现用户最在意数据线的"耐用性"。于是，安克以此为出发点，历经一年的研发，生产出耐用结实的Anker PowerLine数据线，该产品一经上线就广受用户好评。2020年底，安克的20W充电器在美国亚马逊单品销量仅次于苹果官方相应产品，排名第二；根据亚马逊页面2020年12月31日数据，安克的数据线产品在日本亚马逊消费电子品类单品销量排名第一。此外，安克还孵化出了Nebula（"可乐罐"系列智能微投产品）、Eufy RoboVac（扫地机）等子品牌，且这些子品牌在消费市场上的表现也十分突出。

然而，2021年5月后，亚马逊对存在刷单、刷好评的卖家进行整顿，多家店铺账号被封，其中就包括有棵树、傲基、泽宝等国内头部大卖家的。尽管安克此次并未在封号的名列,但这一事件却让安克产生了危机意识。2017—2019年,安克在亚马逊平台的销售收入依次为28.64亿元、36.76亿元、44.09亿元,占线上B2C收入的96.44%、96.29%和95.16%,占营收的73.37%、70.25%、66.25%。对亚马逊的过度依赖,对于安克而言,显然是一个不小的隐患———一旦亚马逊出台不利政策,对其营业收入会产生很大的影响。值得关注的是,虽然此次事件没有直接影响到安克的业绩,但却波及了其在股市上的表现。2021年6月底,安克的股价冲上178.78元/股的高峰后便每况愈下,9月22日更以95.38元/股的股价创历史新低,市值几近腰斩。

此后,安克开始加紧在包括速卖通、易贝在内的B2C平台以及包括沃尔玛、百思买、塔吉特在内的线下实体大卖场的布局。此外,安克还积极打造品牌独立站,直接面向消费者,提升对渠道的把控力。同时,安克投入了更大的精力在社交媒体营销上,构建私域流量池,并积极将私域流量导入独立站。另外,安克也将眼光转向国内市场,在包括天猫、京东、拼多多、抖音、小米有品在内的平台上进行布局。这些举措也获得了不小的成效。2021年,安克在除亚马逊平台的第三方平台营收增长了92.47%,独立站的总营收增长了83.57%。

多渠道布局大大降低了安克的经营风险,不过安克也并没有放松与亚马逊的合作。2023年3月22日,安克正式同亚马逊云科技成立联合创新实验室,双方通过联合创新实验室在智能广告投放等领域展开合作,实现广告投放从人工/规则模式转变为智能模式,优化广告展示效果。此外,通过应用亚马逊云科技的机器学习服务,安克可以更好地实现产品规划决策、产品质量优化、销售运营优化和营销投放策略优化等。

借助亚马逊平台在技术、流量、数据反馈等方面的优势赋能产品的生产、营销与销售,是安克取得成功的关键要素之一。而摆脱对单一渠道的依赖,持续加强自身对渠道的把控力,则是安克居安思危,谋求更长远发展的重要举措。

参考文献

Abraham, E. J. (2020). *Einfuss von Retailer Brands auf das Image von Private Label Brands*. Wiesbaden: Springer Gabler.

Achter, M. (2016). Gezerre um die Marke – Branding für Autohäuser. *kfz-betrieb, 21*, 24–26.

Adidas. (2020). 2019 Geschäftsbericht. https://report.adidas-group.com/2019/de/serviceseiten/downloads/fles/adidas_geschaeftsbericht_2019.pdf. Zugegriffen am 09.04.2021.

Adidas Runtastic. (2021). *Screenshots der Facebookseite*. https://www.facebook.com/adidasRuntasticDE. Zugegriffen am 07.04.2021.

Adomeit, M. (2020). *Markenauthentizität als strategisches Führungsinstrument*. Wiesbaden: Springer Gabler.

Ali-Mohammadi, P., & Grodecki, K. (2019). *Inwiefern wirkt sich Prominenz und Plot Connection/Integration auf die Effektivität des Product Placements im Infuencer Marketing aus?* Bremen: Unveröffentlicher Forschungsbericht.

Amazon. (2020a). *Annual report*. http://d18rn0p25nwr6d.cloudfront.net/CIK-0001018724/336d8745-ea82-40a5-9acc-1a89df23d0f3.pdf. Zugegriffen am 28.02.2021.

Amazon. (2020b). *How customers get to pick the winners in Amazon's Store*. https://www.aboutamazon.com/news/how-amazon-works/how-customers-get-to-pick-the-winners-in-amazons-store. Zugegriffen am 20.04.2021.

Amazon. (2021a). *Über Amazon*. https://amazon-presse.de/Top-Navi/Unternehmen/-ber-Amazon.html. Zugegriffen am 02.03.2021.

Amazon. (2021b). *Verkaufen bei Amazon*. https://services.amazon.de/programme/online-verkaufen/preisgestaltung.html. Zugegriffen am 11.03.2021.

Amazon. (2021c). *Versand durch Amazon*. https://services.amazon.de/programme/versand-durchamazon/merkmale-und-vorteile.html?ref=asde_soa_fb_ms_fba. Zugegriffen am 11.03.2021.

Amazon. (2021d). *FBA features, services, feed and ressources*. https://sellercentral.amazon.com/gp/help/external/201074400?ref_=sdus_fba_main_xscus_201074400&initialSessionI D=132-9002791-1757530&ld=NSGoogle. Zugegriffen am 11.03.2021.

Amazon. (2021e). *Über Prime Day*. https://www.amazon.de/gp/help/customer/display.html?nodeId=201910560. Zugegriffen am 23.03.2021.

Amazon. (2021f). *Amazon.de Allgemeine Geschäftsbedingungen*. https://www.amazon.de/gp/help/customer/display.html?nodeId=GLSBYFE9MGKKQXXM. Zugegriffen am 16.04.2021.

Amrouche, N., & Zaccour, G. (2006). Shelf-space allocation of national and private brands. *European Journal of Operational Research, 180*(2), 648–663.

Andrews, T. G., & Chew, W. (2017). *Building brands in Asia from the inside out*. New York: Routledge.

Anheuser-Busch InBev. (2013). *Annual report*. http://www.ab-inbev.com/content/dam/universaltemplate/abinbev/pdf/media/annual-report/ABI_AR13_EN_Full.pdf. Zugegriffen am 12.01.2015.

Appinio. (2021). *Appinio Corona report*. https://www.appinio.com/hubfs/Corona%20-%20Consumer%20

Report%20Tracking%20von%20Appinio%20Welle%2049.pdf?utm_campaign=coronahilfe&utm_medium=email&_hsenc=p2ANqtz%2D%2D3MOMH5H4TM1pxXBeHGaVfsIUCBKKOQvJ-Cpi0m-CiB2AscTvPhDFKpqOuBOlkoFdXmEyp1 O0oE6chKbt5ByyD02TidM7uu3uDqGItHjcKY0rtnKk&_hsmi=84970342&utm_content=84970342&utm_source=hs_automation&hsCtaTracking=23925a98-0f0c-4b5aa906-4792b8c21c56%7Cbfb8d3f4-c878-42ef-87da-a5557001a41f. Zugegriffen am 28.02.2021.

ARD/ZDF. (2020). *Ergebnisse der ARD/ZDF-Onlinestudie 2020.* https://www.ard-zdf-onlinestudie.de/fles/2020/2020-10-12_Onlinestudie2020_Publikationscharts.pdf. Zugegriffen am 07.04.2021.

Arnhold, U. (2010). *User-Generated Branding (UGB) – An exploration of a new feld of study focusing on the effectiveness of participatory communication programmes.* Wiesbaden: Gabler.

Bain & Company. (2017). Dreaming of an Amazon Christmas?. In *Bain Retail Holiday Newsletter*, 2018–2018, Issue 2.

Batten & Company. (2014). *Markenstärke Retail Brands 2014 – Die Klarheit der Markenimages deutscher Retail Brands nimmt drastisch ab.* http://www.batten-company.com/presse/marketingnews/studie-markenstaerke-retail-brands-2014.html. Zugegriffen am 05.05.2015.

Becker, C. (2012). *Einfuss der räumlichen Markenherkunft auf das Markenimage: Kausalanalytische Untersuchung am Beispiel Indiens.* Wiesbaden: Springer Gabler.

Berentzen, J. (2010). *Handelsmarkenmanagement: Solution Selling in vertikalen Wertschöpfungsnetzwerken.* Wiesbaden: Gabler.

Beresford, P., & Hirst, C. (2020). How consumers reconcile discordant food retailer brand images. *Journal of Marketing Management, 36*(11/12), 1104–1124.

Bleier, A., & Eisenbeiß, M. (2015). Personalized online advertising effectiveness: The interplay of what, when, and where. *Marketing Science, 34*(3), 669–688.

Brandwatch. (2015). *Brandwatch releases restaurant, food and beverage industry report.* https://www.brandwatch.com/brandwatch-releases-restaurant-food-and-beverage-industry-report/. Zugegriffen am 02.08.2017.

Brandwatch. (2020). *Twitter-Statistiken.* https://www.brandwatch.com/de/blog/twitter-statistiken/.Zugegriffen am 16.02.2021.

BR-Bayernstudie. (2015). *BR-Bayernstudie Kernergebnisse.* http://www.br.de/presse/inhalt/pressemitteilungen/bayernstudie-2015-100.html. Zugegriffen am 06.09.2017.

Brexendorf, T. O., & Keller, K. L. (2017). Leveraging the corporate brand: The importance of corporate brand innovativeness and brand architecture. *European Journal of Marketing, 51* (9), 1530–1551.

Brown, D., & Hayes, N. (2015). *Infuencer marketing. Who really infuences your customers?* London: Routledge Taylor & Francis Group.

Brück, M. (2015). *Der Handelsgigant wird zum Selbstversorger.* http://www.wiwo.de/unternehmen/handel/lidl-macht-jetzt-eis-wie-lidl-zum-selbstversorger-wurde/12239862-2.html. Zugegriffen am 16.08.2017.

Bruhn, M. (2012). Handelsmarken – Erscheinungsformen, Potentiale und strategische Stoßrichtungen. In J. Zentes, B. Swoboda, D. Morschett & H. Schramm-Klein (Hrsg.), *Handbuch Handel* (S. 453–563). Wiesbaden: Springer Gabler.

Bruhn, M. (2014). *Unternehmens- und Marketingkommunikation. Handbuch für ein integriertes Kommunikationsmanagement.* München: Vahlen.

Bruhn, M., Burmann, C., & Kirchgeorg, M. (2020). *Marketing Weiterdenken* (2. Auf.). Wiesbaden: Springer

Gabler.

Bundeskartellamt. (2018). *Einleitung eines Missbrauchsverfahrens gegen Amazon.* https://www.bundeskartellamt.de/SharedDocs/Publikation/DE/Pressemitteilungen/2018/29_11_2018_Verfahrenseinleitung_Amazon.pdf?__blob=publicationFile&v=2. Zugegriffen am 12.03.2021.

Bundesverband E-Commerce und Versandhandel Deutschland e. V. (2020). *Interaktiver Handel in Deutschland– Ergebnisse 2020.* https://www.bevh.org/fleadmin/content/05_presse/Auszuege_Studien_Interaktiver_Handel/Inhaltsverzeichnis_fu__r_bevh_Gesamtbericht_Interaktiver_Handel_in_Deutschland_2020.pdf. Zugegriffen am 28.02.2021.

Burmann, C. (2002). *Strategische Flexibilität und Strategiewechsel als Determinanten des Unternehmenswertes.* Wiesbaden: Dt. Univ.-Verlag.

Burmann, C., & Arnhold, U. (2008). *User generated branding: State of the art of research.* Berlin: LIT.

Burmann, C., & Barth, S. (2020). Markenführung Weiterdenken – Mehr Verantwortung übernehmen. In M. Bruhn, C. Burmann & M. Kirchgeorg (Hrsg.), *Marketing Weiterdenken* (S. 597–613). SpringerGabler: Wiesbaden.

Burmann, C., & Feddersen, C. (2007). *Erfolgreiches identitätsbasiertes Markenmanagement am Beispiel der Marke FRoSTA.* Münster: LiT-Verlag.

Burmann, C., & Kanitz, C. (2010). *Gestaltung der Markenarchitektur – Stand der Forschung und Entwicklung eines Managementprozesses.* Arbeitspapier Nr. 45 des Lehrstuhls für innovatives Markenmanagement (LiM) der Universität Bremen. Bremen: Universität Bremen.

Burmann, C., Eilers, D., Hemmann, F., & Kleine-Kalmer, B. (2012). Authentizität in der Interaktion als zentraler Erfolgsfaktor der Markenführung in Social Media. In A. Horx, A. Mertens & M. Schulten (Hrsg.), *Social Branding: Strategien – Praxisbeispiele – Perspektiven* (S. 129–145). Wiesbaden: Springer Gabler.

Burmann, C., Dierks, A., & Fink, T. (2017). Brand purchase funnel. In C. Zerres (Hrsg.), *HandbuchMarketing-Controlling* (S. 293–312). Wiesbaden: Springer Gabler.

BVDW. (2019). *Digital Trends – Umfrage zum Umgang mit Infuencern.* https://www.bvdw.org/fleadmin/user_upload/190404_IM_Studie_BVDW_2019.pdf. Zugegriffen am 07.04.2021.

Cannon, H. M., & Yaprak, A. (2002). Will the real-world citizen please stand up! The many faces of cosmopolitan consumer behavior. *Journal of International Marketing, 10*(4), 30–52.

Carmushka. (2021). *Instagram Account Carmushka.* https://www.instagram.com/p/CMogU21rZDv/. Zugegriffen am 08.04.2021.

Cavusgil, S. T., Deligonul, S., & Yaprak, A. (2005). International marketing as a feld of study: A critical assessment of earlier development and a look forward. *Journal of International Marketing, 13*(4), 1–27.

Cavusgil, S. T., Deligonul, S., Kardes, I., & Cavusgil, E. (2018). Middle-class consumers in emerging markets: Conceptualization, propositions, and implications for international marketers. *Journal of International Marketing, 26*(3), 94–108.

CECONOMY AG. (2020). *Geschäftsbericht 2019/20.* https://www.ceconomy.de/media/ceconomy_geschaeftsbericht_2019_20.pdf. Zugegriffen am 12.03.2021.

Chabra, P. (2010). „V"owing to „W"in! *4Ps. Business and Marketing, 5*(2), 32–33.

Chen, S.-F., & Liaw, C.-Y. (2020). The coincidence of private branding and foreign sourcing: Is there a causality direction? *Journal of Business Research, 108*, 268–276.

Cheon, H. J., Cho, C.-H., & Sutherland, J. (2007). A meta-analysis of studies on the determinants of standardization and localization of international marketing and advertising strategies. *Journal of International Consumer Marketing, 19*(4), 109–147.

Choi, S., Hoi, S. M., & Rifon, N. J. (2013). It is a match – The impact of congruence between celebrity image and consumer ideal self on endorsement effectiveness. *Psychology & Marketing, 29*(9), 639–650.

Chu, S.-C., & Kamal, S. (2008). The effect of perceived blogger credibility and argument quality on message elaboration and brand attitudes. *Journal of Interactive Advertising, 8*(2), 26–37.

Chua, R., & Jin, M. (2020). Across the great divides: Gender dynamics infuence how intercultural confict helps or hurts creative collaboration. *Academy of Management Journal, 63*(3), 903–934.

CivicScience. (2020). *Most Americans still start product searches on Amazon before Google*. https://civicscience.com/most-americans-still-start-with-amazon-before-google-for-product-searches/. Zugegriffen am 03.03.2021.

Cleveland, M., & Bartsch, F. (2019). Global consumer culture: Epistemology and ontology. *International Marketing Review, 36*(4), 556–580.

Cleveland, M., & Chang, W. (2009). Migration and materialism: The roles of ethnic identity, religiosity, and generation. *Journal of Business Research, 62*(10), 963–971.

Clugston, M., Howell, J. P., & Dorfman, P. W. (2000). Does cultural socialization predict multiple bases and foci of commitment? *Journal of Management, 26*(1), 5–30.

Costa, C., Carneiro, J., & Goldszmidt, R. (2016). A contingent approach to country-of-origin effects on foreign products evaluation: Interaction of facets of country image with product classes. *International Business Review, 25*(5), 1066–1075.

De Chernatony, L., Halliburton, C., & Bernath, R. (1995). International branding: Demand- or supplydriven opportunity? *International Marketing Review, 12*(2), 9–21.

Destatis. (2020). *Wirtschaftsrechnungen – Private Haushalte in der Informationsgesellschaft – Nutzung von Informations- und Kommunikationstechnologien.* https://www.statistischebibliothek.de/mir/servlets/MCRFileNodeServlet/DEHeft_derivate_00054707/2150400197004.pdf. Zugegriffen am 28.02.2021.

Destatis. (2021). *Wirtschaftsrechnungen – Private Haushalte in der Informationsgesellschaft – Nutzung von Informations- und Kommunikationstechnologien.* https://www.statistischebibliothek.de/mir/servlets/MCRFileNodeServlet/DEHeft_derivate_00058843/2150400207004.pdf. Zugegriffen am 28.02.2021.

Deutscher Bundestag. (2020). *Konzentration im Lebensmitteleinzelhandel (LEH)*. https://www.bundestag.de/resource/blob/808692/75384b347945f452b55168a08cd292cd/WD-5-111-20-pdfdata.pdf. Abgerufen am 26.04.2021.

Dichter, E. (1962). The world customer. *Harvard Business Review, 40*(4), 113.

Dichtl, M. (2016). *Social Media ist messbar: Die 26 wichtigsten Social Media-KPIs für Ihr Marketing.* https://blog.hootsuite.com/de/die-wichtigsten-social-media-kpis/. Zugegriffen am 30.05.2017.

Dietert, A.-C. (2018). *Erfolgssicherung von Marken durch Authentizität: Die Bedeutung von Authentizität zur Erklärung von Rückwirkungseffekten bei Markentransfers*. Wiesbaden: Springer Gabler.

Douglas, S. P., Craig, C. S., & Nijssen, E. J. (2001). Integrating branding strategy across markets: Building international brand architecture. *Journal of International Marketing, 9*(2), 97–114.

DPD. (2021). Twitter screenshot. DPD Deutschland. https://twitter.com/dpd_de. Zugegriffen am 07.04.2021.

Dudley, R. (2020). *Amazon's new competitive advantage: Putting its own products frst*. https://www.propublica.org/article/amazons-new-competitive-advantage-putting-its-own-products-frst. Zugegriffen am

07.04.2021.

Duncan, E. (2008). Here today, gone tomorrow. *In the Black, 78*(8), 48–51.

Eilers, D. (2014). *Wirkung von Social Media auf Marken – Eine ganzheitliche Abbildung der Markenführung in Social Media*. Wiesbaden: Springer Gabler.

Emarketer. (2020a). *Amazons move to one-day shipping propels sales*. https://www.emarketer.com/content/amazon-s-move-to-one-day-shipping-propels-sales. Zugegriffen am 03.03.2021.

Emarketer. (Jan 2020b). *Reasons US internet users shop on Amazon*. https://www.emarketer.com/chart/233964/reasons-us-internet-users-shop-on-amazon-jan-2020-of-respondents. Zugegriffen am 03.03.2021.

Faßmann, M., & Moss, C. (2016). *Instagram als Marketing-Kanal*. Wiesbaden: Springer Gabler.

Felfe, J., Schmook, R., & Six, B. (2006). Die Bedeutung kultureller Wertorientierungen für das Commitment gegenüber der Organisation, dem Vorgesetzten, der Arbeitsgruppe und der eigenen Karriere. *Zeitschrift für Personalpsychologie, 5*(3), 94–107.

Felfe, J., Yan, W., & Six, B. (2008). The impact of individual collectivism on commitment and its infuence on organizational citizenship behaviour and turnover in three countries. *International Journal of Cross Cultural Management, 8*(2), 211–237.

Fink, T. (2021). *Drivers of user engagement in infuencer marketing – An empirical analysis of brand-related user-generated content on instagram*. Wiesbaden: Springer Gabler.

Floreddu, P. B., Cabidou, F., & Evaristo, R. (2014). Inside your social media ring: How to optimize online corporate reputation. *Business Horizons, 57*(6), 737–745.

Forrester. (2019). *Nike is setting the standard for omnichannel loyalty in every industry*. https://www.forbes.com/sites/forrester/2019/12/26/nike-is-setting-the-standard-for-omnichannel-loyalty-inevery-industry/?sh=7e873101ebb4. Zugegriffen am 09.04.2021.

Foscht, T., Maloles, C., Swoboda, B., Morschett, D., & Sinha, I. (2008). The impact of culture on brand perceptions: A six-nation study. *Journal of Product & Brand Management, 17*(3), 131–142.

Freberg, K., Graham, K., MCGaughey, K., & Freberg, L. A. (2011). Who are the social media infuencers? A study of public perceptions of personality. *Public Relations Review, 37*(1), 90–92.

Friederes, G. (2006). Country-of-Origin-Strategien in der Markenführung. In A. Strebinger, W. Mayerhofer & H. Kurz (Hrsg.), *Werbe- und Markenforschung: Meilensteine – State of the Art – Perspektiven* (S. 109–132). Wiesbaden: Gabler.

Friedmann, T. L. (2008). *Die Welt ist fach*. Frankfurt am Main: Suhrkamp.

FRoSTA AG. (2021). *Geschäftsbericht 2020*. https://www.frosta-ag.com/unternehmen/berichte-undnews/download-info/jahresfnanzbericht-frosta-konzern-2020/. Abgerufen am 26.04.2021.

Fuchs, W., & Unger, F. (2014). *Management der Marketing-Kommunikation*. Berlin u. a.: Springer.

Gefeke, J. (2019). *Verhängnisvolle Abhängigkeit: Kleine Händler sind auf Amazon angewiesen – und zahlen dafür oft einen hohen Preis*. https://www.businessinsider.de/wirtschaft/verhaengnisvolle-abhaengigkeit-kleine-haendler-sind-auf-amazon-angewiesen-2019-3/. Zugegriffen am 12.03.2021.

Geyskens, I., Keller, K. O., Dekimpe, M. G., & de Jong, K. (2018). How to brand your private labels. *Business Horizons, 61*, 487–496.

Granados, M. (2017). Der Infuencer – Die neue rechte Hand des Online-Marketings. *Marketing & Kommunikation, 45*(6–7), 5–8.

Gutting, D. (2020). *Interkulturelles Marketing im digitalen Zeitalter: Strategien für den globalen Markterfolg*.

Wiesbaden: Springer Gabler.

Halaszovich, T. (2020). When foreignness becomes a liability: The effects of fawed institutional environments on foreign versus domestic frm performance in emerging markets. *European Journal of International Management, 14*(1), 118–143.

Halaszovich, T., & Nel, J. (2017). Customer-brand engagement and Facebook fan-page "Like"-intention. *Journal of Product & Brand Management, 26*(2), 120–134.

Halaszovich, T. F., & Lundan, S. M. (2016). The moderating role of local embeddedness on the performance of foreign and domestic frms in emerging markets. *International Business Review, 25*(5), 1136–1148.

Halkias, G., Micevski, M., Diamantopoulos, A., & Milchram, C. (2017). Exploring the effectiveness of foreign brand communication: Consumer culture ad imagery and brand schema incongruity. *Journal of Business Research, 80*, 210–217.

Han, Y. J., Nunes, J. C., & Dreze, X. (2010). Signaling status with luxury goods: The role of brand prominence. *Journal of Marketing, 74*, 15–30.

Handelsblatt. (2018). *Rassismus-Vorwurf verschärft H&M-Krise*. https://www.handelsblatt.com/unternehmen/handel-konsumgueter/modekonzern-rassismus-vorwurf-verschaerft-hundmkrise/20832334.html?ticket=ST-22603-KmTbW13PhNaerp62NpfE-ap2. Zugegriffen am 20.04.2021.

Haritas, I., & Das, A. (2021). Elephas maximus indicus – Doing business in 21st century India. In M. Bruhn, C. Burmann & M. Kirchgeorg (Hrsg.), *Marketing Weiterdenken* (S. 277–305). Wiesbaden: Springer Gabler.

Heinemann, G. (2020). *Der neue Online-Handel. Geschäftsmodelle, Geschäftssysteme und Benchmarks im E-Commerce*. Wiesbaden: Springer Gabler.

Hell, M. (2021). *Real.de wird zu Kaufand.de*. https://www.channelpartner.de/a/real-de-wird-zukaufand-de,3339054. Zugegriffen am 12.03.2021.

Henning-Thurau, T., Gwinner, K. P., Walsh, G., & Gremler, D. D. (2004). Electronic word-of-mouth via consumer-opinion platforms: What motivates consumers to articu-late themselves on the internet. *Journal of Interactive Marketing, 18*(1), 38–52.

Herz, M., & Diamantopoulos, A. (2017). I use it but will tell you that I don't: Consumers' country-of-origin cue usage denial. *Journal of International Marketing, 25*(2), 52–71.

Hiddessen. (2021). *Interaktionen mit Social Media Infuencern als Instrument zur Markenprofilierung*. Bremen: Dissertation [in Druck].

Hielscher. (2021). *Der Lockdown zwingt immer mehr Einzelhändler ins Netz*. https://www.wiwo.de/unternehmen/handel/corona-schliessungen-der-lockdown-zwingt-immer-mehr-einzelhaendlerins-netz/26951982.html. Zugegriffen am 28.02.2021.

Hirschmann, R. G. (1990). Made in Germany: Rolle und Bedeutung aus deutscher Sicht. In W. Bungard (Hrsg.), *Dokumentation Made in Germany: Deutsche Qualität auf dem Prüfstand* (S. 7–16). Mannheim: Ehrenhof-Verlag.

Hoffner, C., & Buchanan, M. (2005). Young adults' wishful identifcation with television characters: The role of perceived similarity and character attributes. *Media Psychology, 7*, 325–351.

Hofstede, G. (1980). *Culture's consequences: International differences in work-related values. Nr. 5 der Schriftenreihe „Cross-cultural research and methodology series"*. Beverly Hills: Sage.

Hofstede, G. (1993). *Interkulturelle Zusammenarbeit*. Wiesbaden: Gabler.

Hofstede, G. (2001). *Culture's consequences: Comparing values, behaviors, institutions, and organizations *across nations*. Thousand Oaks: Sage.

Hofstede, G. (2006). *Lokales Denken, globales Handeln: Interkulturelle Zusammenarbeit und globales Management*. München: Dt. Taschenbuch-Verlag.

Hofstede, G., Hofstede, G. J., & Minkov, M. (2017). *Lokales Denken, globales Handeln Interkulturelle Zusammenarbeit und globales Management*. München: dtv.

Hofstede Insights. (2021). *Compare countries*. https://www.hofstede-insights.com/product/comparecountries/. Zugegriffen am 19.04.2021.

Holloway, I. R. (2017). Learning via sequential market entry: Evidence from international releases of US movies. *Journal of International Economics, 104*, 104–121.

Holtbrügge, D., & Puck, J. F. (2008). *Geschäftserfolg in China – Strategien für den größten Markt der Welt*. Heidelberg: Springer.

Horizont. (2016). *Philadelphia verschafft himmlischen Werbe-Engeln ein TV-Comeback*. https://www.horizont.net/marketing/nachrichten/Mondelez-Philadelphia-verschafft-himmlischenWerbe-Engeln-ein-TV-Comeback-139582. Zugegriffen am 19.04.2021.

Horstmann, F. (2017). *Wirkung von Private Label Brands auf Retailer Brands – Möglichkeiten zur Markenprofilierung im Lebensmitteleinzelhandel*. Wiesbaden: Springer Gabler.

Hsieh, M.-H., Pan, S.-L., & Setiono, R. (2004). Product-, corporate-, and country-image dimensions and purchase behavior: A multicountry analysis. *Journal of the Academy of Marketing Science, 32*(3), 251–270.

Hsu, C.-W., Chen, H., & Caskey, D. (2017). Local conditions, entry timing, and foreign subsidiary performance. *International Business Review, 26*(3), 544–554.

Hu. (2019). *Revealed: How Amazon uses third party seller data to build a private label juggernaut*. https://finance.yahoo.com/news/amazon-uses-thirdparty-sellers-data-to-build-privatelabels-145813238.html?guccounter=1. Zugegriffen am 12.03.2021.

HubSpot. (2021). *Neue Daten: Statistiken zur Social-Media-Nutzung in Deutschland*. https://blog.hubspot.de/marketing/social-media-in-deutschland. Zugegriffen am 08.04.2021.

IFH Köln. (2018). *Onlinehändler im Spannungsfeld von Wachstum und Marktkonzentration: Potenziale zur Nutzung von Onlinemarktplätzen und Strategien zum Erhalt der Unabhängigkeit*. Köln: IFH Köln GmbH.

IFH Köln. (2021). *Amazonisierung des Konsums*. https://www.ifhkoeln.de/produkt/amazonisierungdes-konsums/. Zugegriffen am 01.03.2021.

IKEA. (2021). *Twitter screenshot. IKEA USAHelp*. https://twitter.com/IKEAUSAHelp. Zugegriffen am 09.04.2021.

Indrest, R. (2013). *Implications of buyer power and private labels on vertical competition and innovation*. http://www.markenverband.de/publikationen/studien/Vertical%20Competition%20 and%20Innovation%20Report%20-%20Roman%20Inderst.pdf. Zugegriffen am 05.05.2015.

Infuencer Marketing Hub. (2019). *Infuencer marketing benchmark report: 2019*. https://infuencer-marketinghub.com/influencer-marketing-2019-benchmark-report/. Zugegriffen am 07.04.2021.

Instagram Business. (2021). *IGTV*. https://business.instagram.com/a/igtv?locale=de_DE. Zugegriffen am 18.02.2021.

Internet Live Stats. (2021). *Aktuelle Statistiken*. https://www.internetlivestats.com/. Zugegriffen am 07.04.2021.

Jaakonmäki, R., Müller, O., & Vom Brocke, J. (2017). *The impact of content, context, and creator on user engagement in social media marketing*. Proceedings of the 50th Hawaii international conference on system sciences, Hawaii, 1152–1160.

Jensen, S., & Schlitt, P. (2002). Unternehmen Henkel: „Wir haben keine Eille". *Managermagazin, 10*, 136–140.

Jin, Z., Lynch, R., Attia, S., Chansarkar, B., Gülsoy, T., Lapoule, P., Liu, X., Newburry, W., Nooraini, M. S., Parente, R., Purani, K., & Ungerer, M. (2015). The relationship between consumer ethnocentrism, cosmopolitanism and product country image among younger generation consumers: The moderating role of country development status. *International Business Review, 24*(3), 380–393.

Johnson, J., & Tellis, G. J. (2008). Drivers of success for market entry into China and India. *Journal of Marketing, 72*(May), 1–13.

Jung, H. (2017). *Personalwirtschaft*. Berlin/Boston: De Gruyter Oldenbourg.

Kanitz, C. (2013). *Gestaltung komplexer Markenarchitekturen – Eine empirische Untersuchung zur Ermittlung der Verhaltensrelevanz von Marken unterschiedlicher Hierarchieebenen*. Wiesbaden: Springer Gabler.

Kanitz, C., & Schade, M. (2021). Infuencer Marketing – Nicht alles ist Gold, was auf Instagram glänzt. Eine praktische Empfehlung zur Infuencer-Auswahl für Startups & KMU. In P. Roßmann & P. Haag (Hrsg.), *KMU- und Start-up-Management – Strategische Aspekte, operative Umsetzung und Best-Practice*. Wiesbaden: Springer Gabler. (im Druck).

Kapferer, J.-N. (2002). Is there really no hope for local brands? *Journal of Brand Management, 9*(3), 163–170.

Kapferer, J.-N. (2005). The post-global brand. *Journal of Brand Management, 12*(5), 319–324.

Karagür, Z., Becker, J.-M., Klein, K., & Edeling, A. (2021). *To disclose or not to disclose: How, why, and when does disclosure matter for infuencer marketing?* Working paper.

Kastner, O. L. (2015). *Erfolgsfaktoren von Pop-Up Stores: Fallstudiengestützte Evaluation am Beispiel der Bekleidungsindustrie*. Wiesbaden: SpringerGabler.

Keegan, W. J., & Green, M. C. (2017). *Global marketing*. Boston: Pearson.

Keller, C. (2015). *Identitätsbasierter Markenschutz*. Wiesbaden: Springer Gabler.

Khanna, T., & Palepu, K. (2010). *Winning in emerging markets*. Boston: Harvard Business Press.

Kim, N., Chun, E., & Ko, E. (2017). Country of origin effects on brand image, brand evaluation, and purchase intention. *International Marketing Review, 34*(2), 254–271.

Kläsgen, M. (2020). *Edeka legt sich mit Coca-Cola an*. https://www.sueddeutsche.de/wirtschaft/edeka-coca-cola-preise-streit-1.4777956. Abgerufen am 25.04.2021.

Klein, K., Völckner, F., Bruno, H. A., Sattler, H., Bruno, P., & Pascal. (2019). Brand positioning based on brand image-country image ft. *Marketing Science, 38*(3), 516–538.

Kleine-Kalmer, B. (2016). *Brand page attachment – An empirical study on Facebook users' attachment to brand pages*. Wiesbaden: Springer Gabler.

Kreutzer, R. (1989). Markenstrategien im länderübergreifenden Marketing. *Markenartikel, 11*, 569–572.

Kreutzer, R. T. (2014). *Praxisorientiertes Online-Marketing*. Wiesbaden: Springer Gabler.

Kroeber, A. L., & Kluckhohn, C. (1952). Culture: A critical review of concepts and defnitions. *Harvard University Peabody Museum of American Archeology and Ethnology Papers, 47*(1).

Kühlmann, T. (2008). *Internationale Mitarbeiterführung*. Stuttgart: Kohlhammer.

Kumar, N., & Steenkamp, J.-B. (2007). *Private label strategy – How to meet the store brand challenge*. Boston: Harvard Business School Press.

Kurbjuweit, D. (2012). Mein Herz hüpft. *Der Spiegel, 15*, 60–69.

Lammenett, E. (2017). *Praxiswissen Online-Marketing – Affliate- und E-Mail-Marketing, Suchmaschinenmarketing, Online-Werbung, Social Media, Facebook-Werbung.* Wiesbaden: Springer Gabler.

Lee, J.-G., & Thorson, E. (2008). The impact of celebrity-product incongruence on the effectiveness of product endorsement. *Journal of Advertising Research, 48*(3), 433–449.

Levitt, T. (1983). The globalization of markets. *Harvard Business Review, 61*(6), 92–102.

Lienemann, A. (2021). *Die Wirkung von Beziehungen im Infuencer Branding – eine experimentelle Analyse des Brand Fits und des SMI Attachments.* (im Druck).

Loth, D. (2007). *Missverständnisse erkennen. Personal, 6*, 34–36.

Maloney, P. (2009). *Poggenpohl – Eine Luxusmarke Made in Germany. OSCAR.trends,* 1.

Martinez, A., & Haddock, R. (2007). *The fatbreadfactor.* http://www.strategy-business.com. Zugegriffen am 24.06.2009.

Maslow, A. H. (1970). *Motivation and personality.* New York: Harper & Row.

Mattioli. (2020). *Amazon scooped up data from its own sellers to launch competing products.* https://www.wsj.com/articles/amazon-scooped-up-data-from-its-own-sellers-to-launch-competingproducts-11587650015. Zugegriffen am 12.03.2021.

McGuire, W. J. (1985). Attitudes and attitude change. In G. Lindzey & E. Aronson (Hrsg.), *Handbook of social psychology* (S. 233–346). New York: Random House.

Meffert, H., & Heinemann, G. (1990). Operationalisierung des Imagetransfers. *Marketing, 1,* 5–10.

Meffert, H., & Pues, C. (2002). Timingstrategien des internationalen Markteintritts. In K. Macharzina (Hrsg.), *Handbuch Internationales Management* (S. 403–416). Wiesbaden: Gabler.

Meffert, H., Burmann, C., & Becker, C. (2010). *Internationales Marketing-Management: Ein marktorientierter Ansatz.* Stuttgart: Kohlhammer.

Meffert, H., Burmann, C., Kirchgeorg, M., & Eisenbeiß, M. (2019). *Marketing: Grundlagen marktorientierter Unternehmensführung.* Wiesbaden: Springer Gabler.

Merbold, C. (1993). Zur Funktion der Marke. *Markenartikel, 12,* 578–580.

Misra, S., & Beatty, S. E. (1990). Celebrity spokesperson and brand congruence – An assessment of recall and effect. *Journal of Business Research, 21*(2), 159–173.

Morgan, N. A., & Rego, L. L. (2009). Brand portfolio strategy and frm performance. *Journal of Marketing, 73*(1), 59–74.

Müller, S., & Gelbrich, K. (2004). *Interkulturelles Marketing.* München: Vahlen.

Munzinger, U., & Wenhart, C. (2012). *Marken erleben im digitalen Zeitalter.* Wiesbaden: Springer Gabler.

Nadler, J., & Cicilline, D. N. (2020). *Investigation of competition in digital markets.* https://judiciary.house.gov/uploadedfiles/competition_in_digital_markets.pdf?utm_campaign=4493-519.Zugegriffen am 13.03.2021.

Nee, I. (2016). *Managing negative word-of-mouth on social media platforms.* Wiesbaden: Springer Gabler.

Ng, S., Faraji-Rad, A., & Batra, R. (2021). Uncertainty evokes consumers' preference for brands incongruent with their global-local citizenship identity. *Journal of Marketing Research, 58*(2), 400–415.

Nielsen. (2015). *Global trust in advertising. Winning strategies for an evolving media landscape.* https://www.nielsen.com/content/dam/nielsen-global/apac/docs/re-ports/2015/nielsen-globaltrust-in-advertising-reportseptember-2015.pdf. Zugegriffen am 08.10.2019.

Nielsen. (2018). *The rise and rise again of private label.* https://www.nielsen.com/content/dam/nielsenglobal/ru/docs/2018.02 – Global – The Rise and Rise Again of Private Label.pdf. Zugegriffen am 15.03.2019.

o. V. (2013). *Mächtige Allianz will Red Bull die Flügel stutzen.* http://www.welt.de/wirtschaft/article131344085/Maechtige-Allianz-will-Red-Bull-die-Fluegel-stutzen.html. Zugegriffen am 05.05.2015.

o. V. (2014). *Lidl listet wieder Coca-Cola.* https://www.derhandel.de/news/unternehmen/pages/Lebensmitteldiscounter-Lidl-listet-wieder-Coca-Cola-10329.html. Zugegriffen am 05.05.2015.

Obermüller, C., & Spangenberg, E. (1989). Exploring the effect of country-of-origin labels: An information processing framework. *Advances in Consumer Research, 16*, 454–459.

Ohanian, R. (1990). Construction and validation of a scale to measure celebrity endorsers' perceived expertise, trustworthiness, and attractiveness. *Journal of Advertising, 19*(3), 39–52.

Ohanian, R. (1991). The impact of celebrity spokespersons' perceived image on consumers' intention to purchase. *Journal of Advertising Research, 31*(1), 46–54.

Otto. (2021). *Tiktok Account von Otto.* https://www.tiktok.com/tag/machdichzumotto. Zugegriffen am 08.04.2021.

Pahde, V. (2018). *Facebook post.* https://www.facebook.com/1498519630430635/posts/2058713711077888/. Zugegriffen am 15.04.2021.

Pan, Y., & Chi, P. S. K. (1999). Financial performance and survival of multinational corporations in China. *Strategic Management Journal, 20*(4), 359–374.

Perlitz, M. (2004). *Internationales Management.* Berlin: Ullstein.

Piehler, R., Schade, M., Kleine-Kalmer, B., & Burmann, C. (2019a). Consumers' online brand-related activities (COBRAs) on SNS brand pages: An investigation of consuming, contributing and creating behaviours of SNS brand page followers. *European Journal of Marketing, 53*(9), 1833–1853.

Piehler, R., Schade, M., Hanisch, I., & Burmann, C. (2019b). Reacting to negative online customer reviews effects of accommodative management responses on potential customers. *Journal of Service Theory and Practice, 29*(4), 401–414.

Piehler, R., Schade, M., Sinnig, J, & Burmann, C. (2021). Traditional or "instafamous" celebrity? Role of origin of fame in social media infuencer marketing. *Journal of Strategic Marketing.* (im Druck).

PWC. (2018). *Von A wie Amazon bis U wie Zustellung.* https://www.pwc.de/de/handel-undkonsumguter/global-consumer-insights-survey-2018.pdf. Zugegriffen am 03.03.2021.

Ravazzani, S. (2016). Exploring internal crisis communication in multicultural environments: A study among Danish Managers. *Corporate Communications: An International Journal, 21*(1), 73–88.

Reibstein, T. (2016). *Erfolgsfaktoren internationaler Marktbearbeitungsstrategien in der Automobilindustrie: eine Historieninventur am Beispiel der Marke Volkswagen.* Wiesbaden: Springer.

Reinartz, W. (2019). Einzelhandel neu gedacht: Wie man im Wettstreit um Kunden erfolgreich bleibt. *Marketing Intelligence Review, 11*(1), 11–17.

Rennhak, C. (2014). Konsistent, hybrid, multioptional oder paradox? – Einsichten über den Konsumenten von heute. In M. Halfmann (Hrsg.), *Zielgruppen im Konsumentenmarketing: Segmentierungsansätze – Trends – Umsetzung* (S. 177–186). Wiesbaden: Springer Fachmedien.

Riefer, P., Diamantopoulos, A., & Siguaw, J. A. (2012). Cosmopolitan consumers as a target group for segmentation. *Journal of International Business Studies, 43*, 285–305.

Ritter Sport. (2014). *Schön war's: Der Pop Up SchokoLaden verabschiedet sich aus Hamburg*. https://www.ritter-sport.de/blog/2014/06/25/schon-wars-der-pop-up-schokoladen-verabschiedet-sichaus-hamburg/. Zugegriffen am 28.06.2017.

Roßmann, P. (2019). *Stärkung von Retailer Brands im Automobilhandel zur Steigerung der Kundenloyalität*. Wiesbaden: Springer Gabler.

Roth, K. P., & Diamantopoulos, A. (2009). Advancing the country image construct. *Journal of Business Research, 62*(7), 726–740.

Roth, M. S. (1995). The effects of culture and socioeconomics on the performance of global brand image strategies. *Journal of Marketing Research, 32*(2), 163–175.

Schilke, O., Reimann, M., & Thomas, J. S. (2009). When does international marketing standardization matter to frm performance? *Journal of International Marketing, 17*(4), 24–46.

Schivinski, B., Christodoulides, G., & Dabrowski, D. (2016). Measuring consumers' engagement with brand-related social-media content: Development and validation of a scale that identifes levels of social-media engagement with brands. *Journal of Advertising Research, 56*(1), 64–80.

Schmidt, H. J. (2007). *Internal Branding: Wie Sie Ihre Mitarbeiter zu Markenbotschaftern machen*. Wiesbaden: Gabler.

Schooler, R. D. (1965). Product bias in the Central American Common Market. *Journal of Marketing Research, 2*(4), 394–397.

Schuiling, I., & Kapferer, J.-N. (2004). Executive insights: Real differences between local and international brands: Strategic implications for international marketers. *Journal of International Marketing, 12*(4), 97–112.

Schwarz-Musch, A. (2013). Das Marketingkonzept im internationalen Umfeld. In D. Sternad, M. Höfferer & G. Haber (Hrsg.), *Grundlagen Export und Internationalisierung* (S. 111–127). Wiesbaden: Springer Gabler.

Sebri, M., & Zaccour, G. (2017). Estimating umbrella-branding spillovers: A retailer perspective. *European Journal of Management, 61*(9/10), 196–1712.

Semeijn, J., van Riel, A. C. R., & Ambrosini, A. B. (2004). Consumer evaluations of store brands: Effects of store imageand product attributes. *Journal of Retailing and Consumer Services, 11*(4), 247–258.

Semmann. (2021). *Amazon.de baut Macht deutlich aus*. https://www.dvz.de/rubriken/digitalisierung/e-commerce/detail/news/amazonde-baut-macht-deutlich-aus.html. Zugegriffen am 01.03.2021.

Shroff, A., Shah, B. J., & Gajjar, H. (2021). Shelf space allocation game with private brands: A proftsharing perspective. *Journal of Revenue and Pricing Management, 20*, 116–133.

Siegel, M., & Melpomeni, A. (2020). *Sentiment-Analyse im Unternehmenskontext und Softwarelösungen im Markt*. Wiesbaden: SpringerGabler.

Sinnig, J. (2020). *The role of origin of fame in infuencer branding: A comparative analysis of German and Russian consumers*. Wiesbaden: SpringerGabler.

Spiegel. (2017). *Birkenstock gegen Amazon*. http://www.spiegel.de/spiegel/birkenstock-gegenamazon-oliver-reichert-erklaert-die-hintergruende-a-1184691.html. Zugegriffen am 16.04.2021.

Spiegel. (2018). *H&M-Aktie fällt auf tiefsten Stand seit fast neun Jahren*. https://www.spiegel.de/wirtschaft/unternehmen/h-m-aktie-faellt-nach-rassismusvorwurf-wegen-werbefotos-a-1186920. html. Zugegriffen am 20.04.2021.

Stark, L. (2020). *Wie sich Marken mit Tik Tok positionieren können*. https://www.springerprofessional. de/

markenstrategie/bewegtbildwerbung/wie-sich-marken-mit-tik-tok-positionierenkoennen/18465526. Zugegriffen am 08.04.2021.

Statista. (2020a). *Marktanteil von Eigenmarken am Gesamtumsatz im Lebensmitteleinzelhandel in Deutschland in den Jahren 2009 bis 2019*. https://de.statista.com/statistik/daten/studie/184142/umfrage/umsatzanteil-von-handelsmarken-im-deutschen-einzelhandel/. Zugegriffen am 30.04.2021.

Statista. (2020b). *Anzahl der Internetnutzer in Deutschland in den Jahren 1997 bis 2020*. https://de.statista.com/statistik/daten/studie/36146/umfrage/anzahl-der-internetnutzer-in-deutschlandseit-1997/. Zugegriffen am 21.04.2021.

Stolle, W. (2013). *Global Brand Management: Eine konzeptionell-empirische Analyse von Automobil-Markenimages in Brasilien, China, Deutschland, Russland und den USA*. Wiesbaden: Springer Gabler.

Strebinger, A. (2010). *Markenarchitektur – Strategien zwischen Einzel- und Dachmarke sowie lokaler und globaler Marke*. Wiesbaden: Gabler.

Szeliga, M. (1996). Push und Pull in der Markenpolitik : Ein Beitrag zur modellgestützten Marketingplanung am Beispiel des Reifenmarktes. *Schriften zu Marketing und Management*, 29.

Talay, M. B., Townsend, J. D., & Yeniyurt, S. (2015). Global brand architecture position and marketbased performance: The moderating role of culture. *Journal of International Marketing, 23*(2), 55–72.

Thakor, M. V., & Kohli, C. S. (1996). Brand origin: Conceptualization and review. *The Journal of Consumer Marketing, 13*(3), 27–42.

Thiefes, D. (2021). *Infuencer Branding in der Versicherungswirtschaft*. Wiesbaden: Springer Gabler.

Trommsdorff, V. (2011). *Konsumentenverhalten*. Stuttgart: Kohlhammer.

Tropp, J., & Baetzgen, A. (2013). Die Marke als Medium. Eine Einführung in das Brand Content Management. In A. Baetzgen & J. Tropp (Hrsg.), *Brand Content, Die Marke als Medienereignis* (S. 3–17). Stuttgart: Schäffer-Poeschel.

Twitter. (2021). *How to: Advanced search on Twitter*. https://business.twitter.com/en/blog/how-toadvanced-search-on-twitter.html. Zugegriffen am 09.04.2021.

Vahlne, J.-E., & Johanson, J. (2020). The Uppsala model: Networks and micro-foundations. *Journal of International Business Studies, 51*, 4–10.

Verlegh, P. W. J., & Steenkamp, J.-B. E. M. (1999). A review and meta-analysis of country-of-origin research. *Journal of Economic Psychology, 20*(5), 521–546.

Vibrand Media. (2019). *Wie diese Brands auf TikTok erfolgreich sind*. https://vibrand-media.com/2019/12/13/brands-tiktok/. Zugegriffen am 07.04.2017.

Vogelsang, S. (1999). *Der Einfuss der Kultur auf die Produktgestaltung*. Köln: Fördergesellschaft Prod.-Marketing.

VW AG. (2021). *The foundation of the group's values*. https://www.volkswagenag.com/en/group/volkswagen-group-essentials.html. Zugegriffen am 19.04.2021.

Wafer, B. H., & Badir, Y. F. (2017). Global products marketing strategy of two European MNCs in Vietnam. *Journal of Product & Brand Management*.

Walsh, G., Shiu, E., & Hassan, L. M. (2014). Cross-national advertising and behavioral intentions: A multilevel analysis. *Journal of International Marketing, 22*(1), 77–98.

Walter, N. (2004). *Standardisierung des europäischen Nahrungsmittel-Marketing: eine Kausalanalyse der Determinanten und der Erfolgswirkungen einer Standardisierung des MarketingProgramms und-*

Managements am Beispiel der europäischen Nahrungsmittelindustrie. München: Rainer Hampp Verlag.

Wang, J. (2010). *Brand new China: Advertising, media, and commercial culture.* Cambridge u. a.: Harvard University Press.

Wearesocial. (2020). *Digital 2020 report.* https://wearesocial.com/blog/2020/01/digital-2020-3-8-billion-people-use-social-media. Zugegriffen am 07.04.2017.

Weers, J.-P. (2008). *Markenimagekonfusion als Managementherausforderung: Zum Problem einer gedächtnisbasierten und Point of Sale induzierten verwirrenden Wahrnehmung von Marken.* Wiesbaden: GWV Fachverlage GmbH.

Weibler, J., Brodbeck, F., Szabo, E., Reber, G., Wunderer, R., & Moosmann, O. (2000). Führung in kulturverwandten Regionen: Gemeinsamkeiten und Unterschiede bei Führungsidealen in Deutschland, Österreich und der Schweiz. *Die Betriebswirtschaft, 5,* 588–606.

Weidemann. (2020). *E-Commerce-Boom*: 13,3 Prozent plus durch Corona. https://t3n.de/news/e-commerce-boom-133-prozent-1326373/. Zugegriffen am 28.02.2021.

Weizsäcker, E. von. (1974). Erstmaligkeit und Bestätigung als Komponente der pragmatischen Information. In E. von Weizsäcker (Hrsg.), *Offene Systeme I. Beiträge zur Zeitstruktur von Information, Entropie und Evolution* (S. 82–113). Stuttgart: Klett-Cotta.

Wirtz, B. W., Schilke, O., & Ullrich, S. (2010). Strategic development of business models: Implications of the Web 2.0 for creating value on the internet. *Long Range Planning, 43*(2), 272–290.

Yap, S. P. W., & Yazdanifard, R. (2014). Comparison on the impact of standardization and adaptation on international marketing. *Journal of Research in Marketing, 3*(1), 250–259.

YouTube. (2021). *About Yotube.* https://www.youtube.com/intl/de/about/press/. Zugegriffen am 18.02.2021.

Zaheer, S. (1995). Overcoming the liabilitiy of foreigness. *Academy of Management Journal, 38*(2), 341–363.

ZDFInfo. (2021). *Weltmacht Amazon – Das Reich des Jeff Bezos.* Dokumentation auf ZDFInfo am 15. April 2021 von 21:40 bis 23:25 Uhr.

Zentes, J., Swoboda, B., & Schramm-Klein, H. (2013). *Internationales marketing.* München: Vahlen.

Zhu, F., & Liu, Q. (2018). Competing with complementors: An empirical look at Amazon.com. *Strategic Management Journal, 39*(10), 2618–2642.

Zou, S., & Cavusgil, S. T. (2002). The GMS: A broad conceptualization of global marketing strategy and its effect on frm performance. *Journal of Marketing, 66*(4), 40–56.

Zuboff, S. (2018). *Zeitalter des Überwachungskapitalismus.* Frankfurt: Campus.